Unternehmen und Gesellschaft

Herausgegeben vom Kulturkreis der deutschen Wirtschaft im Bundesverband der Deutschen Industrie (BDI) e.V.

Springer
Berlin
Heidelberg
New York
Hongkong
London
Mailand
Paris
Tokio

André Habisch

Corporate Citizenship

Gesellschaftliches Engagement von Unternehmen in Deutschland

Unter Mitarbeit von René Schmidpeter
und dem Center for Corporate Citizenship e.V.

Mit 38 Abbildungen

Springer

Prof. Dr. André Habisch
Katholische Universität
Eichstätt-Ingolstadt
Ostenstr. 26–28
85072 Eichstätt

ISSN 1610-8752
ISBN 3-540-44335-5 Springer-Verlag Berlin Heidelberg New York

Bibliografische Information Der Deutschen Bibliothek
Die Deutsche Bibliothek verzeichnet diese Publikation in der Deutschen Nationalbibliografie; detaillierte bibliografische Daten sind im Internet über <http://dnb.ddb.de> abrufbar.

Springer-Verlag Berlin Heidelberg New York
ein Unternehmen der BertelsmannSpringer Science+Business Media GmbH

http://www.springer.de

Printed in Germany

SPIN 10894663 43/3130-5 4 3 2 1 0 – Gedruckt auf säurefreiem Papier

Vorwort

Unternehmerisches Bürgerengagement – Corporate Citizenship – gewinnt in den öffentlichen Diskussionen gegenwärtig milieuübergreifend schnell an Bedeutung. Die Motive der verschiedenen Gruppen dafür sind unterschiedlich. Unternehmen sehen sich im Zuge der Globalisierung im In- und Ausland mit gewachsenen Erwartungen hinsichtlich ihrer gesellschaftlichen Mitverantwortung konfrontiert. Sie müssen reagieren und ihre diesbezüglichen Aktivitäten verstärken. Politik, öffentliche Institutionen und bürgerschaftliche Gruppierungen sehen in den Unternehmen einen möglichen Partner, um im Kontext enger werdender finanzieller Spielräume ihre Handlungs- und Innovationsfähigkeit zu bewahren.

Für beide Gruppierungen – so lautet die Kernthese der vorliegenden Publikation – hält unternehmerisches Bürgerengagement mehr und anderes bereit als das, was sie sich davon erwarten. Dementsprechend wird unternehmerisches Bürgerengagement hier in zwei Richtungen entwickelt: als Investition in Soziales Kapital und als Wahrnehmung ordnungspolitischer Mitverantwortung. Beide Aspekte verlangen weitere Forschungsbemühungen vor allem auch auf internationaler Ebene.

An dieser Stelle ist aber zunächst ein Dank für das bisher Erarbeitete auszusprechen. Dieser gilt insbesondere meinem Mitarbeiter und Geschäftsführer des Centers for Corporate Citizenship, Herrn Dipl.-Betriebswirt René Schmidpeter MA. Ohne sein kontinuierliches und mitverantwortliches Engagement wäre weder die Arbeit der vergangenen Jahre noch der vorliegende Band in dieser Form möglich gewesen. Als eingetragener Verein ohne jede institutionelle Einbindung ist das Center selbst ein Beweis für die Möglichkeiten bürgerschaftlichen Engagements, das allerdings an die darin involvierten Personen gesteigerte Anforderungen stellt.

Eingeflossen in den vorliegenden Band sind Ergebnisse eines Forschungsprojektes zum Thema ‚Soziales Kapital – Neue Steuerungsformen zwischen Wirtschaft, Politik und Gesellschaft', das durch die Unterstützung der Deutschen Forschungsgemeinschaft (DFG) ermöglicht worden ist. Die Praxisbeispiele unternehmerischen Bürgerengagements in Deutschland stammen ganz überwiegend aus den Bewerbungen um den Unternehmenspreis der Initiative ‚Freiheit und Verantwortung', in die das Center als wissenschaftliche Begleitung eingebunden ist. Mein Dank gilt den Herren Präsidenten der Wirtschaftsverbände, dem Chefredakteur der WirtschaftsWoche und Herrn Bundespräsidenten Johannes Rau als Schirmherrn der Initiative, die durch ihre Unterstützung dem Gedanken unternehmerischen Bürgerengagements in Deutschland eine wichtige Plattform geschaffen haben. Zu nennen sind aber auch die Vertreter der Initiatoren, die sich stark für die Sache engagiert haben, so Herr Dr. Robert Henkel (BDI), Herr Elmar Sulk (BDA), Herr Dr. Stefan Caspari (DIHK), Herr Rainer Schröder (ZDH), Herr Dr. Christian Ramthun (WirtschaftsWoche) sowie Frau Annette Brackert (Arbeitskreis Kultursponsoring). Das Veranstaltungsforum der Verlagsgruppe Georg von Holtzbrinck hat die öffentlichen Veranstaltungen mit hoher Professionalität durchgeführt.

Meine Mitarbeit als Sachverständiges Mitglied in der Enquete-Kommission zur Zukunft des Bürgerschaftlichen Engagements des Deutschen Bundestages hat das Erscheinen des hier vorliegenden Buches deutlich verzögert. Allerdings verdanke ich der intensiven Arbeit der letzten Jahre natürlich auch wichtige Einsichten, die ebenfalls darin eingeflossen sind. Dem Vorsitzenden der Kommission, Herrn Dr. Michael Bürsch MdB, vor allem aber auch der stellvertretenden Vorsitzenden der Kommission und Bundesvorsitzenden des Bundes Katholischer Unternehmer, Frau Marie-Luise Dött MdB, sowie meinem Kollegen Priv.-Doz. Dr. Gerd Mutz vom Munich Institute for Social Science als den beiden Berichterstattern unserer Arbeitsgruppe danke ich für die fruchtbare Zusammenarbeit.

Dank gebührt schließlich noch dem Kulturkreis der Deutschen Wirtschaft, namentlich Frau Dr. Susanne Litzel, die die Entstehung des vorliegenden Bandes freundlich begleitet und seine Aufnahme in die vom Kulturkreis herausgegebene Reihe ‚Unternehmen und Gesellschaft' angeregt hat. Last but not least sei meine Sekretärin Frau Daniela Marques dankend erwähnt, die die umfangreichen Formatierungsarbeiten am Manuskript vorgenommen hat.

Eichstätt, im Oktober 2002 Prof. Dr. André Habisch

Inhaltsverzeichnis

Abbildungsverzeichnis

Hinführung und Lesehilfe

Dieses Buch versucht einen schwierigen Spagat. Denn es wendet sich an Praktiker aus kleinen, mittleren und großen Unternehmen, Sozial-, Bildungs- und Kultureinrichtungen, Bürgergruppen, Agenturen und Beratung, Verwaltung und Politik ebenso wie an Studierende, Dozenten sowie Kolleginnen und Kollegen an den Fachhochschulen und Universitäten. Diese Gruppen haben naturgemäß unterschiedliche Erwartungen an eine Publikation. Sind die einen eher an praxisorientierten Ausführungen und Hinweisen für die Umsetzung eigener Projekte interessiert, so geht es den anderen um eine möglichst genaue Bestimmung des Begriffs und seine konzeptionelle Einordnung in die verschiedenen disziplinären Diskussionskontexte. Die Praxis unternehmerischen Bürgerengagements (Corporate Citizenship) in Deutschland hält nicht nur eine ganze Anzahl gelungener Beispiele für bereichsübergreifende Kooperationsprojekte und wechselseitige Lernprozesse bereit. Sie hat auch das Potenzial, den Fachdiskussionen in Betriebswirtschaftslehre und Ökonomie, in Politik- und Sozialwissenschaften neue Impulse zu geben. Beides kann in diesem Buch nur ansatzweise entfaltet und in der notwendigen Vorläufigkeit dargestellt werden.

Der Aufbau des Buches folgt dem Anliegen einer konzeptionellen Grundlegung. Angesichts des gegenwärtig eher inflationären Gebrauchs der tragenden Begriffe Corporate Citizenship, Soziales Kapital, betriebliche Freiwilligenprogramme (Corporate Volunteering), Bürgergesellschaft etc. wird das hier Gemeinte im ersten Teil zunächst aus einem gesellschaftstheoretischen Gesamtkonzept heraus entwickelt. Dabei geht es vor allem darum, Bürgerschaftliches Engagement im Kontext moderner Wirtschaft und Gesellschaft zu verankern, die ihrerseits durch die tragenden Elemente der Arbeitsteilung, Spezialisierung und Professionalisierung bestimmt sind. Der Ruf nach mehr Engagement – so die These – darf nicht auf weniger Professionalität und Wettbewerbsfähigkeit hinaus laufen; beide sind nicht als Gegensatz, sondern als wechselseitiges Steigerungsverhältnis zu verstehen. Dies lässt sich vor allem dann leisten, wenn man die eigentliche Leistung bürgerschaftlichen Engagements nicht primär darin sieht, dass hier ‚umsonst' gearbeitet wird; vielmehr liegt seine wichtigste Funktion in dem Beitrag zur Schaffung Sozialer Ordnung im modernen Gemeinwesen. Denn diese wird der Staat im 21. Jahrhundert immer weniger im Alleingang herstellen können. Vielmehr ist er auf Strukturen regionaler oder branchenbezogener Selbststeuerung im Kontext von Netzwerken Sozialen Kapitals angewiesen. Diese konzeptionellen Kernthesen werden dann im zweiten Teil im Hinblick auf das Unternehmen als bürgerschaftlicher Akteur (‚Corporate Citizen') entfaltet.

Zwar bemüht sich die Publikation, den Text mit begleitenden Grafiken zu veranschaulichen. Dennoch mögen vielen Lesern die konzeptionellen Überlegungen der beiden ersten Teile als zu ‚abgehoben' erscheinen. Das Buch ist daher so geschrieben, dass diese Lesergruppen sich auch sofort dem Dritten Teil zuwenden können, der ohne die theoretische Hinführung verständlich ist. Hier wird zunächst die Initiative ,Freiheit und Verantwortung' vorgestellt und die Teilnehmerstruktur am Unternehmenswettbewerb erläutert. Geordnet nach Themenfeldern werden dann zahlreiche Praxisbeispiele unternehmerischen Bürgerengagements in Deutschland wiedergegeben. Diese entstammen ganz überwiegend den Bewerbungen des Unternehmenswettbewerbs, die hier aber nicht mehr bewertet oder verglichen, sondern jeweils in ihrem Beispiel gebenden Charakter dargestellt werden. Die Lektüre dieser vielfältigen Beispiele mag dann auch für den eher praxisorientierten Leser eine Grundlage bieten, auf der sich ihm die im zweiten Teil entfalteten unternehmensbezogenen Konzepte erschließen. Für ihn legt sich also eine Reihenfolge Teil 3 – Teil 2 – (Teil 1) – Teil 4 – (Teil 5) nahe.

Die beiden abschließenden Teile sollen die Einordnung der Praxisbeispiele in die laufenden Diskussionen auf nationaler, europäischer und globaler Ebene leisten. Hier geht es vor allem um die Schaffung geeigneter Rahmenbedingungen für unternehmerisches Bürgerengagement. Diese sind gerade nicht nur Aufgabe des Staates, sondern auch der Bürgergesellschaft selber. So werden zunächst Beispiele dafür gegeben, wie Unternehmen oder auch Nichtregierungsorganisationen ,Gelegenheitsstrukturen' für das Engagement anderer Unternehmen oder Bürger schaffen. Gemäß der subsidiären Struktur der Aufgabe kommen dann in dieser Reihenfolge kommunale Ebene, nationale Diskussion (vor allem im Rahmen der Enquete-Kommission des Bundestages), europäische Dokumente und globale Institutionen (insbesondere der Global Compact von UN-Generalsekretär Kofi Annan) zu Wort. Bezüglich letzterer wird insbesondere die These vertreten, dass gesellschaftliche Selbstregulierung im Rahmen von Strukturen ,Sozialen Kapitals' vor allem dezentral und problembezogen ansetzen muss. Eine ,Weltwirtschaftsregierung' ist dagegen eine schlechte Utopie, weil sie nicht über Instrumente der Selbst- und Fremdkontrolle verfügt. Die Aufgabe internationaler Institutionen kann daher immer nur eine unterstützende und aktivierende sein.

Eine Aufgabe des Buches ist es, einen Überblick über die internationale Fachliteratur zur Thematik zu geben. Dieser richtet sich vor allem auch an die wachsende Zahl von Studierenden, die sich mit entsprechenden Anfragen an unser Center wenden. Angesichts des interdisziplinären Charakters der Diskussion und der Tatsache, dass die ganz überwiegende Zahl von Beiträgen dem angelsächsischen Sprachraum entstammt, ist ein solcher Überblick von besonderer Bedeutung. Er wird im Rahmen des Buches geleistet durch eine themenbezogene Übersicht in Fußnoten einerseits und eine umfangreiche Literaturliste andererseits. Der praxisbezogene Leser wird die Fußnoten auf sich beruhen lassen und der Literaturliste die für ihn interessanten Arbeiten vor allem deutscher Fachautoren entnehmen.

So bleibt die Hoffnung, dass die bereichsübergreifenden Synergien, die dem Konzept des Corporate Citizenship vor Augen stehen, auch durch dieses Buch selbst realisiert werden. Sein Gegenstand ist nicht im Elfenbeinturm der Intellektuellen entstanden, sondern in der Praxis engagierter Bürgerinnen und Bürger, die ihre

Kreativität und soziale Kompetenz in entsprechende Projekte bereichsübergreifender Zusammenarbeit eingebracht haben. Die wissenschaftliche Reflexion steigt auch hier – wie die ‚Eule der Minerva' – erst in der Abenddämmerung auf, um das Entstandene wahrzunehmen und zu deuten. Andererseits bedarf es genau dieser strukturierenden Einordnung, wenn die Praxis in ihrer Logik verstanden, auf Dauer gestellt und zu einem Teil der sozialen Welt werden soll. Für beides – die innovative und problembezogene Praxis einer aktiven Bürgergesellschaft einerseits und die konzeptionelle Durchdringung und Auslegung in Forschung, Lehre und Weiterbildung hinein andererseits – soll dieses Buch einen Beitrag leisten.

Teil 1: Ausgangspunkte – Die Bürgergesellschaft als Ordnung der Freiheit

1.1 Wohlstand und Armut der Nationen

Nach dem Zusammenbruch des totalitären Sozialismus und der Anerkennung der Leitbilder von Demokratie und Marktwirtschaft verbleibt nur mehr ein zentrales Kriterium, das Nationen weltweit voneinander unterscheidet und ihre relative Position zueinander charakterisiert: Armut oder Wohlstand, Entwicklung oder Unterentwicklung. Das ‚Gesicht' der Armut zeigt sich in seiner Hässlichkeit überall ähnlich ebenso wie Wohlstand global gleiche oder doch ähnliche Ausdrucksformen annimmt. Ist dem so, dann stellt sich die Frage: Worin liegt der ‚Wohlstand der Nationen' begründet, was ist der unterscheidende Faktor, der Aufstieg und Niedergang nicht von Individuen, sondern von nationalen Wirtschaftsräumen und Gesellschaften insgesamt determiniert? Was vor allem unterscheidet die einen von den anderen? Was bestimmt ‚Wohlstand und Armut der Nationen'[1]?

Abb. 1: Frage nach dem Wohlstandsfaktor

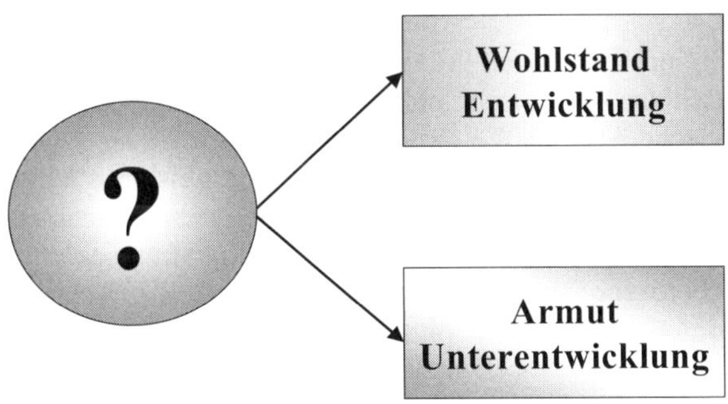

[1] Dies ist eine zentrale Frage in den Sozial- und Wirtschaftswissenschaften, vgl. insbesondere Smith (1776/1978).

Blickt man entlang der Zeitachse der Zivilisationsgeschichte zurück, so stellt sich die selbe Frage nochmals aus einer anderen Perspektive. Denn auch eine (imaginäre) Versammlung der Generationen der Menschheitsgeschichte wiese dasselbe Unterscheidungskriterium auf: Wohlhabende und arme Generationen wechseln einander ab – auch innerhalb desselben Wirtschaftsraumes. Was unterscheidet ihre Lebensbedingungen im Zeitablauf? Bei einer so gewendeten Fragestellung lassen sich deutlichere Anhaltspunkte für die Beantwortung der genannten Frage geben. Jahrhundertelang schwankte das kumulierte Sozialprodukt der europäischen Bevölkerung innerhalb einer bestimmten Spannbreite, die es nicht wesentlich zu überschreiten vermochte. Mit Hilfe des agrarischen Wirtschafts- und Gesellschaftssystems der vorindustriellen Gesellschaft ließ sich nur eine relativ geringe Zahl von Menschen auf einer bestimmten Fläche ernähren. Die weitaus meisten Bewohner erreichten zudem nur eine Lebensqualität, die wir aus heutiger Sicht als mehr oder weniger bittere Armut bezeichnen würden. Wuchs die Bevölkerungszahl über einen kritischen Wert hinaus, so kam es in Folge von katastrophalen Ereignissen wiederum zu ihrer dramatischen Reduzierung. So dezimierten etwa die Religionskriege des 17. Jahrhunderts die Bewohner Mitteleuropas um ein Drittel, die Pestepidemie des 14. Jahrhunderts sogar um nahezu zwei Drittel.

Erst im späten 18. und im Verlauf des 19. Jahrhunderts ließen Bevölkerungszahlen und kumuliertes Sozialprodukt die scheinbar unüberwindliche ‚Schallmauer' deutlich hinter sich: Auf einmal konnten mehr Menschen als jemals zuvor zusammen leben und erwirtschafteten dabei zugleich ein Sozialprodukt, das alles vorher da gewesene deutlich überstieg. Die ‚große Transformation' (Karl Polanyi) des Übergangs zur Industriegesellschaft brachte nicht nur einen ‚Quantensprung' der Einwohnerzahl, der Lebenserwartung, der Wohlstandsentwicklung. Sie veränderte die Zivilisation so nachhaltig wie zuvor nur die Sesshaftwerdung der Menschheit einige Jahrtausende früher.

Die radikalen Veränderungen der Modernisierung lassen sich kulturell, sozialgeschichtlich, familiensoziologisch, politikwissenschaftlich und noch auf viele andere fachspezifische Art und Weise beschreiben. Um den Übergang in die moderne Gesellschaft zu ermöglichen, musste die Leistungsfähigkeit gesellschaftlicher Organisation in verschiedener Hinsicht enorm zunehmen. In ökonomischer Hinsicht lässt sich dieser Prozess durch eine Entwicklung charakterisieren, die der schottische Moralphilosoph Adam Smith – zurecht als ‚Vater der modernen Ökonomie' bezeichnet – in seinem Buch über Wohlstand und Armut der Nationen erstmals systematisch analysiert und beschrieben hat: Arbeitsteilung, Spezialisierung und Professionalisierung.

Über die Jahrhunderte vormoderner Wirtschaftsgeschichte hinweg waren die wirtschaftlichen Produktionsstrukturen für die Mehrheit der Bevölkerung agrarisch-kleinräumig geprägt. Das sich selbst versorgende Dorf wies nur eine geringe Arbeitsteilung auf. Ein untrügliches Indiz dafür: Nahezu alle notwendigen Techniken und alltäglichen Arbeitsabläufe konnten durch das Mitlaufen der Jungen mit den Alten erlernt werden. Auch für die aus dem Umland versorgte Stadt (die ja im heutigen Maßstab nur eine Kleinstadt war) galt das in ähnlicher Weise. Zwar zeig-

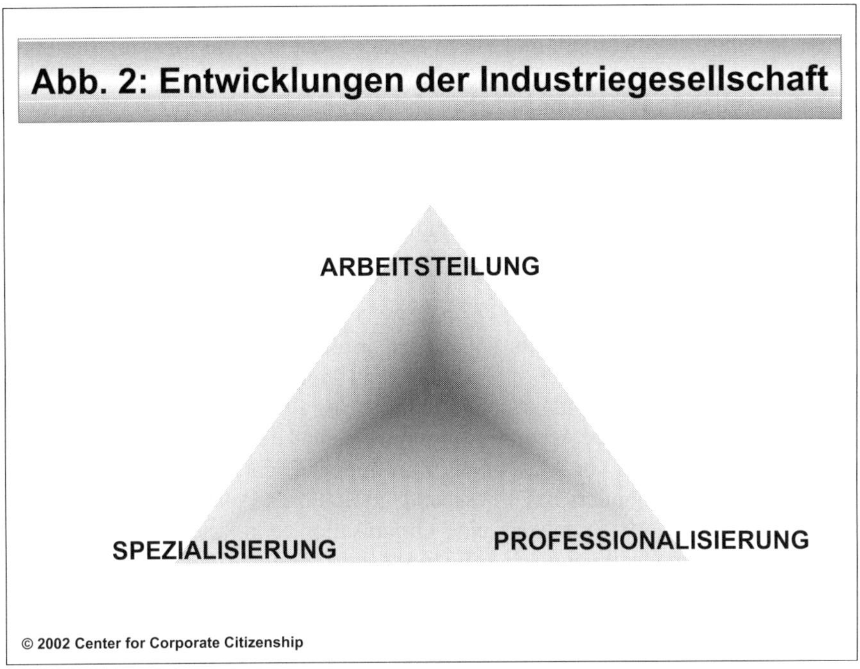

Abb. 2: Entwicklungen der Industriegesellschaft

ten sich im Handwerk Ansätze zu einer ‚Professionalisierung'. Doch diese konnten sich in den kleinen Wirtschaftsräumen der nach außen hin wirtschaftlich abgeschotteten Städte nur begrenzt weiter entwickeln[2]. Die Gilde der zusammen geschlossenen Kaufleute, die Zunft der organisierten Handwerkerschaft: Sie waren regionale Monopolisten und unterlagen keinem Wettbewerbs- und Innovationsdruck. Da sie nur für eine begrenzte Zahl von Kunden produzierten, blieb der Einsatz von Maschinen uninteressant. Eine Ausnahme von der Beschränkung auf regionale Wirtschaftsräume bildete lediglich das schmale Segment des Fernhandels. Doch dieses bediente im wesentlichen die Konsumwünsche einer Oberschicht.

1.2 Die Globalisierung als Motor von Arbeitsteilung und Professionalisierung

Erst das Zusammenwachsen der nationalen Wirtschaftsräume im Westeuropa des 16. und 17. Jahrhunderts legte die Grundlage zu einer vertieften wirtschaftlichen und technischen Entwicklung. Auch die Stärkung des Fernhandels durch sicherere

---

[2] Vgl. Olson (1985).

Seewege trug dazu bei[3]. Je mehr Menschen als Abnehmer und Produzenten in den Wirtschaftsprozess integriert sind, desto stärker lohnt sich die Massenproduktion. Die Wertschöpfungskette verlängert sich, wird in immer kleinschrittigere Arbeitsabläufe zergliedert: Es kommt zu Arbeitsteilung und Spezialisierung. Die Ausweitung von Wirtschaftsräumen und die Integration einer größeren Zahl von Konsumenten und Produzenten in einen Markt ist die Voraussetzung dafür, dass sich eine weitere Spezialisierung für die Produzenten wirtschaftlich lohnt und dass neue Produktionstechnologien nachgefragt und erforscht werden. Dies gilt schon seit Beginn des nunmehr über 500jährigen Prozesses der ‚Globalisierung der Wirtschaftsbeziehungen'.

Arbeitsteilige Produktionsstrukturen wurden in der Güterproduktion erstmals in den königlichen Manufakturen in Frankreich zu Zeiten des Merkantilismus realisiert, später in den frühkapitalistischen Fabriken Englands und – mit einiger Verzögerung – Deutschlands. Arbeitsteilung und Spezialisierung sind die Voraussetzungen für den Einsatz von Maschinen. Zum Inbegriff der arbeitsteiligen Produktion ist im 20. Jahrhundert das Fliessband in H. Fords Autofabriken geworden. F.W. Taylor (1856-1915) entwarf eine Organisationslehre, die diese technologischen Entwicklungen theoretisch reflektierte und zugleich neu antrieb. Für die

Abb. 3: Zusammenhang von Globalisierung und Arbeitsteilung

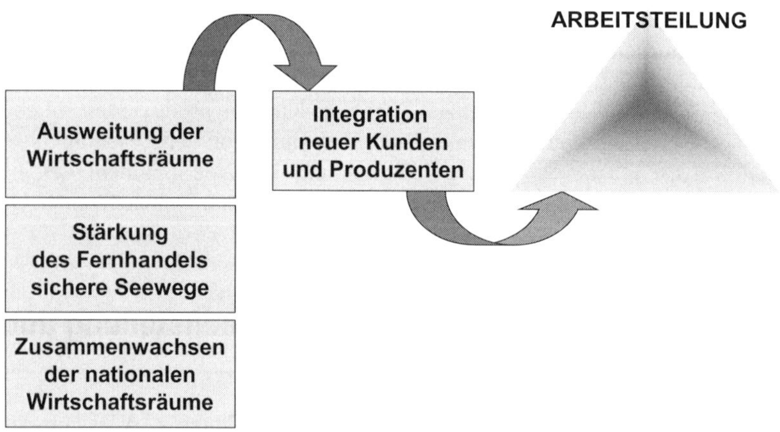

© 2002 Center for Corporate Citizenship

[3] Vgl. zu dieser Entwicklung insgesamt Landes (1999).

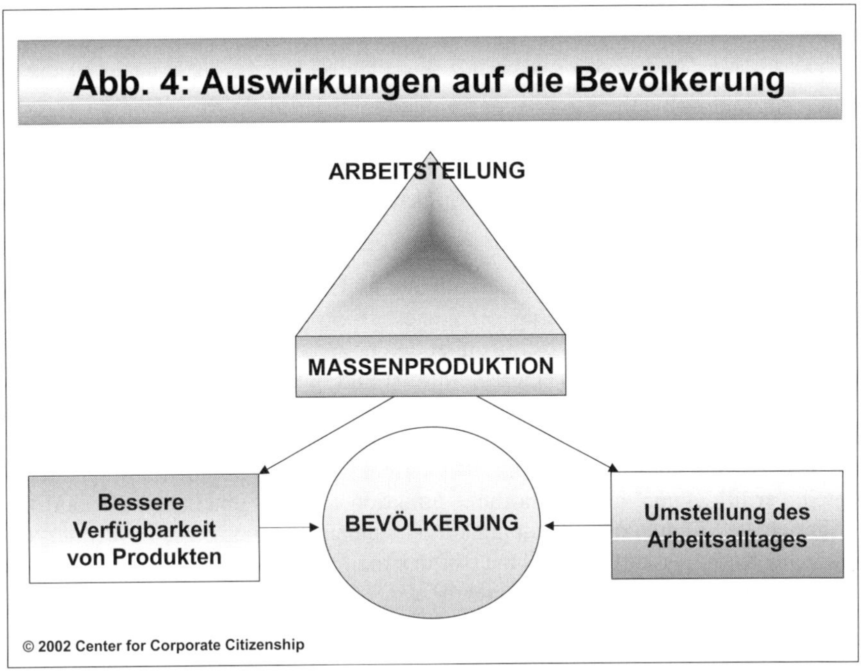

Bevölkerung drückte sich dieser Prozess in doppelter Weise aus: In der langsam sich verbessernden Verfügbarkeit von Produkten des Massenkonsums einerseits und in einer radikalen Umstellung des Arbeitsalltags im Kontext industrieller Produktion andererseits.

Die Veränderung wirtschaftlicher Produktion ist mit der kontinuierlichen Automation und dem Siegeszug der Maschine, zugleich aber mit einem fortschreitenden Professionalisierungsprozess verbunden. Zunächst nehmen Notwendigkeit von und Bereitschaft für Investitionen rapide zu. Investiert werden muss in den Bau von industriellen Produktionsanlagen, die die ‚Massenproduktion' für Massenmärkte ermöglichen. Investiert wird aber auch in Forschung und Entwicklung neuer Anlagen, die billiger und ressourcenschonender arbeiten. Investiert werden muss in Qualifikation und Ausbildung von Mitarbeitern. Reichte in der vormodernen Gesellschaft das Lernen durch Imitation der Älteren und Erfahrenen aus, so wächst mit Arbeitsteilung und Spezialisierung auch die Komplexität der Umwelt – und damit das Bildungserfordernis. Das gilt bereits für die Bedienung von Produktionsanlagen, noch stärker aber für Planung und Organisation von Produktionsprozessen und Arbeitsabläufen. Auch die Figur des ‚Managers' ist insofern ein typisch modernes Phänomen.

Der Siegeszug des modernen Unternehmens steht paradigmatisch für die wirtschaftliche Seite der ‚großen Transformation' hin zur Industriegesellschaft der

Moderne. Das Unternehmen ist jener gesellschaftliche Ort, an dem Arbeitsteilung und Spezialisierung organisiert und weiterentwickelt werden. Es ist Instrument der Professionalisierung in einem doppelten Sinne. Einmal insofern das Unternehmen selbst auf unterschiedlichen Ebenen Professionalisierungsprozesse in der Gesellschaft voran treibt; aber auch insofern, als das Unternehmen als ganzes ein Produkt von Arbeitsteilung und Professionalisierung in der Gesellschaft darstellt. Die neuerliche Rückbesinnung auf ‚Kernkompetenzen' des Unternehmens ist ein Ausdruck dieser Zusammenhänge [4].

Nicht nur Produktionsprozesse innerhalb und außerhalb von Unternehmen sind in der modernen Welt arbeitsteilig organisiert. Eine Spezialisierung entlang verschiedener Funktionen kennzeichnet über den engeren Bereich produktionstechnischer Arbeitsteilung hinaus auch den Aufbau und die Struktur der modernen Gesellschaft insgesamt. Die soziologische Systemtheorie (N. Luhmann) spricht im Kontext moderner Gesellschaft von einer Ausdifferenzierung ‚autonomer' Funktionssysteme von Wirtschaft, Politik, Wissenschaft, Recht, Kultur, Religion[5]. Jeder Bereich erfüllt ‚seine' gesellschaftliche Funktion exklusiv und hat eine darauf hin ausgerichtete Logik der Kommunikation, einen autonomen ‚Code' hervorgebracht. Kommunikationen nehmen in der modernen Welt schnell zu; doch sie erfolgen nahezu ausschließlich ‚entlang' der Ausdifferenzierung, also in den jeweiligen Subsystemen Wirtschaft, Politik, Wissenschaft etc. Die Kommunikation über Bereichsgrenzen hinweg wird demgegenüber immer stärker zum Problem, weil – nach Luhmann – die Subsysteme bereichsfremde ‚Codes' nur mehr als fremdes ‚Rauschen' wahrnehmen.

Die seit dem späten 20. Jahrhundert vieldiskutierte Globalisierung bringt keine wirklich neue Qualität in diesen Prozess hinein. Sie lässt sich vielmehr als Fortsetzung der ‚Ausdifferenzierung' autonomer Sachbereiche in den internationalen Raum hinein begreifen. Denn das Zusammenwachsen der Kommunikation über nationale und kulturelle Grenzen hinweg entfaltet sich nicht ‚symmetrisch', sondern entlang der ausdifferenzierten Subsysteme: Inländische Unternehmen kommunizieren mit ausländischen Unternehmen, inländische Politiker mit ausländischen Politikern, Wissenschaftler mit Wissenschaftlern, Juristen mit Juristen, Theologen mit Theologen etc.

Fassen wir zusammen: Was bestimmt den ‚Wohlstand der Nationen' ? Es ist eine umfassende Arbeitsteilung, Spezialisierung und Professionalisierung über alle Sachbereiche und Funktionen hinweg. Entwickelte Gesellschaften verfügen über effektive und hochfunktionale Einheiten in Wirtschaft, Politik, Bürgergesellschaft, Kultur etc., unterentwickelte Gesellschaften bleiben in mehreren Dimensionen gleichzeitig dahinter zurück. Nachhaltige Entwicklung als Prozess ist kein Macht-

---

4 Vgl. auch dazu insgesamt Porter (1986).

5 Vgl. Luhmann (1991).

Abb. 5: Ausdifferenzierte Gesellschaft

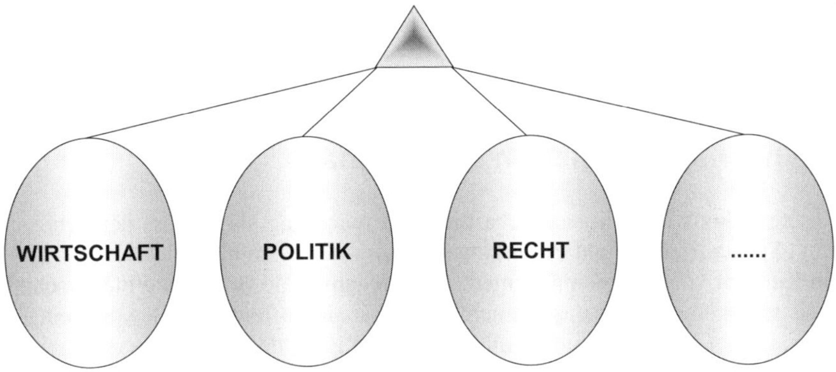

© 2002 Center for Corporate Citizenship

kampf, sondern ein wechselseitiges Steigerungsverhältnis zwischen den gesellschaftlichen Teilbereichen[6]: D.h. in einer entwickelten Gesellschaft ist die Wirtschaft dynamischer und innovativer, Politik und Verwaltung funktionieren reibungsloser und bürgerorientierter, die Qualität der Gesundheitsversorgung und der sozialen Dienste ist höher, die kulturellen und erzieherischen Möglichkeiten sind größer etc.

Eine derartige Selbstvergewisserung der eigenen Position im Prozess der Herausbildung entwickelter Gesellschaft hat ganz erhebliche Konsequenzen für jede Theoriebildung, die einen (ethischen) Orientierungsanspruch für individuelles Handeln erhebt. Hat die Entstehung der arbeitsteiligen Großgesellschaft insgesamt zu einer Steigerung der Lebensmöglichkeiten, von Humanität und Menschenwürde beigetragen, dann dürfen ethische Leitmodelle und Zukunftsorientierungen in Wirtschaft und Politik weder explizit noch implizit auf eine Rücknahme dieser Entwicklung hinaus laufen[7]. Mit Sozialromantik ist im 21. Jahrhundert kein Staat zu machen – die Erfahrungen des 20. Jahrhunderts mit nationalsozialistischer Volksgemeinschaft und sozialistischer Produktionsgemeinschaft sollten uns noch

---

[6] Dies ist auch das Ergebnis der empirischen Studien von Putnam (1993).

[7] Vgl. Homann/Suchanek (2000).

deutlich vor Augen stehen. Jedes Konzept der Zukunftsorientierung wird zu zeigen haben, dass es die moderne Entwicklungsdynamik von Arbeitsteilung, Spezialisierung und Professionalisierung nicht abwürgt, sondern freisetzt. Jedes Zukunftsmodell muss die moderne Gesellschaft als seinen Kontext akzeptieren: Das gilt auch und gerade für unternehmerisches Bürgerengagement (Corporate Citizenship).

1.3 Die Frage: Warum Bürgerengagement in einer hochspezialisierten Gesellschaft?

Unsere Rekonstruktion gesellschaftlicher Entwicklung als Prozess der Arbeitsteilung, Spezialisierung und Professionalisierung stellt sich also auch als Anfrage an ein Konzept von Bürgerengagement. Die fundamentale Bedeutung bürgerschaftlichen Engagements für das Gemeinwesen hat das öffentliche Bewusstsein über schmale Expertenkreise hinaus auch nach dem Ende des UN-Jahres des Freiwilligen 2001 noch nicht wirklich erreicht[8]. Dies hängt auch mit Begründungsdefiziten zusammen. In Festansprachen, Broschüren und Gutachten wird immer wieder die Bedeutung ehrenamtlichen und bürgerschaftlichen Engagements betont. Das moderne Gemeinwesen lebe von dieser Einsatzbereitschaft etc. Eine systematische Begründung für diese Feststellungen und Postulate erfolgt dagegen selten: Wozu soll bürgerschaftliches Engagement im Gefüge der modernen Gesellschaft eigentlich gut sein?

Unsere Analyse des ‚Wohlstands der Nationen' macht die Bedeutung dieser Frage erst richtig offensichtlich. Denn wenn Arbeitsteilung, Spezialisierung und Professionalisierung entscheidende Kennzeichen von Entwicklung und Wohlstand sind, dann fragt sich, in welcher Beziehung bürgerschaftliches Engagement zu dieser Entwicklung steht. Aus der Sicht der einzelnen engagierten Bürgerin stellt ihr Engagement zunächst eine Alternative zu einer vertieften Arbeitsteilung und beruflichen Spezialisierung dar. Konkret ausgedrückt: Angesichts wachsenden Wettbewerbsdrucks im Berufsleben bleibt nur mehr Zeit *entweder* zur Mitarbeit in Bürgergruppe, Sportverein bzw. Elternvertretung *oder* zur Weiterbildungsveranstaltung und zusätzlichen beruflichen Qualifizierung[9]. Und auch der Unternehmer wird sein Engagement angesichts hohen Wettbewerbsdrucks permanent gegen andere mögliche Aktivitäten und Alternativen abwägen[10].

---

[8] Auch die Enquete-Kommission des Deutschen Bundestages zur 'Zukunft des bürgerschaftlichen Engagements', an deren Arbeit ich als Sachverständiges Mitglied teilgenommen habe, hat dies nicht durchgreifend ändern können.

[9] Vgl. Klenner/Pfahl/Seifert (2001).

[10] Vgl. Grayson (2000).

Auch aus gesellschaftlicher Sicht bleibt eine kritische Rückfrage: Läuft der Ruf nach mehr Bürgerengagement nicht faktisch auf die Rücknahme von Arbeitsteilung und Spezialisierung hinaus? Der engagierte Bürger ist ja ‚ehrenamtlich' aktiv – und dies bedeutet in vielen Fällen eben auch ‚unprofessionell'. Die – wirkliche oder vermeintliche – Konkurrenz von ‚Ehrenamtlichen' und ‚Professionellen' spielt insbesondere im Sozialbereich (Pflege von kranken, alten, behinderten Menschen) eine wichtige Rolle. Vor Gericht haben die ‚Schöffen' einen geringeren Stellenwert als der professionelle Berufsrichter, der ein Jurastudium absolviert hat und über Berufserfahrung verfügt. Nicht selten wird die ‚Zivilgesellschaft' von Intellektuellen als Bollwerk gegen die globale Ökonomisierung und das Vordringen von Marktzusammenhängen beschworen. Aus dieser Sicht legt sich die umgekehrte Frage nahe: Bräuchten wir überhaupt Bürgerengagement, wenn die arbeitsteiligen Institutionen der modernen Gesellschaft nur gut funktionieren würden? Ist es nicht nur eine sozialromantische Vision vom engagierten Mitmenschen im kleinen Dorf, die hier mitschwingt?

Auch das Konzept des vorliegenden Buches muss sich dieser Rückfrage stellen. Schlägt derjenige, der dem Unternehmen ‚Bürgerqualitäten' zuschreibt und ihm entsprechende gesellschaftsbezogene Aktivitäten abverlangt, implizit den Rückweg in die Feudalgesellschaft ein? Vor der Konstitution des modernen Staates und seines Gewaltmonopols lag die Macht in den Händen ‚feudaler' Machthaber, also ‚gesellschaftlicher' Kräfte wie Gutsherren und Fürsten, aber auch Zünften, Gilden und Kammern. Machtmissbrauch und Verletzung elementarer Persönlichkeitsrechte waren und sind im Kontext einer solchen vormodern-feudalen ‚gesellschaftlichen Selbstregulierung' an der Tagesordnung[11]. Demgegenüber ist das umfassende Gewaltmonopol in Händen des modernen Rechtsstaates eine wichtige zivilisationsgeschichtliche Errungenschaft. Es ermöglicht zugleich eine Arbeitsteilung zwischen der Wirtschaft, die nur Verantwortung für ihre eigenen Spielzüge trägt, und dem Rechtsstaat, der für die Einhaltung elementarer Grundregeln verantwortlich ist. Diese Arbeitsteilung entlastet die Unternehmen gerade davon, für alle möglichen gesellschaftlichen Probleme verantwortlich gemacht zu werden.

Versucht nun die Politik, durch die Propagierung der Bürgergesellschaft die Verantwortung für das Gemeinwesen an die Unternehmen zurück zu delegieren? Wird sie mit den (z.T. selbst geschaffenen) Problemen nicht mehr fertig und ruft deshalb die ‚mitverantwortlichen Bürger' zu Hilfe? Fragen wie diese werden gestellt – ein Konzept Unternehmerischen Bürgerengagements (Corporate Citizenship)

[11] Noch heute findet dies in vielen Teilen der Welt statt. So gehört etwa die ‚Zwangsvergewaltigung' junger Mädchen durch einen oder mehrere dörfliche Gesetzeshüter als Strafe für wirkliche oder vermeintliche Regelübertretungen zu den abscheulichsten Beispielen ‚gesellschaftlicher' Selbstregulierung, die allerdings in indischen und pakistanischen Dörfern noch immer Praxis ist.

muss sich damit auseinander setzen[12]. Es muss sich um systematische Begründungen für den oft eher intuitiv erfassten Wert des Engagements von Bürgerinnen und Bürgern bemühen.

Zunächst gilt es festzuhalten: Ehrenamt und bürgerschaftliches Engagement sind kein Selbstzweck. Der Ruf nach mehr Bürgerengagement läuft nicht auf die Forderung hinaus, mehr ‚umsonst' bzw. ohne die sonst übliche Professionalität zu tun. Das Leitbild der ‚Bürgergesellschaft' ist keine Alternative zur arbeitsteiligen und professionalisierten Gesellschaft. Diesem Missverständnis nicht zu verfallen, ist für ein schlüssiges Konzept von unternehmerischem Bürgerengagement (Corporate Citizenship) besonders wichtig. Denn dieses verlangt der Unternehmerpersönlichkeit und seinen Mitarbeitern nicht ab, in eine völlig andere Rolle zu schlüpfen – also etwa Politiker oder Aktivist zu werden. Der Unternehmer soll vielmehr Unternehmer bleiben und seine Funktion im arbeitsteiligen Gefüge der modernen Gesellschaft auch weiterhin spielen. Das bekannte Wort von M. Friedman ‚The business of business is doing business' hat durchaus seine Berechtigung, wenn es als Erinnerung an diesen Zusammenhang gelesen wird[13]. Unternehmerisches Bürgerengagement in einer entwickelten Gesellschaft kann nur dann systematisch begründet werden, wenn es sich aus der Funktionslogik dieser Gesellschaft selbst heraus entwickeln lässt. Es soll den Unternehmer zu einem ‚besseren' Unternehmer, das Unternehmen zu einem – sozial wie ökonomisch – leistungsfähigeren Unternehmen machen. Diese Überlegung erscheint banal, weist aber durchaus ein ‚kritisches Potenzial' in Bezug auf manche soziologische oder ‚ethische' Theoriebildung auf.

Das intuitive Wissen um die Bedeutung der Engagementbereitschaft von Bürgern und Unternehmen muss mit Argumenten und Begründungen versehen werden, die sich letztlich aus den anstehenden Herausforderungen der Weiterentwicklung von Demokratie und Marktwirtschaft selbst ergeben. Diese können nur aus der gewandelten Rolle des Staates heraus verstanden werden.

1.4 Das Wachstum des Leviathan im 20. Jahrhundert

Der Sozialphilosoph Thomas Hobbes hat seine Theorie des modernen Staates am Motiv des Leviathan entfaltet, eines Fabeltieres aus dem Buch Hiob des Alten Testaments. Am Anfang war der Ur-Zustand (‚natural position'): Angesichts eines chaotischen Kampfes ‚alle gegen alle' übertragen die Bürger ihre Gewalt simultan und umfassend diesem Leviathan – dem Souverän -, um als seine Untertanen in Sicherheit leben zu können. Der Verzicht auf das umfassende Selbstbestimmungs-

---

12 Vgl. auch die Kritik am Konzept ‚Corporate Social Responsibility' von Henderson (2001).

13 Vgl. Friedman (1970).

recht des Naturzustands erfolgt in strenger Äquivalenz als ‚Preis' dafür, das auch alle anderen so handeln: *‚Ich übergebe mein Recht, mich selbst zu beherrschen, diesem Menschen oder dieser Gesellschaft unter der Bedingung, dass Du ebenfalls dein Recht über dich ihm oder ihr abtrittst'* (17. Kapital). Hobbes' Vision vom ‚Leviathan'-Staat, der gesellschaftliche Ordnung umfassend garantiert, mochte im England der Bürgerkriege des 16. Jahrhunderts noch als wirklichkeitsfremde Utopie erscheinen. Die Bewohner einer vormodernen Gesellschaft konnten wohl nicht annäherungsweise erahnen, was für uns heute ‚Staat' bedeuten sollte. Noch zu Beginn des 20. Jahrhunderts beanspruchten der Staat und seine Beamten keine 20 Prozent des Sozialproduktes – sie beschränkten ihre Leistungen entsprechend auf Landesverteidigung, Rechtsprechung und (elementare) Infrastruktur.

Abb. 6: Gesellschaftsvertrag

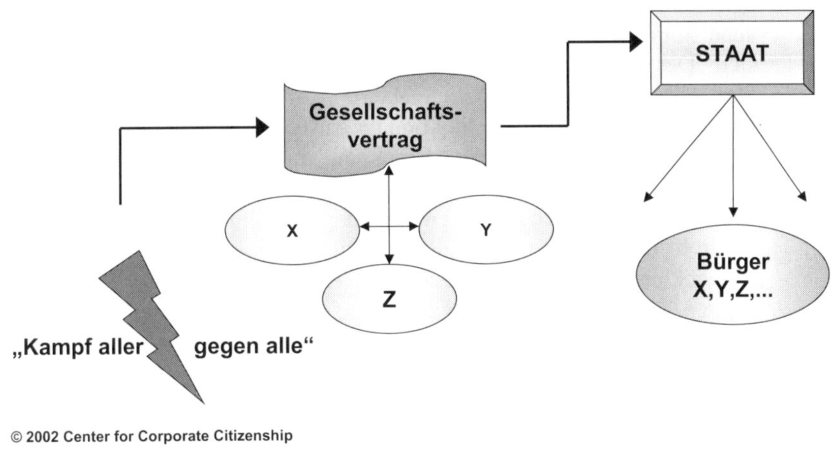

Zum wirklichen ‚Leviathan' wuchs der Staat dagegen erst im 20. Jahrhundert heran. Dies geschah unter dem Druck von Kriegen und Krisenerscheinungen, wie etwa mehrerer Geldentwertungen und dem Niedergang des Mittelstandes. Ein wichtiger Grund für die schnell wachsende Bedeutung des Staates waren aber vor allem die veränderten Bedürfnisse und Infrastrukturerfordernisse auf dem Weg in die Moderne. Denn stärker als die Lebensformen der Vormoderne ist die moderne Industriegesellschaft auf Institutionen und ‚öffentliche Gütern' angewiesen. Dazu gehören insbesondere:

1. Ein entwickeltes Bildungssystem als Voraussetzung der ‚Professionalisierung' ist bereits erwähnt worden: Es erfordert enorme ‚Investitionen', die im europäischen Kontext zum ganz überwiegenden Maße vom Staat bereit gestellt wurden.

2. Die Modernisierung stellt auch das Rechtssystem vor neue Herausforderungen – müssen doch die Austauschbeziehungen in einer arbeitsteiligen Gesellschaft vertraglich, und damit rechtsförmig strukturiert werden.

3. Die Steuerung von Angebot und Nachfrage erfolgt in der modernen Gesellschaft auf Wettbewerbsmärkten, die besonderer ordnungspolitischer Flankierungen bedürfen (Währungspolitik, Steuerpolitik, Wettbewerbsrecht etc.).

4. Arbeitsteilige Produktion und Güteraustausch auf Massenmärkten stellen neue Anforderungen an die Verkehrsinfrastruktur – ein Netz von Straßen, Eisenbahnlinien, Autobahnen, Häfen, Flughäfen etc. muss angelegt, gepflegt und weiterentwickelt werden.

5. Schließlich bringt die Auflösung feudaler Produktionsformen, die immer auch Solidargemeinschaften waren, für den einzelnen neue Risiken mit sich: Der Feudalherr schuldete seinem Knecht in Notlagen Solidarität. Das Verhältnis zwischen Arbeitgeber und Arbeitnehmer stellt demgegenüber sehr viel stärker eine funktionale Austauschbeziehungen auf anonymen Arbeitsmärkten dar. Bei Krankheit, im Alter sowie angesichts der neu entstandenen Gefahr der Arbeitslosigkeit kann sich der Bewohner der Industriegesellschaft nicht mehr auf enge Solidarbeziehungen stützen. Er droht ins Bodenlose zu fallen – ein Systemrisiko, das Stabilität und Entwicklungsfähigkeit der gesamten Gesellschaft gefährdet. Alle entwickelten Gesellschaften haben daher auf verschiedene Weise soziale Sicherungssysteme hervorgebracht – sozusagen als Generalkompensation für die Risiken, die (als Preis der höheren Produktivität) von den Bürgern zu tragen sind.

Es steht fest: Arbeitsteilung, Spezialisierung und Professionalisierung stellen überall dort, wo sie in Gang kommen, auch größere Anforderungen an die Erstellung ‚öffentlicher Güter' in einer Gesellschaft[14]. Öffentliche Güter aber lassen sich auf Märkten nicht erstellen: Die Notwendigkeit einer koordinierten Kraftanstrengung der Bürger wächst daher schnell an. Dies vor allem hat zum Wachstum des Staates im 20. Jahrhundert geführt. Der Staat wurde erst jetzt zum ‚Leviathan', zum um-

---

[14] Das bedeutet, dass der Modernisierungsprozess nicht nur – wie in der soziologischen Modernisierungstheorie betont – Individualisierungsprozesse mit sich bringt, sondern eben auch auf eine Stärkung kollektiven Handelns – also die verstärkte Erstellung öffentlicher Güter – hinausläuft.

fassenden Organ und exklusiven Instrument kollektiven Handelns seiner Bürger. Er profilierte sich auch erst in dieser Zeit als umfassende Regulierungsinstanz. Waren viele Vereinbarungen und Standards der entstehenden Industriegesellschaft zunächst durch Vereinbarungen im privaten Raum entstanden – etwa die Technischen Überwachungsvereine und DIN-Normen – so wurde es zunehmend als selbstverständlich empfunden, Regulierungen aller Art ausschließlich staatlichen Instanzen zu übertragen. Infrastrukturbetriebe wie Eisenbahngesellschaften oder selbst Rohstofflieferanten und Stahlwerke wurden vielerorts im Laufe des Jahrhunderts verstaatlicht. Politik und Verwaltung wuchsen zu ‚Spezialisten kollektiven Handelns' heran, die ihrerseits über spezielle Regelungskompetenzen verfügen.

Dieser Prozess wäre nicht in dieser Form abgelaufen, wenn er nicht vielfältige Vorteile für die Bürger mit sich gebracht hätte. Durch die Übertragung von Regelungsfunktionen an staatliche Institutionen wird zunächst eine Entlastung von Unternehmen und Bürgergruppen erreicht. Die sozialpolitische Zusage umfassender Sicherung gegen die wichtigsten Lebensrisiken besaß bis weit in die Mittelschicht hinein eine große Attraktivität[15]. Gerade in Deutschland haben Staat und Verwaltung bei der Entwicklung der modernen Industriegesellschaft eine zentrale Rolle gespielt. Sie stellten – zumal in Preußen – eine weltweit einmalige Infrastruktur zur Verfügung. Sie trieben durch strukturpolitische Maßnahmen den sozialen Wandel beschleunigt voran, der beim Nachzügler Deutschland wesentlich rasanter ablief als in anderen europäischen Ländern. Sie schufen im Laufe des 20. Jahrhunderts eine Arbeits- und Sozialgesetzgebung, die weltweit ihresgleichen sucht. Angesichts der heutigen Diskussionslagen vergessen wir häufig, dass es zu Beginn der Industrialisierung in Deutschland Staat und Verwaltung waren, die die Modernisierung der Gesellschaft voran getrieben haben. Hier zeigen sich – insbesondere in Preußen – Traditionsbestände, die bis zu den Reformen von Stein und Hardenberg am Beginn des 19. Jahrhunderts zurück reichen: Reformen, die die Gewerbefreiheit und die Abschaffung strenger Zunftregeln (inklusive der Abschaffung der Kammern) gegen den Widerstand der Wirtschaft und starker gesellschaftlicher Kräfte durchgesetzt haben. Staatliches Handeln hatte in Deutschland auch deshalb eine höhere Reputation, weil es eben jahrzehntelang besser funktionierte und höhere Wohlfahrtssteigerungen brachte als in anderen europäischen Ländern. Um diese funktionsfähige Administration wurde Deutschland lange beneidet. Sie hat sich in vielfältigen krisenhaften Übergangszeiten der deutschen Geschichte des 20. Jahrhunderts (Weltkriege, Inflation, Teilung, Wiederaufbau, Wiedervereinigung) als die entscheidende ordnungspolitische Instanz profiliert – etwa bei dem Aufbau der Sozialen Sicherungssysteme im Nachkriegsdeutschland.

Für die Unternehmen hat diese Arbeitsteilung eine wichtige Entlastungsfunktion gebracht: Stärker als in anderen, weniger funktionsfähigen nationalen Wirtschafts-

[15] Darauf hat Lindbeck (1995) hingewiesen.

ordnungen konnten sie ein ausgefeiltes staatliches Institutionensystem als selbstverständliche Vorgabe voraussetzen und sich ganz auf die Verbesserung ihrer technologischen und organisatorischen Wettbewerbsfähigkeit beschränken. Es wäre eine geschichtslose Verzerrung der wirklichen Zusammenhänge, wenn diese Vorteile aus heutiger Sicht übersehen würden. Was manchem Zuschauer von außen als ‚Wirtschaftswunder' erscheinen musste, das war in Wirklichkeit einem arbeitsteiligen und gut aufeinander abgestimmten Zusammenwirken von Unternehmen und Politik, Unternehmen und Verwaltung, Unternehmen und staatlichen Bildungseinrichtungen (z.B. im ‚dualen System'), Unternehmen und Sozialkassen etc. zu verdanken.

Dies wirft die Frage auf: Stellt die Ermächtigung des Staates inklusive seines im 20. Jahrhundert immer breiteren und engmaschigeren Netzes von Organen und Regelungen vielleicht einen notwendigen ‚Preis' für die handfeste Wohlstandsteigerung im Zuge von Arbeitsteilung, Spezialisierung und Professionalisierung dar? Erkauft sich der Bürger der Industriegesellschaft seinen Wohlstand um den Preis der Unterwerfung unter den Leviathan Staat? Muss er ‚Freiheit und Verantwortung' an spezialisierte Organe delegieren und sich darauf beschränken, seine spezielle Arbeit (immer besser) zu erledigen? Die totalitären Erfahrungen des 20. Jahrhunderts zeigen, dass mit einer solchen Aufgabenverteilung zwischen Wirtschaft und Politik auf Dauer kein ‚Staat zu machen' ist. Denn eine Logik des pragmatischen ‚Biedermeier-Bürgertums' wiederspricht nicht nur unserem Leitbild vom mündigen Bürger. Es hat sich vielmehr deutlich gezeigt, dass ein sich selbst überlassener Leviathan die Wohlfahrt der ihm Anvertrauten, die er zu mehren eingesetzt ist, durch sein ungezügeltes Wachstum wieder verspielt.

Schon Hobbes stellte in seinem klassischen Buch zur Lösung des ordnungspolitischen Dilemmas mit Hilfe des Leviathan die Anschlussfrage: ‚Quis custodiet custodes ipsos? – Wer kontrolliert die Kontrolleure selbst?' Die volle Relevanz dieses Folgeproblems der Hobbes-Lösung erschließt sich vielleicht erst uns, die wir nach den Erfahrungen des 20. Jahrhundert mit seinen diversen Typen des Sozialismus leben. Die Antwort, die Hobbes selbst darauf gegeben hat, war der Hinweis auf die relevanten Alternativen: Das Leben unter einem Despoten erschien allemal erstrebenswerter als der anarchische Kampf aller gegen alle. Doch das Maß an Terror, Freiheitsbeschränkung und kollektiver Irrationalität, zu dem der Leviathan des 20. Jahrhunderts fähig war, vermochte man in der frühen Neuzeit noch nicht annähernd zu erahnen. Selbst die demokratische Ordnung der Bundesrepublik Deutschland zeigt immer wieder Tendenzen der Verselbstständigung bürokratischer Administration und patriarchalischen Gängelung ihrer Bürger. Und im weltweiten Maßstab stellen Machtmissbrauch und Korruption oft entscheidende Entwicklungshindernisse dar. So stellt sich die Frage nach alternativen Entwicklungspfaden zum Leviathan in neuer Aktualität.

1.5 Globalisierung und Bildungsrevolution – der Leviathan wird zum Dinosaurier

Das Biotop des Leviathan

Ist die oben beschriebene Entwicklung der Modernisierung als umfassender Ermächtigung des Staates alternativlos? Die Suche nach neuen Wegen erscheint umso vielversprechender, wenn man die spezifische Ausgangssituation zu Beginn der Industrialisierung mit derjenigen von heute vergleicht. Was waren die spezifischen Bedingungen, unter denen sich der Siegeszug des Staates als umfassende Regulierungsinstanz und ‚Leviathan' der Gesellschaft ereignen konnte? Sie waren im Vergleich zu heute gekennzeichnet insbesondere durch:

a) ein außerordentlich niedriges Bildungsniveau der Bevölkerung, deren Akademikeranteil stabil unter 10 Prozent lag;

b) durch relativ einfache technische Anforderungen, die jeweils breitflächig umgesetzt werden mussten;

c) durch eine nach außen hin abgeschlossene ‚Nationalökonomie', die kaum ‚Umwege' über regelungsexterne Auslandspositionen zuließ;

d) durch starke Interessenkonflikte zwischen gesellschaftlichen Gruppen bei weitgehendem Fehlen einer Mittelschicht, was eine gesellschaftliche Selbstorganisation erschwerte;

e) durch eine hierarchische Sozialkultur, in der die Autorität staatlicher Instanzen die Einhaltung festgelegter Regeln garantierte bzw. deren Durchsetzung gegenüber einer gesellschaftlichen Selbstkontrolle wesentlich ‚billiger' ermöglichte.

Diese Faktoren bildeten ein ‚Biotop', in dem das schnelle Wachstum des Leviathan-Staates garantiert war. Sie haben dazu beigetragen, dass in den dominierenden soziologischen, philosophischen und juristischen Entwicklungstheorien des 19. und 20. Jahrhunderts[16] gesellschaftlicher Fortschritt insgesamt mit dem ständigen Wachstum und weiteren Ausbau des Staates inklusive seiner Organe identifiziert werden konnte. Dabei ist übersehen worden, dass es auch in Deutschland schon immer auch Alternativen zur (zentral-)staatlichen Regeldurchsetzung gegeben hat. Hier ist etwa die kommunale Selbstverwaltung zu nennen, die in Mitteleuropa auch immer eine wichtige Rolle gespielt hat. Ein anderes Beispiel ist die Selbstregulierung und -kontrolle in Verbänden.

---

[16] Von G.W.F. Hegels ‚Grundlinien der Philosophie des Rechts' bis zu N. Luhmann ‚Gesellschaft der Gesellschaft'.

Veränderungen: Die Bildungsrevolution

Nur unter den genannten Bedingungen konnte sich der Staat zum alles beherrschenden Ordnungsinstrument der Gesellschaft entwickeln. Doch dieselben Entwicklungen des 20. Jahrhunderts, die den Leviathan hervorgebracht haben, veränderten zugleich seine ‚Lebensbedingungen', also die gesellschaftlichen Rahmenbedingungen für kollektives Handeln. Dies zeigt schon ein flüchtiger Blick auf die oben genannten Faktoren. Zeitversetzt zur allgemeinen Wohlfahrtssteigerung ist zunächst das allgemeine Bildungsniveau der Bevölkerung rapide gestiegen. Dies hat die Gesellschaft vielleicht stärker verändert als alle anderen Faktoren gesellschaftlicher Entwicklung. Immer bessere Ausbildung ist einerseits notwendig, um den Prozess fortwährender Arbeitsteilung, Spezialisierung und Professionalisierung in der Wirtschaft fortzusetzen: Sie stellt sich zunächst als höhere berufsspezifische Fachkenntnis dar. Darüber hinaus werden aber durch ein steigendes Bildungsniveau Veränderungen auch in anderen gesellschaftlichen Bereichen freigesetzt. Es kommt zu einem langsamen, aber umfassenden Wandel der Sozialkultur. Das Zusammenleben innerhalb der Familien ist davon ebenso berührt wie Ansprüche an Freizeitgestaltung, an politische und gesellschaftliche Partizipation etc.

Auch jenseits oberflächlicher Emanzipationsideologien verändern sich etwa die Anforderungen an die Gestaltung betrieblicher Entscheidungs- und Organisationsprozesse und die Weiterentwicklung des ‚Systems Arbeit' (W. Then): Der Ruf nach stärkerer (unternehmerischer) Selbstverantwortung auch von Mitarbeitern, nach neuen Formen der (‚endogenen') Mitarbeitermotivation, der Selbststeuerung und -kontrolle im Kontext teilautonomer Arbeitseinheiten ist Ausdruck eines massiv ansteigenden Bildungsniveaus. Unternehmen und Betriebe standen und stehen hier vor gravierenden Herausforderungen der Reform ihrer Organisationsstruktur. Wer im Beruf gewohnt ist, stärker selbständige Entscheidungen zu treffen, der stellt auch an politische und gesellschaftliche Entscheidungsprozesse neue Anforderungen. Autoritäten und Instanzen werden nicht mehr als ‚wohlwollender Diktator' akzeptiert – eine bessere Informationslage bezüglich der Interessenzusammenhänge, Anreize und Strategien politisch handelnder Schlüsselpersonen durch eine professionellere Medienberichterstattung tut hier ein Übriges. Die Mündigkeit der Bürgerinnen und Bürger und ihr nüchternes Wissen um die Notwendigkeit von Machtkontrolle und ‚anreizkompatibler' institutioneller Arrangements sind gewachsen. Gewachsen ist dabei auch ihre Fähigkeit, sich kompetent in die Lösung der Ordnungsprobleme ihres sozialen Umfelds einzubringen. Im komplexen gesellschaftlichen Gefüge des beginnenden 21. Jahrhundert ist ‚Bürgerbeteiligung' und Partizipation längst zu einer Notwendigkeit für Politik und Verwaltung geworden: Denn Informationen und Potenziale liegen fast ausschließlich bei den Betroffenen selber – in Unternehmen und Bürgergruppen, bei Sozialen Trägern und Fachinstitutionen etc.[17]

---

[17] Vgl. dazu Habisch (1999b).

Veränderungen: Komplexere Probleme und verlagerte Problemlösungskompetenz

Damit ist schon eine zweite wichtige Veränderung genannt: Dies ist die erheblich gewachsene Komplexität der technischen und sozialen Umwelt und der dadurch auftretenden ordnungspolitischen Problemstellungen. Hochspezialisierte Handlungskontexte in Ökonomie, Technik, Ökologie, Sozialbereich und Kultur entfalten eine Eigendynamik, die von Außenstehenden kaum mehr nachvollzogen werden kann. Die Politik kann hier weniger denn je eine ‚Generalkompetenz' beanspruchen. Zugleich wachsen aber in einer modernen Gesellschaft die wechselseitigen Abhängigkeiten und Interdependenzen rapide an. Wer Modernisierung nur als ‚Individualisierung' und damit als Zerfall traditioneller Abhängigkeitsverhältnisse wahrnimmt, der verkennt, dass hier eine Vielzahl neuer Abhängigkeiten entsteht. Eine moderne Gesellschaft ist in dieser Hinsicht ein sehr viel ‚beziehungsreicheres' Gefüge. Ihre hochspezialisierten Teilelemente stehen in produktivem Austausch, aber auch in großer Abhängigkeit voneinander und von der Gesellschaft insgesamt (‚Interdependenz').

Um die Produktivität von Austauschbeziehungen zu erhalten oder noch zu steigern, müssen wechselseitige Abhängigkeiten immer wieder neu gestaltet oder an veränderte Rahmenbedingungen angepasst werden. Auf allen Ebenen müssen daher Regeln vereinbart und immer wieder neu angepasst werden. Eine moderne Gesellschaft muss sich ständig neu selbst hervorbringen. Wo liegen die Potenziale und Humanressourcen für diese Herausforderung?

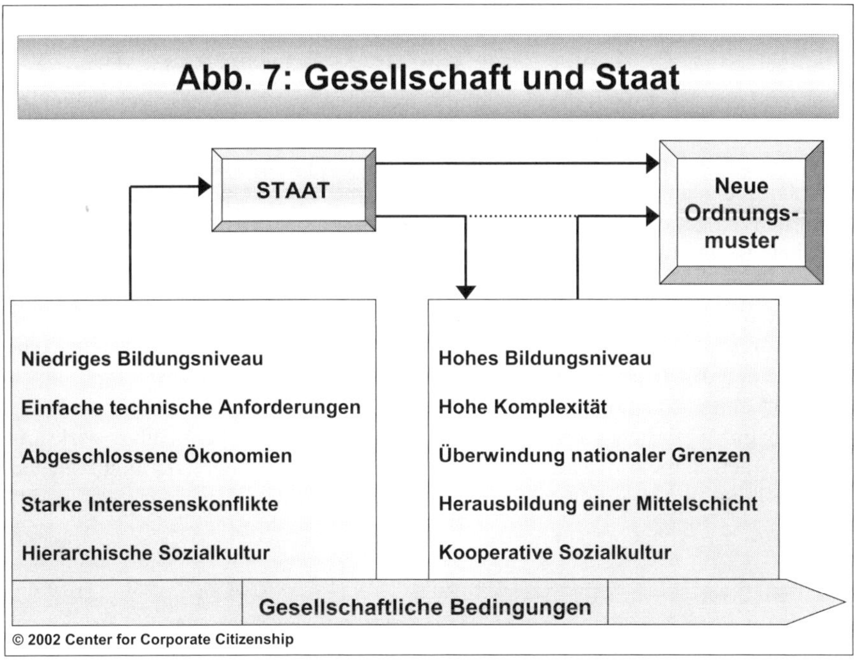

Noch zu Beginn der Industrialisierung waren die Bildungseliten weitgehend im Staatsdienst – in Justiz und Verwaltung – beschäftigt; die Preußische Bürokratie des Wilhelminischen Kaiserreiches verfügte über einen Kompetenz- und Wissensvorsprung, der die beherrschende Rolle des Staates als nahezu exklusiver ordnungspolitischer Instanz rechtfertigte. Johann Gottfried Leibnitz, der als letzter ‚Universalgelehrter' gilt, lebte im 18. Jahrhundert. Die immer tiefere Arbeitsteilung, Spezialisierung und Professionalisierung hat demgegenüber zu einer derartigen Akkumulation von – theoretischem wie praktischem – Wissen geführt, dass eine solche ‚Generalkompetenz' heute an keinem Punkt des gesellschaftlichen Gefüges mehr in Anspruch genommen werden kann. Das Wissen um die jeweils ‚eigentlichen' Probleme und die entscheidenden Faktoren, an denen Problemlösungen ansetzen müssten, liegt vielmehr unhintergehbar bei den ‚Insidern' des betreffenden Bereiches. Die Kontrolle von hochprofessionellen Spezialisten durch staatliche Beamte, die weit weniger vorbereitet und motiviert sind als die Kontrollierten selbst, bleibt notwendigerweise lückenhaft. In dieser Situation wird eine (individuelle oder kollektive) Selbstregulierung und Selbstkontrolle von Funktionsträgern in Wirtschaft, Wissenschaft, Politik, Kultur etc. gegenüber einer rein staatlichen Fremdregulierung bedeutsamer[18].

Veränderungen: Globalisierung der Handlungskontexte

Dies wird noch wesentlich verstärkt durch die dritte hier zu nennende Entwicklung: die Überwindung nationaler Grenzen und die wachsende Interdependenz nationaler Kulturräume. Staatliche Regulierungskompetenz ist an das Territorium des Nationalstaates, wie er sich im 18. und 19. Jahrhundert herausgebildet hat, gebunden. Der Geltungsbereich seiner Gesetze endet an seinen Grenzen. Gerade in Europa wissen wir um die mangelnde Wirksamkeit solcher territorial begrenzter Regulierungen – hat doch die Anzahl der Nationen hier seit 1990 noch weiter zu- bzw. ihre Größe weiter abgenommen. Doch auch die Ausweitung des politisch-administrativen Ordnungsprinzips über nationale Grenzen hinweg ist nicht einfach. Ordnungspolitische Rahmensetzung ist prinzipiell an eine demokratische Öffentlichkeit gebunden, die den Prozess parlamentarischer Entscheidungsfindung begleitet. Demokratische Öffentlichkeit entwickelt sich aber nur in einem mehr oder weniger geschlossenen Sprach- und Kulturraum. Kulturübergreifende demokratische Meinungsbildung funktioniert bisher kaum – selbst Nationen mit zwei oder mehreren Teilkulturen (Belgien, Schweiz etc.) haben Schwierigkeiten, einheitliche demokratische Meinungsfindung zu organisieren (ein wichtiges Argument für einen föderalistischen Staatsaufbau). Internationale Institutionen wie etwa die Europäische Union oder gar die UNO verfügen kaum über wirksame Mechanismen demokratischer Herrschaftskontrolle (kritische Öffentlichkeit, Gewaltenteilung etc.). Sie unterliegen dementsprechend einem permanenten Legiti-

---

[18] Vgl. dazu bereits die Beiträge in Mayntz/Scharpf (Hrsg.) (1995).

mationsdefizit ihrer Entscheidungen, und werden auf absehbare Zeit kaum in der Lage sein, die Rolle des Staates in der Phase der Industrialisierung auszufüllen [19].

Multilaterale diplomatische Vereinbarungen, wie sie etwa in der zunehmenden ‚globalen Gipfeldiplomatie' Ausdruck finden, sind demgegenüber noch wesentlich schwieriger zu erzielen. Sie leiden zudem darunter, dass die Staaten mit unterschiedlichen Interessen selbst auch als Kontrollinstanzen etwaiger Vereinbarungen fungieren müssen. Zwar zeigt etwa die internationale Vereinbarung über die Begrenzung der Fluorkohlenwasserstoffe zum Schutz der Ozonschicht, dass selbst unter solchen höchst schwierigen Bedingungen noch erfolgreiche Regulierungen möglich sind; dabei handelte es sich allerdings um einen relativ klar abgegrenzten Bereich mit deutlich vor Augen stehendem Handlungsdruck. Als funktionsfähiges ordnungspolitisches Lösungsmuster für eine Vielzahl alltäglicher Standardprobleme werden derartig aufwändige Vereinbarungen auf absehbare Zeit nicht gelten können – und zwar auch dann nicht, wenn sich die Entscheidungsprozeduren internationaler Institutionen noch vereinfachen ließen. Die globalisierte Welt des 21. Jahrhunderts ist auf ‚zielgenauere' ordnungspolitische Instrumentarien angewiesen, die flexibler auf Reichweite, Struktur und betroffene Gruppen abgestimmt sind.

Veränderungen: Dominanz der Mittelschicht

Schließlich ist noch eine vierte Entwicklung zu nennen. In der Klassengesellschaft des Frühkapitalismus war der Staat auch deshalb als dominante Ordnungsmacht unverzichtbar, weil eklatante Interessengegensätze die Gesellschaft spalteten – ein Phänomen, das durchaus mit der Situation heutiger Entwicklungs- und Schwellenländer vergleichbar ist. Gemeinsame Interessen – die vielbeschworenen ‚Win-Win-Potenziale' – traten zumindest in der dominanten kulturellen Wahrnehmung weitgehend hinter den alles beherrschenden Interessengegensätzen von ‚Arbeit' und ‚Kapital' zurück. Folgerichtig hat sich staatliche Ordnungspolitik in Deutschland immer auch sozialpolitisch profiliert (ist etwa die Berufsvertretung der Nationalökonomen der traditionsreiche ‚Verein für Socialpolitik'). Heute bildet die Mittelschicht, die über vergleichbare Bildungsstandards verfügt, die Mehrheit der Bevölkerung. Dies hat gegenüber der sozial zerklüfteten Klassengesellschaft des beginnenden 20. Jahrhunderts weitere wichtige Voraussetzungen für gesellschaftliche Selbstregulierung geschaffen. In der ‚nivellierten Mittelschichtsgesellschaft', die in Deutschland aller Rhetorik zum Trotz stärker verwirklicht ist als anderswo, ist eine Zusammenarbeit ‚auf Augenhöhe' zwischen Unternehmen einerseits und Bildungseinrichtungen, sozialen und kulturellen Trägern oder Bürgergruppen andererseits viel eher möglich als während der frühen Industrialisierung.

Halten wir fest: Das Wachstum des Staates zum umfassenden Instrument ordnungspolitischen Handelns war die Antwort auf spezielle Herausforderungen der

---

[19] Vgl. hierzu auch Annan (2000), Reinicke/Deng (2000) und Reinicke (1998).

Industrialisierung und Modernisierung im 20. Jahrhundert; doch eben diese Entwicklung hat auch die Rahmenbedingungen radikal verändert. Ein höheres Bildungsniveau der Bevölkerung, komplexere Ordnungsprobleme, die Aufweichung nationaler Grenzen in der Globalisierung und die kulturelle Dominanz eines breiten Mittelstandes – alles das verändert die ‚Kostenverhältnisse' ordnungspolitischen Handelns radikal. Das Ungenügen an tradierten politisch-diplomatisch-administrativen Prozeduren bestimmt die kulturelle Grundbefindlichkeit unserer Zeit ganz offenkundig: in Wirtschaft und Technik ebenso wie in der Schule, im sozialen Bereich ebenso wie in Kultur, Bildung, Umwelt. Die Bürgerin, an hohe Professionalitäts- und Effizienzstandards in ‚ihrem' Bereich der hochspezialisierten Gesellschaft gewöhnt, empfindet die Defizite einer vergleichsweise kruden Regulierung deutlicher. Der Leviathan ist heute monströser denn je: Er nimmt immer stärker Züge eines Dinosauriers an.

1.6 Die Funktion des Staates in der Gesellschaft: geordnete Freiheit

Soziale Ordnung als Stabilisierung wechselseitiger Verhaltenserwartungen

Doch gibt es Alternativen zum Leviathan? Hier ist zunächst daran zu erinnern, dass sich im internationalen Vergleich nationaler Ordnungssysteme sehr wohl ganz verschiedene ‚Mischungen' von Staat, Markt und Bürgergesellschaft herausgebildet haben[20]. So ist etwa in kontinentaleuropäischen Kulturen wie Deutschland oder Frankreich die Rolle des Staates schon immer sehr viel stärker gewesen als etwa in England. Innerhalb bestimmter Grenzen sind also verschiedene Formen des ‚Ordnungsmix' auch unter entwickelten Gesellschaften möglich – ein Umstand, der uns gerade in Zeiten der Globalisierung deutlicher ins Bewusstsein tritt. Angesichts großer Unterschiede verschiedener nationaler Ordnungsgefüge stellt sich die Frage, welche ‚Leistung' diese eigentlich auf je unterschiedliche Art und Weise erbringen. Denn erst wenn man bestimmte Ordnungsformen nicht als Selbstzweck, sondern ihrerseits als Instrument versteht, lassen sich mehr oder weniger zweckmäßige Alternativen miteinander vergleichen.

Diese ‚Leistung' des Staates kann in der Tradition von Hobbes und anderen als ‚Soziale Ordnung' bezeichnet werden. Soziale Ordnung ist gekennzeichnet durch Erwartungssicherheit bezüglich des Verhaltens anderer – also Stabilität – aber auch durch geregelte Formen sozialen Wandels – also Entwicklungsfähigkeit. Konkreter gesagt: Der Zweck staatlichen Handelns ist die strukturelle Ermöglichung geordneter Freiheit.

---

[20] Anheier/Priller/Seibel/Zimmer (Hrsg.) (1998), Anheier (1999).

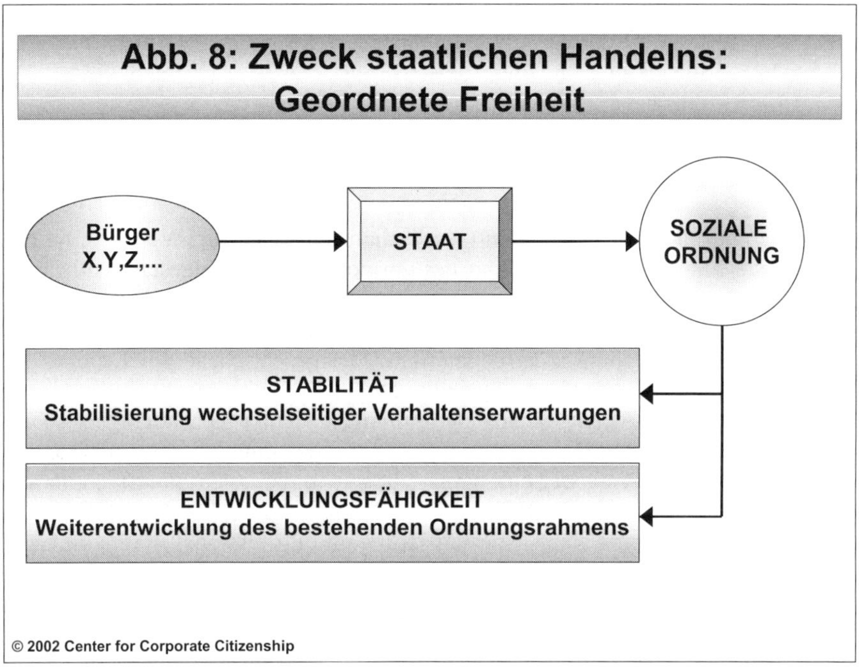

Die Stabilisierung wechselseitiger Verhaltenserwartungen ist eine elementare Voraussetzung für jede wirtschaftliche oder kulturelle Aktivität. Das gilt bereits für individuelle Gesundheit. Existenzielle Verunsicherung ist eine Ursache schwerer psychischer Erkrankung; doch das gilt noch stärker für die moderne arbeitsteilige Gesellschaft. Moderne Lebens- und Wirtschaftsformen sind durch die Notwendigkeit von Investitionen gekennzeichnet. Im Gegensatz zur Agrargesellschaft, die im wahrsten Sinne des Wortes von der Hand in den Mund gelebt hat, fallen Kosten und Ertrag in der modernen Wirtschaft stärker auseinander. Zum Teil muss hier über Jahre hinaus unter Inkaufnahme erheblicher Ertragsrisiken investiert werden[21]. Die Stabilität des rechtlichen, wirtschaftlichen und politischen Umfeldes ist unverzichtbar, damit Investoren diese Risken auf sich nehmen. Diese Stabilität wird durch rechtliche Institutionen – insbesondere das Grundrecht des Eigentums in seinen verschiedenen Ausformungen – gewährleistet. Dies verdeutlicht sich im internationalen Raum etwa in Entwicklungs- und Schwellenländern: Droht diese Stabilität verloren zu gehen, so zieht sich Investitionskapital zurück oder verlangt eine erhöhte Risikoprämie. Gerade dieses Beispiel zeigt aber auch, dass rechtliche Garantien eine zwar notwendige, aber nicht hinreichende Voraus-

---

[21] Vgl. zum Zusammenhang von Investitionsbereitschaft und institutioneller Stabilität grundlegend Brennan/Buchanan (1985).

setzung für die Stabilisierungsfunktion sozialer Ordnung darstellen. Es ist vielmehr das gesamte Ordnungsgefüge inklusive ,informeller' Normen und einer umfassenden Sozialkultur, die dieses leistet.

Soziale Ordnung und die Wahrung gesellschaftlicher Entwicklungsfähigkeit

Stabilisierung hat in der modernen Gesellschaft gegenüber der Vormoderne eine völlig neue Funktion. Anders als in der vormodernen Feudalgesellschaft ist die moderne Welt auf Wandel und Innovation hin angelegt. Das gilt schon auf individueller Ebene: Moderne Existenz ist geordnete *Freiheit.* Denn Stabilisierung wechselseitiger Verhaltenserwartungen (durch festgeschriebene Spielregeln) geht hier einher mit der Flexibilisierung individueller Freiheitsentfaltung (Innovation auf der Ebene der Spielzüge). Soziale Ordnung bedeutet nicht mehr Fortschreibung eines festgefügten Rollenschemas – wie in der mittelalterlichen Feudalgesellschaft. Sie bringt vielmehr eine Freisetzung – im weitesten Sinne – ,unternehmerischen' Engagements. Erst diese Freisetzung individueller Aktivitäten setzt den Prozess der Arbeitsteilung, Spezialisierung und Professionalisierung in Gang. Sie bleibt aber auf funktionsfähige Spielregeln angewiesen.

Sind also in der liberalen Großgesellschaft die ,Spielzüge' für Innovationen und individuelle Wahlhandlungen freigegeben, so sind die Spielregeln Ausdruck (relativer) Stabilität. Allerdings sind Wandel und Anpassungsfähigkeit auch auf der Ebene der Spielregeln notwendig. Elemente Sozialer Ordnung – Regeln und Gesetze – gelten in der modernen Gesellschaft nicht mehr als unveränderlich und (göttlich) vorgegeben, sondern sind selbst kontingent und damit prinzipiell möglichen Veränderung unterworfen[22]. Dabei darf allerdings ihre Stabilisierungsfunktion nicht verloren gehen. Veränderungen der Sozialen Ordnung erfolgen deshalb in der modernen Gesellschaft nicht erratisch, sondern laufen ,geregelt' und innerhalb der dafür vorgesehenen Prozeduren ab. So weiß der Bürger, mit welchem ,Typ' von Wandel er zu rechnen hat und mit welchem nicht. Der Unternehmer etwa weiß, dass die Nachfrage nach seinem Produkt sinken kann, dass seine Personalkosten steigen können etc. Aber er weiß auch, dass er nicht morgen entschädigungslos enteignet wird. Er weiß, dass Steuern steigen können, aber dass dies

[22] Der Nobelpreisträger J. Buchanan (1989) spricht von relativ absoluten Absoluta: Aus der Teilnehmerperspektive stellt z. B. ein bestimmter Steuersatz eine konstante Rahmenbedingung dar. Aus einer anderen Perspektive – z.B. derjenigen des Gesetzgebers – kann er zugleich zum Gegenstand (prozedural festgelegter) Veränderung werden. Sind für den Gesetzgeber dabei seinerseits bestimmte Verfassungsbestimmungen (z.B. Art. 14 GG) eine konstante Rahmenbedingung, so können auch diese wiederum einer Änderung unterworfen werden – etwa beim Zustandekommen einer verfassungsändernden Zweidrittelmehrheit im Bundestag. Was aus einer Handlungsperspektive als eine konstante Rahmenbedingung erscheint, das ist eigentlich nur ein relativ absolutes Absolutum.

nicht ohne Beschluss des Parlaments und mehr oder weniger intensive öffentliche Debatte möglich ist.

Die Herstellung Sozialer Ordnung und die Garantie von Stabilität und Entwicklungsfähigkeit einer modernen Gesellschaft wird seit dem Beginn der Modernisierung als exklusive Aufgabe des Staates und staatlicher Institutionen gesehen. Doch diese Wahrnehmung stellt eine Verengung des Instrumentariums dar. Ist der Staat unbestritten ein herausragendes Instrument zur Verwirklichung Sozialer Ordnung, so ist er doch in der globalisierten und hochkomplexen Welt des beginnenden 21. Jahrhunderts weniger denn je das einzig mögliche Instrument dafür. Hier setzt die neuere Diskussion um Soziales Kapital' und die Rolle einer aktiven Bürgergesellschaft an.

Abb. 9: Alternative Instrumente

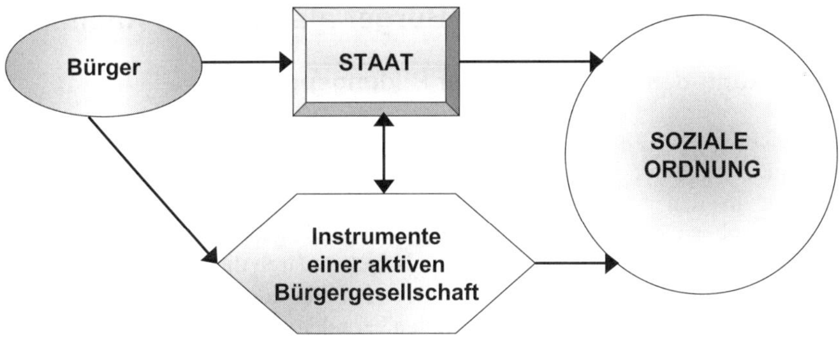

Jede Form der Sozialen Ordnung lässt sich auch als Gefüge von Regeln beschreiben. Aus der Sicht der Bürger stellen solche Regeln kollektive Selbstbindungen dar. Das Bild vom Leviathan in der Staatsphilosophie von Hobbes zeigt, dass sich auch der Staat, der als externe Zwangsinstanz zur Durchsetzung von Regeln erscheint, prinzipiell als Selbstbindung der Bürger begreifen lässt. Sie stimmen solchen Selbstbindungen zu und halten sich an die Regeln, wenn und insofern dies auch alle anderen Bürger tun. Im Kontext staatlicher Autorität ist es die Erzwingungsgewalt von Polizei und Verwaltung, die diese umfassende Regelkonformität sicher stellt. Sie leistet dies, indem sie Trittbrettfahrer oder Freerider überführt und bestraft. Der Trittbrettfahrer erwartet von allen anderen Bürgern, dass sie sich an die Regeln halten, hält sich aber selber gerade nicht daran. Durch dieses Verhalten setzt er den von Hobbes beschriebenen Gegenseitigkeitsmechanismus Sozialer Ordnung außer Kraft; die Staatsgewalt unterbindet genau dies und stabilisiert dadurch Soziale Ordnung. Sie lässt sich also als ein Instrument kollektiver Selbstbindung der Bürger begreifen und hilft ihnen, ihre langfristigen (konstitutionellen) Interessen gegen ihre kurzfristigen Antriebe zur Geltung zu bringen. Sinkt die Fähigkeit des Staates, die Einhaltung gemeinsamer Regeln zu erzwingen, dann erodiert die Soziale Ordnung.

Angesichts der genannten Grenzen des staatlichen Zwangsmonopols muss nach alternativen Mechanismen kollektiver Selbstbindung der Bürger zur Herstellung Sozialer Ordnung gesucht werden. Diese folgen prinzipiell derselben Logik: Sie bieten ein Instrumentarium, um Regelkonformität zu kontrollieren und ggf. Trittbrettfahrer zu bestrafen. Soziale Mechanismen, die Bürger zu wirksamen Selbstbindungen instand setzen, werden seit einigen Jahren unter dem Begriff Soziales Kapital diskutiert[23].

1.7 Netzwerke engagierter Bürger als Soziales Kapital

Die Herkunft des Begriffs aus der Bildungspolitik

Die neuere Diskussion um die Bedeutung Sozialen Kapitals entstammt der Soziologie und Pädagogik. Der renommierte amerikanische Bildungssoziologe J. Coleman hat in den 80er Jahren eine umfangreiche vergleichende Studie US-amerikanischer Grundschulen durchgeführt[24]. Die Ergebnisse waren in ihrer Eindeutigkeit frappierend: An privaten Grundschulen waren die ‚drop-out-rates' – die Raten der Schulabbrecher ohne qualifizierenden Abschluss – nur etwa ein Viertel so hoch wie an staatlichen Grundschulen. Kindern aus Familien aller Rassen, Konfessionen, Einkommens- und Bildungsschichten gelang es insbesondere an katholischen Grundschulen deutlich öfter, ihre Ausbildung erfolgreich abzuschließen. Auf der Suche nach Gründen für diesen eindeutigen Befund wies Coleman dem Netzwerk von Beziehungen, in das die konfessionelle Schule eingebettet ist, eine Schlüsselrolle zu. Katholische Grundschulen sind in den USA eng in die Kirchengemeinde integriert. Die Sonntagspredigt kann dann schon einmal von der Schulleiterin gehalten werden, die über neueste Entwicklungen berichtet und bei den Eltern der Gemeinde Renovierungsbedarf wie auch Hilfe bei der Vorbereitung eines Schulfestes anmahnt.

---

[23] Vgl. dazu den Überblick bei Habisch (1999), Offe (1999) bzw. Ostrom (2002).

[24] Vgl. Coleman (1988).

Die engen Kontakte von Schülern, Eltern und Lehrern, die jenseits des Schulalltags auch in der Gemeinde zusammen kommen und sich dabei über Alltagsprobleme austauschen können, machen nach Coleman den entscheidenden Unterschied der katholischen Grundschulen aus. Beim ‚Getting together' nach dem Gottesdienst kann die Lehrerin bei den Eltern nachfragen, warum die Leistungen des Schülers so abgefallen sind und ob er persönliche Probleme hat. Innerhalb der relativ homogenen Wertegemeinschaft der Gemeinde bzw. Schule werden Wertvorstellungen bezüglich Selbstdisziplin, Sozialverhalten und Aufmerksamkeit einheitlich über alle Erfahrungsräume des Kindes hinweg verstärkt – eine wichtige Voraussetzung für gelingende Normenvermittlung. Das Interessante ist: Von diesem sozialen Umfeld an katholischen Schulen profitieren auch Schüler aus nicht katholischen Familien, während Katholiken an staatlichen Schulen keine Vorteile haben. Coleman formuliert pointiert: Für den Schulerfolg eines Kindes ist es statistisch gesehen wichtiger, dass seine Nachbarn in die Kirche gehen als dass es selbst in die Kirche geht.

Abb. 10: Soziales Kapital in kath. Grundschulen in den USA

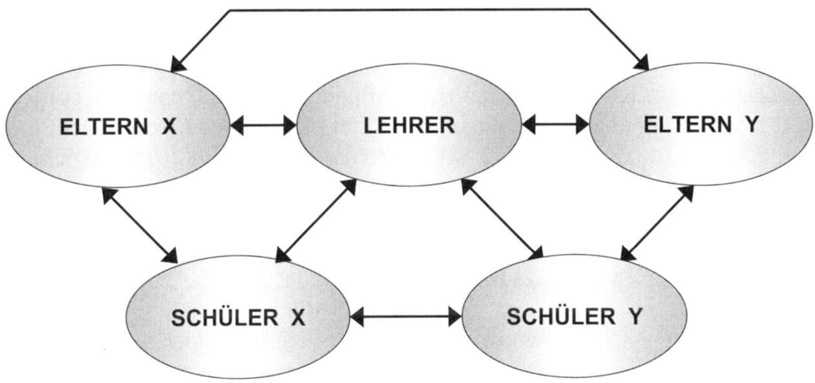

Diese sozialen Beziehungen, Netzwerke und Normbestände um eine Grundschule herum nennt Coleman das ‚Soziale Kapital'. Kapital sind sie insofern, als die Schule ihre eigentliche Aufgabe – nämlich die Vermittlung von Wissen und Persönlichkeitsbildung – aufgrund dieser Strukturen besser erfüllen kann. Die Gemeinde ist nicht gegründet worden, um die Schule leistungsfähiger zu machen – aber ohne das ‚Kapital' des Gemeindekontextes und der resultierenden Elternarbeit wäre die Schule nicht das, was sie ist. Die Begriffsbildung Soziales Kapital macht aber noch etwas anderes deutlich: Wer ‚investiert' eigentlich in dieses Kapital und warum? Es sind vor allem die nicht berufstätigen Hausfrauen und Mütter, die durch ihr ehrenamtliches Engagement diese Leistung erbringen. Sie finden darin persönliche Befriedigung für sich und ihre Kinder, erbringen aber zugleich auch einen ‚Mehrwert' für alle jene, die sich nicht engagieren. ‚Entlohnt' werden sie dafür nicht. Soziales Kapital ist daher nach Coleman in der Erwerbsarbeitsgesellschaft von einem schleichenden Erosionsprozess bedroht, wenn sich nämlich mehr und mehr Frauen für entlohnte Erwerbsarbeit entscheiden.

Bei J. Coleman ist die Wirkung ‚Sozialen Kapitals' noch primär auf individuelles Handeln bezogen: der einzelne Schüler hat für sich Vorteile von schulbegleitenden Netzwerken. Eine solche Zugangsweise wird noch wesentlich erweitert bei R. Putnam, einem der bekanntesten Politikwissenschaftler der USA und persönlichen Berater von Präsident B. Clinton. Denn Putnam und andere Sozialwissenschaftler wie E. Ostrom mit ihm beziehen den Begriff nicht nur auf individuelle Nutzenelemente, sondern begreifen Netzwerke als Soziales Kapital einer Gruppe oder Region insgesamt.

Soziales Kapital als Standortfaktor bei Robert Putnam

In seiner Studie "Making Democracy Work. Civic Traditions in Modern Italy" untersucht Putnam 20 Jahre nach einer italienischen Verfassungsreform, die Kompetenzen auf die Regionen verlagert hatte, die Provinzregierungen in Nord- und Süditalien auf ihre Leistungsfähigkeit hin. Der direkte Vergleich anhand von umfangreichen Bürgerbefragungen beweist: Die Regionalbehörden in Norditalien arbeiten in engem Kontakt mit den Bürgern und zu ihrer allgemeinen Zufriedenheit. Im Süden sind die Bürger unzufrieden und klagen über Arroganz und Ineffizienz der Verwaltung. Objektive Messkriterien wie Stabilität der Regierungen, Qualität der Informationsdienste, Innovationsgrad der Reformgesetzgebung, Zustand sozialer Einrichtungen, Industriepolitik, Regionalplanung, Sensibilität für Bürgeranfragen u.a. bestätigen die Umfrageergebnisse. Obwohl in Nord- und Süditalien dieselben formalen Gesetze Gültigkeit haben, sind die institutionellen Ergebnisse der Verfassungsreform ganz unterschiedlich ausgefallen. Die ökonomische Ausstattung der Regionen kann zwar einiges erklären; doch die Unterschiede innerhalb der Gruppen sind mit einer solchen Deutung nicht zu erfassen. Historische Perspektiven zeigen zudem, dass der ökonomische Erfolg des Nordens aus einer Position ungefähren Gleichstands vor rund 100 Jahren heraus erfolgte.

Putnam schließt daraus, dass der ökonomische Abstand zwischen Norden und Süden selbst Ergebnis tieferliegender Ursachen ist. Diese sieht er letztlich in der unterschiedlichen Ausstattung der beiden Landesteile mit Sozialem Kapital ("social capital"). Zu deren Messung geht Putnam von einer Beobachtung von A. de Tocqueville aus. Dieser hat in seiner berühmten Analyse der amerikanischen Demokratie die Fähigkeit der Amerikaner zu freiwilliger Gruppenbildung und Selbsthilfe als wichtigen Garanten ihrer Freiheit gesehen. Putnam und seine Mitarbeiter haben dementsprechend Soziales Kapital anhand der Zahl der Vereine unterschiedlicher Zielsetzung (Musik-, Sport-, Freizeitvereine, technische, soziale, kulturelle Gruppen aller Art) in den verschiedenen Regionen gemessen. Sie konnten feststellen, dass die Zahl der Vereine in jeder Region mit anderen statistischen Indikatoren (Zahl der Zeitungsleser, Wahlbeteiligungsziffern, Stimmentscheidung bei bestimmten Referenda) korrespondierten.

Das erstaunlichste an den Ergebnissen aber ist, dass Putnam eine stabile und statistisch hoch signifikante Beziehung zwischen seinen Sozialkapitalindikatoren und dem wirtschaftlichen bzw. institutionellen Erfolg der untersuchten Regionen herzustellen vermochte. Die Ergebnisse der empirischen Untersuchungen bestätigten seine Arbeitshypothese mehr als eindeutig: Je größer das Sozialkapital einer Region, desto größer ihr ökonomischer Erfolg und desto leistungsfähiger seine politischen Selbstverwaltungsinstitutionen. Sozialkapital erscheint bei Putnam als Voraussetzung für leistungsfähige Institutionen in Wirtschaft und Politik. Ein hohes Maß an freiwilligen Assoziationen aller Art ist geeignet, unter den Bürgern jenes Maß an wechselseitigem Vertrauen ("trust-relationships") und jene Kultur informeller Kooperation wachsen zu lassen, deren Fehlen Putnam für Süditalien eindrucksvoll nachweisen kann.

Soziale Netzwerke bürgerschaftlichen Engagements sind also bei Putnam als ‚Kapital' nicht nur von Einzelpersonen (im Sinne von ‚Beziehungen schaden nur dem der sie nicht hat') sondern von einer ganzen Region begriffen. In neueren Publikationen präzisiert er dieses Verhältnis, indem er verschiedenen Formen unterschiedliche Funktionen zuordnet. Schon J. Coleman hatte zwischen starken und schwachen Beziehungen unterschieden. ‚Starke Beziehungen' findet man in relativ homogenen Gruppen (z.B. in der Familie), während ‚schwache Beziehungen' zwischen heterogenen Partnern bestehen (z.B. zwischen Arbeitgeber und Arbeitnehmer, Kunde und Lieferant, Arzt und Patient etc.). Putnam spricht nun in Anlehnung an den Managementtheoretiker R. Burt von ‚bridging' und ‚bonding social capital' – also der bereichsübergreifenden bzw. gruppenübergreifenden Kooperation einerseits und der vertrauensstiftenden und mehrdimensionalen (‚multiplexen') Beziehung innerhalb einer Gruppe[25] anderseits.

Das Verhältnis von "Sozialkapital" zu staatlicher Zwangsgewalt ist nach Putnam zumindest ambivalent. Einerseits erleichtert es die Regierungsarbeit – wie für Norditalien nachgewiesen. Andererseits ist eine Übermacht des Staates als exklusivem Ordnungsinstrument Anzeichen eines Mangels an Sozialkapital und trägt auch selbst dazu bei, dieses erst gar nicht entstehen zu lassen. Dies ist gekennzeichnet durch ein stabiles politisches Gleichgewicht, dass von wechselseitigem Misstrauen, Machtmissbrauch und Kurzfristigkeit der Nutzenkalküle politischer Verantwortungsträger gekennzeichnet ist. Insgesamt aber wirkt Sozialkapital komplementär zu staatlicher Organisation. Ausgehend von diesen Zusammenhängen gibt es (mindestens) drei Positionen in der sozialwissenschaftlichen Literatur.

---

[25] So in Putnam (Hg.) (2001).

1. Der Entwicklungstheoretiker D. Narayan (1999) entwickelt eine Vier-Felder-Typologie, in der die Soziale Ordnung am besten gewährleistet erscheint, wenn ein starker Staat und eine starke Bürgergesellschaft sich ergänzen. Jedoch basieren real vorfindliche Ordnungen u.U. eine Zeit lang auch lediglich auf einem starken Staat oder einer starken Bürgergesellschaft, die sich in diesem Fall substituieren.

2. R. Putnam sieht dagegen eher eine Komplementarität zwischen starkem Staat und starker Bürgergesellschaft. In den norditalienischen Regionen entwickelt sich beides parallel, während im Süden ein allzuständiger Staat das Wachstum bürgerschaftlicher Netzwerke verhindert.

3. Letzteren Aspekt betont E. Ostrom. Denn gerade die Abwesenheit einer externen Erzwingungsinstanz ‚Staat' macht die Überwachung von Regeln und die Sanktion von Regelübertritten durch die Bürger selbst notwendig. Sie schaffen damit aus sich selbst heraus eine Kooperationskultur wechselseitigen Vertrauens und ermöglichen das Wachstum Sozialer Ordnung und ‚kollektiven Handelns'.

Soziales Kapital und die Überwindung von Kooperationsproblemen

Einer der prägnantesten und weiterführendsten Texte zur Theorie Sozialen Kapitals ist das Gutachten, das E. Ostrom 2001 für die Enquete-Kommission ‚Zukunft des bürgerschaftlichen Engagements' des Deutschen Bundestages verfasst hat. [26] Der Text verortet den Begriff ‚Social capital' präzise in der Theorie kollektiven Handelns (‚collective action'). Was ist gemeint? Es geht hier um die sozialwissenschaftlich grundlegende Frage, wie kontinuierliche Kooperation unter tendenziell eigeninteressiert handelnden Akteuren (überhaupt) möglich ist. Wie entsteht Soziale Ordnung ohne eine externe Erzwingungsinstanz ‚Staat'? Diese Frage ist – weit über die Thematik ‚Bürgerschaftliches Engagement' hinaus – von grundlegender Bedeutung. Sie lässt sich auch als Problem der Überwindung von Trittbrettfahrer- oder Dilemmaproblemen fassen. Solche Probleme lassen sich in unterschiedlichen Kontexten identifizieren:

1. Globale Umweltprobleme lassen sich unter der Frage behandeln, wie Nationen dazu gebracht werden können, ihren CO_2-Ausstoß einzuschränken, obwohl sie am meisten davon profitieren würden, wenn alle anderen Nationen ihren Ausstoß reduzierten, sie selbst aber ohne Reduktionskosten weiter produzieren könnten.

2. Gemeinschaftsgüter wie etwa eine Viehweide, ein Waldstück, ein Weg, eine Bewässerungsanlage lassen sich von einer Dorfgemein-

[26] Ostrom (2002).

schaft nur dann nachhaltig nutzen, wenn sich die einzelnen Familien in ihrer Nutzung beschränken oder Unterhaltungskosten auf sich nehmen. Warum geschieht dies, obwohl doch die einzelne Familie Vorteile davon hätte, wenn alle anderen nur beschränkt nutzten bzw. Unterhaltungsarbeit leisteten, sie selbst aber nicht?

3. Eine Schulklasse kann nur dann in der individuellen und kollektiven Wissensvermittlung voran schreiten, wenn sich die Kinder bzw. Jugendlichen an Verhaltensregeln halten und sich dabei eine elementare Selbstdisziplin auferlegen. Die einzelne Schülerin und der einzelne Schüler zöge eine Situation vor, in der sich alle anderen an die Regeln halten (müssten), sie selbst aber nicht. Mithilfe welcher Mechanismen wird das Dilemma überwunden?

4. Eine Region kann nur dann ihre Beschäftigungsprobleme – etwa im Bereich der Ausbildungsplätze für Jugendliche – überwinden, wenn verschiedene Gruppen (regionale Wirtschaft, Arbeitsverwaltung, Bildungseinrichtungen, lokale Politik) unabhängig voneinander Vorleistungen erbringen. Wie kann die Erbringung dieser Vorleistungen ohne Zwangsmittel koordiniert werden, wenn es doch für die einzelne Gruppe vorteilhafter ist, wenn sich nur die anderen engagieren und Vorleistungen erbringen, sie selbst aber nicht?

Abb. 11: Kooperationsproblem bei unabhängiger Vorleistung

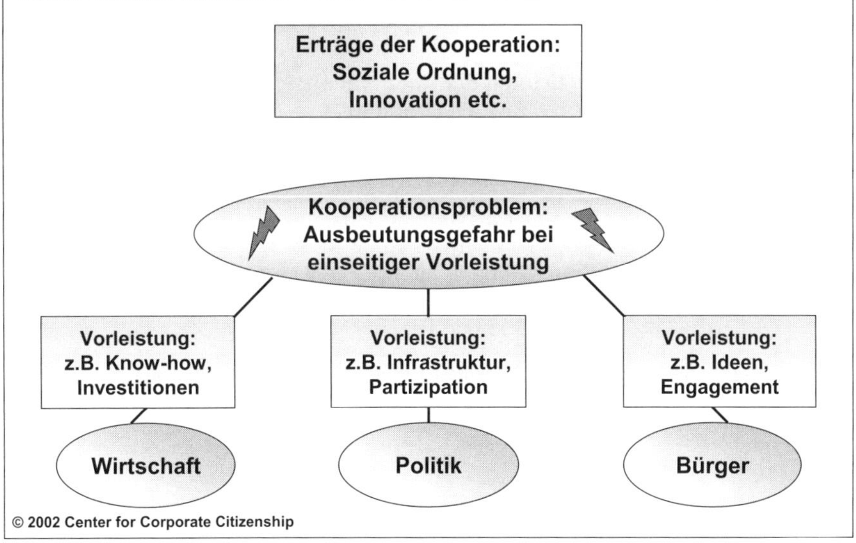

5. Die Ärmsten der Armen – etwa landlose Frauen in den Slums der Entwicklungsländer – haben keine Möglichkeit zur ‚Investition' und elementaren Risikovorsorge für schlechte Zeiten. Sie könnten sich genossenschaftlich organisieren, ihre mageren Ersparnisse zusammen legen und einander wechselseitig Kleinkredite vergeben – doch ihr Kooperationsdilemma besteht in der Rückzahlung eines Kredits. Ist es doch für die einzelne Frau vorteilhaft, wenn alle anderen ihren Kredit zurückzahlen müssen, sie selbst aber nicht. Wie gelingt es Kooperativen wie SEWA in Indien oder Grameen in Bangladesh, dieses Dilemmaproblem zu überwinden, die Rückzahlung von Krediten zu garantieren und damit die Stabilität aufrecht zu erhalten?

Alle diese Situationen lassen sich als Kooperationsprobleme verstehen. Dort wo Zusammenarbeit nicht zustande kommt, obwohl Erträge möglich wären, sitzen die Akteure im Dilemma. Dort bleibt der CO_2-Ausstoss hoch, die Wälder werden gerodet und die Bewässerungskanäle verfallen, die Jugendlichen bleiben ungebildet oder finden keine Lehrstelle, landlose Frauen verhungern. Da es keine wechselseitigen Kontroll- und Zwangsmechanismen gibt, können die Akteure bestehende Möglichkeiten der Zusammenarbeit zum allseitigen Vorteil nicht realisieren.

Gerade hier liegt die Funktion von Netzwerken oder gesellschaftlichen Institutionen als Soziales Kapital'. Soziales Kapital hilft dazu, Kooperationsdilemmata zu überwinden und Zusammenarbeit zum wechselseitigen Vorteil zu ermöglichen.

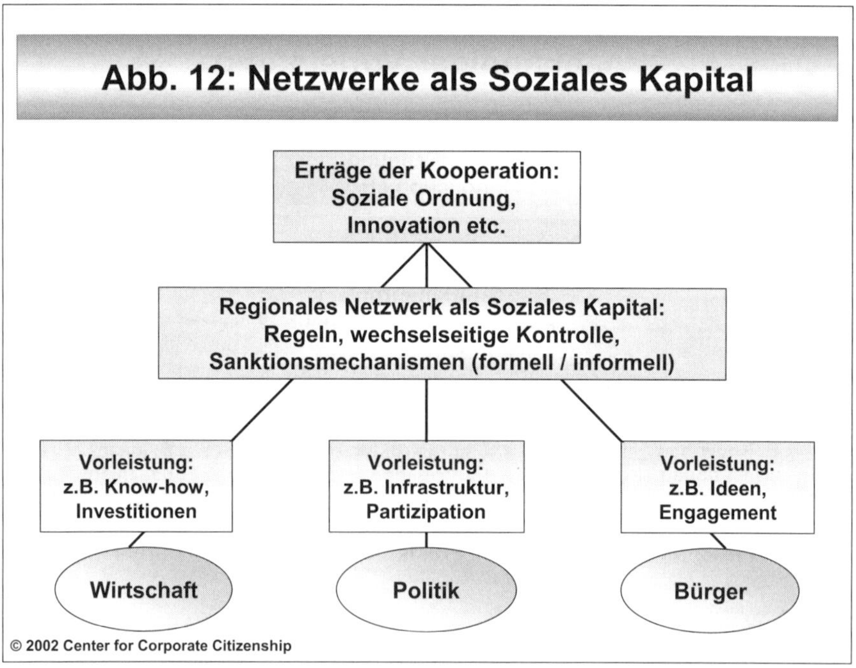

Die Bewohner eines Dorfes etwa kennen sich; bleibt jemand die geschuldete Leistung schuldig oder nutzt ein Gemeinschaftsgut stärker als dies ihm zusteht, so kann er – informell, aber nicht weniger wirksam – dafür bestraft werden. Die Möglichkeit informeller oder formeller Kontrolle und wirksamer Bestrafung stabilisiert wechselseitige Verhaltenserwartungen und damit die Kooperation zum gemeinsamen Vorteil. Ein Dorf mit funktionsfähigen sozialen Netzwerken, die die Vereinbarung, Kontrolle und ggf. auch Durchsetzung gemeinsamer Regeln erlauben, hat wesentliche Vorteile gegenüber einem Dorf ohne diese Netzwerke. Die Bewohner verfügen über Soziales Kapital, das ihnen die Fähigkeit gibt, sich wirksam selbst zu binden und dadurch ihre (kollektiven) Handlungsmöglichkeiten zu erweitern.

Es verdient der Erwähnung, dass E. Ostrom solche Dilemmasituationen nicht nur theoretisch bearbeitet. Seit Jahren untersucht sie in verschiedenen Teilen der Welt (u.a. Bewässerungsanlagen in Himalayadörfern Nepals, das Grundwassermanagement in Kalifornien, Almendeweiden in Schweizer Dörfern) empirisch, wie Soziales Kapital genau wirkt und warum Kooperation an manchen Orten eben doch gelingt, obwohl die ökonomischen Anreize dem eigentlich entgegen wirken. Aufbauend auf ihre empirischen Ergebnisse formuliert sie acht ‚Design-Prinzipien' – also ‚Metaregeln' dafür, dass Netzwerke (auch wirklich) als Soziales Kapital wirken können:

1. Klar definierte Grenzen und Rechtsansprüche der Individuen bzw. Familien;
2. Klare Bestimmung des Verhältnisses von Rechten einerseits und Pflichten andererseits;
3. Partizipationsrechte der Betroffenen am Zustandekommen der gemeinsamen Regeln;
4. Leistungsfähige Kontrollmechanismen für die gemeinsam festgelegten Regeln;
5. Graduelle Sanktionen für Regelübertreter;
6. Feste Konfliktregulierungsmechanismen;
7. Subsidiäre Selbstorganisationsrechte für die lokalen Gemeinschaften;
8. Koordinierte Realisation der einzelnen Aspekte in Netzwerken.

Die globale Relevanz dieser Theoriebildungen für eine Vielzahl ordnungspolitischer Gestaltungen liegt auf der Hand, kann hier jedoch auch nicht in Ansätzen nachvollzogen werden. Ihre Bedeutung gerade auch im Bereich der Armutsbekämpfung und Entwicklungspolitik hat jüngst die ‚Social Capital Initiative' der Weltbank anhand von 12 globalen Modellprojekten wieder herausgearbeitet[27]. Zu

---

27 Vgl. Grootaert (2001).

den erfolgreichsten Initiativen der Armutsbekämpfung der letzten Jahrzehnte gehören die o.g. Kleinkredit-Genossenschaften Grammeen in Bangladesh und SEWA in Indien, in denen bis zu 2 Mio. landloser Frauen durch Vernetzung Soziales Kapital aufgebaut haben und so ihre miserable Lebenssituation schrittweise verbessern konnten. Dies geschieht bewusst ohne nennenswerte Subventionen aus staatlichen Entwicklungsfonds.

Fassen wir zusammen: Die Theorie Sozialen Kapitals lässt Alternativen zum Staat als Garanten Sozialer Ordnung deutlich werden. Statt den ‚Leviathan' als externe Erzwingungsinstanz einzusetzen, der Regeln festlegt, überwacht und Regelbrecher sanktioniert, binden sich die Bürger hier selber, formulieren Regeln und setzen diese auch wechselseitig selber durch. Dies funktioniert insbesondere dort besonders gut, wo die Betroffenen zugleich auch Beteiligte sind: also im sozialen Nahraum. Hier garantiert schon die ‚automatische' wechselseitige Beobachtung, dass Regeln eingehalten werden. Regelübertretungen können dann sehr viel niederschwelliger und doch nicht weniger wirksam sanktioniert werden.

E. Ostroms Bestimmung Sozialen Kapitals von seiner Funktion – also der Stiftung Sozialer Ordnung und der Ermöglichung kollektiven Handelns – her sollte aber auch etwas anderes deutlich machen. Nicht jeder Sozialkontakt und jedes Netzwerk ist schon Soziales Kapital. Der Begriff droht sich vielmehr in seinen vielfältigen Verwendungsweisen und -kontexten in den letzten Jahren ‚zu Tode zu siegen'[28]. Hier geht es um ein qualifiziertes Verständnis des Begriffs für solche Netzwerke und Beziehungsstrukturen, die – meistens im Kontext starker Bindungen – Regeln festzulegen und zu überwachen bzw. Regelbrecher zu sanktionieren verstehen. Es handelt sich bei Sozialem Kapital also um ein selbstbindungsfähiges Netzwerk.[29]

1.8 Vor- und Nachteile dezentraler Ordnungsmuster gegenüber staatlichem Recht

Wie unterscheiden sich die Soziale Ordnung, die im Kontext ‚Sozialen Kapitals' entsteht, von jenen dominanten Formen, die rechtlich durch den Staat garantiert sind? Zunächst erscheint aus heutiger Sicht bereits ein bloßer Vergleich beider Ordnungsmuster Ähnlichkeit mit der Fesselung Gullivers durch die Liliputaner aufzuweisen. Können dezentrale Arrangements und Netzwerke in der Zukunft jemals auch nur eine vergleichbare Rolle zur Lösung gesellschaftlicher Ordnungsprobleme spielen, wie gegenwärtig die gut eingespielten Instrumente Staat und Verwaltung?

---

[28] Vgl dazu das Sondervotum im Abschlußbericht der Enquete-Kommission von Habisch (2002).

[29] ‚Covenant with a sword' i.S.v. Ostrom/Walker/Gardner (1992).

Zunächst ist festzuhalten: Auch bei Fehlen einer externen Erzwingungsinstanz ‚Staat' lassen sich durch kollektive Selbstbindungen der Bürgergesellschaft prinzipiell Stabilität und Entwicklungsfähigkeit der betreffenden Gemeinschaft garantieren. Die Bürger, Bürgergruppen und Institutionen gewinnen durch die Selbstbindung eine Stabilität wechselseitiger Verhaltenserwartungen, die ihnen individuell ‚Planungssicherheit' gibt. Sie wissen, was sie von ihrer Umgebung zu erwarten haben. Auch im Kontext einer funktionsfähigen staatlichen Ordnung – also in entwickelten Gesellschaften – spielt dieser Typ Sozialer Ordnung hintergründig im täglichen Alltag eine überragende Rolle. Staatliche Regelkontrolle und -sanktion greift erst subsidiär als ‚Regressbremse' ein, wenn niederschwellige und überwiegend informelle Ordnungsmechanismen nicht mehr funktionieren[30]. Der Alltag sozialen Miteinanders ist also für die Mehrzahl von Bürgern und die Mehrzahl von Lebenssituationen zunächst durch Ordnungsmuster vom Typ Soziales Kapital reguliert und erst sekundär von formalen Gesetzmäßigkeiten. Diese könnten für sich allein gesehen niemals umfassend ‚Ordnung' stiften. Denn jedes formale Regelsystem ist immer unvollständig, weil es niemals alle relevanten Sachverhalte und Situationen voraus zu sehen und zu regulieren vermöchte. Gerade in dieser Offenheit liegt seine Anpassungsfähigkeit an neue Entwicklungen. Daher lassen sich auch formale Rechtsregeln dort sehr viel leichter durchsetzen, wo sie als ‚Resonanzraum' auf Netzwerke oder gar Soziales Kapital zurückgreifen können.

Die Ordnungsmuster vom Typ Soziales Kapital sind in der Regel sehr viel stärker von moralischen Forderungen und Erwartungen der Bürger aneinander geprägt. Da sie eher auf unmittelbarer Zustimmung basieren, hat ihre Einhaltung eine identitätsstiftende Funktion, nach dem Motto: „Sage mir welche (Selbst-)Bindungen Du eingehst und ich sage Dir, wer Du bist". Diese moralische Dimension schließt aber eine Nutzenorientierung des Verhaltens gerade nicht aus. Denn noch stärker als staatlich sanktionierte Rechtsregeln (denen man sich nur unter relativ hohen Kosten entziehen kann) müssen sich kollektive Selbstbindungen vom Typ Soziales Kapital zumindest mittelfristig als vorteilhaft für die darin eingebundenen Bürgerinnen und Bürger erweisen. Die ‚Investitionen', die sie in solche freiheitlichen Selbstbindungen tätigen, sind ‚kostenträchtig' – sei es direkt durch den Einsatz von Zeit und Geld, sei es indirekt durch die entgangenen Alternativen (‚Opportunitätskosten'), wie es etwa J. Coleman für das ehrenamtliche Engagement von nicht berufstätigen Müttern in der Schule beschrieben hat. Umgekehrt bringt Soziales Kapital ‚Erträge' mit sich: einmal im Sinne eines allgemeinen Zugewinns an Lebensqualität durch das Engagement selbst, dann aber auch insofern, als die Verfolgung anderer Ziele unter Rückgriff auf dieses ‚Kapitalgut' leichter möglich ist. Gerade der Unternehmensgründer oder (kleine) Selbstständige weiß, dass es auch geschäftlich in vielerlei Hinsicht einen handfesten Unterschied macht, ob man in einer Region verwurzelt ist oder nicht. Die Vorstellung vieler progressiver Soziologen des 20. Jahrhunderts, die das Fortführen von Traditionen oder die

---

30 So die Logik in Herzog (1989).

Einbindung in konfessionelle oder weltanschauliche Gruppierungen nur als blindes Festhalten an überkommenen Traditionen verstanden haben, übersieht diesen wichtigen Aspekt. Hier sind nicht die Engagierten naiv, sondern der von außen beobachtende Wissenschaftler, der bestimmte ‚nutzenstiftende' Elemente bürgerschaftlichen Engagements und kollektiver Selbstbindung nicht versteht und nicht in seine Situationsbeschreibung mit einbezieht[31].

Ordnungsmuster vom Typ Soziales Kapital' sind der zentralistischen Regulierung sogar noch entscheidend überlegen, wo es um die Zukunftssicherung des Gemeinwesens im Sinne der Anpassungsfähigkeit an neue Entwicklungen und Rahmenbedingungen geht. Denn die Beteiligten können sich angesichts neuer Probleme und Herausforderungen sehr viel eher auf eine Veränderung des Regelarrangements einigen als das in dem (notwendigerweise!) hoch formalisierten System politisch-administrativer Willensbildung und Rechtsdurchsetzung möglich ist. Das Verhältnis ist hier vergleichbar der Beziehung des einfachen Vertragsrechts zum staatlich autorisierten Gesetz.

Dieser Vergleich macht aber zugleich eine Grenze des Ordnungshandelns im Kontext sozialer Netzwerke deutlich. Denn die Reichweite einer gefundenen Problemlösung ist notwendigerweise auf die Vertragspartner selber und mithin auf kleine Gemeinschaften begrenzt. Die Schüler, die mit ihrem Lehrer einen Vertrag schließen, oder die Unternehmen, die an ihrem Standort in bereichsübergreifender Kooperation mit Bildungseinrichtungen oder Bürgergruppen neue Wege zur Bekämpfung der Arbeitslosigkeit suchen, sind zunächst auf ihr unmittelbares Umfeld begrenzt. Es bedarf ergänzender Mechanismen um die gefundene Lösung zu verbreiten.

Ordnungsformen, die im Engagement der Bürger selbst entstehen, unterscheiden sich dadurch von staatlichen Regulierungen, dass sich ein (potenzieller) Partner dem Netzwerk wechselseitiger Selbstverpflichtung jederzeit entziehen kann. ‚Freiwillig Tempo Hundert' macht die linke Spur frei für den ‚Bleifuss': Niemand kann im privaten Raum zur Mitwirkung gezwungen werden. Aus ökonomischer Sicht stellt sich damit das Problem Sozialer Ordnung als ‚öffentliches Gut', das positive externe Effekte produziert, die den ‚Investoren' selbst aber nicht vollständig zugute kommen. Gerade hier liegt im sozialen Nahbereich die Funktion informeller Netzwerke als Soziales Kapital. Im Kontext von Netzwerken der Zusammenarbeit – seien diese regional oder branchenbezogen – kann eine Regelübertretung informell, aber nicht weniger wirksam sanktioniert werden. Die Existenz Sozialen Kapitals schützt also die Regelbefolgung des einen vor ‚Ausbeutung' durch Regelverletzung des anderen, weil sie letztere bestraft. Umgekehrt ermöglichen Netzwerke positive Reputationseffekte für Vorreiter und Regelkonforme, die im lokalen Kontext immer auch persönlich bekannt sind.

---

31 So auch der Ökonomie – Nobelpreistäger und Entwicklungstheoretiker T. Schultz (1980).

Auch die ungleiche Machtverteilung zwischen den Kooperationspartnern bleibt im Kontext bürgerschaftlichen Engagements und von Ordnungsmustern ‚Sozialen Kapitals' ein Problem. Im Kontext eines Kooperationsprojektes zwischen einem (großen) Unternehmen und einer Bürgergruppe wird man sich zwar formal ‚auf Augenhöhe' begegnen; zugleich aber bleiben die Unterschiede des ökonomischen, organisatorischen und finanziellen Gewichts zwischen den Partnern natürlich im Hintergrund stets präsent. Hier ist die Einbettung des Projektes in eine kritische Öffentlichkeit von entscheidender Bedeutung. Es ist die aufmerksame Begleitung durch die Medien, die auch dem schwächeren Partner Sanktions-Potenziale an die Hand gibt. Das Unternehmen hat hier eine Reputation zu verlieren, die zugleich dem Partner aus der Bürgergesellschaft als Pfand dient. Beutet der ‚Corporate Citizen' einseitige Vorleistungen aus, so bleibt seinem Partner immer die Möglichkeit, dies in die Öffentlichkeit zu tragen. Unternehmerisches Bürgerengagement ist in diesem Sinne eine ‚prekäre' Investition. Bleibt das Unternehmen die Glaubwürdigkeit schuldig, dann kann ein Reputationsgewinn schnell ins Gegenteil umschlagen und das Unternehmen verliert die Attraktivität für spätere bereichsübergreifende Partnerschaften.

Schließlich bleibt auch die Möglichkeit, dass ‚privatrechtliche' Ordnungsarrangements negative externe Effekte auf Dritte entfalten, die zwar Betroffene aber nicht Beteiligte eines Arrangements sind. So können etwa Selbstverpflichtungen einer Branche, die von den großen Mitgliedsbetrieben im Verband durchgesetzt werden, wirtschaftlich schwächere Mitglieder überfordern und faktisch zur Geschäftsaufgabe zwingen. Die bereits erwähnte Gefahr einer möglichen Beschränkung von Grundrechten durch ‚private' Arrangements und Vereinbarungen kommt hier ins Spiel. Auch hier ist die kritische Begleitung der bereichsübergreifenden Kooperation durch eine kritische Öffentlichkeit wichtig. Zugleich bleibt die staatliche Grundrechtsgarantie latent in Geltung: Vermeintlich Geschädigte einer Selbstbindung oder Kooperation können sich an die Gerichte wenden und ihre Rechte durchsetzen. ‚Verträge zulasten Dritter' drohen zudem sehr viel eher in Projekten, an denen nur zwei Partner beteiligt sind, als in breiten Netzwerken, die eine Vielzahl von Interessenlagen und Sichtweisen einbeziehen[32].

Gegen diese Einwände lassen sich hier alle Vorteile dezentraler Arrangements aufführen, die etwa die moderne Informationsökonomie herausgearbeitet hat. In seiner Kritik am planwirtschaftlichen und zentralistischen Sozialismus hat Friedrich August von Hayek das Argument konstitutiver Beschränktheit des Wissens und der Information angeführt[33]. In der komplexen, arbeitsteiligen und hochspezialisierten Gesellschaft hat keine einzelne Institution oder Organisation mehr ‚den

---

[32] Vgl. dazu unsere empirischen Ergebnisse im Rahmen der wissenschaftlichen Begleitung des InnoRegio-Wettbewerbs des BMBF in Müller/Wiechmann/Scholl/Bachmann/Habisch (2002).

[33] Vgl. dazu insgesamt Hayek (1969).

Überblick' im Sinne einer vollständigen Information über relevante Umweltzustände, Technologien, Handlungsmöglichkeiten etc. Dezentrale Organisationsformen sind in dieser Situation in der Lage, mit sehr viel weniger Informationen auszukommen. Sie müssen keine Standardlösungen für tausende verschiedene, immer etwas anders gelagerte Problemtypen entwickeln, sondern lediglich ein konkretes Problem ‚vor Ort' angehen. Dabei verfügen die Personen oder Institutionen, die – räumlich oder inhaltlich – ‚nahe an der Sache' sind, in der Regel sehr wohl über die relevanten Informationen; sie kennen wichtige Partner und Problemlösungspotenziale vor Ort ebenso wie mögliche Ansatzpunkte für eine Lösung (‚local knowledge').

Es ist wichtig zu sehen, dass dieses Informationsargument mit zunehmender gesellschaftlicher Entwicklung und zunehmender Globalisierung eher noch relevanter wird. Unterscheidet man die Wissensdimensionen ‚generelle Problemlösungskompetenz' (Grundbildung, intellektuelle Manövrierfähigkeit etc.) einerseits und spezielles Problemwissen vor Ort andererseits, dann führt eine Reihe von Entwicklungen im Kontext des Modernisierungsprozesses dazu, den Schwerpunkt mehr auf die Bedeutung des letzteren Elementes zu verschieben. So ist die Wohlstandsentwicklung mit einer Steigerung des allgemeinen Bildungsniveaus verbunden. Erschienen am Beginn dieses Prozesses die staatlichen Entwicklungsagenturen von ihren Ausbildungsvoraussetzungen her allein ordnungspolitisch befähigt zu sein, so hat sich dies im Laufe der Zeit zunehmend zugunsten von Verantwortungsträgern und Organisationen des ‚gesellschaftlichen' Raumes verschoben. Die Forscher in den Labors der Industrie stehen heute denen an staatlichen Universitäten in nichts nach; der Personalverantwortliche schon eines mittelständischen Betriebes ist in der Regel mindestens so ‚sozialkompetent' wie viele Pädagogen und Sozialarbeiter; der Umweltaktivist oder der Vorsitzende eines Familienverbandes verfügt über mindestens ebensoviel Fachwissen wie der entsprechende Referent in der staatlichen Behörde etc. Durch die Entwicklung eines modernen Dienstleistungssektors mit allen Arten von Beratungsangeboten ist zudem der Zugang auch zu allgemeiner Handlungskompetenz stark erleichtert.

Ist der Vorsprung ‚allgemeiner Handlungskompetenz' im Zuge der Bildungsrevolution und der Entwicklung von speziellen Dienstleistungsangeboten geschrumpft, so wiegt der Vorteil lokalen Wissens in den Köpfen ‚problemnah' arbeitender Akteure relativ gesehen umso schwerer. Hinzu kommt die Globalisierung. Denn sie hat zugleich die ‚Artenvielfalt' ordnungspolitischer Probleme inklusive der zu berücksichtigenden Nebenbedingungen radikal erhöht. Nicht nur die formalen Zuständigkeitsgrenzen nationalstaatlichen Ordnungshandelns, sondern auch die konstitutive Begrenztheit von Wissen, Informationen und Vorstellungsvermögen bezüglich der relevanten Problemkomponenten im globalen Maßstab machen zentralistische Lösungen immer schwieriger. Das informationsökonomische Argument gewinnt in der komplexen und globalisierten Welt des 21. Jahrhundert, in der Problemlagen aber auch Lösungsmöglichkeiten immer unterschiedlicher werden, ständig an Gewicht. Es lässt Bürgerengagement als Quelle für Soziale Ordnung immer wichtiger werden.

1.9 Fazit: Bürgerschaftliches Engagement und Soziales Kapital als Ordnungsfaktoren des modernen Gemeinwesens

Auch und gerade in einer gesellschaftlichen Umwelt, in der Arbeitsteilung, Spezialisierung und Professionalisierung weit fortgeschritten sind, ist bürgerschaftliches Engagement kein Relikt sozialromantischer Vergangenheitsorientierung. In einer Welt der schnellen Veränderungen und Entgrenzungen bleibt die Schaffung Sozialer Ordnung eine allgegenwärtige und drängende Herausforderung. Im Kontext der Globalisierung muss die Stabilisierung wechselseitiger Verhaltenserwartungen räumlich über große Entfernungen sowie unterschiedliche rechtliche und kulturelle Räume hinweg geleistet werden. Doch auch am gleichen Ort müssen immer heterogenere und spezialisiertere Lebenswelten miteinander koordiniert werden. Oft versteht der professionelle Internetfachmann seinen Kollegen in Singapur oder New York besser als den Sozialarbeiter oder die Frisöse vor Ort. Auch die Anforderungen an die Entwicklungsfähigkeit sozialer Ordnung im Sinne der Anpassung erreichter Ordnungsformen an neue Herausforderungen nimmt im Kontext hochentwickelter Arbeits- und Lebensformen schnell zu.

In dieser Situation wird der Leviathan zunehmend zum Dinosaurier. Externe Zwangsmechanismen können ihrer Ordnungsfunktion weniger denn je gerecht werden. Sie sind vielmehr zunehmend auf ihre Funktion als ‚Regressbremse' erodierender Ordnung reduziert. Daneben kommt es zur Stärkung bestehender und zur Entwicklung neuer, dezentraler Ordnungsformen aus der Bürgergesellschaft selbst heraus. Auch diese vermögen Soziale Ordnung herzustellen (im Sinne von Stabilität wechselseitiger Verhaltenserwartungen und der Entwicklungsfähigkeit eines begrenzten Gemeinwesens). Dies macht den Staat nicht überflüssig. Bürgerschaftliche Ordnungsformen bleiben ihrerseits auf eine Rahmensetzung angewiesen. Dezentrale Vielfalt muss koordiniert und auch untereinander inspiriert werden. Ein der Drachenhaut des Leviathan entstiegener Staat und eine selbstbewusste Bürgergesellschaft stehen dann in mancher Hinsicht eher in einem einander ergänzenden, komplementären, denn in einem einander ausschließenden, substitutiven Verhältnis zueinander.

Lokale Lösungen können voneinander lernen und müssen zugleich auf die Einhaltung rechtlicher Mindeststandards hin kontrolliert werden. Lassen sich Formationen Sozialen Kapitals im Kontext einer Wettbewerbsgesellschaft als ‚konkurrenzfreie Räume' bezeichnen, dann ist eine ‚Konkurrenz der konkurrenzfreien Räume' sinnvoll und nützlich[34]. Eine solche Konkurrenz muss organisiert werden, ist aber zugleich zur Stärkung bürgerschaftlicher Ordnungsformen von großer Bedeutung: Denn sie stößt wiederum Professionalisierungsprozesse unter ‚Spezialisten für bereichsübergreifende Problembearbeitung' an.

---

[34] Vgl. zu diesem Begriff insgesamt Habisch (1998).

Aufgabe einer entsprechenden Rahmensetzung ist auch die Förderung von Investitionstätigkeit in Soziales Kapital. Die empirischen Forschungsergebnisse etwa von R. Putnam zeigen, dass Formen Sozialen Kapitals ebenso wie Humankapital und Finanzkapital nicht gleichmäßig über alle Regionen eines Landes verteilt sind. Vielmehr gibt es auch hier große Niveauunterschiede. Man wird hinzufügen müssen, dass auch unterschiedliche Teilbereiche der Gesellschaft und auch verschiedene Branchen der Wirtschaft jeweils sehr unterschiedliche Ausstattungen mit und auch Voraussetzungen für den Aufbau von Sozialem Kapital aufweisen. Die Frage, inwiefern staatliche Rahmensetzung hier ‚Investitionen' wirksam zu fördern vermag, wird in der internationalen Fachliteratur kontrovers diskutiert. Weniger kontrovers dürfte hier ein Vorschlag sein, wie ihn E. Ostrom in die Diskussion eingebracht hat[35]: Ebenso wie das Unternehmensrecht alternative Organisationsformen für wirtschaftliche Zusammenarbeit bereit stellt (GbR, KG, GmbH, AG etc.), so sollte auch engagementwilligen Bürgern und Organisationen je nach ihren Zielen alternative Regel-Sets von Selbstbindung- und Selbstkontrollformen zur Verfügung gestellt werden. Es würde die Kosten der Selbstorganisation entscheidend senken, wenn das Rad der Zusammenarbeit hier nicht jeweils neu erfunden werden müsste.

Naturgemäß umstrittener wird es bleiben, ob auch Anreize (z.B. finanzieller Art) für bürgerschaftliche Selbstorganisation gegeben werden sollten. Zur Beurteilung derartiger Förderstrategien ist zu berücksichtigen, dass die dafür aufgewandten finanziellen Mittel ja vorher Bürgerinnen und Bürgern als Steuern und Abgaben entzogen worden sind und dadurch Handlungsspielräume der Bürgergesellschaft eingeschränkt haben. Es wäre zudem naiv zu ignorieren, dass staatliche Förderprogramme immer auch ein Element der Bevormundung und der einseitigen Orientierung am politisch korrekten und zeitgemäß-opportunen Mitteleinsatz aufweisen. Eine konsequente Orientierung der Förderpraxis nicht an irgendwelchen inhaltlichen Kriterien sondern an der bereichsübergreifenden Vernetzung als solcher wäre hier wohl noch am ehesten zu akzeptieren. Tatsache ist, dass eine Investitionsförderung in Soziales Kapital längst fester Bestandteil staatlicher Förderpraxis ist. Dies gilt etwa im Rahmen der ‚BioRegio' und ‚InnoRegio' – Programme des Bundesforschungsministeriums, in denen sich jeweils nicht einzelne Institutionen oder Firmen, sondern bereichsübergreifende Innovationsnetzwerke um Fördergelder bewerben konnten[36]. Nach Aussage von Beteiligten brachte die (z.T. bereichsübergreifende) Vernetzung in der Vorbereitung auf den Wettbewerb einen Multiplikatoreffekt des Nutzens, der die zu erwartenden finanziellen Fördermittel überstieg. Denn unabhängig vom Erfolg im Wettbewerb ist es in den betroffenen Regionen zu Investitionen in Netzwerke gekommen, die die Standortqualität zu erhöhen vermochte.

---

[35] Vgl. Ostrom (2002).

[36] Weitere Informationen zum InnoRegio-Wettbewerb findet sich unter www.innoregio.de bzw. zu Kommunikationsprozessen insgesamt in IFOK (1999).

Abb. 13: Anreize für Investitionen in Soziales Kapital

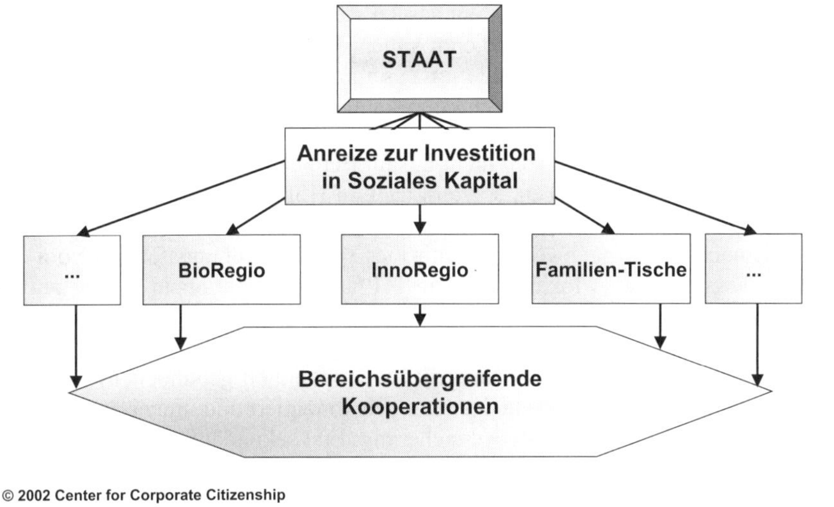

Die Europäische Union hat sich in ihrer Mitteilung zur Sozialen Verantwortung des Unternehmens im Juli 2002 für eine solche Förderpraxis ausgesprochen. Sie wird in den nächsten Jahren konsequent in alle Politikbereiche – bis hin zur Vergabe öffentlicher Aufträge – hineingetragen[37]. Dabei spielt auch der Aufbau von Bildungs- und Ausbildungskapazitäten für bereichsübergreifende Kooperationsprojekte eine wichtige Rolle[38]. Hier liegen im europäischen Kontext bereits erste Erfahrungen vor.

Staatliches Ordnungshandeln wird auch im 21. Jahrhundert unverzichtbar sein, um Soziale Ordnung zu konstituieren. Doch auch diesem wachsen durch die Koexistenz mit einer dezentralen Vielfalt lokaler Ordnungsmuster neue Potenziale zu. Denn wo in einer Gesellschaft auf verschiedenen Ebenen ein Geflecht von Netzwerken Engagierter entwickelt ist, da dienen diese als Resonanzboden formal-rechtlicher Regulierung. Sie übernehmen die ‚Feinsteuerung' (K. Homann) staatlichen Rechts, das im Kontext komplexer Umwelten notwendigerweise noch

[37] Kommission der Europäischen Gemeinschaften (2002).

[38] In Umkehrung des Titels des bahnbrechenden Beitrags von J. Coleman (1988) geht es hier um 'Human capital in the creation of social capital'.

stärker mit ‚unbestimmten Rechtsbegriffen' arbeiten wird[39]. Doch noch eine andere Dimension wechselseitiger Ergänzung ist hier zu nennen. Denn je entwickelter eine ordnungspolitische Kommunikationskultur in einem Problemfeld ist, desto stärker kann sich staatliches Ordnungshandeln auf ‚symbolisches Handeln' beschränken, um wirksam Richtungen vorzugeben[40] und als Regressbremse zu wirken. Sanktionen müssen ‚sparsam' eingesetzt werden, wenn sie in ihrer ordnungsstiftenden Wirksamkeit nicht erodieren sollen. Die Bürgergesellschaft spielt also ihre ordnungsstiftende Rolle gerade im Zusammenspiel mit staatlichen Institutionen und deren formalrechtlichen Sanktionskatalog.

Dieses Zusammenspiel lässt sich nicht nur im Bereich der Stabilisierung wechselseitiger Verhaltenserwartungen, sondern auch in Hinblick auf die Weiterentwicklung bestehender Ordnungsformen und damit die Sicherung der Zukunftsfähigkeit eines Gemeinwesens nachweisen. Denn hier spielen Ordnungsformen vom Typ Soziales Kapital eine – lokal begrenzte – Pfadfinderfunktion in Bezug auf die Lösung gemeinsamer Probleme. Dies galt schon in Zeiten der Industrialisierung. Denn die ersten Formen der Sozialversicherung sind zunächst auf betrieblicher Ebene in der Partnerschaft zwischen (meist konfessionell gebundenen) Unternehmerpersönlichkeiten und Arbeitervertretungen konzipiert und umgesetzt worden – etwa in der Kranken- und Rentenversicherung. Erst sekundär sind diese in staatliche Trägerschaft überführt und dadurch in ihrem Anwendungsbereich ‚verallgemeinert' worden. Doch auch heute spielen begrenzte Kooperationsprojekte zur Weiterentwicklung staatlichen Ordnungshandelns etwa im Bereich der Sozial-, Gesundheits- und Bildungspolitik eine zentrale Rolle.

Es wird deutlich: Bürgerschaftliches Engagement eröffnet einen Raum von Kommunikation und Kooperation, der komplementär zu Arbeitsteilung und Spezialisierung und zur Ausdifferenzierung von Sachbereichen liegt, aber gleichzeitig wesentliche Vorleistungen für diese erbringt. Es trägt zur Konstitution Sozialer Ordnung in ihren Dimensionen Stabilität und Entwicklungsfähigkeit bei.

---

[39] Als Beispiel kann die wachsende Bedeutung des 'Untreue'-Paragrafen als Regulierungsinstrument des Unternehmensrechts gelten.

[40] Hier mag die Normvermittlung in der Familie als Beispiel dienen. Je 'beziehungsreicher' das Leben im familiären Verbund ist, desto mehr dient ein symbolischer Akt der Eltern – etwa das Sprechen mit erhobener Stimme – zur wirksamen Ordnungsstiftung. Stärkere Sanktionen können dann vermieden werden.

Teil 2: Das Unternehmen in der Bürgergesellschaft: Freiheit und Verantwortung

2.1 Neuere Zugänge zu einer traditionellen Thematik

Die Einsicht in die Bedeutung ‚freiwilliger Vereinigungen' hat in der sozialwissenschaftlichen Diskussion eine lange Tradition, die (mindestens) auf A. de Tocqueville und sein Buch über die Demokratie in Amerika zurück geht. In den letzten 10 Jahren erfuhr diese Denkrichtung eine Wiederbelebung, die mit den empirischen Ergebnissen zur Rolle ‚Sozialen Kapitals' im modernen Gemeinwesen zusammen hängt. Bürgerschaftliches Engagement erscheint mehr denn je nicht mehr als ‚Privatsache' oder Freizeitbeschäftigung, sondern wird in seinen vielfältigen positiven Rückwirkungen auf das Funktionieren von Wirtschaft, Politik und Gesellschaft reflektiert.

Eine ausdrückliche Reflexion auf die Rolle der Unternehmen ist in diesem Zusammenhang eher neu. Die institutionelle Welt des Ehrenamtes ist vor allem durch Vereine und Verbände in Sport, Kultur, Sozialbereich, Religion, Bildung (Schule), Rechtspflege und Politik geprägt. Die tragenden Organisationsformen haben sich hauptsächlich wiederum in der Industrialisierung herausgebildet und sind in Deutschland rechtlich im Vereinsrecht als Teil des BGB geordnet. In den vergangenen Jahrzehnten sind als neue Formen Bürgerinitiativen, Umwelt-, Fokus- und Selbsthilfegruppen hinzu gekommen. Wirtschaft und Staat dagegen erschienen immer als das ‚Gegenüber' ehrenamtlichen Bürgerengagements. Das Wort vom ‚Dritten Sektor' macht dies plastisch deutlich. Und auch aus der Perspektive des einzelnen Engagierten ist Ehrenamt und bürgerschaftliches Engagement etwas, das fast ausschließlich in der Freizeit statt findet.

Diese traditionelle Wahrnehmung hat allerdings die Verhältnisse auch in Deutschland nur sehr verfälscht wiedergegeben. Denn Unternehmen haben schon immer eine zentrale Rolle für die Finanzierung, Organisation und Dynamik der Bürgergesellschaft gespielt – kleinere und mittlere Unternehmen sowie Großunternehmen je auf ihre Weise. Mehr als andere europäische und vor allem auch amerikanische Wirtschaftsverfassungen setzt das Institutionensystem der ‚Sozialen Marktwirtschaft' auf den Unternehmer als selbst- und mitverantwortlichen Bürger. Ohne die Mitwirkung von Betrieben in der Organisation der verbandlichen Selbstverwaltung, in paritätischen Gremien von Versicherungs-, Bildungs-, und Arbeitsverwaltung, ohne das Engagement in den Prüfungsgremien des viel gelobten ‚dualen Ausbildungssystems' wäre die ‚Soziale Marktwirtschaft' nicht das, was sie ist. Was in der Medienöffentlichkeit kaum präsent ist, das ist im internationalen Vergleich doch alles andere als selbstverständlich: Die Wirtschaftsordnung selbst sieht von ihrer Struktur her bereits die Teilnahme der Unternehmen an Ordnungsaufgaben und der Erstellung ‚öffentlicher Güter' vor.

Impulse aus den USA

Die neuere Diskussion um das Unternehmen als Bürger stammt aus dem angelsächsischen Sprachraum (Corporate Citizenship)[41]. Hier werden Unternehmen – auch rechtlich – stärker als korporative Akteure wahrgenommen. Ein Unternehmen kann im US-Recht haftungsrechtlich und sogar strafrechtlich zur Verantwortung gezogen werden. Doch ebenso kann es als Handlungssubjekt gesellschaftliche Mitverantwortung in einer Region übernehmen. Diese Traditionen sind in den USA sehr alt und gehen zurück auf Zeiten der Industrialisierung. Sie wurden unter dem Stichwort ‚Philanthropie' gehandelt und ganz wesentlich aus grundlegenden moralischen Verpflichtungen heraus begründet, die für Einzelpersonen wie für Untenehmen galten. Ein systematischer Zusammenhang mit dem unternehmerischen Alltagsgeschäft wurde kaum gesehen.

Die neueren Entwicklungen, die zu einer deutlichen Profilierung unternehmerischen Bürgerengagements und einer sozialen Mitverantwortung des Unternehmens auch im öffentlichen Bewusstsein geführt haben, datieren auf die späten 80er Jahre des 20. Jahrhunderts zurück. Die US-Wirtschaft hatte in Schlüsselsektoren ihre internationale Wettbewerbsfähigkeit verloren und steckte in einer tiefen Krise. Zahlreiche Arbeitsplätze gingen verloren. Die Verarmung ganzer Stadtteile ließ den sozialen Problemdruck dort stark ansteigen und trug zum Schrumpfen der Absatzmärkte der Unternehmen bei. Die traditionell schlechte Qualität im Bereich der grundständischen Bildung von Mittel- und Unterschicht führte dazu, dass trotz hoher Arbeitslosigkeit qualifiziertes Personal knapp wurde. Bewerber mussten sowohl fachlich als auch in ihrer sozialen Kompetenz ‚nachgeschult' werden, weil Familien und Schulen diese Funktionen nicht mehr erfüllten. Die Abhängigkeit des nachhaltigen wirtschaftlichen Erfolgs der Unternehmen von – bislang für selbstverständlich gehaltenen – gesellschaftlichen Vorgaben und Vorraussetzungen wurde auf vielfältige Weise offenbar.

In dieser Situation wollte der damalige US-Präsident George Bush sen. ein Umdenken im Unternehmenssektor anstoßen. Nach den Jahren der Präsidentschaft Ronald Reagans, in denen vor allem die kurzfristige Profitmaximierung des Un-

---

[41] Vgl. hierzu exemplarisch: Altmann and Vidaver-Cohen (2000), Andriof and McIntosh (2001), Birch (2000), Carrol (1998), Carrol and Buchholtz (2000), Googins (2002), Haufler (2001), Hemphill (1999), Jonker (2002), Logan, Roy and Regelbrugge (1997), Marsden (2000), Marsden and Andriof (1998), McIntosh, Leipziger, Jones and Coleman (1998), Reich (1996), Saiia (2001), Reilly and Kyj (1994), Waddel (2000), Waddock (2000), Windsor (2001), Wood and Logsdon (2001), World Economic Forum (2002), Zadek (2000a), Zadek (2000b), Zadek (2001) and Zadek, Hojengard and Raynard (2000).

ternehmens und der Shareholder-Value im Mittelpunkt gestanden hatten, sollte die gesellschaftliche Mitverantwortung unternehmerischen Handelns in neuer Weise öffentlich betont werden. In der amerikanischen Gesellschaft, die durch eine wesentlich geringere Präsenz des Staates und staatlicher Organisationen gekennzeichnet ist, sollten Partnerschaften zwischen Wirtschaft und Bürgergruppen zur Lösung von Ordnungsproblemen und zur Produktion der dringend benötigten öffentlichen Güter z.B. im Bereich der Bildung oder der öffentlichen Sicherheit beitragen. Die Bush-Administration beließ es dazu nicht bei öffentlichen Reden und Appellen. Vielmehr wurden auch institutionelle Anreize für eine stärkere Vernetzung geschaffen. So entstanden etwa professionelle Vermittlungsagenturen an der Schnittstelle von Wirtschaft und Bürgergesellschaft, die die Verwendung staatlicher Gelder professionalisieren und Kooperationsformen zwischen den gesellschaftlichen Bereichen anstoßen sollten. Fördermittel an Nichtregierungsorganisationen oder Bürgerinitiativen wurden z.T. daran gebunden, dass diese sich einen ‚business-partner' auswählten – was nicht zuletzt ihrer Professionalisierung Vorschub leistete.

Diese Initiativen wurden von der Clinton-Administration – unter anderen politischen Vorzeichen aber mit derselben Konsequenz – fortgesetzt. Das Signal an die Unternehmen und Bürgergruppen von Seiten der Politik und Öffentlichkeit blieb dasselbe: Man erwartete sozial verantwortliches Handeln und Mitwirkung bei den drängenden gesellschaftlichen Problemen. Öffentlichkeitswirksame Treffen des Präsidenten mit Wirtschaftsbossen im Weißen Haus und anderswo aktualisierten in regelmäßigen Abständen diese Botschaft und spitzten sie auf verschiedene Themenstellungen zu (z.B. Gewalt in den Medien, Jugendschutz etc.).

Ursprünglich waren es stärker moralische Termini wie ‚Business Ethics' bzw. ‚Corporate Social Responsability' oder ‚Business Social Responsability', die als Label für solche Programme dienten. Corporate Citizenship – unternehmerisches Bürgerengagement – ist angesichts dessen erst eine relativ junge Vokabel, um die Mitverantwortung der Unternehmen für gesellschaftliche Fragen zu thematisieren. Sie macht präziser den gesellschaftlichen Bezug der Aktivitäten und den ‚mitbürgerlichen' Partnerschaftscharakter des Engagements deutlich. Daneben existieren in der Praxis die älteren ethischen Begriffe weiter und stehen für die inhaltlichen Leitideen des Engagements, das weltweite Gerechtigkeit, nachhaltige Entwicklung, schonenden Umgang mit Ressourcen und die Verbesserung der Lebensbedingungen zukünftiger Generationen anzielt[42]. Das Nebeneinander von

---

[42] Gerd Mutz hat Corporate Social Responsability daher auch als ‚Dach' bzw. übergeordnete Idee, Corporate Citizenship als ein Instrument dazu bezeichnet, vgl. Mutz/Korffmacher/Arnold (2001) 19. Die Diskussion um den Begriff Corporate Social Responsibilty findet sich dabei auch in den Arbeiten von Banfield (1998), Böhm (2002), Business Roundtable (2000), Carrol (1999), Cowe (2001), Hopkins (1999), Jonker (1999), Jonker/Glazebrook (2002), Kaptein/Wempe (2001), Komission der Euopäischen Gemeinschaften (2001) und (2002), Lewis (1998), Luce/Barber/Hillman (2001), Moon (2002b),

ethischen und pragmatischen Motiven in der Diskussion um unternehmerisches Bürgerengagement erscheint für europäische Ohren bisweilen befremdlich. In der US-Kultur wird unternehmerisches Bürgerengagement von den Verantwortlichen innerhalb und außerhalb des Unternehmens wie selbstverständlich moralisch begründet (‚giving back to the community'). Dies stellt aber überhaupt keinen Gegensatz dazu dar, dass Manager und Verantwortliche sich auf Nachfrage hin durchaus der beträchtlichen Vorteile ihres Handelns auch für die wirtschaftliche Wettbewerbsfähigkeit ihres Unternehmens bewusst sind. Der sogenannte Business Case von Corporate Citizenship wird oft als selbstverständlich von den Akteuren akzeptiert[43]. Daher wird unternehmerisches Bürgerengagement von amerikanischen Unternehmen fast durchgängig als strategisches Handlungskonzept begriffen und als solches auch systematisch umgesetzt. Die Unternehmen sind nicht nur ‚ansprechbar' auf Anfragen von Bürgergruppen nach Sponsoring oder anderen Unterstützungsformen; sie bauen auch selbst pro-aktiv entsprechende Aktivitäten auf und beziehen dabei andere Partner in Kooperationsnetzwerke mit ein. Corporate Citizenship wird mithin selbst zum Managementkonzept, in das nicht nur Geld und (Mitarbeiter-) Zeit, sondern auch unternehmerische Kreativität als entscheidende Ressource mit eingehen.

Gerade die letztgenannte Tendenz macht aber auch eine Entwicklung deutlich, die sich hinter der Verschiebung der Leitbegriffe verbirgt. ‚Philanthropie – Business Ethics – Social Responsability – Corporate Citizenship': Wie man auch immer das Verhältnis dieser Begriffe zueinander im einzelnen bestimmen mag (hier gibt es sicherlich noch keine Orthodoxie mit allgemein anerkanntem Verbindlichkeitsanspruch), in ihrer Abfolge stehen sie doch für eine Entmoralisierung und stärkere konzeptionelle Durchdringung ihrer Sache. Die entsprechenden unternehmerischen Aktivitäten werden immer stärker als integraler Bestandteil der Kernaufgaben begriffen – sie werden ‚endogenisiert' in eine Gesamtstrategie, die den wechselseitigen Abhängigkeiten von Unternehmen und gesellschaftlichem Umfeld systematisch Rechnung trägt[44].

Randel (2002), Reich (1998), Rondinelli/Berry (2000), Sen/Bhattachara(2001), Stieb (2001), Swanson (1999), United Nations Conference on Trade and Development (1999), World Business Council for Sustainable Development (1999) and (2000).

43 Arbeiten, die den ‚Business Case' von Corporate Social Responsability bzw. Corporate Citizenship aufarbeiten, finden sich bei Heel u.a. (2001), McWilliams (2001), Mullen (1997), Mutius (2000), Ramsey (1997), Roberts/Keeble/Brown (2002) und Zadek (2000b).

44 Dies berührt sich mit dem Verständnis von Ethik als einer Heuristik, einer (oft intuitiven) Leitvorstellung, die sukzessive in ein wissenschaftliches Weltverständnis integriert werden muss, vgl. Homann (1996) und (1999). Insofern ist die genannte Akzentverschiebung selbst ein Prozess der rationalen Verarbeitung ethischer Impulse, der bis in die Redaktion von Managementhandbüchern und BWL-Lehrbüchern hinein fortgesetzt werden muss.

Die konkreten Aktivitäten amerikanischer Unternehmen unterscheiden sich nicht wesentlich von den Praxisbeispielen, wie wir sie im Anschluss an die Initiative Freiheit und Verantwortung weiter unten in diesem Band ausführlicher darstellen werden. Vielleicht noch breiter als in Europa ist Corporate Citizenship bereits zu einer Querschnittsaufgabe geworden, die sich an allen betrieblichen Funktionen und Abteilungen ‚andocken' kann – von der PR über Forschung und Entwicklung bis hin zum Risikomanagement. Doch man wird die US-amerikanische Landschaft des Corporate Citizenship' am Beginn des 21. Jahrhunderts nicht vollständig verstehen, wenn nicht auch von den professionellen Vermittlungsagenturen die Rede ist, die bei der Verbreitung von Leitidee und Praxis in der amerikanischen Wirtschaft eine zentrale Rolle spielen[45]. Die lokalen Cares-Organisationen (‚Chicago Cares', ‚Greater DC Cares' etc.) bieten den Unternehmen maßgeschneiderte Freiwilligenprogramme an und vermitteln Partnerschaften mit öffentlichen Einrichtungen wie Schulen oder Sozialen Trägern. Sie erbringen ihre Dienstleistungen, die neben der Projektentwicklung auch Vorbereitung, begleitende Durchführung, Pressearbeit, weiterführende Angebote an Mitarbeiter etc. umfassen, hochprofessionell und mit hauptamtlich beschäftigtem Personal auf privatwirtschaftlicher Basis. Die Unternehmen lassen sich solche Programme mindestens 100 Dollar pro Kopf und Teilnehmer kosten. Aus gesellschaftspolitischer Sicht noch wichtiger ist, dass die Agenturen als private Unternehmer einen maßgeblichen Anteil daran haben, ihren Markt selbst zu erschließen. Sie tragen die Idee unternehmerischen Bürgerengagements an immer neue potenzielle Kunden heran, organisieren in ihrer Region Roundtable-Gespräche zum Erfahrungsaustausch und zum Generieren neuer Programme, betreiben eine professionelle Presse- und Öffentlichkeitsarbeit etc. Sie tragen insbesondere auch Sorge dafür, dass engagementwillige Unternehmen nicht lange vergeblich auf Partnersuche bleiben – indem sie nämlich auch im Sozial-, Bildungs- und Kulturbereich ständig nach potenziellen Partnern fahnden und diese auf bereichsübergreifende Partnerschaftsprojekte hin ansprechen. Der Arbeit dieser Vermittlungsorganisationen – Agenturen und Stiftungen wie die ‚Points of Light-Foundation', ‚United Way' etc. – kommt für die ‚Nachhaltigkeit' unternehmerischen Bürgerengagements in der Praxis US-amerikanischer Unternehmen eine zentrale Bedeutung zu. Sie bringen den Unternehmen die zahlreichen Vorteile eines solchen Engagements in ganz verschiedenen Arbeitsfeldern nahe und eröffnen ihnen entsprechende Erfahrungsräume. Dadurch haben sie nicht unmaßgeblichen Anteil daran, dass auch in der gegenwärtigen Rezession nach den Anschlägen vom 11. September 2001 das bürgerschaftliche Engagement amerikanischer Unternehmen in seinem Bestand überhaupt nicht gefährdet ist[46].

Wichtige Wurzeln der neueren Diskussion um Corporate Citizenship liegen in der amerikanischen Entwicklung seit Mitte der 80er Jahre des 20. Jahrhunderts be-

---

[45] Vgl. Schout (2002).

[46] Vgl. dazu Enquete-Kommission (2002) 458.

gründet[47]. Allerdings hat sich insbesondere durch die Globalisierung der Wirtschaftsbeziehungen eine schnelle Übertragung des Gedankenguts auf andere Wirtschaftsregionen in Amerika[48] sowie auf anderen Kontinenten ergeben. So finden sich heute entsprechende Überlegungen in Asien[49], Australien[50], Afrika[51] und in wachsendem Maße auch in Europa.

Neuansätze in Europa

Im Vergleich zu den skizzierten Entwicklungen in den USA hat unternehmerisches Bürgerengagement in Europa als Thema erst seit wenigen Jahren Beachtung gefunden. Dies darf allerdings nicht darüber hinweg täuschen, dass viele gemeinwohlbezogene Aktivitäten der Wirtschaft sozusagen zum traditionellen Inventar der europäischen Wirtschafts- und Gesellschaftsordnung gehören – und sich womöglich gerade deshalb selbstverständlicher, aber auch weniger spektakulär entwickelt haben als jenseits des Atlantiks[52].

Die stärkste kulturelle Affinität zu den USA weist in Europa Großbritannien auf – und so ist es kein Zufall, dass hier erste Institutionen eines ‚neuen', nun mehr expliziten und systematischen Dialogs zwischen Wirtschaft und Gesellschaft entstanden sind. Denn bereits Anfang der 1990er Jahre nutzte der Prince of Wales seine herausragende gesellschaftliche Stellung, um die Vorstände großer britischer Unternehmen auf ihre Mitverantwortung für die Lösung drängender gesellschaftlicher Probleme hin anzusprechen. Bei einem Treffen im Buckingham Palace wurden einige Abmachungen getroffen und man ging wieder auseinander. Doch einige Zeit später ließ der Thronfolger bei den Teilnehmern der ersten Begegnung anrufen und nachfragen, welche Umsetzung denn die Vereinbarungen gefunden hätten. Das entschlossene Vorgehen des Prinzen führte zur Gründung des ‚Prince of Wales Business Leader's Forum' als eines der ersten Think Tanks zu unternehmerischem Gemeinwohlengagement in Europa, das die Ideen durch die Verbreitung von Publikationen und die Veranstaltung von Tagungen verbreitete.

---

47 Vgl. Minnesota Center for Corporate Responsibility (2000) und Googins (2002) vom ‚Center for Corporate Citizenship' am Boston College, das sich zu einem globalen Knotenpunkt der Diskussion um unternehmerisches Bürgerengagement entwickelt hat.

48 Vgl. für Kanada Steward-Patterson, Holland (1998).

49 Vgl. z.B. Sundar (2000), Young/McRae (2002).

50 Birch (1998) und (2001), Moon (1995).

51 Vgl. dazu auch die Arbeiten des African Institute for Corporate Citizenship, nähere Information hierzu unter: www.corporatecitizenship-africa.com.

52 Arbeiten mit europäischer Perspektive und unterschiedlichen Zugängen in Europa finden sich etwa bei Bethin und Bonfiglioli (2002), Foley/Speller u.a. (1997), Forstater/Raynard (2001), Janning/Bartjes (1999), Maignan/Ferrell/Hult (1999), Maignan/Ferrell (2000), Maignan/Ferrell (2001), Sociaal-Economische Raad (2001), Spence/Jeurissen/Rutherford (2000).

In enger Kooperation mit dem britischen Entwicklungsministerium entstanden etwa Materialien zur Rolle und zu Handlungsmöglichkeiten von Unternehmen als ausländische Direktinvestoren in Entwicklungs- und Schwellenländern. Inzwischen hat sich in Großbritannien eine ganze Reihe von überwiegend privaten Forschungseinrichtungen, Initiativen und Nichtregierungsorganisationen auf die Thematik bereichsübergreifender Schnittstellenarbeit zwischen öffentlichem Sektor, NGOs und Unternehmen spezialisiert. Das Unternehmensnetzwerk ‚Business in the Community' unter Leitung von D. Halley etwa hat eine ganze Reihe von Projekten angestoßen und hat sich längst im angelsächsischen Raum auf globale Dimensionen ausgeweitet. BiC begleitet heute etwa die Arbeit internationaler Organisationen auf diesem Gebiet. Die britische Regierung hat mittlerweile einen eigenen Staatssekretär mit dem Ressort bürgerschaftlichen Engagements ernannt, zu dessen Arbeitsfeldern auch das Corporate Citizenship gehört.

Wie in den USA war auch in den Niederlanden eine schwere wirtschaftliche Krise in den 80er Jahren des 20. Jahrhunderts der Grund für eine Neubestimmung des Verhältnisses von Staat, Unternehmen und Bürgergesellschaft. Eine schwere Finanzkrise der Sozialen Sicherungssysteme ließ die Grenze des Staates als ausschließlichem Erbringer Sozialer Leistungen mehr als offenbar werden. Eine Rückführung staatlicher Institutionen und Leistungssysteme hat mittlerweile u.a. eine gänzliche Umstrukturierung der Arbeitsverwaltung im Sinne der Dezentralisierung und Privatisierung zentraler Leistungen gebracht. Die Neuakzentuierung der kommunalen Autonomie hat wesentlich zur Steigerung der Bedeutung bürgerschaftlicher Kräfte geführt. Die Zentralregierung und die Provinzen sehen ihre Aufgabe dabei stärker im Anstoßen entsprechender Diskussionen. Auf Initiative des Wirtschaftsministeriums hat etwa der ‚Sozialwirtschaftliche Rat' der Niederlande (SER) – ein Beratungsgremium aus Tarifpartnern und Sachverständigen – Ende 2001 Empfehlungen für unternehmerisches Bürgerengagement als Grundlage weiterer politischer Initiativen vorgelegt[53]. Im Frühjahr 2002 hat die niederländische Regierung 1,4 Mio. Euro für ein Forschungsnetzwerk verschiedener Universitäten des Landes zu Fragen unternehmerischen Bürgerengagements zur Verfügung gestellt.

Angesichts der relativ geringen Bevölkerungszahl und der in Europa keineswegs beherrschenden Unternehmensstruktur ist es zunächst verwunderlich, dass sich gerade das kleine Dänemark zu einem wichtigen Impulsgeber in Sachen unternehmerisches Bürgerengagement entwickeln konnte. Doch durch die Gründung des ‚Copenhagen Centre' hat das dänische Sozialministerium Mitte der Neunziger Jahre einen wichtigen Schritt getan und eine Institution ins Leben gerufen, die sich mittlerweile zu einem Knotenpunkt der Europäischen Diskussion um Corporate Citizenship bzw. Corporate Social Responsability entwickelt hat. Die umfangreiche Publikationstätigkeit des Copenhagen Centres hat sich u. a. mit der regionalen

53 Sociaal-Economische Raad (2001).

und kommunalen Arbeitsmarktpolitik, der Zukunft der europäischen Tarifpartnerschaft und der Dynamik bereichsübergreifender Kooperation befasst[54]. Auch im Zusammenhang mit der im Juli 2002 in Fontainebleau gegründeten ‚European Academy for Business in Society', die die wissenschaftliche Forschungs- und Lehrtätigkeit zur Thematik vorantreiben und koordinieren soll, hat das Copenhagen Centre eine wichtige Koordinationsfunktion übernommen.

In anderen europäischen Ländern wie etwa Frankreich, Spanien und Italien beginnen sich ebenfalls unternehmerische Praxis wie auch wissenschaftliche Tätigkeit an dem neuen Paradigma zu orientieren[55]. Die neue französische Regierung hat ein eigenes Ministerium u.a. mit dem Ressort nachhaltige Entwicklung gebildet. Zu nennen sind schließlich auch die einschlägigen Initiativen der EU-Kommission. Bereits vor Jahren hat sich das Unternehmensnetzwerk CSR Europe konstituiert, das sich zu einem Drittel aus Zuschüssen der Kommission finanziert. Die neuere Diskussion begann mit einem Grünbuch mit dem Titel ‚Europäische Rahmenbedingungen für die Soziale Verantwortung der Unternehmen', an deren Veröffentlichung sich ein Konsultationsprozess anschloss. Im Juli 2002 hat die Europäische Kommission dann eine „Mitteilung zur Sozialen Verantwortung der Unternehmen. Ein Beitrag zur nachhaltigen Entwicklung" vorgelegt. Dieses Papier bildet einen vorläufigen Abschluss der Diskussion und stellt zugleich einen detaillierten Arbeitsplan für die nächsten Jahre auf.

Deutsche Unternehmen und Verbandsvertreter haben sich bisher kaum an den Initiativen und Konsultationen auf Europäischer Ebene beteiligt. Dies konnte dazu führen, dass in den Augen vieler Protagonisten Deutschland in Sachen unternehmerisches Bürgerengagement als ein ‚weißer Fleck auf der europäischen Landkarte' erscheinen musste. Eine Reihe von Veranstaltungen und Initiativen vor allem im internationalen Jahr des Freiwilligen 2001 haben hier sicherlich einiges angestoßen. Zahlreiche vor allem praxisorientierte Publikationen sind erschienen. Auch in Wohlfahrtsverbänden und Kultureinrichtungen wächst das Interesse an der Thematik. Bereits Ende der 90er Jahre haben einige Protagonisten aus der Wirtschaft das Netzwerk ‚Unternehmen – Partner der Jugend' ins Leben gerufen, das u.a. im Auftrag des federführenden Familienministeriums eine Beispielsammlung mit Initiativen unternehmerischen Bürgerengagements insbesondere im Bereich kleiner und mittelständischer Unternehmen zusammen gestellt hat[56]. Die Enquete-Kommission ‚Zukunft des Bürgerschaftlichen Engagements', die der Deutsche Bundestag Ende 1999 berufen hat, hat unternehmerisches Bürgerengagement zu

---

[54] Vgl. hierzu die Arbeiten von Nelson/Zadek (2000), Kjaergaard/Westphalen (2001), Shaw (2002).

[55] Dabei ist durchaus eine Tendenz festzustellen, nicht nur die betriebswirtschaftliche Perspektive des engagierten Unternehmens, sondern darüber hinaus auch die Rückwirkungen auf die (volkswirtschaftliche) Wettbewerbsfähigkeit ganzer Wirtschaftsräume zu reflektieren; so jüngst Swift, Zadek (2002).

[56] Vgl. Damm und Lang (2000) und (2001), Antes (2000).

einem thematischen Schwerpunkt ihrer Arbeit gemacht[57]. Sie hat u.a. im Herbst 2001 einen internationalen Workshop zum Thema Corporate Citizenship im Reichstagsgebäude in Berlin organisiert, der vielfältige Resonanzen gefunden hat[58]. Darüber hinaus ist die ‚Initiative Freiheit und Verantwortung' zu nennen, die die Spitzenverbände der Wirtschaft – der Bundesverband der Deutschen Industrie (BDI), der Bundesverband der Deutschen Arbeitgeberverbände (BDA), der Deutsche Industrie- und Handelskammertag (DIHK) sowie der Zentralverband des Deutschen Handwerks (ZDH) gemeinsam mit der Wochenzeitschrift Wirtschafts-Woche ins Leben gerufen haben. Diese Initiative, für die Bundespräsident Johannes Rau die Schirmherrschaft übernommen hat, hat im Dezember 2001 erstmals einen Preis für das beste Corporate-Citizenship-Projekt vergeben. Die über 110 Bewerbungen für diesen Preis, die auch dieser Publikation zugrunde liegen, zeigen, dass der Eindruck von Deutschland als einem Entwicklungsland in Sachen unternehmerisches Bürgerengagement trügt. Zwar mögen die Begriffe und manche Denkweisen im Kontext der deutschen Diskussion noch neu und bisher relativ unbekannt sein – die Sache selbst ist es nicht. Dies zeigen auch weitere Preise (u.a. für mittelständische Unternehmen, den die Wirtschaftsjunioren Deutschland im Sommer 2002 ebenfalls erstmals vergeben haben), Publikationen und Veranstaltungen. Das jährliche Kolloquium der Initiative ‚Freiheit und Verantwortung' im Berliner Haus der Wirtschaft Ende Juni 2002 hat eine beachtliche Breite konkreter Projekte in unterschiedlichen Themenfeldern (Kultur, Soziales, Bildung und Jugend) zutage gefördert und auch hinsichtlich der Teilnehmerzahl das wachsende Interesse gerade in der mittelständischen Wirtschaft, in Verbänden und bei Unternehmenspartnern aus dem Kultur-, Sozial- und Jugendbereich dokumentiert. Immer wieder zeigt sich bei solchen Gelegenheiten, dass gerade die bereichsübergreifende Kommunikation zwischen Wirtschaft und Kultur, Wirtschaft und Sozialbereich etc. besondere Anforderungen an die kommunikative Kompetenz stellt, aber auch besondere Chancen bereit hält. Eine Studie des Kölner Instituts für Mittelstandsforschung[59], die auf einer Fragebogenaktion an über 1000 Betriebe beruht, hat deutlich gemacht, dass im Gegensatz zu manchen Vermutungen auch ein großer Anteil kleiner und mittlerer Unternehmen ihr unternehmerisches Bürgerengagement bereits zum Gegenstand strategischer Planung macht. Weiterhin hat die Studie gezeigt, dass der relative Anteil der Ausgaben kleiner und mittlerer Betriebe für Corporate-Citizenship-Projekte gemessen an ihren Umsatz- und Ertragszahlen höher liegt als bei Großunternehmen. Der Mittelstand ist mithin auf vielfältige Weise ein wichtiger Motor der Bürgergesellschaft in den Städten und Kommunen[60].

---

[57] Vgl. dazu unten Teil 4 der vorliegenden Publikation.

[58] Vgl. Enquete-Kommission (Hrsg.) (2002).

[59] Vgl. Clemens/Maaß (2002).

[60] Vgl. Hierzu auch die Europäischen Studien des Department for Trade and Industry (2002), Observatory of European SMEs (2002).

Die vorliegende Publikation will zur Befruchtung dieses Diskussionsprozesses und zur Schärfung des Profils bürgerschaftlich engagierten Unternehmertums in der deutschen Öffentlichkeit beitragen.

2.2 Corporate Citizenship: Abgrenzungen und Definition

Vielfalt der Begrifflichkeit

Der Begriff des Corporate Citizenship und unternehmerischen Bürgerengagements wird in der laufenden Diskussion sehr breit und uneinheitlich verwandt[61]. Dies ist einerseits ein Zeichen veränderter gesellschaftlicher Erwartungen wie auch eines gewandelten Selbstverständnisses der Unternehmen. Sahen sich diese in den 70er und 80er Jahren mit tief sitzenden moralisch motivierten Vorbehalten und Vorwürfen konfrontiert, die sie als mögliche Partner in den Augen gerade vieler sozial, kulturell und ökologisch engagierter Bürgerinnen und Bürger diskreditierten, so ist hier seit ca. Mitte der 90er Jahre ein deutlicher Wandel festzustellen. Dies hängt natürlich zunächst mit der Krise öffentlicher Haushalte zusammen, die in Deutschland ganz wesentlich durch die enorme finanzielle Last der deutschen Wiedervereinigung begründet ist. Wo bestimmte Dienste und Aktivitäten aus öffentlichen Kassen immer weniger bezuschusst werden konnten, da rückt die Wirtschaft als nach wie vor handlungsfähiger Akteur zunehmend ins Blickfeld von Engagierten. Der grenzüberschreitende Charakter vieler Probleme lässt in der globalisierten Welt nach neuen Akteuren Ausschau halten. Multinational agierende Unternehmen sind ein Bindeglied zwischen nationalen Räumen.

Doch auch die Selbstwahrnehmung der Unternehmen hat sich im Zuge der Globalisierung mehr oder weniger deutlich gewandelt. Ihre Aktivitäten waren – von wenigen Branchen und Großunternehmen abgesehen – bis in die 90er Jahre hinein im großen und ganzen doch auf den europäischen, amerikanischen oder asiatischen Wirtschaftsraum begrenzt. Dort konnten sie eine mehr oder weniger funktionsfähige Infrastruktur ihrer wirtschaftlichen Tätigkeit als selbstverständliche

---

[61] Vgl. die laufende deutsche Diskussion in Dettling (1999), Aktion Gemeinsinn (2002), Alwart (1998), Homann/Suchanek (2000), Backhaus-Maul (2001a) und (2001b), Backhaus-Maul/Janowicz/Mutz (2001), Backhaus-Maul/Brühl (2002), Braun/Kromminga (2002), Dettling u.a. (2001), Dewitz (1998), Habisch (2000), Habisch/Hartmann/Schmidt/Wieland (2000), Habisch/Meister/Schmidpeter (2001), Habisch/Schmidpeter (2002), Kopp (2002), Leisinger (1999), Meister/Lueth (2001), Maak (1999), Mutz (2000), (2001) und (2002), Mutz/Korfmacher/Arnold (2001) und (2002), Nährlich (2002), Ramthun (2000a) und (2000b), Ries (2002), Schmidpeter (2002), Schneidewind (1998), Schöffmann (2001), Seitz (2001), Steinmann (1999), Steinmann/Scherer (2000), Strachwitz (1995) und (199), Suchanek (1999) und (2001), Twickel (2001), Ulrich (2000), Ulrich/Löhr/Wieland (1999), Unternehmen Partner der Jugend (2000), Waldkirch (2002), Westebbe/Logan (1995), Wieland (1997) und (2001).

Vorgabe von Seiten des Staates oder der Gesellschaft voraus setzen. ‚Infrastruktur' meint dabei an dieser Stelle nicht nur Straßen und Elektrizitätsleitungen, sondern eben auch ein funktionsfähiges Institutionensystem etwa der Rechtsfindung und -durchsetzung, des Steuer- und Abgabenwesens, Bildung und Kultur, der Kommunikationswege mit öffentlichen Einrichtungen, des öffentlichen Lebens etc. Was aber als unbefragte Vorgabe ‚kostenlos' zur Verfügung steht, das wird naturgemäß – ebenso wie dies jahrzehntelang mit sauberem Wasser oder abgasfreier Luft der Fall war – nicht zum expliziten Gegenstand der wirtschaftlichen Aufmerksamkeit[62]. Denn kostenträchtige Investitionen sind dann nicht notwendig.

Die Öffnung Osteuropas und die zunehmende internationale Verflechtung der Finanz-, Dienstleistungs- und Gütermärkte hat hier zu einem tiefgreifenden Wandel bis tief in den Mittelstand hinein geführt, dem ja bekanntlich über 80 Prozent der Betriebe angehören. Das Handeln in weniger entwickelten Wirtschaftsräumen hat dafür sensibilisiert, dass Soziale Ordnung ein sehr voraussetzungsreiches Konstrukt ist und einer Vielzahl von Vorleistungen bedarf. Es besteht ein lebendiges Interesse gerade der Wirtschaft, dass in diese Vorleistungen investiert wird. Die Bereitschaft von Unternehmen, sich als ‚Corporate Citizens' für Belange des Gemeinwohls ansprechbar zu zeigen, ist im Zuge dieser Entwicklungen deutlich gestiegen.

Corporate Citizenship – ein neuer Begriff für die Öffentlichkeitsarbeit?

Was wird nun unter ‚unternehmerischem Bürgerengagement' verstanden? In der weitesten, insbesondere in der Praxis mancher Unternehmen beliebten Version wird darunter das gesamte ‚gemeinwohlorientierte' Handeln des Unternehmens gefasst – von der Entwicklung des umweltfreundlichen Motors über das Ethik-Audit bis zum familienfreundlichen Arbeitsplatz. Corporate Citizenship wäre dann einfach ein Synonym für ‚Public Relations' – und so benennen denn auch manche Unternehmen ihren traditionellen PR-Bericht schlicht in Corporate Citizenship Bericht um, ohne das zugrunde liegende Konzept der Publikation zu verändern. Bei einem solchen ‚Re-wording' unter Beibehaltung des bisherigen (Sammelsurium-) Charakters entstehen die geringsten intellektuellen Unkosten. Ein Beitrag zur Profilierung eines neuen unternehmerischen Selbstbewusstseins als aktiver Bürger und gesellschaftlicher Akteur (‚Citizen') entsteht auf diesem Wege aber nicht. Ebenso wenig werden die Potenziale von Corporate Citizenship als systematischem Managementkonzept wirklich gehoben. Was hier postmodern als Verweigerung eines ‚starren Begriffs' von Corporate Citizenship daher kommt, das zielt

[62] Insofern besteht eine systematische Verwandtschaft von Wirtschaft und Philosophie: Ihre Aktivitäten setzen in dem Augenblick ein, in dem das scheinbar Selbstverständliche plötzlich unselbstverständlich zu werden beginnt: In der griechischen Philosophie wurde dieser Moment als 'Taumazein' (Staunen) definiert.

in Wirklichkeit auf die Blockade von Qualitätsstandards ab, die unternehmerisches Bürgerengagement von anderen PR-Aktivitäten unterscheiden.

Doch was genau hat die Entwicklung und Herstellung eines Drei-Liter-Autos oder eines anderen ‚umweltfreundlichen' Produkts mit unternehmerischem Bürgerengagement zu tun? Es handelt sich hier um nicht mehr und nicht weniger als den Versuch eines Anbieters, ein bestimmtes Marktsegment abzudecken und im Wettbewerb um Kundengruppen eine bestimmte Käuferschicht anzusprechen. Der Anbieter gibt dabei umweltbewussten Kunden zugleich die Möglichkeit, ihre Präferenzen in eine entsprechende Kaufentscheidung zu überführen – genau dies ist seine Aufgabe im marktwirtschaftlichen System. Wichtige Eigenschaften, die der Aktivität einen spezifisch bürgerschaftlichen Charakter geben würden, lassen sich aus dieser Produktentwicklung alleine aber noch nicht ableiten. Gleiches gilt für einen Spielzeughersteller, der gefährliche Produktionsstoffe vermeidet, für eine Bank, die einen Ethikfonds auflegt, für ein Teppichunternehmen, das ohne Kinderarbeit produziert etc. Die Erweiterung der Produktpalette eines Unternehmens um ‚wertvolle' Produkte oder das Einhalten bestimmter Produktionsstandards ist ehrenvoll und auch durchaus in einem PR-Bericht erwähnenswert. Mit ‚bürgerschaftlichem' Engagement hat dies per se aber noch nichts zu tun – ebenso wenig wie man das Einhalten der Hausordnung durch die Bewohner einer Mietanlage oder fleißige Mitarbeit am Arbeitsplatz als ‚bürgerschaftliches Engagement' einer Bürgerin oder eines Bürgers zu bezeichnen pflegt.

Die Enquete-Kommission ‚Zukunft des bürgerschaftlichen Engagements' des Deutschen Bundestages hat den Kern unseres Begriffes ‚Bürgerschaftliches Engagement' durchaus treffend erfasst, wenn sie „die Kennzeichnung ‚bürgerschaftlich' verknüpft mit der Betonung von bestimmten Motiven und Wirkungen wie etwa der Verantwortung für andere, dem Lernen von Gemeinschaftsfähigkeit oder dem Aktivwerden als Mitbürger... Das Leitbild der Bürgergesellschaft konstituiert nach Aussage der Kommission ein Gemeinwesen, in dem sich die Bürgerinnen und Bürger nach demokratischen Regeln selbst organisieren und auf die Geschicke des Gemeinwesens einwirken können. Im Spannungsfeld von Markt, Staat und Familie wird Bürgergesellschaft überall dort sichtbar, wo sich freiwillige Zusammenschlüsse bilden, wo Teilhabe- und Mitgestaltungsmöglichkeiten genutzt werden und Bürgerinnen und Bürger Gemeinwohlverantwortung übernehmen"[63]. Ohne an dieser Stelle den konzeptionellen Hintergrund aufzuspannen, hat die Kommission doch deutlich gemacht, dass von bürgerschaftlichem Engagement nur dort gesprochen werden kann, wo Bürger sich gemeinsam für den Aufbau ihres Gemeinwesens engagieren und somit ein Stück ‚Soziale Ordnung' konstituieren. Diese Qualifizierung hat ganz genauso auch für die Aktivität von Unternehmen Gültigkeit, die sich als Bürger für ihr Gemeinwesen engagieren.

---

[63] Enquete-Kommission (2002) 15/16.

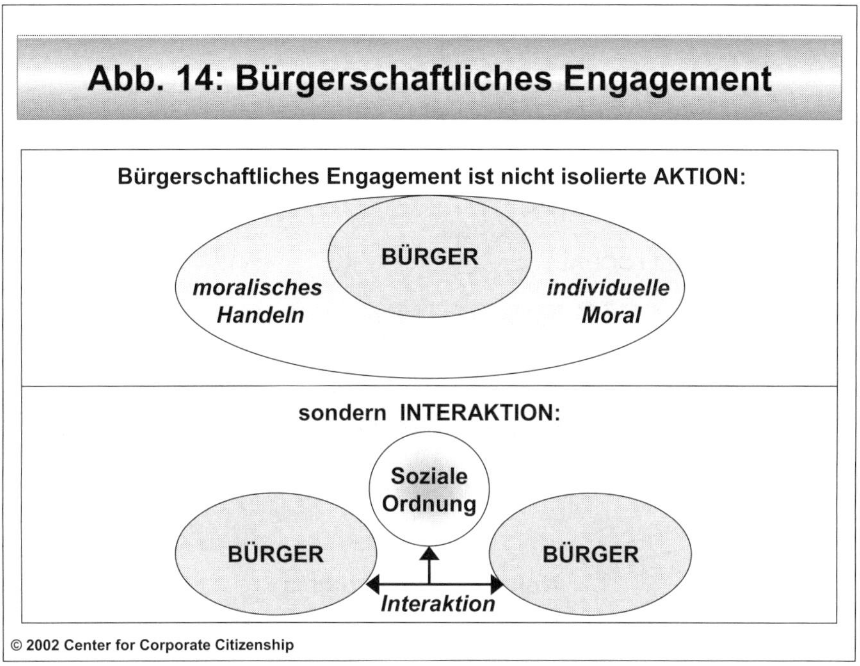

Abb. 14: Bürgerschaftliches Engagement

In Abgrenzung von einem nivellierenden Gebrauch des Begriffs, der ihn für jede irgendwie ‚wertvoll' erscheinende Aktivität im Unternehmen in Anspruch nimmt, soll im folgenden von Corporate Citizenship nur in einer qualifizierten Weise die Rede sein: nämlich im Sinne bereichsübergreifender Kooperationsprojekte zwischen Unternehmen und mindestens einem Partner aus einem anderen gesellschaftlichen Bereich, die auf die Lösung gesellschaftlicher Probleme bezogen sind.

Corporate Citizenship als ‚Philanthropie'

Ein anderer Zugang verortet Corporate Citizenship in der Unternehmensethik bzw. in der Philanthropiediskussion. Hier wird meist der uneigennützige Charakter entsprechender Aktivitäten betont, der zwar wirtschaftliche Vorteile bringen könne, aber nicht explizit auf diese abzielte. Entscheidend stehen hier außerökonomische Motive im Vordergrund – der wohltätige ‚Corporate Citizen' ist also eigentlich nur zufällig auch Unternehmer. Eine Vermittlung mit den strategischen Zielen seines Unternehmens findet nicht statt. Der Philanthropieansatz betont denn auch vor allem die Kostenseite des entsprechenden Engagements und damit die finanzielle Belastung, die der ‚Corporate Citizen' auf sich nimmt[64]. Als Definitions-

---

[64] Paqué (1986) zit. n. Clemens/Maaß (2002) 4f.

Abb. 15: Traditionelles Werte-Trade-off

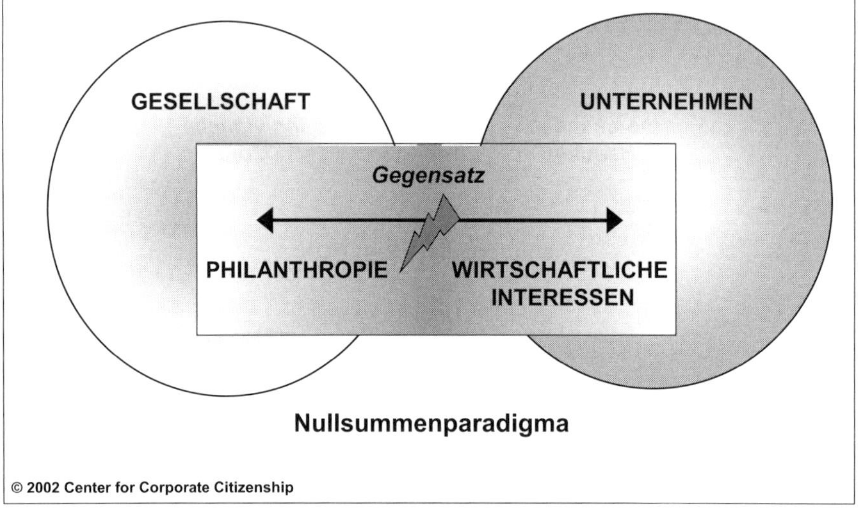

merkmal ist es entscheidend, dass dieses explizit ‚wohltätigen Zwecken' dient und ‚externen Instanzen' zugute kommt. Dieser Ansatz ist am Gemeinnützigkeitsrecht orientiert, das ebenfalls auf die gemeinwohlbezogene Zwecksetzung des Engagements abhebt und dabei fast ausschließlich finanzielle Aufwendungen vor Augen hat.

Eine solche Zugangsweise ignoriert freilich das eigentliche Potenzial von Corporate-Citizenship-Projekten. Denn dieses liegt gerade im *wechselseitigen* Vorteil von Unternehmen, Unternehmenspartnern und gesellschaftlichem Umfeld (‚Win-Win'-Charakter[65]).

Schon unsere oben entfalteten Überlegungen zum Sozialen Kapital haben deutlich gemacht, dass eine auch nur ansatzweise trennscharfe Unterscheidung von ‚Gemeinwohl' und ‚Eigennutz' in Bezug auf bürgerschaftliches Engagement unmög-

---

[65] Arbeiten, die das Win-Win-Potenzial zu greifen und vermitteln versuchen, finden sich exemplarisch bei Adkins (1999), Antonelli (1997), Austin (2000), Epstein/Birchard (2000), Ellis (2001), Forman (1997), Habisch (1999), Habisch und Schmidpeter (2001), Hart (1997), Mullen (1997), Mutius (2000), Nelson (1998) und (2000), Porter/Linde (1995), Ramsey (1997), Roberts/Keeble/Brown (2002), Rochlin/Boguslaw (2001), Zadek (2000b).

lich ist[66]. Ein Bürger, der sich in seiner Freizeit engagiert, um ein gesellschaftliches Problem zu lösen, mit dem er in seinem Umfeld konfrontiert wird, entfaltet wichtige positive Wirkungen für das Gemeinwesen. Doch die Pointe der Sozialkapitaltheorie ist: Selbst jener Ehrenamtliche, der ‚nur' kulturelle, sportliche oder andere ‚private' Aktivitäten entfaltet – Putnam nennt in seinen Untersuchungen so prosaische Gesellschaften wie Vogelschutzvereinigungen (‚bird-watching-clubs') – arbeitet damit unter der Hand an einer besseren Vernetzung in seiner Region. Die engagierte Bürgerin – von radikalen Gruppen einmal abgesehen -, die mit Bürgerinnen und Bürgern aus einem anderen sozialen und professionellen Kontext zusammenarbeitet, mag für sich ganz verschiedene ‚Ziele' haben: Sie investiert in jedem Fall immer auch in Soziales Kapital und erbringt damit ‚unbewusst' einen Beitrag für die wirtschaftliche und administrative Leistungsfähigkeit ihrer Region.

In einer solchen Perspektive liegt der eigentliche Wert des Corporate Citizenship für ein Gemeinwesen nicht in den Finanzmitteln, die von den Unternehmen philanthropisch ‚spendiert' oder den Arbeitsstunden, die ‚ohne Bezahlung' zur Verfügung gestellt werden. Anfragen nach der absoluten Summe dieser Beträge erreichen den Wissenschaftler aus den Stäben von Vorstandsmitgliedern häufig. Die

Abb. 16: Systemisches Denken – WIN-WIN

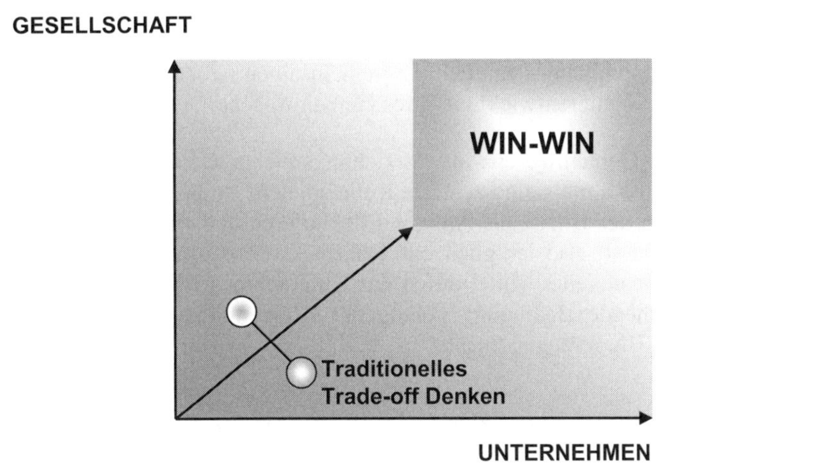

© 2002 Center for Corporate Citizenship: modifizierte Abbildung nach I. Pies (2000)

---

[66] Das deutsche Gemeinnützigkeitsrecht ist mithin konzeptionell überholt und bedarf dringend einer Überarbeitung.

Anrufer gehen aber von falschen Voraussetzungen aus, wenn sie mit monetären Kennziffern die Bedeutung des unternehmerischen Bürgerengagements für ein Gemeinwesen abzubilden meinen. Dies macht eine systematische Betrachtung deutlich. Philanthropisches Handeln (z.B. im sozialen, kulturellen oder Bildungsbereich) beansprucht, auf einen drängenden Bedarf des Gemeinwesens nach bestimmten Leistungen zu reagieren, für den sich kein Geldgeber findet. Gibt es diesen Bedarf wirklich, dann stellte sich in einer arbeitsteiligen Gesellschaft zunächst die Frage, warum sich keine Märkte für diese Leistung bilden oder warum ‚erwünschte' öffentliche Güter nicht aus Steuermitteln finanziert werden. Liegt der Mangelerscheinung ein Systemversagen zugrunde, dann sollte philanthropisches Handeln die Arbeit an deren Beseitigung nicht verzögern. Philanthropie kann in der modernen arbeitsteiligen, spezialisierten und professionalisierten Gesellschaft funktionierende Institutionen nicht ersetzen – das unterscheidet sie von der Feudalgesellschaft der Vormoderne.

Corporate Citizenship ist mehr als ein Lückenbüßer für fehlende Steuerzahlungen, betriebliches Freiwilligenengagement kein Ersatz für fehlende Hauptamtliche. Beides leistet auch nicht einfach eine Subvention bestimmter Gruppen von Bürgern, die zwar ein Gut (z.B. ein Konzert, eine Sportveranstaltung etc.) konsumieren, aber dafür nicht bezahlen wollen. Dies würde nämlich die Frage aufwerfen, warum diese Subvention aus Unternehmensmitteln, also letztlich aus dem Eigentum der Aktionäre heraus, zu leisten sei. Philanthropie lässt sich daher vielmehr als ‚Anstoß' oder ‚Vorschlag' zur Weiterentwicklung des gesellschaftlichen Institutionensystems begreifen – was auch den befristeten bzw. flankierenden Charakter der meisten philanthropischen Aktivitäten bedingt. Gerade durch diesen im weitesten Sinne ‚politischen' Bezug wächst Philanthropie in eine Dimension des Corporate Citizenship hinein – nämlich der gemeinsamen Arbeit von Bürgerinnen und Bürgern an der Weiterentwicklung ihres Gemeinwesens.

Aus der Sicht des Gemeinwesens als ‚beziehungsreicher Gesellschaft', in dem Netzwerke Sozialen Kapitals eine zentrale Rolle spielen, ist das finanzielle Engagement, das sich in der Bilanz als Aufwand deklarieren und zu stolzen Gesamtsummen addieren lässt, also lediglich ein Teilaspekt des Corporate Citizenship. Das Bereitstellen finanzieller Mittel durch das Unternehmen ist eine notwendige, aber keine hinreichende Bedingung gelungener Kooperationsprojekte in Sinne unternehmerischen Bürgerengagements.

Corporate Citizenship, Zertifizierung und Reporting- bzw. Auditingsysteme

Insbesondere auf der Europäischen Ebene wird Corporate Citizenship bzw. ‚Corporate Social Responsability' auch im Zusammenhang mit verschiedenen Zertifizierungs- bzw. Reporting- und Auditingsystemen gesehen. Hier geht es im wesentlichen darum, unternehmensintern die Einhaltung bestimmter rechtlicher Standards oder festgelegter (‚ethischer') Verhaltensgrundsätze durch die Mitarbeiterinnen und Mitarbeiter sicher zu stellen (‚Compliance'). Darüber hinaus wird aber in umfangreichen Fragebögen zugleich auch abgefragt, inwiefern die zu zertifizierenden Unternehmen etwa ‚Diversity'-Programme fahren, Frauen in Führungspositionen beschäftigen, ob Ressourcen für den Umweltschutz investiert oder Unternehmensleitlinien aufgestellt und propagiert worden sind etc. (‚Reporting'). Dies wird dann durch externe Dritte geprüft (Auditing) und durch Gütesiegel oder Zertifikate bestätigt[67].

An der Bedeutung dieser Arbeit für eine professionelle Organisation unternehmerischer Praxis kann überhaupt kein Zweifel sein. Zugleich werden durch Zertifikate, Normen und Standards Anreize geschaffen, sich als Unternehmen in bestimmten politisch sensiblen Fragestellungen adäquat und verantwortungsbewusst zu verhalten. Dennoch tragen entsprechende Fragebögen, Auditing-Instrumente und Qualitätsmangagement-Systeme verschiedener Anbieter doch eine deutlich andere Dynamik in das Unternehmen hinein als das unternehmerische Bürgerengagement (Corporate Citizenship). Geht es letzterem um die (bereichsübergreifende) ‚bürgerschaftliche' Kooperation mit unternehmensexternen Partnern zur Lösung gemeinsamer Probleme ihres gesellschaftlichen Umfelds, so setzen etwa Reporting- und Auditingsysteme als Kontroll- und Sanktionssysteme meist ausschließlich am (internen) ‚Verhalten' des Unternehmens selbst an. Unternehmensintern kann bei der Implementation eines solchen Systems durchaus Soziales Kapital aufgebaut werden – jedenfalls wenn und insofern die entsprechenden ethischen Standards als Ergebnis einer gemeinsamen Festlegung und nicht nur ‚top-down' durchgesetzt werden. Doch auch hier gilt: Ein Bürger, der seinen Haushalt rational organisiert und seine Rolle in der arbeitsteiligen Gesellschaft verantwortungsbewusst spielt, kann deshalb noch nicht als ‚bürgerschaftlich engagiert' qualifiziert werden. Die Optimierung der internen Organisation fordert ganz andere Fähigkeiten und Verhaltenslogiken ab als die Interaktion mit externen Partnern im Raum der ‚Bürgergesellschaft'.

Zwar kann ein funktionierendes Reportingsystem sicherlich das externe Engagement eines Unternehmens erleichtern, wenn nämlich die Glaubwürdigkeit und Konsistenz der Wahrnehmung des Unternehmens in der relevanten Öffentlichkeit dadurch zunimmt. Es wäre dann – ähnlich dem Sponsoring – als ‚Signaling'-Instrument zu kennzeichnen. Denn es signalisiert die Bereitschaft des Unternehmens, als ‚attraktiver Partner', der seine Hausaufgaben gemacht hat, eine Zusammenarbeit mit anderen Bürgern einzugehen. Auch dann aber hat Reporting und Auditing eine ganz andere Stoßrichtung und auch eine andere Zielsetzung als Corporate Citizenship. Die Gefahr des ersteren besteht darin, dass lediglich ‚plan-

---

[67] Zu den verschiedenen Standards vgl. u.a. Business for Social Responsibility (2000a), Council for Economic Priorities Accreditation Agency (1997), ISEA (1999), Rochlin/Bliss (2002), Social Venture Network (2000), Truesdale (2002); zu Reporting und Auditing: AccountAbility (2000), Business for Social Responsibility (2000b) und (2000c), Global Reporting Initiative (2000), New Economic Foundation (2000), SustainAbility (1999), UNEP/Sustainability (2000).

wirtschaftlich' bestimmte äußere Kennzahlen abgefragt und angegeben werden. Die ,Transformation' im Unternehmen bestände dann lediglich darin, einen Mitarbeiter in einer Stabsabteilung die entsprechenden Unterlagen bearbeiten zu lassen, nicht aber die Unternehmenskultur und Beziehung zur Gesellschaft zu verändern.

Demgegenüber will Corporate Citizenship Handlungsmuster nicht entlang bestimmter Leitfragen kanalisieren, sondern die unternehmerische Handlungsperspektive gerade erweitern. Unternehmerische Kreativität und innovativer Ideenreichtum sollen geweckt und fruchtbar gemacht werden nicht nur für die Konzeption neuer Produkte oder Vertriebsstrategien, sondern eben auch für die Lösung drängender gesellschaftlicher Probleme des Unternehmens und seiner Partner. Dies verlangt freilich den Mitarbeitern und Führungskräften völlig neue Kompetenzen ab, die sich wesentlich von klassischen Managementtechniken unterscheiden.

Unternehmerisches Bürgerengagement – eine Definition

Auf dem Hintergrund dieser negativen Abgrenzungen wird hier mit folgender Definition von Corporate Citizenship gearbeitet:

Globalisierung und Individualisierung prägen das gesellschaftliche Umfeld von Unternehmen im 21. Jahrhundert. Auf regionaler, nationaler und internationaler Ebene sind sie mit völlig neuen Problemstellungen und Herausforderungen konfrontiert, die sich nicht mehr mit den hergebrachten Instrumenten staatlicher Regulierung oder diplomatischer Vereinbarungen bearbeiten lassen. Als unternehmerisches Bürgerengagement (Corporate Citizenship) bezeichnet man Aktivitäten, mit deren Hilfe Unternehmen selbst in ihr gesellschaftliches Umfeld investieren und ordnungspolitische Mitverantwortung übernehmen[68]*. Sie helfen mit, Strukturen bereichsübergreifender Zusammenarbeit und Soziales Kapital aufzubauen, um zusammen mit Partnern aus anderen gesellschaftlichen Bereichen (Bildungs-, Sozial- und Kultureinrichtungen, Bürgerinitiativen und NGOs, Verbänden, Politik, anderen Unternehmen etc.) konkrete Probleme ihres Gemeinwesens zu lösen. In diesen Prozess bringen sie nicht nur Geld, sondern alle ihre Ressourcen – also Mitarbeiterengagement, fachliches Know-how und Organisationskompetenz, Informationen etc. – ein.*

Corporate-Citizenship-Projekte nutzen sowohl der Gesellschaft als auch den engagierten Unternehmen selbst – und zwar in einer Vielzahl von Handlungsfeldern

[68] Vgl. dazu auch die ähnliche Definition von Corporate Citizenship im ,Grünbuch Europäische Rahmenbedingungen für die soziale Verantwortung der Unternehmen' der Europäischen Kommission Kom (2001) 366, Anhang (Begriffsbestimmungen): Corporate Citizenship ist die „Gestaltung der Gesamtheit der Beziehungen zwischen einem Unternehmen und dessen lokalem, nationalem und globalem Umfeld".

(Reputation, Mitarbeitermotivation, Gewinnung von Informationen und Know-how, Lernprozesse und Aufbau von Humanressourcen, Unternehmensbewertung an den Finanzmärkten, Fusionsmanagement, Politikkontakte und Lobbying etc.).

Eine solche Begriffsbildung unternehmerischen Bürgerengagements markiert die Außenwirkung des Corporate Citizenship an der Schnittstelle des Unternehmens zur Gesellschaft – anders als rein moralische Konzeptionen. Denn ‚Moralisches Subjekt' ist man auch sozial isoliert vor sich selbst. Bürger ist dagegen niemand für sich alleine; zum ‚Mitbürger' wird das Unternehmen erst durch die Anerkennung der anderen Bürgerinnen und Bürger und somit durch die Kooperation mit ihnen. Individuelle Selbstbindung (im Sinne des ‚sein Haus in Ordnung bringen') als Mitwirken am Zustandekommen kollektiver Selbstbindungen (im Sinne der Festlegung und Durchsetzung gemeinsamer Regeln) folgt einer anderen Logik und fordert den beteiligten Unternehmen auch jeweils andere Kompetenzen ab (vgl. Abb. 14, S. 53).

Insbesondere der Fähigkeit zur Zusammenarbeit mit professionellen Spezialisten anderer Fachorientierungen, aber auch Bürgerinnen und Bürgern aus anderen gesellschaftlichen Sachbereichen kommt in der arbeitsteiligen Großgesellschaft eine Schlüsselfunktion zu. Auch Bürgerschaftliches Engagement von Unternehmen ist nur möglich, wo ‚Spezialisten für bereichsübergreifende Kooperation' die Spannungen zwischen Partnern zu überwinden und die Chancen der Unterschiedlichkeit zu heben verstehen. Gerade dies wird aber in der klassischen fachbezogenen Managerausbildung wie auch in den meisten Angeboten zur Aus- und Weiterbildung nicht vermittelt. Managerhandeln ist vielmehr durchgängig an der Umsetzung festgelegter Ziele und Strategien orientiert. Hier geht es um individuelle Rationalität etwa im Sinne eines optimalen Mitteleinsatzes.

Unternehmerisches Bürgerengagement (Corporate Citizenship') wirft demgegenüber neue Kompetenzanforderungen auf. In bereichsübergreifenden Partnerschaftsprojekten, die auf die Weiterentwicklung des gesellschaftlichen Umfelds des Unternehmens abzielen, ist eine Logik der Interaktion gefragt. Wie in der modernen Spieltheorie hängt hier ein Handlungsergebnis systematisch nicht mehr nur vom eigenen Handeln, sondern auch vom Handeln der Partner ab. Konkreter gesagt: Erbringt ein Partner seine Vorleistungen, die anderen aber nicht, so kommt das gemeinsam angestrebte Ergebnis dennoch nicht zustande. Es droht dann eine Ausbeutung einseitiger Vorleistungen in einer Kooperation. Da die Partner im Kontext eines bereichsübergreifenden Kooperationsprojektes einander aber gerade nicht mehr weisungsgebunden sind, ist der Aufbau (meist informeller) Mechanismen der Selbstbindung und Selbstkontrolle unverzichtbar. Dies erfordert nicht mehr nur individuelle Gestaltungsrationalität, sondern Sensibilität für Interessen aber auch kulturelle Grundbefindlichkeiten und Sichtweisen der anderen – für Polyperspektivität im modernen Sinne. Dezentrale bereichsübergreifende Kooperation wird im globalisierten Kontext hochspezialisierter Gesellschaften zu einem Schlüsselfaktor auch für erfolgreiches unternehmerisches Handeln. Betriebliche Investitionen in Soziales Kapital werden notwendig, wo der Leviathan ‚Staat' Soziale Ordnung nicht mehr vollständig und exklusiv zu garantieren vermag.

Unternehmerisches Bürgerengagement zielt also letztlich auf die Gestaltung des Gemeinwesens, auf die Wahrnehmung ordnungspolitischer Mitverantwortung ab. Bereichsübergreifende Zusammenarbeit ist kein Selbstzweck, sondern in der arbeitsteiligen, spezialisierten und professionalisierten Umwelt des 21. Jahrhunderts eine Voraussetzung problembezogener Lösungen. Corporate Citizenship ist mithin eine Antwort auf Herausforderungen, die letztlich aus der veränderten Weltlage und aus dem neuen gesellschaftlichen Umfeld des Unternehmens im 21. Jahrhundert heraus resultieren.

2.3 Potenziale des Corporate Citizenship für die Unternehmen

Spielzüge und Spielregeln – unmittelbare und ‚konstitutionelle' Interessen

Auch und gerade angesichts des im ersten Kapitel aufgespannten gesellschaftstheoretischen Hintergrunds für unternehmerisches Bürgerengagement stellt sich die Frage nach dem ‚Warum' für Unternehmen – für kleine und mittlere mindestens so sehr wie für Großunternehmen – in aller Dringlichkeit. Resultat aber auch Motor arbeitsteiliger, spezialisierter und professionalisierter Gesellschaften ist vor allem ein effektives Wettbewerbssystem, das einen starken Druck auf den einzelnen Anbieter ausübt. Funktionierender Wettbewerb als Leistungswettbewerb ist eine wichtige Errungenschaft der modernen Gesellschaft, die auch mächtige Anbieter bei Androhung des wirtschaftlichen Untergangs zwingt, sich jeweils an den Bedürfnissen relevanter Kundengruppen zu orientieren. Wer nicht in Rechnung stellt, dass sich unternehmerisches Bürgerengagement auch im Kontext wettbewerbsintensiver Marktwirtschaft inklusive der entsprechenden Handlungszwänge für Unternehmen bewähren muss, der ist von vorne herein nicht dazu in der Lage, seinen Gegenstand angemessen zu erfassen. Die Berücksichtigung des wirtschaftlichen Wettbewerbs aber macht es notwendig, ausführlich über die Potenziale unternehmerischen Bürgerengagements zu sprechen – also auch über konkrete Wettbewerbsvorteile, die dadurch zu realisieren sind.

Hier wird dann auch das Defizit einer Interpretation von Corporate Citizenship als reiner Philanthropie deutlich. Denn wer als Motiv ausschließlich das Gemeinwohlinteresse betont, der stellt unternehmerisches Bürgerengagement implizit als ‚Luxusgut' dar, das sich Unternehmen nur in einem positiven wirtschaftlichen Umfeld erlauben können. Wenn unternehmerisches Bürgerengagement keine handfesten Vorteile im zunehmenden Wettbewerb bringt, dann können sich kleine und mittlere Unternehmen entsprechende Ausgaben nur in Ausnahmefällen, Großunternehmen nur bei guter Konjunkturlage leisten. Eine derartige Sichtweise entspricht aber gerade nicht den Erfahrungen, die Unternehmen mit solchen Programmen gemacht haben. Sie berichten vielmehr – nicht nur aber auch im Wettbewerb Freiheit und Verantwortung – von vielfältigen Vorteilen ihres Engagements gerade auch in Hinblick auf ihre Wettbewerbsposition. Unternehmerisches Bürgerengagement verhilft zu konkreten Wettbewerbsvorteilen – und zwar in ganz unterschiedlichen Bereichen. Diesen Erfahrungen ist das folgende Kapitel gewidmet[69].

Um die Potenziale des Corporate Citizenship für die beteiligten Unternehmen angemessen erfassen zu können, ist es zunächst wichtig, zwischen unmittelbaren Interessen und konstitutionellen oder Verfassungsinteressen zu unterscheiden[70]. Diese Unterscheidung wirkt sehr akademisch, lässt sich aber sehr konkret ausführen. Ein Fußballspieler hat zunächst das unmittelbare Interesse, im Spiel erfolgreich zu sein und zu gewinnen. Zugleich hat er aber auch ein langfristiges – konstitutionelles – Interesse daran, dass die Regeln fair sind und einen möglichst objektiven Leistungswettbewerb möglich machen. Ein Spiel, dessen Regeln es erlauben, z.B. aus unfairen Spielzügen Vorteile zu ziehen, verliert schnell seine Attraktivität für die Spieler und Zuschauer. Gerade die leistungsstarken Spieler haben also ein konstitutionelles Interesse an guten Regeln, die ihre Leistungsfähigkeit und zugleich die Schönheit des Spiels für den Zuschauer zur Geltung bringen. Den Pfiff des Schiedsrichters, den Freistoß für die gegnerische Mannschaft oder gar die gelbe Karte, die er zeigt, mag ein Spieler situativ als Widerspruch gegen sein unmittelbares Interesse am Sieg empfinden. Seinem konstitutionellen oder Verfassungsinteresse entspricht es jedoch, wenn Regelverstöße geahndet werden und das Spiel dadurch sein qualitatives Niveau behält. Auch der Spieler, der im Einzelfall ein Foul begangen hat und dafür bestraft wird, wird ein Spielarrangement mit einem aufmerksamen Schiedsrichter einer unregulierten Prügelei vorziehen.

Die Institutionenökonomik hat diese Logik der Selbstbindung auch für wirtschaftliche und gesellschaftliche Zusammenhänge herausgearbeitet. Der Nobelpreisträger J. Buchanan vergleicht eine rechtliche oder ökonomische Institution mit einem Wecker, den ich abends stelle, um morgens zu einer bestimmten Zeit aufzustehen. Klingelt der Wecker, so mag ich dies situativ als Einschränkung meiner Freiheit erfahren. Insgesamt gesehen aber ist die Möglichkeit einen Wecker zu stellen eine Selbstbindungsmöglichkeit, die meinen individuellen Freiheitsraum gerade erweitert. Der Besitzer eines Weckmechanismus – etwa Robinson Crusoe auf seiner Insel, der sich mit seiner eigenen Arbeit seine Lebensgrundlage schaffen muss – ist freier als derjenige, der über diese Selbstbindungsmöglichkeit nicht verfügt. Es kann also schon für das isolierte Individuum ein konstitutionelles Interesse daran bestehen, situativ seine Handlungsfreiheit zu beschränken.

---

69 Entsprechende Argumente für unternehmerisches Bürgerengagement finden sich auch in der laufenden Diskussion zu Corporate Citizenship, zum Beispiel in den Arbeiten von Zadek (2000a) und (2000b), Martin (2002), Mutius (2000), Keebele/Brown (2002), Schuler (2002) etc.

70 Vgl. dazu Buchanan (1984), Vanberg (1988), Homann/Blome-Drees (1992), Pies (2000).

Ein solches Interesse nimmt noch erheblich zu, wenn wir nicht nur das isolierte Individuum, sondern den Menschen im sozialen Kontext betrachten. Thomas Hobbes hatte in der oben erwähnten Leviathan-Schrift festgehalten, dass der einzelne Bürger seine Gewalt dem Staat überträgt, wenn und insofern dies auch alle anderen Vertragspartner tun. Meine individuelle Bereitschaft, mich an bestimmte Regeln zu halten, ist dann systematisch gesehen der Preis dafür, dass ich genau dies auch von allen anderen Bürgerinnen und Bürgern erwarten kann. Selbstbindung an tragende Regeln und Institutionen des Gemeinwesens ist der Preis für Soziale Ordnung, für die Stabilisierung wechselseitiger Verhaltenserwartungen[71].

Eine solche Zugangsweise macht deutlich, dass auch der Corporate Citizen durch sein Engagement zunächst seine konstitutionellen Interessen zur Geltung zu bringen versucht. Zwar hat das Unternehmen im Wettbewerb zunächst ein dominantes Interesse daran, das Spiel zu gewinnen – also seinen Gewinn zu steigern. Doch ebenso hat es ein konstitutionelles Interesse an guten Spielregeln – hier also der relativen Stärke seines Wirtschaftsstandorts, der Reputation seiner Branche, der Qualität des gesellschaftlichen Umfelds, in der es auch morgen seine Wettbewerbsfähigkeit unter Beweis stellen kann. Ein Unternehmen, das sich als Bürger gemeinsam mit anderen interessierten Mitbürgern ein konkretes Problem seines Standorts, seiner Branche, seines gesellschaftlichen Umfelds vornimmt und zu dessen Lösung beiträgt, tut mithin immer auch etwas für sich selbst. Es arbeitet an einem weniger korrupten Umfeld, um morgen seine Wettbewerbsfähigkeit besser unter Beweis stellen zu können; es arbeitet an der Verbesserung der Bildungs- und Ausbildungssituation, um morgen bessere Mitarbeiter gewinnen zu können; es arbeitet an der Verbesserung der Bankenkontrolle, um morgen als Kreditgeber glaubwürdiger auftreten und von einem transparenteren Wettbewerb zwischen alternativen Kreditgebern profitieren zu können, etc.

Exkurs: Investitionen in Soziales Kapital als Dimension ausländischer Direktinvestitionen (Foreign Direct Investment)

Die Bedeutung konstitutioneller Interessen lässt sich insbesondere im Zusammenhang mit ausländischen Direktinvestitionen verdeutlichen, die im Zuge der Globalisierung ständig an Bedeutung gewinnen. Dies betrifft traditionell Großunternehmen, aber in zunehmendem Masse auch den (größeren) Mittelstand bzw. bestimmte Branchen, die schon heute ohne eine internationale oder sogar globale Strategie nicht mehr wettbewerbsfähig sein können[72].

---

71 Vgl. dazu ausführlich Homann/Suchanek (2000).

72 Vgl. zum folgenden Habisch (1998) und (2000a); weitere Arbeiten zur Thematik finden sich bei Humphrey and Schmitz (1998), Mitchell (1998), Moon (2002), Nelson (1996a) und (1996b), Pinkston/Carrol (1994), Tennyson (1998).

Der Investor, der geschäftliche Aktivitäten in einem anderen Land aufbaut, sieht sich dabei mit Chancen aber auch mit Risiken konfrontiert. So sind es heute vor allem geringere Lohnkosten, niedrigere Auflagen und mithin geringere Produktionskosten, die etwa mittel- und osteuropäische Standorte, aber auch Schwellenländer Asiens und Lateinamerikas attraktiv machen. In den 70er Jahren des vergangenen Jahrhunderts litten viele Ausgründungen im (damals noch vorwiegend außereuropäischen) Ausland meist noch unter schlechten logistischen Bedingungen und wurden oft nach kurzer Zeit wieder aufgegeben. Heute hat sich – nicht zuletzt durch die moderne Informations- und Kommunikationstechnologie – eine wesentlich bessere Infrastruktur ausgebildet, die die ‚Transaktionskosten' von Direktinvestitionen allgemein senkt. Professionellere Auslandsberichterstattung und das Wachstum spezialisierter Dienstleistungen erlauben zudem einen besseren Einblick in die spezifische Struktur eines Gastlandes und verweisen auf Besonderheiten, die zu berücksichtigen sind.

Nichtsdestoweniger bleiben die Risiken für Investoren beträchtlich. Diese liegen ganz überwiegend darin begründet, dass es dem Institutionensystem vieler Länder eben nicht gelingt, ‚Soziale Ordnung' im beschriebenen Sinne zu konstituieren. Bestehende Regeln etwa im Bereich des Steuer- und Abgabenwesens sowie ganz allgemein im Umgang mit den Behörden werden häufig nicht angewendet – sie stellen gerade keine kollektiven Selbstbindungen dar. Investoren sind vor Übergriffen etwa staatlicher Bürokratien nicht geschützt – die resultierende Rechtssicherheit bleibt oft gering. Ein Kontrollsystem obrigkeitsstaatlicher Maßnahmen existiert nur in Ansätzen – eine funktionsfähige Verwaltungsgerichtsbarkeit etwa ist kaum entwickelt. Gleiches gilt für stabile Wirtschaftsbedingungen etwa im Bereich der Währungs- bzw. Außenhandelspolitik. Unsicherheit bezüglich der grundlegenden ‚Spielregeln' eines Auslandsengagements bedroht letztlich die Eigentumsrechte eines Investors. Denn Korruption, Behördenwillkür, plötzliche Einschränkungen der Handlungsfreiheit des Unternehmers, Devisenbestimmungen, inflationäre Geldpolitik usw. können den Erfolg ‚ordentlicher Geschäftstätigkeit' schmälern oder gar in einen Verlust umkehren.

Gerade im Bereich des Auslandsengagements zeigt sich also das ‚konstitutionelle Interesse' eines Unternehmens an leistungsfähigen Spielregeln besonders deutlich. Das gilt noch stärker in Hinblick auf mittel- und langfristige Geschäftserwartungen. Wer jahrelang in den Aufbau einer Reputation investiert hat, um sich für Großaufträge zu qualifizieren, der sieht sich im Kontext einer korruptionsanfälligen Wirtschaft plötzlich mit der ‚kalten Enteignung' seiner Hoffnungen konfrontiert. Der Kostenvorteil formal niedrigerer Umweltschutzauflagen kann überkompensiert werden, wenn lokale Machthaber in Politik und Administration eigenmächtig die ‚Regeln ändern' etc. und den Investoren im übertragenen (oder auch im wörtlichen) Sinne ‚die Pistole auf die Brust' setzen. Auch und gerade im Bereich der Auslandsinvestitionen ist also die Geltung formaler Rechtsregeln eingelassen in Netzwerke und Beziehungen. Reputation und Identifikations-Potenzial des Investors spielen hier eine Schlüsselrolle. Das gilt gerade in Bezug auf die Firma aus dem (reichen) Ausland, die gekommen ist, um Kostenvorteile zu nutzen. Ein kulturell vorherrschendes Denken in Kategorien des Nullsummenspiels, das gerade in Schwellenländern weit verbreitet ist, lässt Gewinne der einen Seite (meist des Investors) automatisch als ‚Verlust' oder ‚Ausbeutung' der anderen Seite (meist des Gastlandes) erscheinen. Nicht selten wird der Investor des 21. Jahrhunderts gar mit dem militärischen Überfall des 20. Jahrhunderts in Beziehung gesetzt – was zeigt, dass Interaktion und Beziehung eben nicht als Positivsummenspiel (‚win-win') wahrgenommen wird.

In dieser Situation wird Corporate Citizenship im Sinne von Investitionen in Soziales Kapital' für Auslandsbetriebe zu einem zentralen Instrument zur Absicherung ihrer ‚konstitutionellen Interessen'. Denn indem sie sich – immer gemeinsam mit Bürgergruppen vor Ort – für die Lösung von Ordnungsproblemen im Gastland oder in der Region einsetzen, entstehen Netzwerke der Zusammenarbeit, die die kulturelle Verwurzelung des Investors befördern. Er signalisiert Engagementbereitschaft für diese Region und positioniert sich damit zugleich als Bürger (‚Citizen'). In dieser Hinsicht mag er sogar kulturprägend wirken für eine Bürgergesellschaft, die im Gastland nicht immer stark ausgeprägt und mit dem notwendigen Selbstbewusstsein gegenüber staatlichen Machthabern ausgestattet ist. In jedem Fall ist das entstehende Soziale Kapital (inklusive einer publizistischen Öffentlichkeit) eine wirksame Versicherung, die zwar die Ausbeutung durch willkürliche Behörden nicht unmöglich macht, aber doch verkompliziert. Was damit gemeint ist mögen verantwortliche Manager der spanischen Telefongesellschaft Telefonica berichten können. Denn diese hatte jahrelang große Geldsummen investiert, um in lateinamerikanischen Ländern Kupferkabel für Telefonleitungen zu verlegen. Dies geschah, bis es unter den Bewohnern der benachbarten Slumregionen zur Gewohnheit wurde, die Kabel wieder auszugraben und das eingeschmolzene Kupfer auf Sekundärmärkten zu verramschen. Selbst wenn Polizei und Administration in den Gastländern wollten und gut ausgestattet wären, so sähen sie sich angesichts kilometerlanger Leitungen durch z.T. unbewohntes Gebiet doch schlechthin nicht in der Lage, die Eigentumsrechte von Telefonica zu schützen. Vielmehr zeigt sich: Eigentumsrechte sind ein gesellschaftlich höchst voraussetzungsreiches Konstrukt der Zivilisation. Es bedarf bewusster Investitionen auch in die sozialen Rahmenbedingungen, damit diese akzeptiert werden. Wo solche Investitionen in soziales und institutionelles Kapital unterbleiben, da kann sich ein im Prinzip lohnendes Geschäft schnell in eine Investitionsruine verwandeln.

Ein unternehmerisches Bürgerengagement, das auf den Aufbau funktionsfähiger Institutionen im Gastland und damit die nachhaltige Lösung von Ordnungsproblemen abzielt, arbeitet zugleich an der ‚Standortsicherung' und der relativen Position im internationalen Standortwettbewerb. Wenn sich die Bildungs- und Ausbildungssituation in einem Gastland verbessern, dann profitiert der Investor selbst morgen und übermorgen davon. Wenn soziale und medizinische Lebensbedingungen oder die Umweltqualität gehoben werden können, dann profitieren nicht nur die im Land lebenden Manager, sondern auch die Mitarbeiterinnen und Mitarbeiter des Unternehmens. Wenn etwa die Korruptionskontrolle durch die Justiz professioneller wird, Umwelt- und Arbeitsschutzregeln auf dem Niveau der Fachdiskussion und unter Berücksichtigung der speziellen Lage im Gastland festgelegt und kontrolliert werden, dann sind das wichtige Beiträge zur Stabilisierung wechselseitiger Verhaltenserwartungen, von denen gerade die leistungsfähigsten Unternehmen profitieren. ‚Konstitutionelle Interessen' berühren sich hier eng mit den Wettbewerbsinteressen des Unternehmens. Denn wenn ein Standort im internationalen Standortwettbewerb attraktiver wird, dann steigt auch der Marktwert der Investition selbst – ebenso wie der steigende Wasserspiegel alle Boote anhebt. Sowohl Grundstücke und Produktionsanlagen als auch Geschäftsbeziehungen und Kenntnis lokaler Bedingungen – alle Ressourcen des Investors gewinnen an Bedeutung und an ökonomischem Wert. Umgekehrt kann ein zunehmender Verfall Sozialer Ordnung geschäftliche Erfolge überkompensieren und Investitionssummen entwerten.

Anders als manche Auslandsinvestoren der Vergangenheit nimmt der ‚Corporate Citizen' derartige Veränderungen des makrosozialen gesellschaftlichen Umfeldes an seinem Investitionsstandort nicht mehr passiv-schicksalhaft hin: Dazu sind sie einfach zu wichtig geworden. Er sieht sich vielmehr selbst als Akteur, der seine Investitionen in Sach- und Humankapital durch Investitionen in Soziales Kapital flankieren muss. Gerade in kleineren Nationalstaaten Mittel- und Osteuropas oder auf regionaler Ebene können entsprechende Aktivitäten sehr wohl ‚einen Unterschied machen' und die Standortqualität mittel- und langfristig positiv beeinflussen. Dies gilt gerade dann, wenn der ‚Bürger Unternehmen' hier in Zusammenarbeit mit anderen Bürgern und -gruppen aktiv wird. Dies ist eine unverzichtbare Voraussetzung entsprechender Aktivitäten, wenn das Unternehmen nicht der illegitimen Bevormundung des Gastlandes beschuldigt werden will. Die besondere soziale Situation eines Auslandsinvestors macht hier einen besonders sensiblen Umgang mit möglichen Partnern aus der Zivilgesellschaft wie auch mit der medialen Öffentlichkeit des Gastlandes unverzichtbar. Die ‚Local Chapters' der NGO ‚Transparency International' sind ein gutes Beispiel dafür[73]. Denn hier lassen sich Unternehmen in nationale Netzwerke gegen Korruption einbinden, in denen jeweils lokale Eliten der Bürgergesellschaft den Ton angeben und eine prominente Rolle spielen. Der spezifische Beitrag des Unternehmens wird dabei eher in der Bereitstellung organisatorischer, logistischer und informationeller Infrastruktur für gemeinsame Aktivitäten und weniger in der öffentlichkeitswirksamen Propagierung ihrer Ziele liegen. Als loyaler Mitbürger investiert das Unternehmen in die Selbstorganisationsfähigkeit und die demokratischen Kontroll-Potenziale der Bürgergesellschaft im Gastland. Auch eine solche Investition kann erhebliche Chancen für die Unternehmen haben: Wer im Südafrika der 80er Jahre Nelson Mandela und den Führungskräften des ANC Unterstützung zukommen ließ, der hatte es wenige Jahre später mit dem Präsidenten und der politischen Elite des Landes zu tun. Einem solchen ‚Corporate Citizen' dürften aus diesem Engagement mittelfristig keine Nachteile erwachsen sein.

---

[73] Vgl. www.transparency.de zur Struktur von Transparency International.

Die nachhaltige Globalisierung der Wirtschaftsstrukturen wird die Bedeutung des Corporate Citizenship noch weiter steigern. Denn anders als in Zeiten ganz überwiegend nationaler Unternehmenskulturen, in denen Auslandsengagements von einer kulturell und geschäftlich klar dominierenden Unternehmenszentrale aus dirigiert und ggf. verändert wurden, ist zumindest das Großunternehmen des 21. Jahrhunderts ein mehr und mehr internationaler und polyzentrischer Verbund[74]. In diesem Kontext dürfte ein ‚Länder-hopping' des Unternehmens, das je nach der Entwicklung nationaler Rahmenbedingungen entweder investiert oder deinvestiert, zunehmend der Vergangenheit angehören. Wo nicht nur in Lohnveredelungsbetrieben Fertigteile zusammen geschraubt werden, sondern auch anspruchsvolle Dienstleistungen erbracht und nationale Märkte im Gastland entwickelt werden sollen, da sind kontinuierlichere Formen des Engagements gefordert, die sich erst mittel- und langfristig auszahlen. Auf dem Hintergrund dieser ökonomischen Zusammenhänge verliert die ‚exit-option' gegenüber einer ‚voice-option' zunehmend an Attraktivität[75]. Es lohnt sich dann, nicht bei kleinsten Störungen wieder abzuwandern, sondern sich kontinuierlich als ‚Bürger' für die Entwicklung ‚seiner' Region zu engagieren – sei dies durch das Knüpfen von Netzwerken und die Stärkung (‚empowerment') wichtiger Gruppen der Bürgergesellschaft, sei dies durch die Mitarbeit am Aufbau eines funktionsfähigen Institutionensystem, das Ordnungsprobleme zu überwinden und Soziale Ordnung ansatzweise herzustellen hilft.

Der Corporate Citizen, der sich als Mitspieler zugleich für die Verbesserung der Spielregeln engagiert, dient also seinen eigenen konstitutionellen Interessen. Er produziert dabei allerdings zugleich auch positive externe Effekte für seine Wettbewerber, die sich den Kosten der entsprechenden gemeinwohlbezogenen Strategien nicht unterwerfen. Daher wird es in einer Marktwirtschaft nicht ausreichen, nur die konstitutionellen Interessen an Corporate Citizenship zu betonen. Es lassen sich vielmehr darüber hinaus noch vielfältige andere Effekte und Potenziale aufweisen, die ein bürgerschaftlich engagiertes Unternehmen für seine Wettbewerbsfähigkeit realisiert.

Corporate Citizenship in der Personalarbeit

Vielleicht noch vor den Rückwirkungen auf die Öffentlichkeitsarbeit sind hier die personalpolitischen Effekte gelungener Projekte unternehmerischen Bürgerengagements zu nennen[76]. Diese werden vor allem durch solche Projekte erreicht, die

---

[74] Vgl. hierzu auch die Analyse von Picot/Reichwald/Wigand (2001).

[75] Vgl. zur Logik von 'Abwanderung' und Widerspruch grundlegend Hirshman (1974).

[76] Vgl. hierzu auch Arbeiten von Baker (1999), Minton-Eversole (1991), Riordan/Gatewood/Barres (1997), Turban/Greening (1996), Halley (1999), Points of Lights (2000), Schäfer (2001), Sommerlate (2002), Schout (2000).

im Unternehmen eine hohe Mobilitätswirkung erzielen und möglichst viele Mitarbeiter in die Aktivitäten mit einbeziehen oder doch zumindest informieren.

Die Praxis des Corporate Citizenship in Deutschland hat hier vielfältige und höchst einfallsreiche Formen entwickelt. Zu nennen ist die Engagementform des ‚Corporate Volunteering' – also betriebliche Freiwilligenprogramme[77]. Auch die Förderung des Engagements der Mitarbeiter wird in Zusammenarbeit mit unternehmensexternen Partnerorganisationen realisiert. Immer führen solche Projekte zu einer stärkeren Identifikation der Mitarbeiter mit dem Unternehmen. Teamgeist und Unternehmenskultur prägen sich aus. Zwar sind Nachfragen von Bewerbern, welche Freiwilligenprogramme denn das Unternehmen fährt, bei Bewerbungsgesprächen in Deutschland noch eher die Ausnahme. In den USA sind sie schon weit verbreitet. Doch eine hohe gesellschaftliche Reputation und das wahrgenommene Verantwortungsbewusstsein des Arbeitgebers etwa in sozialen und ökologischen Belangen ist ein wichtiger Bestandteil individueller Arbeitszufriedenheit eines Mitarbeiters. Die Kosten für entsprechende Programme können mithin im weitesten Sinne als Lohnbestandteile begriffen werden – und sollten auch von den Tarifpartnern in dieser Weise thematisiert werden. Denn kein einzelner Mitarbeiter kann sich etwa durch Spenden oder individuelles Engagement eine solche Öffentlichkeitswirksamkeit verschaffen wie es das Unternehmen als ganzes durch bürgerschaftliches Engagement vermag: Die Reputation stellt in diesem Sinne eine Art ‚Clubgut' der Betriebsangehörigen dar.

Von großer Bedeutung sind die Rückwirkungen von Freiwilligenprogrammen auf die Heranbildung Sozialer Kompetenz unter den Mitarbeitern[78]. In vielen Unternehmen ist der zeitweise externe Einsatz einer Mitarbeiterin oder eines Mitarbeiters im Rahmen einer Nichtregierungsorganisation, einer Umweltgruppe oder Bürgerinitiative fester Bestandteil des Führungskräftetrainings. Das sogenannte ‚Secondment' für mehrere Wochen oder Monate soll der Erweiterung des Erfahrungsspektrums, dem Kennenlernen der Arbeit unter Low-cost-Bedingungen, anderer Denk- und Wertewelten sowie der Persönlichkeitsbildung des Mitarbeiters dienen. Auch die Effekte für die Partner aus den Sozial-, Kultur- und Bildungseinrichtungen, aus Bürgerinitiativen oder Selbsthilfegruppen sind vielfältig. Sie liegen vor allem im Zuwachs an Professionalität und Managementkapazität, die ihnen die neuen ‚Mitarbeiter' bringen. Lerneffekte sind also auf beiden Seiten zu verzeichnen[79]. Oft dient das im Secondment gewachsene Beziehungsnetzwerk auch als Türöffner zur Durchführung gemeinsamer Corporate-Citizenship-Projekte

---

[77] Vgl. zum Konzept von Corporate Volunteering auch Halley (1999), Janowicz/Klement/Mutz (2000), Schäfer (2001), Schubert/Littmann/Tingler (2002), VIS a VIS Agentur für Kommunikation (2001b).

[78] Vgl. auch Sommerlate (2002).

[79] Vgl. hierzu auch Austin (2000), Billis (1993), Drucker (1989), Kinds (2000), Sagawa/Segal (2000).

nach der Rückkehr des ausgeliehenen Mitarbeiters an seinen angestammten Arbeitsplatz im Unternehmen.

Wichtige Lerneffekte und Rückwirkungen auf die Unternehmenskultur sind auch in kürzeren Programmen bürgerschaftlichen Engagements zu verzeichnen. Sie führen Belegschaften im Rahmen eines ‚Betriebsausfluges' nicht ins Weinlokal, sondern für einen Tag in eine Schule, Sozial- oder Kultureinrichtung. In solchen Begegnungen mit der Lebenswelt des Sozialarbeiters, des Sonderschullehrers oder der mobilen Altenpflegerin ‚von nebenan' können Mitarbeiter existenziellere Erfahrungen machen als bei dem vom Unternehmen gesponserten Floß-Rafting auf dem Amazonas, der Wanderung durch die Sahara oder der gemeinsamen Klettertour in den Alpen. Gegenüber solchen künstlichen und zugleich teuren Aktivitäten, die mitunter einen guten Teil des Fortbildungsetats von Unternehmen verschlingen, kehren die Teilnehmer an einer betrieblichen Freiwilligenaktion mit dem guten Gefühl an ihren Arbeitsplatz zurück, etwas Sinnvolles getan zu haben und sich dabei nicht nur um sich selbst, sondern auch um das Wohl ihrer Mitmenschen gekümmert zu haben. Sie lernen ein Stück ihrer unmittelbaren Lebenswelt kennen, die vielleicht in der selben Straße angesiedelt ist, ihnen aber doch bisher fremder geblieben ist als der Sandstrand auf Barbados oder die mittelalterlichen Gassen Grenadas. Sie begegnen zugleich den ‚Restriktionen' z.B. finanzieller oder organisatorischer Art, unter denen andere Berufsgruppen handeln müssen und den Problemen, mit denen sie konfrontiert sind. So wächst nicht nur ein wechselseitiges Verständnis anstelle pauschaler Vorbehalte; betriebliche Freiwilligenprogramme dienen auch als eine Art ‚Volkshochschule', in denen ein Stück der komplexen Wirklichkeit der eigenen Gesellschaft kennen gelernt wird. Die Unternehmen wiederum sparen nicht nur Flugtickets in ferne ‚Erlebnisräume'. Sie profitieren auch von der besseren Sachkenntnis und der menschlichen Reife ihrer Mitarbeiterinnen und Mitarbeiter. Einen Impuls für betriebliche Freiwilligenprogramme muss man sich zudem nicht bei teuren Beratungs- und Trainingsunternehmen holen. Sie können von professionellen Vermittlungsorganisationen wie etwa Freiwilligenagenturen konzipiert, ausgerichtet und nachbereitet werden. Auch dabei gelten hohe Professionalitätsstandards (Suche eines geeigneten Projektes, logistische und inhaltliche Vorbereitung, professionelle Pressearbeit, Nachbereitung und weiterführende Angebote an die Mitarbeiter etc.), die sich etwa US-Firmen 100 Dollar pro Kopf und Teilnehmer der Maßnahme kosten lassen. Doch ist ein solches Programm noch immer die bei weitem billigere und doch auch menschlich bereichernde Variante zum künstlich arrangierten Abenteuertrip auf Firmenkosten[80]. Gelingende betriebliche Freiwilligenarbeit erbringt ihre Wirkungen etwa im Bereich der Teambildung und des Wachstums Sozialer Kompetenz zudem sehr viel zuverlässiger.

---

[80] Weiterführende Praxisinformationen zu Corporate Volunteering findet sich zum Beispiel bei Schöffmann (Hrsg.) (2001).

Betriebliche Freiwilligenprogramme und bereichsübergreifende Kooperationsprojekte werden auch überall dort eine wichtige Rolle spielen, wo Mitarbeiter und ihre Familien zwischen verschiedenen Unternehmensstandorten versetzt werden oder auf Zeit Aufgaben an anderen Orten übernehmen. Vor allem mit umziehende Angehörige klagen in dieser Situation oft über mangelnden Anschluss in der neuen Umgebung. Auch nach Jahren haben sie noch keine neuen Bezugspersonen gefunden und leben innerlich noch immer aus den Kontakten am ‚alten' Wohnort. Das kann das private Gleichgewicht – und damit langfristig auch die Arbeitskraft – von Mitarbeitern bedrohen. Kooperationsprojekte bringen hier den wichtigen Nebeneffekt mit sich, dass sich Mitarbeiter auch persönlich in ihrer neuen Umgebung besser verwurzeln und zugleich Mitbürger aus anderen gesellschaftlichen Bereichen vor Ort kennen lernen. Dies kann durchaus auch die Familienangehörigen umfassen. In den USA erfreut sich das ‚family volunteering' – also betriebliche Freiwilligenprogramme unter Einschluss der Familie des Mitarbeiters – wachsender Beliebtheit. Sie eröffnen der ganzen Familie Engagementmöglichkeiten in einem Kooperationsprojekt und wirken damit dem Problem entgegen, dass gerade verantwortliche Mitarbeiter durch ihr betriebliches Freiwilligenengagement noch stärker und auch an den Wochenenden von der Familie getrennt sind. Für die Kommunikation in der Familie ergeben sich durch ‚family volunteering' Chancen. Kinder sehen sich nicht nur (erstmals) in das Erwerbsleben der Eltern integriert und lernen deren Arbeitskollegen und Umfeld kennen. Das gemeinsame Arbeiten etwa beim Anstreichen einer Sozialeinrichtung, beim Anlegen eines Gartens in einem Behindertenheim, bei der Reinigung eines verschmutzten Waldstücks etc. führt Eltern und Kinder in einer Weise zusammen, wie das in vielen Familien heute keineswegs mehr selbstverständlich ist. Gemeinsame Erlebnisse – und nicht Filmsequenzen oder Hollywood-Szenen – bilden dann die Basis für anschließende Gespräche in der Familie während der Mahlzeiten. Eltern können die Hintergründe des Projektes erläutern und so ihren Kindern die Erfahrung bürgerschaftlichen Engagements (wieder) neu erschließen.

Von einer besonders wichtigen Rückwirkung unternehmerischen Bürgerengagements in Form betrieblicher Freiwilligenprogramme berichten Unternehmen, die nach einer Fusion Unterschiede der Unternehmenskultur überwinden müssen oder sich ganz allgemein in einer schwierigen Situation befinden. Gerade in Krisensituationen aber auch bei Unternehmenszusammenschlüssen oder -zukäufen ist der Zusammenhalt im Unternehmen und auch die Motivation der Mitarbeiter sehr stark in Mitleidenschaft gezogen. Studien belegen, dass bis zu 70% der Fusionsprojekte an internen Widerständen scheitern und die Zusammenführung von unterschiedlichen Unternehmenskulturen eine ganz eigene Managementproblematik darstellt. Es gibt hier starke Indizien, dass insbesondere die Formulierung einer betrieblichen Freiwilligenstrategie flankiert mit Corporate-Volunteering-Projekten eine gemeinsame Identität zwischen den Mitarbeitern aus den unterschiedlichen Unternehmen herstellen kann. Gemeinsame Projekte des bürgerschaftlichen Engagements helfen den Mitarbeitern, sich Dritten gegenüber als Partner zu erleben und so das vorherrschende Misstrauen zwischen den unterschiedlichen Unternehmensteilen zu überwinden. Gerade wer in gemeinsamen bürgerschaftlichen Engagement gesellschaftliche Probleme angeht, der wird gemeinsame Zielvorstellungen und Werte entwickeln, die dann auch wechselseitiges Vertrauen und eine wirksame Zusammenarbeit im operativen Geschäft ermöglichen. In Anbetracht der immensen Kosten eines Fusionsmanagement und dem Scheitern vieler Versuche der Zusammenführung unterschiedlicher Unternehmenskulturen stellt unternehmerisches Bürgerengagement sicherlich eine kostengünstige Alternative dar. Statt sich ständig nur selbst (misstrauisch) anzuschauen, blicken die neuen Partner in eine gemeinsame Richtung und kommen dadurch auch einander näher. Das Wachstum von externen Netzwerken mit Bürgergruppen und Organisationen verlängert sich in das Unternehmen selbst hinein: eine Dynamik des Zusammenwachsens, die sich auch auf andere Abteilungen und Unternehmensteile übertragen lässt. Dazu sollten möglichst viele Mitarbeiterinnen und Mitarbeiter für die Projekte gewonnen werden. Der Nutzen des Corporate Citizenship kommt dann sowohl den Unternehmen und seinen Mitarbeitern, als auch dem Unternehmensumfeld und der Gesellschaft zugute. Auch die Aktionäre profitieren handfest von einer höheren Erfolgsrate bei Unternehmensfusionen. Betriebliche Freiwilligenarbeit senkt zudem Kosten in anderen Segmenten des Fusionsmanagements.

Es wird deutlich: Unternehmen, die über Erfahrungen mit unternehmerischem Bürgerengagement verfügen, haben eine weitaus bessere Ausgangsposition, um mit der schwierigen Situation einer Fusion fertig zu werden, als ihre Wettbewerber ohne derartige Programme. Dies könnte sich angesichts der bevorstehenden Multiplikation weltweiter Unternehmenszusammenschlüsse auch über kulturelle Grenzen hinweg als wichtiger Vorteil erweisen. Der gemeinsame Einsatz etwa im Naturschutz, bei der Betreuung von Kindern und alten Menschen, in Schulen und Sozialeinrichtungen, in Programmen gegen Fremdenfeindlichkeit etc. lässt Bindungen unter den Mitarbeitern entstehen, die sowohl sie selbst bereichern als auch die Identifikation mit dem Unternehmen steigern. Kleine Alltagsprobleme im Umgang miteinander relativieren sich, Spannungen können durch das Aufbrechen kleiner Welten und die Konfrontation mit existentiellen Erfahrungen von Krankheit, Not oder Leid überwunden werden. Viele Mitarbeiterinnen und Mitarbeiter, die fern von Kirchengemeinden oder Arbeiterbewegung in Kindheit oder Jugend überhaupt nicht mehr mit ehrenamtlichem Engagement in Kontakt gekommen sind, sammeln in betrieblichen Freiwilligenprogrammen ihre ersten Erfahrungen. Die Rückmeldungen auf entsprechende Programme sind fast durchgängig sehr positiv. Viele suchen in ihrer Freizeit noch weitere Möglichkeiten eines vertieften und ausgeweiteten Engagements. Den Unternehmen wächst mithin in der posttraditionellen Gesellschaft eine neue gesellschaftspolitische Funktion zu: Sie werden zu Türöffnern bürgerschaftlichen Engagements für ihre Mitarbeiter und übernehmen damit Funktionen, die früher etwa konfessionelle oder weltanschauliche Träger wie Wohlfahrtsverbände ausgeübt haben. Von den entsprechenden Erfahrungen persönlicher Auseinandersetzung und Reifung profitieren auch sie für ihre Arbeit.

Reputation durch unternehmerisches Bürgerengagement

Ein großer Teil des Wettbewerbs auf Märkten wird heute zwischen Produzenten ausgefochten, die längst weitgehend homogene Güter produzieren und anbieten. Ob ein Kunde bei der einen Tankstellenkette tankt oder bei der anderen, ob er den einen Reiseveranstalter bucht oder den anderen oder diesen oder jenen Konsumguthersteller wählt – meist ist das Preis-Leistungs-Verhältnis vergleichbar und eine Differenzierung über dominante Produktmerkmale scheidet aus. In dieser Situation kommt der Reputation eines Herstellers für die konkrete Kaufentscheidung eine gesteigerte Bedeutung zu[81]. Verbunden mit einer zusätzlichen Information wird ein bestimmtes Angebot praktisch zu einem neuen Produkt. So kreiert etwa der Produzent von Eiern durch seinen Aufdruck ‚Eier von freilaufenden Hühnern' faktisch ein neues Produkt – Ei plus Beitrag zu artgerechter Tierhaltung.

Auch ein aktiver Einsatz unternehmerischen Bürgerengagements, der zusammen mit anderen Partnern ein konkretes Problem der gemeinsamen gesellschaftlichen Umwelt angeht, lässt sich mit Hilfe einer aktiven Öffentlichkeitsarbeit zur Produktdifferenzierung nutzen. Dies gilt insbesondere dort, wo ein Projekt eng an der Kernkompetenz des Unternehmens angesiedelt ist. Die Reputationseffekte sind dabei sowohl in Richtung auf potenzielle Kunden als auch im Hinblick auf die eigenen Mitarbeiter nutzbar.

Der Reputationsgewinn bürgerschaftliches Engagement ist auch für kleine und mittlere Unternehmen (KMU) von großer Bedeutung. KMUs sind stärker noch als große Unternehmen auf ein lebendiges gesellschaftliches Umfeld angewiesen. Ein Wechsel des Standorts kommt für viele Mittelständler nicht in Frage. Daher hängen sie unmittelbar von Vorleistungen staatlicher Infrastruktur und funktionierenden gesellschaftlichen Strukturen vor Ort ab. In einer Volkswirtschaft, in der über 50 Prozent des Sozialprodukts über öffentliche Haushalte abgewickelt wird, spielen staatliche Institutionen als Kunden und Vertragspartner für viele Mittelständler eine zentrale Rolle. Von der lokalen Verwaltung und Politik wird zudem die Herstellung günstiger Rahmenbedingungen für den Mittelstand erwartet. Doch auch private Kunden können entweder den Anbieter am Ort oder den vielleicht zunächst etwas billigeren überregionalen Anbieter wählen. Hier ist die Investition in Soziales Kapital durch den mittelständischen Unternehmer ein seit Generationen bewährtes Instrument des Aufbaus von Reputation und kooperativer Grundstimmung gegenüber dem Betrieb. Erst wenn er durch die Mitarbeit an der Bewältigung gemeinsamer Probleme vor Ort oder seine unterstützende Präsenz bei Kultur,

---

[81] Zur Reputationsfunktion von CC-Projekten vgl. zum Beispiel die Arbeiten von Environics International (1999), Fombrun/Shanley (1990), Fombrun (1996), Fombrun/Gardberg/Barnett (2000), Maignan (2001), Mohr/Webb/Harris (2001), Ogrizek (2002), Sen/Bhattacharya (2001), Szwajkowski/Figlewicz (1999), Schwartz/Blair (1999), The Conference Board (1999), Waddock (2000) Willmott/Flatters (1999), Zyglidopoulos (2001).

port- und Gemeinschaftsveranstaltungen seine Zugehörigkeit zur lokalen Gemeinschaft signalisiert, kann er eine entsprechende positive Grundhaltung gegenüber seinem Betrieb erwarten[82].

Gerade in Bezug auf den Mittelstand zeigt sich allerdings auch ein breites Spektrum der Engagementformen, das insbesondere nach Größe des Betriebs, regionalem Bezug der Absatzmärkte und natürlich der ‚Tradition' und Kultur des Unternehmens und seiner Eigentümer variiert. Werbeagenturen und Dienstleistungsunternehmen wie Internet-Provider werden sich hier tendenziell eher überregional, Handwerker und Einzelhandel eher mit starkem regionalem Bezug engagieren. Letztere ‚docken' ihr Engagement oft an traditionelle Netzwerke an, z. B. an Sport-, Musik- und Kulturvereine mit regionalem Bezug, Lokalpolitik etc. Sie nutzen diese als Resonanzraum für den Aufbau einer Reputation in der für sie relevanten Teilöffentlichkeit. Im Zeitalter des Internets bildet sich zudem Community nicht nur in geographischen sondern auch in virtuellen Räumen[83]. Bei entsprechendem Engagement muss man Handwerkern und Kleinunternehmern keineswegs die Dominanz ‚strategischer Rationalität' unterstellen. Häufig fügen sich Reputationseffekte nahtlos ein in persönliche Begeisterung für die Sache und den Wunsch, einen Beitrag für das Gemeinwesen vor Ort zu erbringen.

Beziehungsmanagement durch bürgerschaftliches Engagement

Im Kontext arbeitsteiliger und ausdifferenzierter Gesellschaften spielen Verträge zur Regelung des Austauschs zwischen verschiedenen Partnern eine immer wichtigere Rolle. Weil immer weniger selbst gemacht wird bzw. selbst gemacht werden kann, muss mehr von außen bezogen werden. Solche Verträge sind aber angesichts schnellen Wandels der relevanten Umwelten immer weniger ‚vollständige Verträge', die für jede mögliche Veränderung der äußeren Rahmenbedingungen der Vertragsbeziehung alle Eventualitäten von vorne herein vollständig regeln würden. Gerade die produktivsten Austauschbeziehungen sind solche, in denen man nicht zu jedem Zeitpunkt Leistung und Gegenleistung auf Euro und Cent berechnen kann (und will). Solche Typen von Verträgen werden in der ökonomischen Vertragstheorie[84] als ‚unvollständige Verträge' bzw. ‚relationale Verträge'

---

[82] Vgl. hierzu auch exemplarisch die Diskussion um Corporate Community Relations in: Altman (1998), Antonelli (1997), Burke (1999), Cavengah (1999), Dacin/Beal/Beal (1999), Hess/Rgovsky/Dunfee (2002), Logan/Tuffrey (1999) und (2000), McCune (1997), Minton-Eversole (1991), Nelson (1998), Post (1997), Porter (1999), Rochlin/Boguslaw (2001), Rochlin/Bliss (2002), Wood/Davenport/Blockson (2002).

[83] Vgl. dazu auch Post (2000).

[84] Williamson (1981), (1990), Hart/Holmström (1987), Tirole (1999), Wolff (1995), Richter/Furubotn (1996).

bezeichnet[85]. Dieser Begriff macht deutlich, dass in einer solchen komplexen Vertragsbeziehung die genauen Inhalte immer wieder neu miteinander abgestimmt und ggf. angesichts veränderter Rahmenbedingungen auch neu ‚verhandelt' werden müssen. Der ‚Vertrag' ist faktisch eine ‚Beziehung' (Relation) zwischen zwei Partnern, die nur sehr schwer durch einen anderen Konkurrenten ausgetauscht werden können, weil sie spezifisch ‚in die Beziehung investiert haben' – der klassische Fall eines solchen relationalen Vertrages ist die Ehe. Dieselbe Offenheit des ‚unvollständigen' Vertrags, die ihn so produktiv und anpassungsfähig macht, lässt aber natürlich auch Raum für unterschiedliche Interpretationen und damit für strategische Rationalität und Opportunismus. Das Aufkommen von Misstrauen kann die Zusammenarbeit schnell beenden und die Vertragspartner sogar in eine gefährliche Schieflage bringen.

Angesichts dessen sind ‚vertrauensbildende Maßnahmen' ein wichtiges Instrument, um sich überhaupt als Partner einer offenen Vertragsbeziehung zu qualifizieren oder um bestehende vertragliche Bindungen abzusichern[86]. Neben den Projektpartnern oder den Nutznießern eines Corporate-Citizenship-Projektes geht es dem Unternehmen also auch um die indirekte, Kooperationsbereitschaft signalisierende Botschaft an alle anderen Gruppen, mit denen sie in Verbindung stehen oder in Beziehung treten möchten“[87]. Von dieser Funktion des Beziehungsmanagements her kommt der geeigneten Kommunikation und medialen Aufbereitung der Projekte eine zentrale Bedeutung zu. Sie werden regelmäßig auch in das Programm besonderer Feierstunden und andere Formen der Unternehmenskommunikation Eingang finden. Hier zeigt sich auch eine identitätsstiftende Funktion von Corporate Citizenship. Denn die Auswahl der Ordnungsprobleme oder kulturellen Ausdrucksformen, für die man sich engagiert sowie der Partner, mit denen man diese gemeinsam angeht, hat wiederum eine Signalfunktion für Dritte – namentlich auf jene Gruppen, mit denen relationale Vertragsbeziehungen bestehen. Die verschiedenen Dimensionen und Funktionen unternehmerischen Bürgerengagements müssen mithin unter Berücksichtigung aller relevanten Aspekte in einer integrierten Gesamtstrategie aufeinander abgestimmt werden. Dort müssen insbesondere Wertvorstellungen, Verhaltenserwartungen und Interessen der relevanten Anspruchsgruppen des Unternehmens Berücksichtigung finden[88].

---

[85] Nähere Ausführungen zu einer vertragstheoretischen Zugangsweise zum Thema Corporate Citizenship finden sich bei Suchanek/Waldkirch (1999), Muche (2002).

[86] Zur ökonomischen Interpretation von Vertrauen vgl. Ripperger (1998).

[87] Clemens/Maaß (2002) 128.

[88] Die Diskussion um die verschiedenen Anspruchsgruppen (‚Stakeholder') des Unternehmens findet sich besonders in den Arbeiten von Atkinson, Waterhouse and Well (1997), Böhi (1995), Donaldson (1995), Freeman (1984), Freeman/Harrison (1999), Hillmann (2001), Jawahar/McLaughlin (2001), Jones/Wicks (1999), Jonker/Foster (2002), Mutius (2002), Speckbacher (1997), Svendson (1998), Wheeler/Sillanpää (1997), Bendheim/Waddock/Graves (1998), Waddock/Smith (1997).

Zur Informationsfunktion von Corporate-Citizenship-Aktivitäten

Ein wichtiger Vorteil unternehmerischen Bürgerengagements für die Betriebe liegt in der Gewinnung zusätzlicher Informationen. Wir haben oben bereits im Anschluss an F. A. von Hayek auf die Informationsproblematik bei der Organisation einer Volkswirtschaft hingewiesen. Märkte und die auf ihnen ablaufenden dezentralen Kommunikationsformen sind besser als jede zentrale Planung in der Lage, knappe Ressourcen auf ihren jeweils optimalen Einsatzzweck hin zu bewirtschaften. Das Informationsargument war ein zentraler Punkt der Kritik am wissenschaftlichen Sozialismus, der meinte, optimale wirtschaftliche und gesellschaftliche Zustände zuerst am Reißbrett des Sozialingenieurs planen und dann in die Wirklichkeit übertragen zu können.

Die Problematik von Information als knapper Ressource stellt sich aber auch auf betriebswirtschaftlicher Ebene. Dabei geht es nicht nur um Informationen, wie man sie von Nachrichtendiensten oder auch professionellen Agenturen kaufen kann. Ein großer Teil relevanter Informationen resultiert vielmehr aus unterschiedlichen Sichtweisen und Perspektiven von Kunden, Geschäftspartnern oder Entscheidungsträgern, die letztlich auf die Verschiedenheit gesellschaftlicher Positionen, Erfahrungen, Wertesysteme und Kulturen zurück zu führen ist. So sind denn zwar Informationen bezüglich der Qualität relevanter gesellschaftlicher Umwelten eines Unternehmens wichtige Voraussetzungen seines wirtschaftlichen Erfolges. Doch dieses Wissen lässt sich gerade nicht professionell beschaffen – es ist zum großen Teil lokales Wissen (‚local knowledge'), das sich nur aus der ‚Teilnehmerperspektive' gewinnen lässt.

Durch die zunehmende Spezialisierung, Arbeitsteilung und Professionalisierung zerfällt die Gesellschaft noch stärker als bisher in Teilkulturen und ausdifferenzierte Subsysteme. Dadurch nimmt das Informationsproblem noch an Relevanz zu. Denn die unterschiedlichen Subsysteme entwickeln jeweils ihre eigene Logik und kulturelle Wahrnehmung der Wirklichkeit. Eine sehr frühe Spezialisierung, die mit der Professionalisierungstendenz automatisch verbunden ist, kann schnell zur Betriebsblindheit und einer mangelnden Sensibilität für ‚fremde' Perspektiven führen. Die Informationsfunktion bereichsübergreifender Partnerschaftsprojekte spielt unternehmensintern daher vor allem dort eine wichtige Rolle, wo relevante Informationen von außen unverzichtbar sind für unternehmensinterne Entscheidungs- und Planungsprozesse. Dies trifft etwa für den Bereich ‚Forschung und Entwicklung' zu. Hier stellt sich ‚Betriebsblindheit' als Problem des Entwicklungsingenieurs dar, der Innovationen tendenziell eher dort ansetzt, wo sie ihm aus seiner Sichtweise heraus sinnvoll erscheinen als dort, wo vielleicht reale Anwender- oder Nutzerbedürfnisse bestehen. Großen Erfolg haben daher Corporate-Citizenship-Projekte, die (potenzielle) Nutzergruppen wie etwa Schulen oder auch Behindertengruppen mit in die Entwicklung einbeziehen. Die Anwender versorgen den Entwicklungsfachmann hier mit relevanten Informationen bezüglich ihrer

Bedürfnislage, die dieser von sich aus nicht hätte gewinnen können – und zwar trotz oder gerade wegen seiner fachlichen Professionalität[89].

Auch die diversen Umweltaktivitäten des Unternehmens können ganz erheblich von einer Kooperation mit externen Partnern profitieren. Umweltgruppen und ökologische Initiativen haben sich oft ein beträchtliches Fachwissen bezüglich der Funktionsweise und Regenerationsformen des Ökosystems angeeignet. Sie wissen um die Lebensbedingungen bedrohter Pflanzen und Tiere und um wirksame Maßnahmen, um hier im Falle einer Schädigung zu regenerativen Instrumenten zu kommen. Gerade die chemische Industrie, die immer wieder von Störfällen und entsprechender öffentlicher Aufmerksamkeit geplagt ist, pflegt in regelmäßigen Begegnungskreisen, den ‚Community Advisory Panels', den Kontakt mit Gruppen von Anliegern und ökologisch engagierten Gruppen. Diese dienen nicht zuletzt einem regelmäßigen Informationsaustausch. Natürlich profitieren davon auch und gerade die Gesprächspartner im Bereich der Bürgergesellschaft, die Einblick in betriebliche Abläufe und Sicherheitsstandards erhalten.

Die Beispiele zeigen auch: Corporate Citizenship ist nicht nur – und auch nicht primär – ein Thema für die PR-Abteilung eines Unternehmens. Gerade in Hinblick auf die Informationsfunktion sind vielmehr andere Bereiche wie Forschung und Entwicklung mögliche Ansatzpunkte, die aber weniger im Mittelpunkt der Aufmerksamkeit stehen. Als betriebliche ‚Querschnittsfunktion' hat unternehmerisches Bürgerengagement Potenziale für ganz verschiedene Aktivitäten und Bereiche des Unternehmens.

Zur Versicherungsfunktion unternehmerischen Bürgerengagements

Ein eher konzeptioneller, aber nicht weniger relevanter Nutzeneffekt entsprechender Aktivitäten ist eine Art informeller Versicherung, die damit verbunden ist. Dies zeigt sich schon am o.g. Beispiel der Kontakte chemischer Industriebetriebe mit Umweltverbänden und Anwohnern. Wenn eine offene Informationspolitik und ein gemeinsames Engagement für die Lösung bestimmter Problemsituationen im Umweltbereich Glaubwürdigkeit als ‚Corporate Citizen' zu dokumentieren vermag, dann hat das positive Auswirkungen bei einem eventuellen Schadensfall und dessen Bewertung in der relevanten Öffentlichkeit. Auch Behörden, Medien und Anwohnervertreter verfügen über bestimmte ‚Freiheitsgrade' bei einer Reaktion auf ein eingetretenes Verschmutzungsproblem. Einem notorischen Isolationisten, der sich regelmäßig auf seine formalen Eigentumsrechte zurück zieht und jede Kooperation verweigert, wird man hier anders begegnen als jemandem, der auch in anderen Zusammenhängen seine Bürgerqualitäten unter Beweis gestellt hat. Dem beliebten Mitbürger verzeiht man eher einmal einen Fehltritt als dem selbstbezogenen Misanthropen.

---

[89] Vgl. Kanter (1999).

Dies gilt auf kleinerer Ebene auch für die Erteilung von Genehmigungen oder behördlichen Auflagen für unternehmerisches Handeln. Ein amerikanischer Finanzkonzern in Seattle, der sich über Jahre hinweg in gemeinwohlbezogenen Kooperationsprojekten als ‚Good Corporate Citizen' erwiesen hat, hat von der Versicherungswirkung dieser Aktivitäten konkret profitiert. So waren die Einladungen für die Eröffnung der neuen Konzernzentrale bereits verschickt, als wenige Tage vor der wichtigen Feier plötzlich auffiel, dass eine behördliche Genehmigung für das Gebäude noch ausstand. Die Wartezeit für diese Formalie beträgt normalerweise mehrere Wochen. In diesem Fall aber zeigten sich auch die Behörden ihrerseits kulant: Eine vorläufige Genehmigung wurde erteilt, das formale Problem nachträglich gelöst. So viel Entgegenkommen zeigte man aber nach eigenem Bekunden nur gegenüber einem im Gemeinwesen hoch geschätzten ‚Corporate Citizen'.

Erst in Ansätzen findet die Versicherungsfunktion unternehmerischen Bürgerengagements auf formalen Versicherungs- bzw. Kapitalmärkten Berücksichtigung. Ein KMU, das über Jahre hinweg entsprechende Aktivitäten entfaltet, signalisiert damit eine Strategie, die auf nachhaltige Gewinnmaximierung und keineswegs auf kurzfristiges Ausnutzen bestimmter Vorteile setzt. Damit sinkt das systematische Kreditrisiko – ein Faktor, der sich auf funktionierenden Versicherungsmärkten auch auf die Prämienhöhe auswirken müsste. Gleiches gilt auf Aktien- und Kreditmärkten für den Marktwert und die Kapitalkosten des Unternehmens: Corporate Citizens sind vertrauenswürdigere und bessere Kreditnehmer. Im Bereich regionaler Kapitalmärkte spielen derartige Zusammenhänge bereits heute eine Rolle. Denn regionale Kreditinstitute vergeben ihre Kredite vor allem an angesehene Unternehmen vor Ort, deren Vertrauenswürdigkeit und Rückzahlungsfähigkeit bereits durch das Soziale Kapital verbürgt ist, in das sie investiert haben. Dieses Soziale Kapital wirkt in der Kreditsituation wie ein Pfand: Denn kommt ein Unternehmer seiner Rückzahlungsverpflichtung nicht nach, so hat dies erhebliche Konsequenzen für sein Ansehen in den relevanten Netzwerken vor Ort. Dass ein Unternehmer einen Ruf zu verlieren hat, wirkt wie ein Vermögensbestandteil, den die Bank zwar nicht formal beleihen kann, der ihn aber als Kreditnehmer dennoch ganz handfest von einem weitgehend unbekannten Wettbewerber unterscheidet[90].

Diese Zusammenhänge werden durch das Schrumpfen der Kapitalmärkte für KMU im Rahmen der anstehenden Kapitalmarktreform (‚Basel II') eher noch wichtiger werden. Sie stellen sicherlich ein zentrales Motiv für unternehmerisches Bürgerengagement vieler Betriebe in ihrer Region dar. Es bedarf der Entwicklung geeigneter Formen des Ratings von Kreditrisiken, um solche Zusammenhänge

---

90 Coleman (1988) benennt denn auch die Zusammenarbeit jüdischer Händler auf den Diamantenmärkten New Yorks als Beispiel für die Produktivität von Sozialem Kapital. Die Händler sparen Kontrollkosten, weil sie derselben Religion angehören und miteinander verwandt sind. Dem Betrüger drohen nicht nur wirtschaftliche Verluste – es droht der vollständige Verlust relevanter sozialer Beziehungen.

stärker auch für das laufende Geschäft von Geldhäusern und Versicherungen fruchtbar zu machen. Dazu müsste insbesondere die Langfristigkeit und die breite Verwurzelung von Corporate Citizenship Engagementformen in der Region (und damit die Ausstattung eines Kreditnehmers mit Sozialkapital) formal bewertbar gemacht und im Ergebnis in andere Ratingkategorien integriert werden. Nur so könnte sicher gestellt werden, dass das intuitive Wissen um die höhere Vertrauenswürdigkeit gemeinwohlengagierter Bürger auch in handfeste Vorteile für sie überführt wird. Auf diese Weise würden nicht zuletzt auch Anreize für entsprechendes Engagement geschaffen.

Corporate Citizenship und die Gestaltung von Veränderungsprozessen (Change Management)

Eine der schwierigsten Managementaufgaben besteht in der Gestaltung von Veränderungsprozessen im Betrieb. In einer wirtschaftlichen Umwelt, die im Kontext von Globalisierung und neuen Technologien immer schnelleren Veränderungen unterworfen ist, nimmt aber zugleich die Notwendigkeit des Change Management ständig zu.

Projekte unternehmerischen Bürgerengagements können für diese Aufgaben wichtige Instrumente zur Verfügung stellen. So erleichtert die Kooperation in Netzwerken zunächst den Zugang zu Informationen bezüglich der relevanten Umwelt des Unternehmens. Der Austausch und die kontinuierliche Zusammenarbeit mit Kooperationspartnern aus anderen relevanten Bereichen der Gesellschaft gibt Einblicke in Entwicklungen der gesellschaftlichen Umwelt des Unternehmens. Doch auch durch die Projektarbeit selbst wachsen dem Unternehmen z.T. Einblicke in wichtige Zusammenhänge und Chancen für neue Geschäftsfelder zu. In einem umweltsensiblen Unternehmen, das sich als lernende Organisation versteht, können Anpassungsnotwendigkeiten antizipiert werden, so dass interne Umstellungen frühzeitig vorgenommen werden und weniger radikal ausfallen müssen.

Ein anderer Effekt ist eher nach innen orientiert. Eines der größten Probleme von Veränderungsprozessen im Unternehmen ist der Umgang mit der Verunsicherung der Mitarbeiter, die eine Gefährdung ihrer Position nach innen und außen befürchten. In der modernen Wirtschaft verändert sich das Umfeld von Unternehmen immer dynamischer. Um die Komplexität innerhalb und außerhalb der Organisation zu verarbeiten, müssen nicht nur die Mitarbeiter ständig lernen (‚Life-long learning'). Vielmehr müssen sich auch die Organisationsstrukturen permanent an die veränderten Bedingungen anpassen. Man spricht in diesem Zusammenhang von der lernenden Organisation[91]. Jedoch werden diese Veränderungen oft von verschiedenen internen Widerständen begleitet, die im Einzelfall die notwendigen Anpassungen verzögern oder gar verhindern. Angesichts diverser organisationsin-

---

[91] Nach Senge (1994).

terner Selbstblockaden können veränderungswillige Manager dann die entsprechenden Prozesse nicht von innen her in Gang setzen. Sie versuchen vielmehr, sich mit Hilfe von unternehmensexternen Impulsgebern – meist Unternehmensberatungen – gegen die internen Widerstände durchzusetzen. Hier zeigt sich, dass gerade Erfahrungen und Know-how von außerhalb des Unternehmens helfen, die eigene Situation besser zu reflektieren und Kooperationsdilemmata zu überwinden. Interne Blockaden nach dem Motto „das haben wir schon immer so gemacht" verlieren angesichts authentischer Erfahrungen außerhalb des Unternehmens ihre wichtigsten Argumente. Der neutrale Dialog mit einem Dritten verhilft dazu, die eigene Veränderungsbereitschaft zu erhöhen. Gerade wenn es darum geht, neue Impulse in das Unternehmen hinein zu tragen, können Corporate-Citizenship-Projekte für Unternehmen eine attraktive Alternative zur ‚externen Machtinstanz' Unternehmensberatung darstellen. Dies zeigt sich etwa, wenn es um den Abbau interner Hierarchien und die Implementation einer neuen, partnerschaftlichen Unternehmenskultur geht. Gerade das mittlere Management sieht seine Stellung oft von derartigen Reformprojekten bedroht und blockiert jede Veränderung. Im Rahmen eines Corporate-Citizenship-Projektes mit einer anderen Organisation entsteht aber gerade eine partnerschaftliche Kommunikationssituation. Denn in der Zusammenarbeit mit Sozialen Trägern oder Bildungseinrichtungen begegnen sich die Partner auf gleicher Augenhöhe. Regeln des Zusammenarbeitens müssen erst diskutiert, vereinbart und durchgesetzt werden. Eine solche Zusammenarbeit unter Gleichen kann zum Experimentierfeld auch für neue unternehmensinterne Regelarrangements werden. Reflexe erlernter hierarchischer Machtausübung sind dann nicht zielführend. Mitarbeiter aus solchen Organisationskontexten lernen auf diesem Wege, mit neuen Arrangements umzugehen.

Zusätzlich können die Erfahrungen und das Know-how der Manager von sozialen Einrichtungen (z.B. Haushalten mit knappen Ressourcen, Formen endogener Motivation, Umgang mit schwierigen persönlichen oder sozialen Situationen) für das Unternehmen fruchtbar gemacht werden. Im Projekt treten oft neue nicht vorhersehbare Situationen auf, und die Mitarbeiter müssen sich immer wieder flexibel auf den Partner einstellen, um dem Projekt zum Erfolg zu helfen. Die Mitarbeiter unterliegen dabei auch nicht der Pfadabhängigkeit interner Routineabläufe und haben somit einen gewissen Freiraum, um neue ‚hierarchiefreie' Interaktionserfahrungen zu machen. Das Kooperationsprojekt stellt mithin ein unabhängiges Interaktionssystem dar, in dem nicht nur relevante Informationen ausgetauscht und gesammelt werden, sondern neue Erfahrungen und Informationen gemeinsam erst generiert werden. Das Ergebnis und der Prozess der Zusammenarbeit ist offen und kann von keiner der beteiligten Organisationen alleine kontrolliert werden. Die beteiligten Mitarbeiter erwerben Fähigkeiten in Bezug auf das Arbeiten im Team unter unsicheren Bedingungen mit einem hohem Maß an Eigenverantwortung.

Dieser Prozess und die erzielten Ergebnisse verändern die beteiligten Organisationen dabei indirekt. Die jeweiligen Organisationsmitglieder verarbeiten die neuen Informationen und Erfahrungen und übersetzen diese dann in die Funktionslogik ihrer eigenen Organisation. Es werden neue Fragen formuliert und ins Unternehmen getragen: Wie kann zum Beispiel die positive Erfahrung mit flachen Hierarchien in das eigene Unternehmen übertragen werden? Wie können heterogene Mitarbeiter und Abteilungen besser zusammenarbeiten? Wie kann man mit wenig Ressourcen etwas erreichen? Wie kann man schwierige Situationen flexibel meistern? Welche Vorteile bringen unterschiedliche Erfahrungen von Mitarbeitern für das Gelingen eines Projektes? So verändert sich nicht nur die eigene Einstellung und Arbeitsweise, sondern auch schrittweise die Unternehmenskultur und das institutionelle Gefüge der Organisation. Das Unternehmen lernt über Impulse von außen und kann diese für die eigene Veränderung nutzen. So werden nicht einfach Lösungen von außen top-down aufgesetzt und künstlich in das Unternehmen implantiert. Zwar werden auch im unternehmerischen Bürgerengagement die Impulse der Veränderungen von außen initiiert. Doch diese können gerade von den Mitarbeitern selbst in ihren Erfahrungen intern verarbeitet werden. Corporate-Citizenship-Projekte stellen somit eine wichtige Möglichkeit dar, interne Strukturen und Unternehmenskulturen zu verändern, ohne sie von vorne herein zu determinieren. Die Veränderungen der Umwelt und die Dynamik der modernen Gesellschaft kann so vom Unternehmen verarbeitet werden. Corporate Citizenship stellt also einen Katalysator für einen internen Lernprozess dar, weil die beteiligten Mitarbeiter des Unternehmens das eigene Handeln auf der Metaebene permanent reflektieren und sich in einem Dialogprozess mit externen Partner zu möglichen Veränderungen bereit zeigen müssen.

2.4 Dynamik unternehmerischen Bürgerengagements – Die CC-Strategie

Die Abgrenzung und Definition von Corporate Citizenship lassen zugleich Rückschlüsse auf qualitative Standards für gelungene Projekte zu. Erfolgreiche Projekte bürgerschaftlichen Engagements, wie sie in der internationalen Diskussion insbesondere im west- und nordeuropäischen Raum, aber auch aus den USA dokumentiert sind, weisen eine charakteristische Dynamik auf. Diese lässt sich als zweidimensional entfalten: Als Zeithorizont des Investitionskalküls einerseits und als Eingriffstiefe in das gesellschaftliche Umfeld andererseits. Inhaltlich setzt das Schema kommunikationstheoretisch an: Es geht darum, inwiefern Projekte eine bürgergesellschaftliche Qualität aufweisen und das gemeinsame Engagement von Bürgerinnen und Bürgern für ihr gesellschaftliches Umfeld und die Konstitution eines Stücks ‚Sozialer Ordnung' widerspiegeln.

Abb. 18: Corporate Citizenship - Dreischritt

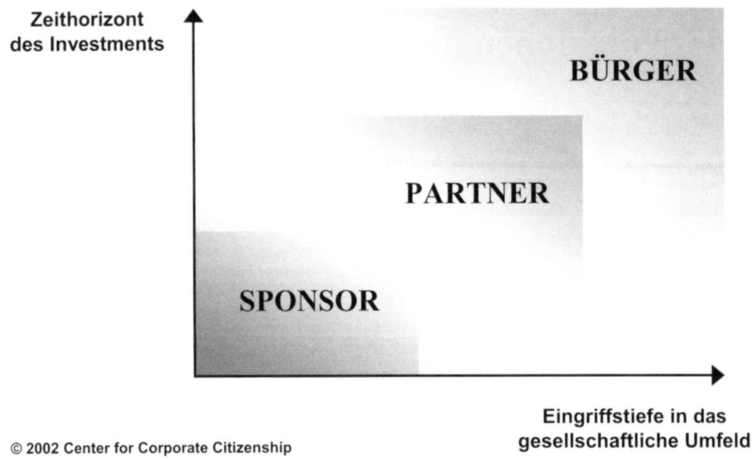

Auf einer ersten Stufe unternehmerischen Bürgerengagements ist zunächst das wichtige Instrument des Sponsorings zu nennen. Aus kommunikationstheoretischer Perspektive ist es in den meisten Fällen noch eine Vorform wirklicher Interaktion zwischen einem Unternehmen und einem oder mehreren externen Partnern. Sponsoring ist zunächst eine Ein-Weg-Kommunikation (‚Signaling'). Im Sponsoring teilt das Unternehmen seine Bereitschaft zum Engagement mit: Es stellt sich auf und zeigt dabei (durch die Auswahl der gesponserten Partner, Events, Institutionen) zugleich, welches Profil es sich als Mitbürger in der Bürgergesellschaft geben will. Das Unternehmen kommuniziert mit seiner Identität zugleich ‚Ansprechbarkeit' für entsprechende Kooperationspartner. Eine ähnliche kommunikationsvorbereitende Signalfunktion haben auch Unternehmensgrundsätze und ethische Standards, Unternehmensethik und Unternehmenskultur, auf die sich ein Unternehmen festlegt und die es (etwa in PR-Maßnahmen) nach außen hin kommuniziert. Auch hier findet per se noch keine Interaktion mit externen Partnern statt; vielmehr signalisiert ein Unternehmen, ‚wer' es ist und von wem es auf welchen Typ von Projekten hin ansprechbar ist. Eine solche kommunikationstheoretische Perspektive stellt keine Relativierung dieser klassischen Instrumente der Unternehmenskommunikation dar. Diese sind eine notwendige, aber keine hinreichende Bedingung unternehmerischen Bürgerengagements und als solche ein wichtiges Element davon. Identität und identitätsstiftende Maßnahmen sind Voraussetzungen für Kommunikation, zugleich erfahren sie aber in der Kommunikation selbst auch Veränderungen und Neufestlegungen.

Die zweite Handlungsebene besteht darin, dass gemeinsam mit Partnerorganisationen konkrete Lösungsmodelle für gemeinsame Problemlagen entwickelt und umgesetzt werden. Hierhin gehören klassische Instrumente des Corporate Citizenship wie betriebliche Freiwilligenprogramme, regionales Bürgerengagement, Partnerschaften mit kulturellen, sozialen, ökologischen und Bildungseinrichtungen bzw. -gruppen: eben bereichsübergreifende Kooperationsformen aller Art. In dem Kommunikationsprozess, wie er im Rahmen eines solchen Projektes abläuft, fließen die Potenziale, Perspektiven, Erfahrungshintergründe und Informationen der Partner zusammen. Es bilden sich Elemente ‚Sozialen Kapitals' im Sinne von Strukturen dezentraler Problemlösungs- und Selbstorganisationskompetenz. Kooperationsdilemmata, wie sie im Kontext arbeitsteiliger Gesellschaften entstehen und sich in wechselseitigen Vorbehalten und Vorurteilen ausdrücken, können ansatzweise überwunden werden. Dabei verändern sich sowohl das Innenleben und die Kultur der beteiligten Partner als auch die Kooperationskultur zwischen ihnen. Vor allem aber werden gemeinsam konkrete Lösungsansätze für ein konkret identifizierbares soziales Problem der Region oder der Branche erarbeitet.

Der dritte Schritt, der sich meist erst nach einer gewissen Zeit und auch nicht notwendigerweise in jedem Projekt einstellt, ist das Wirksamwerden des Engagements für nachhaltige und auch gesamtgesellschaftlich wirksame Strukturveränderungen. Hier wird die positive Wirkung des unternehmerischen Bürgerengagements ‚auf Dauer gestellt', indem relevante gesellschaftliche Institutionen umgestaltet werden – und zwar auf regionaler, nationaler oder internationaler Ebene. Dies kann in der Formulierung oder Modifikation von Gesetzen, staatlichen Regulierungen, internationalen Verträgen oder auch Kodizes internationaler Organisationen bestehen. Es kann auch die Gründung neuer Bündnisse oder Vereinbarungen zwischen Unternehmen, Verbänden, Nichtregierungsorganisationen und Politik umfassen. Es kann auf die Änderung von Lehrplänen oder Finanzierungsmodalitäten im sozialen Sicherungssystem, Umweltauflagen für Unternehmen, Vereinbarungen zwischen den Tarifpartner hinauslaufen etc. Erst auf dieser Ebene wird unternehmerisches Bürgerengagement über die indirekte Dimension der Schaffung von Netzwerken hinaus unmittelbar ordnungsrelevant. Hier reicht es hinein in die Diskussion um ‚Global Governance'.

Unternehmerisches Bürgerengagement (Corporate Citizenship) umfasst alle drei Dimensionen: finanzielle Unterstützung (Sponsoring), übergreifende Projektpartnerschaften und gesellschaftliche Strukturveränderungen. Es braucht wohl nicht extra betont zu werden, dass das vorgelegte Schema nur eine generelle Orientierungsfunktion hat und kein ‚Prokrustesbett' für reale Kooperationsprojekte darstellt. Die Grenzen zwischen den Dimensionen sind vielmehr fließend und verschiedene Instrumente bzw. Kombinationen von Instrumenten (z.B. Sponsoring, Stiftungen, betriebliche Freiwilligenprogramme, aktive Gemeinwesenarbeit, Public-Private-Partnerschaften[92], Projektkooperationen, Cause-related-Marketing[93] etc.) können den Unternehmen dazu dienen, um eine Corporate Citizenship Strategie umzusetzen. Jedes Instrument weist eine andere zeitliche Reichweite und Eingriffstiefe in das gesellschaftliche Umfeld auf – und damit auch unterschiedliche Nutzenelemente für die Initiatoren. Sie stellen auf unterschiedliche Weise Investitionen in Reputation, in Netzwerke bereichsübergreifender Kooperation oder in leistungsfähigere Institutionen und Arrangements zur Schaffung Sozialer Ordnung dar.

Aus der Sicht des handelnden Unternehmens geht es dabei nicht um ein Sammelsurium isolierter Maßnahmen, sondern um deren Verankerung in einer Gesamtstrategie des Corporate Citizenship. Von dieser Gesamtstrategie des Unternehmens her muss ein ‚Portfolio' geeigneter Instrumente zusammengestellt werden. Die aufgezählten Maßnahmen sind dabei keine Zusatzaufgaben, die über die eigentliche Geschäftstätigkeit hinausgehen. Vielmehr muss unternehmerisches Bürgerengagement kohärent zur Unternehmensstrategie in die einzelnen Organisationsbereiche (z.B. Public Relations, Personalabteilung, aber auch Marketing, Forschung und Entwicklung etc.) integriert werden. Dabei arbeiten meist mehrere Abteilungen gemeinsam an der Verwirklichung eines Projektes und somit an der Umsetzung der Corporate Citizenship Strategie des Unternehmens. So kann zum Beispiel die Personalabteilung im Rahmen der Mitarbeiter- und Führungskräfteentwicklung betriebliche Freiwilligenprogramme entwickeln und einsetzen. Dieses Engagement kann im Rahmen des Reputationsmanagements der Public Relations Abteilung begleitet und extern kommuniziert werden. Gleichzeitig können flankierend Forschung und Entwicklung neue Produkte gemeinsam mit Partnern aus dem Sozialbereich (z.B. Kommunikationstechnologien für Behinderte) entwickeln, die dem Unternehmen erlauben, sein Know-how an neuen Problemen zu beweisen, neue Lernfelder zu erschließen. Entsprechende Marketingstrategien

---

[92] Vgl. zu diesem Instrument ausführlich Späth/Michels u.a. (1998) sowie Vidaver-Cohen (1998), Kelly (1999).

[93] Vgl. dazu Adkins (1999), Drumwright (1996), Gray (1998), Pringle/Thompson (1999).

erschließen neue Märkte, in dem sie sozial sensible Kunden langfristig an das Unternehmen binden. Da die Umsetzung von Corporate Citizenship Strategien in diesem Sinne eine Querschnittsaufgabe darstellt, bildet sich auch eine Kooperationskultur zwischen den Abteilungen heraus. Die Dynamik des unternehmerischen Bürgerengagements ist somit nicht nur als Mechanismus der Kommunikation mit externen Gruppen zu begreifen; sie entfaltet vielmehr wichtige Rückwirkungen für das interne Sozialkapital im Unternehmen. Identität und Kommunikation sind auch hier interdependent.

Teil 3: Corporate Citizenship in Deutschland – Praxisprojekte aus Unternehmen aller Größenordnungen

3.1 ‚Freiheit und Verantwortung' – Eine Initiative zur Förderung unternehmerischen Bürgerengagements

Abb. 19: Initiative Freiheit und Verantwortung

Die Struktur des Wettbewerbs

‚Freiheit und Verantwortung' ist eine Initiative der Spitzenverbände der Wirtschaft: des Bundesverbandes der Deutschen Industrie (BDI), der Bundesvereinigung der Deutschen Arbeitgeberverbände (BDA), des Deutschen Industrie- und Handelskammertages (DIHK) sowie des Zentralverbandes des Deutschen Handwerks (ZDH) gemeinsam mit dem Wirtschaftsmagazin WirtschaftsWoche. Ziel dieser im internationalen Jahr des Freiwilligen 2001 ins Leben gerufenen Initiative ist es, unternehmerisches Bürgerengagement in Deutschland zunächst in seiner Vielfalt zu dokumentieren und zugleich auch neue Impulse für zukünftige Aktivitäten zu geben. Die Schirmherrschaft hat Bundespräsident Johannes Rau übernommen. Die Initiative wird vom Center for Corporate Citizenship e.V. wissenschaftlich begleitet. Sie vergibt einmal jährlich den Preis „Freiheit und Verantwortung“ in drei Kategorien: große, mittlere und kleine Unternehmen.

Die Bewerbungsphase für die erste Runde im Jahr 2001 lief Ende Juli ab. Bis dahin gingen die Bewerbungen von ca. 100 Unternehmen ein, die über 110 Corporate-Citizenship-Projekte vorstellten und kommentierten. Da letztlich einzelne Projekte – und nicht ganze Unternehmen – prämiert wurden, waren Mehrfachbewerbungen eines Unternehmens mit verschiedenen Projekten möglich. Die meisten Initiativen waren detailliert beschrieben und mit umfangreichen begleitenden Materialien (z.B. Videokassetten, erarbeitetes pädagogisches Material etc.) versehen eingereicht worden. Immer waren auch die Unternehmenspartner (z.B. Bildungs-, Kultur-, Sozialeinrichtungen, Bürgergruppen, staatliche Stellen, Kommunen etc.) mit Adresse und Telefonnummer anzugeben, so dass die Glaubwürdigkeit der Informationen gegebenenfalls aus einer anderen Perspektive überprüft werden konnte.

Insgesamt gesehen waren die Initiatoren sowohl von der Anzahl als auch der Qualität der eingereichten Projektbeschreibungen unternehmerischen Bürgerengagements deutscher Unternehmen positiv überrascht. Kreativität und Engagement der bereichsübergreifenden Kooperationsprojekte stehen entsprechenden Beispielen etwa aus dem angelsächsischen Raum in Nichts nach. Allerdings sind sie international wesentlich weniger bekannt, was häufig dazu führt, dass Deutschland in den relevanten Diskussionszirkeln des europäischen Auslands in Sachen Corporate Citizenship als ‚weißer Fleck' wahrgenommen wird: zu Unrecht, wie sich zeigte.

Nach der Auswertungsphase am Center for Corporate Citizenship wählte die Jury des Wettbewerbs im November unter je 3 nominierten Vorschlägen jeweils einen Sieger in jeder der Kategorien aus. Der Jury gehörten die Präsidenten der vier Spitzenverbände, Herr Rogowski (BDI), Herr Hundt (BDA), Herr Braun (DIHK), Herr Philipp (ZDH) sowie der Chefredakteur der WirtschafsWoche Herr Baron und der Direktor des Centers for Corporate Citizenship an. Die Preisverleihung an die ausgewählten Siegerprojekte fand im Rahmen einer Feierstunde am 18.12. 2001 in Anwesenheit des Schirmherrn Bundespräsident Johannes Rau im Schloss Bellevue in Berlin statt. Die Siegerprojekte des Unternehmenswettbewerbs der Initiative Freiheit und Verantwortung des Jahres 2001 wurden die Zusammenarbeit der Werbeagentur Xynas, Wetzel, von Büren GmbH mit der Freiwilligenagentur der Stadt München (Kleinunternehmen), das Kinderhaus des Sportherstellers VAUDE in Tettnang (Allgäu) (mittelgroße Unternehmen) und die Initiative ‚Schulen im gesellschaftlichen Verbund' der BMW AG (Großunternehmen).

Größe der teilnehmenden Unternehmen

Die Vielfalt der eingegangenen Bewerbungen mit weit über hundert Einzelprojekten und die Kreativität der beteiligten Unternehmen mit ihren Partnern hat auch die Initiatoren beeindruckt. Ungefähr die Hälfte der Bewerbungen kamen von Großunternehmen. Diese Verteilung entspricht nicht den tatsächlichen Anteilen der Unternehmensgrößen in der Deutschen Wirtschaft, die realiter von kleinen und mittelgroßen Unternehmen (KMU) dominiert wird. Gemessen an ihrer Wirtschaftskraft aber auch an der Vielfalt von Projekten unternehmerischen Bürgerengagements war damit der Mittelstand unter den Bewerbungen unterrepräsentiert. Allerdings kann die 40%ige Beteiligung von KMU zugleich auch als ein positives Indiz dafür gewertet werden, dass insbesondere im Mittelstand ein breites Potenzial für bürgerschaftliches Engagement vorhanden ist. Dies ist mittlerweile auch durch eine Studie des Kölner Instituts für Mittelstandsforschung eindrucksvoll dokumentiert worden[94]. Denn die dort durchgeführten umfangreichen Befragungen zu den Corporate-Citizenship-Aktivitäten kleiner und mittlerer Unternehmen zeigen etwa, dass das relative finanzielle Engagement von KMU (gemessen an Umsatz- und Ertragszahlen) sogar noch größer ist als bei den großen Unternehmen. Zudem stellte es einen überraschenden Befund der Studie dar, dass auch KMU in ihrer Mehrheit unternehmerisches Bürgerengagement längst als strategisches Instrument einsetzen und mithin nicht nur reaktiv, sondern proaktiv Projekte ansetzen und planen[95].

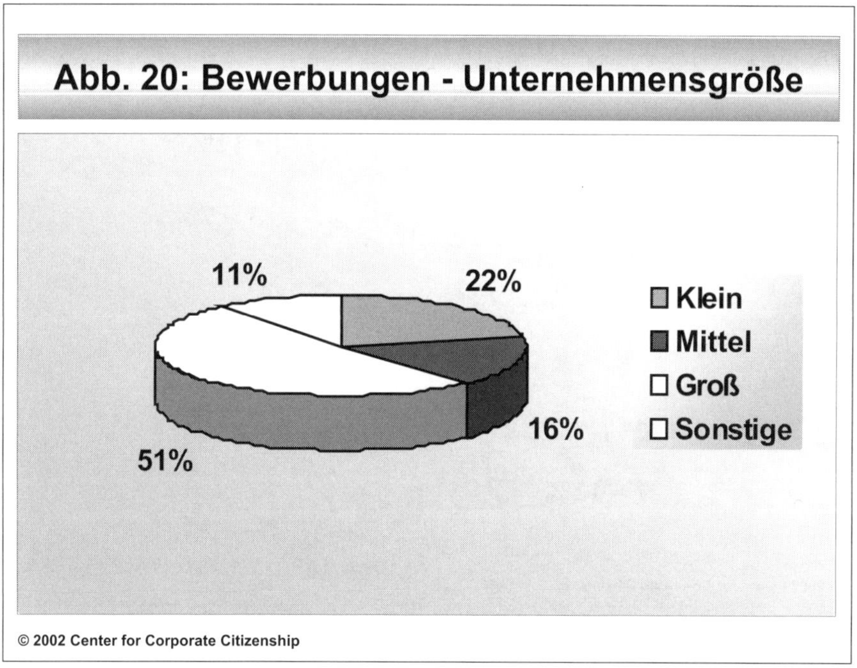

[94] Clemens/Maaß (2002).

[95] Methodische Problempunkte der von Clemens/Maaß vorgestellten Studie können an dieser Stelle nicht ausführlich diskutiert werden. Insbesondere wäre natürlich die auch von den Autoren selbst aufgeworfene Frage zu diskutieren, inwiefern unter den Rücksendern der Fragebogen bürgerschaftlich engagierte Unternehmen überdurchschnittlich vertreten sind und damit eine systematische Verzerrung der Befunde 'ins Positive' verbunden war.

Zur geographischen Verteilung der Teilnehmer

Bezüglich der geografischen Verteilung der Bewerbungen lässt sich feststellen, dass unternehmerisches Bürgerengagement von Unternehmen in ganz Deutschland ein Thema ist. Bei näherer Betrachtung fallen zwei Besonderheiten auf: zum einen die unterdurchschnittliche Beteiligung ostdeutscher Unternehmen und zum anderen eine Konzentration der Bewerbungen aus den wirtschaftlichen Ballungszentren in Deutschland (z.B. München, Frankfurt am Main, Ruhrgebiet, Berlin etc.). Eine Erklärung hierfür liegt sicherlich an der überproportionalen Beteiligung von Großunternehmen am Wettbewerb, die ihren Hauptsitz in einer der jeweils genannten Ballungsregionen haben. Dies erklärt somit teilweise auch die unterdurchschnittliche Beteiligung von ostdeutschen Bewerbern, da kaum ein deutsches Großunternehmen seinen Hauptsitz in den neuen Bundesländern hat.

Abb. 21: Die geographische Verteilung der Teilnehmer

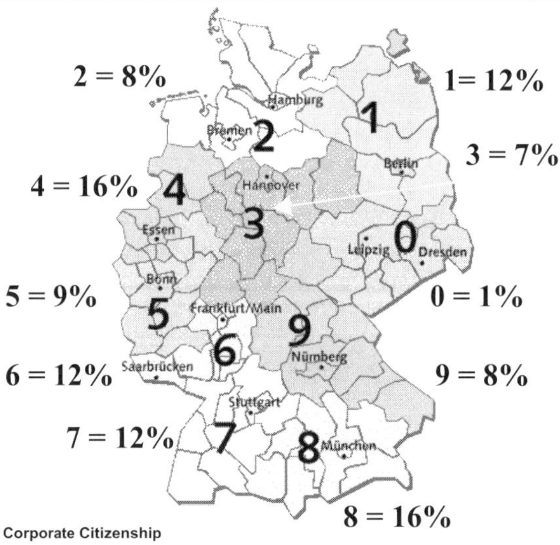

Die Branchenverteilung der Teilnehmer

Auch die Branchenverteilung zeigt eine breite Palette. Von A wie Automobilbau bis W wie Wohnungsbau beteiligten sich Unternehmen aus allen wichtigen Branchen. Insbesondere moderne international operierende Unternehmensbranchen (z.B. Finanzdienstleistung, Automobilbau, Elektronik, IT und Kommunikation) waren zahlreich vertreten. Im Blick auf die Beispiele aus der internationalen Diskussion kann auch für Deutschland festgestellt werden, dass bürgerschaftliches Engagement besonders in folgenden Branchen zu verzeichnen ist:

a) *in Branchen, die zukunftsorientiert und auf hochqualifizierte Mitarbeiter angewiesen sind (z.B. IT, Elektronik).*

Für Unternehmen, die auf junge und hochqualifizierte Fach- und Führungskräfte angewiesen sind, stellt das gesellschaftliche Engagement eine Differenzierungschance auf den zunehmend engeren Personalmärkten in diesem Segment dar. Die positive Identifikation von jungen kritischen Mitarbeitern mit dem Unternehmen wird durch Projekte unternehmerischen Bürgerengagements erhöht und Nachwuchskräfte werden langfristig an das Unternehmen gebunden. Gleichzeitig können Unternehmen, die in zukunftsorientierten Märkten agieren, die notwendige soziale Kompetenz ihrer Mitarbeiter durch ihr gesellschaftliches Engagement befördern.

b) *in Branchen, die nah am Endverbraucher verortet sind (z.B. Konsumgüter, Automobilbau).*

Unternehmen die ihre Produkte direkt an den Endverbraucher abgeben, profitieren von der Reputationssteigerung ihres Unternehmen durch bürgerschaftliches Engagement in ihrem Umfeld. Kunden können so langfristig an das Unternehmen gebunden werden und die positive Kommunikation über das Unternehmen in den Medien beeinflusst den Absatz positiv.

c) *in Branchen, in denen homogene Güter angeboten werden (z.B. Finanzdienstleistungen, Pharmahersteller).*

Insbesondere Unternehmen, die auf wettbewerbsintensiven Märkten weitgehend homogene Güter anzubieten haben, können sich durch ihr gesellschaftliches Engagement von ihren Mitbewerbern differenzieren. Für Kunden stellt das Engagement von Unternehmen somit einen ‚Zusatznutzen' für ansonsten beliebig substituierbare Güter dar. Ein Beispiel hierfür sind Finanzdienstleistungen aber auch pharmazeutische Generika, die sich sonst nur im Preis voneinander unterscheiden.

d) *in Branchen mit sensiblen Produkten und Produktionsprozessen (z.B. Tabakwaren, Chemie).*

Unternehmen, die auf sensiblen Märkten agieren und deren Betriebserlaubnis (‚license to operate') permanent von den umliegenden Nachbarn (z.B. bei der chemischen Industrie) oder der Öffentlichkeit und Gesetzgebung (z.B. bei der Tabakindustrie) bedroht scheint, haben ein besonderes Interesse daran, sich konstruktiv in ihr Umfeld einzubringen. Ein Beispiel hierfür sind die Nachbarschaftstreffen (‚Community Advisory Panels') vieler großer Chemiebetriebe aber auch die Anti-Tabak-Kampagnen großer Tabakhersteller an US-amerikanischen Schulen. Unternehmerisches Bürgerengagement ist also immer auch von branchenspezifischen Kriterien bestimmt und hängt mit der strategischen Ausrichtung, der Position des Unternehmens auf den verschiedenen Märkten (Produktmarkt, Arbeitsmarkt, etc.) sowie dem gesellschaftlichen Umfeld zusammen.

Der relative Stellenwert, den das Bürgerengagement für ein Unternehmen hat, und der spezifische ‚Instrumentenmix', der dabei gewählt wird, variiert zwischen verschiedenen Branchen.

Abb. 22: Bewerbungen - Branchen

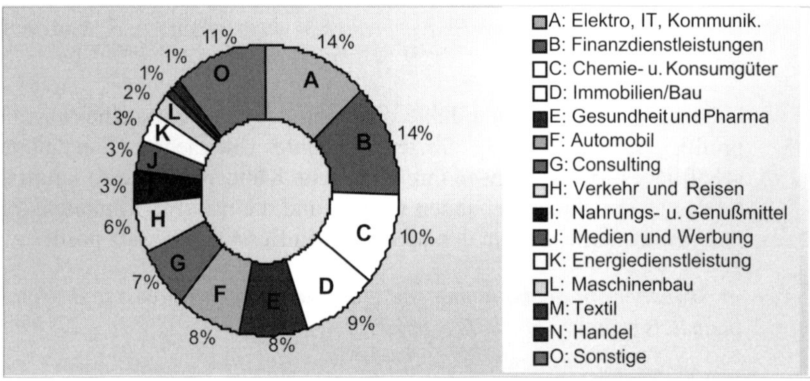

Die Zielsetzungen der Projekte

Aus der Vielfalt der im Wettbewerb eingereichten Projekte spricht die Intensität und Breite unternehmerischen Bürgerengagements und der dort behandelten Projektthemen. Vor allem wird deutlich: Wie der engagierte Einzelbürger, so engagiert sich auch das Unternehmen als Bürger insbesondere in solchen gesellschaftlichen Problemfeldern und Themenbereichen, die es selbst direkt und unmittelbar betreffen und bei denen nicht abgewartet werden kann, bis sich die zuständigen staatlichen Stellen der entsprechenden Fragestellung annehmen.

Der Vielfalt von Ausgangssituationen, Marktpositionen und Interessenlagen der Unternehmen entsprechend erstreckt sich auch ihr Engagement auf ganz unterschiedliche gesellschaftliche Themenbereiche. Die Architektur des Wettbewerbs ‚Freiheit und Verantwortung' trägt dem insofern Rechnung, als seitens der Initiatoren ganz bewusst auf eine inhaltliche oder thematische Festlegung verzichtet wurde. Vielmehr sollte den Unternehmen die Möglichkeit gegeben werden, sich dort einzubringen, wo sie ihre spezifischen Kompetenzen und auch ihre eigenen Möglichkeiten am effizientesten zur Lösung gesellschaftlicher Problemlagen einsetzen können. Das u.a. von F. A. von Hayek für die Überlegenheit der Marktwirtschaft vorgebrachte Argument, eine dezentrale Wirtschaftsordnung vermöchte besser mit knappen Informationen umzugehen als eine zentralistische Planwirtschaft, gilt im Prinzip auch für die Bürgergesellschaft. Denn auch aus gesamtgesellschaftlicher Sicht sollten Unternehmen prinzipiell diejenigen Problemfelder angehen, die zu ihren spezifischen Kompetenzen, Interessenlagen, zu ihrer Kultur und ihrer jeweiligen Markt- und Branchensituation am besten passen. Nur so eröffnet das gesellschaftliche Engagement dem Unternehmen neue Chancen und vermag nachhaltigen positiven Einfluss auf die Prozesse und Ergebnisse des Kerngeschäftes zu entfalten.

Abb. 23: Bewerbungen - Engagementbereiche

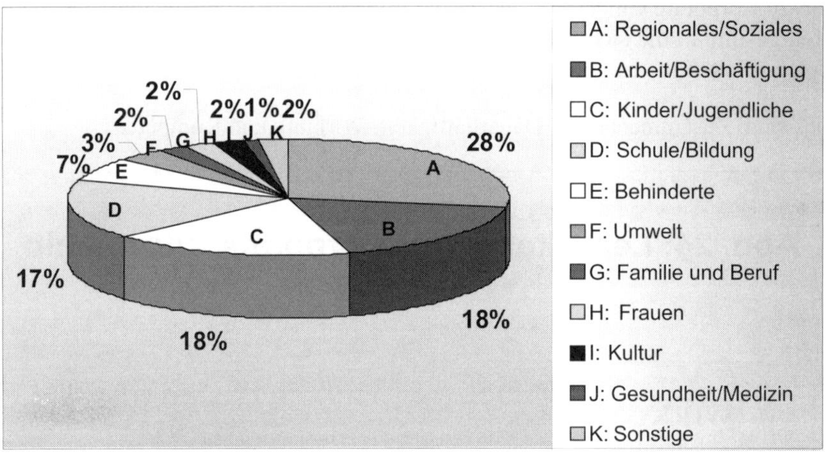

© 2002 Center for Corporate Citizenship

Auch aus der Sicht der Initiatoren ist diese Freiheit in der Wahl der Themen dringend geboten. Denn eine normative Bewertung der Problembereiche, in denen sich Unternehmen engagieren, wirft große methodische Probleme auf. In einer liberalen und wertpluralen Gesellschaft ist es nicht möglich, ‚objektiv' zu bewerten, ob das Ziel ‚Verbesserung der Lebensbedingungen behinderter Mitbürger' des Projektes A dem Ziel ‚Umweltschutz' des Projektes B oder dem Ziel ‚Unterstützung junger Künstler' des Projektes C vorzuziehen ist. Eine reflektierte Diskussion zu Corporate Citizenship lässt den Unternehmen vielmehr die Freiheit zum Engagement in den Problemfeldern, die für sie wichtig sind. Unternehmerisches

Bürgerengagement ist Ausdruck der freiheitlicher Selbstbestimmung, in die so lange nicht von außen regulierend eingegriffen werden sollte, wie nicht die Rechte Dritter bedroht sind. Für einen Wettbewerb mit dem Titel ‚Freiheit und Verantwortung' trifft dies umso stärker zu. Insbesondere Projekte im Bereich Kinder und Jugend, Schule und Bildung, Arbeit und Beschäftigung und Soziales wurden zahlreich eingereicht. Aber auch innovative Projekte im Bereich Gesundheit, Umwelt, Familie waren zu verzeichnen. Im Folgenden sollen nun die Kriterien gelungenen Engagements dargelegt und im Anschluss daran anhand praktischer Beispiele aus den wichtigsten Bereichen näher erläutert werden.

3.2 Kriterien eines gelingenden Corporate-Citizenship-Projekts

Lässt sich anhand der Zielsetzung unternehmerischen Bürgerengagements als solcher in einer pluralistischen und wertpluralen Gesellschaft naturgemäß keine Rangfolge festlegen, so müssen andere ‚formale' Kriterien für die Qualität eines Projektes bestimmt werden. Auf dem Hintergrund der internationalen Fachdiskussion zu Corporate Citizenship haben die Initiatoren des Wettbewerbs vier Indikatoren bestimmt, die sich schlüssig aus den oben entwickelten theoretischen Konzepten ableiten lassen.

Dies sind: Zusammenarbeit, Dauerhaftigkeit, Wirkung und Kompetenz.

Abb. 24: Leitkriterien für Corporate Citizenship

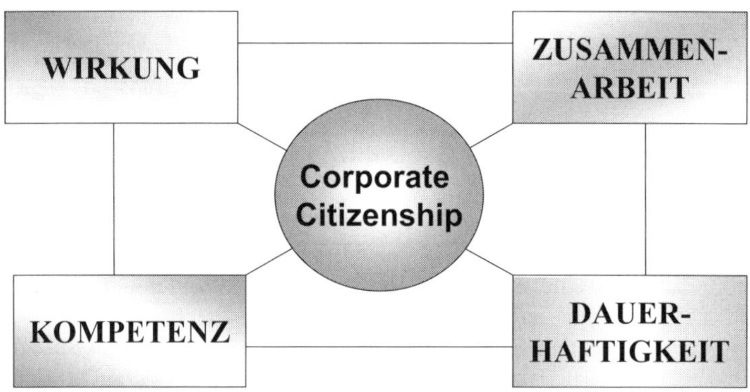

© 2002 Center for Corporate Citizenship

Das Kriterium der Zusammenarbeit

Das Kriterium der Zusammenarbeit leitet sich unmittelbar aus unseren theoretischen Überlegungen zum unternehmerischen Bürgerengagement im Kontext einer durch tiefe Arbeitsteilung und Spezialisierung geprägten Gesellschaft ab. Hier geht es zunächst darum, dass ein Unternehmen nicht im Alleingang bestimmte Ziele anvisiert und isoliert umsetzt. Corporate Citizenship realisiert sich nur in mitbürgerschaftlicher Zusammenarbeit mit unternehmensexternen Partnern. Die Zusammenarbeit ist eine Voraussetzung dafür, dass durch das Projekt Netzwerke Sozialen Kapitals entstehen, die gemeinsames bürgerschaftliches Engagement zur Lösung von Ordnungsproblemen in der Region oder in der Branche ermöglichen. Informationsaustausch, Kennenlernen ‚anderer' Wertsysteme und Handlungslogiken, wechselseitige Versicherungseffekte – diese Potenziale bürgerschaftlichen Engagements sind daran geknüpft, dass ein engagiertes Unternehmen gemeinsam mit externen Partnern handelt. Fast immer bringt die Begegnung verschiedener Kompetenzprofile in einem bereichsübergreifenden Kooperationsprojekt neue Ideen und Aspekte hervor, die vorher keinem der Partner für sich deutlich vor Augen standen.

Hinzu kommt, dass durch die Zusammenarbeit nach außen hin auch die Vermittelbarkeit eines Projektes in der Öffentlichkeit steigt. Dies lässt sich etwa im Handlungsfeld ‚Vereinbarkeit von Familie und Beruf' verdeutlichen. Tritt hier ein Unternehmen allein z.B. als Initiator eines Betriebskindergartens auf, dann führt dies bei den zuständigen Jugend- und Sozialämtern in der Regel zu misstrauischer Kontrolle. Angesichts der vermeintlich unbeschränkten Finanzkraft der Wirtschaft werden Möglichkeiten der Behörde, bauliche und ausstattungsbezogene Auflagen zu erteilen, voll ausgeschöpft. Kosten steigen dann schnell in so schwindelerregende Höhen, dass kleine und mittelgroße Unternehmen ihre Pläne oft revidieren. Eine ganz andere Außenwirkung ergibt sich dagegen, wenn die Trägereinrichtung des geplanten Kindergartens etwa ein gemeinnütziger Verein ist, in dessen Rahmen das Unternehmen mit einem Wohlfahrtsverband, einer Bürgergruppe oder einer Jugend- und Sozialeinrichtung kooperiert. Die Identifikation mit dem Projekt ist größer, die Außenwirkung eine andere, wenn die Trägerschaft heterogen zusammen gesetzt ist und das Unternehmen dabei nur eine begrenzte Rolle spielt.

Das Kriterium der Zusammenarbeit ist aber auch unternehmensintern von großer Bedeutung. Ein Projekt, das im Vorstand geplant und dann von einer Stabsabteilung gemeinsam mit einer Unternehmensberatung oder Medienagentur umgesetzt wird, vermag naturgemäß die Potenziale des Corporate Citizenship nicht ansatzweise zu entfalten. Nicht nur das von Wirtschaftskritikern oft bemühte Argument des Feigenblatt-Charakters (‚blue washing') ist hier zu Recht anzuführen. Ein auf diese Weise umgesetztes Projekt bleibt der Unternehmenskultur und der Alltagspraxis des Betriebes fast notwendigerweise fremd. Ein Projekt aber, das praktisch unter Ausschluss der (internen wie externen) Öffentlichkeit statt findet, ist kein ‚Bürgerengagement' – und zwar auch dann nicht, wenn es mit hohem finanziellen

Aufwand oder besten Absichten umgesetzt wird. Demgegenüber zielen etwa betriebliche Freiwilligenprogramme (‚Corporate Volunteering') auf eine möglichst breite Verwurzelung im Unternehmen ab. Elemente von Mitarbeiterbeteiligung können fast in jedes Projekt einbezogen werden. Sie stellen sicher, dass die Identifikations-Potenziale ausgeschöpft und auch die unternehmensinterne Wahrnehmbarkeit jenseits der Kommunikation in Mitarbeiterzeitschriften und PR-Material gewährleistet ist. Das Wachstum unternehmensinternen Sozialkapitals[96] ist – wie erwähnt – ein wichtiges Potenzial unternehmerischen Bürgerengagements gerade in Zeiten des Umbruchs oder der ökonomischen Krise.

Das Kriterium der Dauerhaftigkeit

Zum Mitbürger wird ein Unternehmen nicht durch kurzatmigen Aktionismus, der immer wieder andere Schwerpunkte setzt. Hier unterscheidet sich die Logik von Politik und Bürgergesellschaft durchgreifend von Medien und auch Aktienmärkten. Wer sich eine Reputation aufbauen und entsprechende personalpolitische Effekte realisieren will, der muss in der Lage sein mittel- und langfristig zu denken. Investitionen in Soziales Kapital setzen nachhaltig an oder sie zeigen überhaupt keine Effekte. Erfolgreiche Projekte werden daher immer über einen zeitlichen Vorlauf verfügen.

Gerade dieser Effekt unternehmerischen Bürgerengagements bringt auch eine Signalfunktion entsprechender Projekte mit sich. Denn der Investor, der sich um die Entstehung bereichsübergreifender Netzwerke Sozialen Kapitals bemüht, zeigt ja zugleich auch nach außen, dass seine Kalküle durch langfristige Kosten-Nutzen-Vergleiche bestimmt sind. Dauerhaftigkeit des Engagements ist ein Kennzeichen nachhaltigen Wirtschaftens, das gegenwärtig als normatives Kriterium zentrale Bedeutung erhält. Die Investitionen in Soziales Kapital dienen dann als eine Art öffentlichkeitswirksame Selbstbindung: Denn wer etwa als ausländischer Direktinvestor glaubwürdig in die Standortqualität am Ort investiert, der zeigt, dass er auch morgen noch davon zu profitieren gewillt ist. Dies erhöht seine Seriosität als Partner etwa auch für Politiker, Verwaltungsverantwortliche und andere Unternehmen in der Region oder (bei ausländischen Investoren) im Gastland.

Das Kriterium der Wirkung

Geradezu sprichwörtlich ist der Ausspruch von Altbundeskanzler Helmut Kohl geworden: Was zählt, ist das, was am Ende hinten herauskommt. Vielfach begegnen sowohl die Unternehmen als auch Politik und Öffentlichkeit allen Formen bürgerschaftlichen Engagements mit der skeptischen Frage, welchen konkreten

---

[96] Vgl. Baker (1999), Leana/Buren (1999), Habisch/Schmidpeter (2001a), Nahapiat/Ghosal (1998), Prusak/Cohen (2001).

Ertrag bereichsübergreifende Projekte unternehmerischen Bürgerengagements jenseits zeitgemäßer Vokabeln wie ‚civic engagement' oder Corporate Citizenship denn konkret hätten. Diese kritische Rückfrage ist verständlich, zumal die moderne Gesellschaft mit ihren spezialisierten und professionalisierten Instrumenten im Prinzip über leistungsfähige Alternativen zum bürgerschaftlichen Engagement verfügt, um etwa eine bestimmte Leistung effizient zu erstellen.

Selbstverständlich ist also über die positiven Rückwirkungen für die daran beteiligten Personen oder Organisationen hinaus der konkrete Effekt eines Projekts ein wichtiges Qualitätskriterium. Jenseits der lapidaren Bemerkung ‚gut dass wir darüber gesprochen haben' muss ein konkreter Problemlösungsbeitrag erarbeitet worden sein. Zugleich sollte aber dieses Resultat den spezifischen Beitrag der Bürgergesellschaft im Kontext arbeitsteiliger Gesellschaft nicht aus dem Auge verlieren. Dieser kann nicht lediglich darin bestehen, dass hier ein Produkt (oder eine Dienstleistung) ‚unentgeltlich' – und damit oft auch ‚unprofessionell' – zur Verfügung gestellt wird, das im Prinzip auch auf Märkten gekauft oder durch Politik und Administration erarbeitet werden könnte. Ein gelungenes Projekt unternehmerischen Bürgerengagements wird vielmehr stets jenen ‚Überschuss' produzieren, der auf die Weiterentwicklung des Gemeinwesens, also der Rahmenbedingungen am Wirtschafts- und Lebensstandort abzielt. Es ist vor allem der Aspekt der ordnungspolitischen Mitverantwortung des bürgerschaftlich engagierten Unternehmens, der auch im Resultat eines bereichsübergreifenden Kooperationsprojekts sichtbar werden sollte.

Das Kriterium der Kompetenz

Das Kriterium der Nähe des Projektes zu den Kernkompetenzen des Unternehmens ist vielleicht zunächst noch am wenigsten einleuchtend. Aus gesamtwirtschaftlicher Sicht stellt allerdings auch das ‚Engagement-Potenzial' des Corporate Citizen eines Gemeinwesens einen knappen Faktor zur Lösung gesellschaftlicher Probleme dar, der nicht beliebig multiplizierbar ist. Es ist daher wichtig, dass auch dieser Faktor möglichst ‚effizient', also mit positiver Kosten-Nutzen-Relation eingesetzt wird. Das bedeutet, dass ein Unternehmen primär in solchen Zusammenhängen und Problemsituationen tätig werden sollte, in denen es entweder von seiner Branche bzw. seinem Produkt- und Dienstleistungsspektrum oder von dem Kompetenzprofil seiner Mitarbeiter oder seinem Informations- und Ressourcen-Potenzial her besonders qualifiziert erscheint. So ist es im Prinzip zwar lobenswert, wenn etwa eine Großbank einen Musik- oder Fotowettbewerb durch Sponsorengelder unterstützt. Wesentlich stärker im Sinne des Corporate Citizenship wäre allerdings ein Projekt, im Rahmen dessen Bankmitarbeiter Schülern oder Auszubildenden Einblicke in ihren Arbeitsalltag geben und damit Verständnis für die Funktionsbedingungen lokaler und internationaler Kapitalmärkte wecken.

Das Kriterium der Kompetenz resultiert zugleich aus der Struktur bürgerschaftlichen Engagements insgesamt. Denn auch Bürger pflegen sich in ihrer knappen Zeit dort zu engagieren, wo sie einen unmittelbaren Bezug zu ihrer Lebenswelt, ihren Kompetenzen und Interessen sehen. Eltern engagieren sich in der schulischen Elternvertretung, weil sie dort Einfluss auf die außerhäusliche Erziehung ihrer Kinder nehmen wollen. Bürger engagieren sich für die Integration von Behinderten oder Ausländern, weil sie irgendwann ein entsprechendes Erlebnis hatten, selbst einen Behinderten in der Familie haben etc. Sie bringen dann ihre besondere Motivation, aber auch ihre Fähigkeiten und Spezialkenntnisse in ihr Engagement mit ein.

Ein dauerhaftes Interesse des Unternehmens an ‚seinem' Projekt, das häufig aus der Problemnähe und dem Erwerb spezifischer Kompetenzen resultiert, ist auch im Sinne der Bürgergesellschaft insgesamt. Denn es garantiert die Nachhaltigkeit des Engagements und dafür, dass es auch wirklich seine vollen Potenziale für Unternehmen wie Gemeinwesen entfaltet. Ein ‚halbherziges' Engagement, das aus einem fehlenden Interesse oder mangelndem Bezug zur Alltagspraxis des Unternehmens resultiert, führt dagegen häufig dazu, dass Projekte in wirtschaftlich schwierigen Zeiten wieder abgesetzt oder nur auf ‚Sparflamme' betrieben werden. Dies zeitigt eine negative Außenwirkung sowohl für die Ernsthaftigkeit des Unternehmens als auch für die Bedeutung und Möglichkeiten unternehmerischen Bürgerengagements insgesamt.

Auf der Grundlage dieser, aus internationalen Beispielen und den laufenden Fachdiskussionen gewonnen Qualitätskriterien wurde am Center for Corporate Citizenship ein Evaluationsschema entwickelt. Durch eine Operationalisierung in Unterkriterien und die Auswertung durch vier Wissenschaftler aus unterschiedlichen Disziplinen (Wirtschafts-, Sozial- und Humanwissenschaftler) unabhängig voneinander konnte eine intern weitgehend konsistente Auswahl der Projekte getroffen werden. Die nominierten Projekte wurden anschließend durch telefonische Rücksprache des Centers mit den angegebenen Projektpartnern bezüglich deren Einschätzung zur Qualität des Projektes überprüft. Die endgültige Entscheidung fiel in der Jurysitzung im November 2001.

Die nachfolgenden Beispielskizzen stellen in ihrer Reihenfolge und ihrem Umfang keine qualitative Bewertung der Projekte mehr dar. Sie sollen lediglich die oben entwickelte Logik unternehmerischen Bürgerengagements an möglichst vielen realen Praxisbeispielen illustrieren. Im Gegensatz zum Vorgehen in der Auswertung konnte dabei keine empirische Überprüfung der von den Bewerbern gemachten Angaben mehr vorgenommen werden. Die folgenden Ausführungen basieren also auf den Darstellungen der am Wettbewerb teilnehmenden Unternehmen und Organisationen selber. Zudem musste aus Gründen der Übersichtlichkeit auf viele Details verzichtet werden. Diese werden in weiteren Publikationen und Praxismaterialien zu bearbeiten sein.

3.3 Handlungsfelder unternehmerischen Bürgerengagements in der Praxis[97]

Anbahnung unternehmerischen Bürgerengagements: Das Sponsoring

Sponsoring ist eine traditionelle Form unternehmerischen Bürgerengagements. Im Rahmen des Wettbewerbs ‚Freiheit und Verantwortung' stellte das Bereitstellen finanzieller Ressourcen allerdings lediglich eine notwendige, aber keine hinreichende Bedingung für ein gelungenes Projektes dar. Dennoch seien eingangs zu diesem Kapitel die entsprechenden Bewerbungen genannt, um die Vielfalt von Sponsoringaktivitäten der Deutschen Wirtschaft exemplarisch widerzugeben. Dabei wird in vielen Sponsoringprojekten der ‚Vorbereitungscharakter' des Sponsoring im Sinne der Anbahnung einer bereichsübergreifenden Zusammenarbeit gut deutlich.

Das mittelständische Unternehmen *AENGEVELT Immobilien KG*, Düsseldorf, unterstützt diverse Projekte von Vereinen, Stiftungen und gemeinnützigen GmbHs. Der Hauptschwerpunkt liegt hier bei der Unterstützung von sozial schwachen und benachteiligten Mitmenschen aller Altersgruppen. Aber auch die Förderung auf den Gebieten der Kultur und Wissenschaft ist in dem breiten Spektrum des Engagements vertreten.

Im Rahmen der Initiative ‚Mehrwert-Lebenswert' unterstützt die *B. Metzler seel. Sohn & Co. KgaA*, Frankfurt a. M., mit finanziellen Mitteln verschiedene Einrichtungen. Das Ziel ist es, Projekte zu initiieren, finanzielle Engpässe zu überbrücken oder die gefährdete Finanzierung von bewährten Projekten weiterhin sicher zu stellen. Dabei übernehmen Mitarbeiter und/oder deren Angehörige so genannte Patenschaften, um den Kontakt zwischen Unternehmen und den Projektpartner sicher zustellen.

Die *Bewag AG*, Berlin, unterstützt als Hauptsponsor den Kinder- und Jugend-Zirkus CABUWAZI. Ziel ist es, gesellschaftliches Engagement zu zeigen und das Unternehmensleitbild des guten aktiven, mitdenkenden und sozial verantwortlichen Mitbürgers mit Leben zu füllen. Über die Jahre hat sich aus dieser Zusammenarbeit eine enge Partnerschaft entwickelt, die über die übliche Leistung-Gegenleistung-Mentalität eines klassischen Sponsoring weit hinausgeht.

---

[97] Die in diesem Kapitel dargestellten Beispiele bürgerschaftlichen Engagements deutscher Unternehmen bestehen überwiegend, aber nicht ausschließlich aus Bewerbungen um den Unternehmenspreis der Initiative ‚Freiheit und Verantwortung'. Weitere Quellen und Beispiele finden sich bei Antes (2000), Damm/Lang (2000a), (200b) und (2001), Gribben/Wilson/Meister (2002), IFOK (2001), Ramthun (2000a) und (2000b), Schöffmann (2001), Unternehmen: Partner der Jugend (2000) und VIS A VIS Agentur für Kommunikation (2001b).

Im Rahmen des Projektes Enterprise legte die *GLS Gemeinschaftsbank eG*, Bochum, einen Fonds für neue Arbeit auf, um die Kleinkredite für benachteiligte junge Existenzgründer in Brandenburg zu finanzieren. Das Projekt wird getragen vom Verein Innovative Qualifizierung und stellt ein innovatives Modell der Mikrofinanzierung für Existenzgründer dar.

Das Unternehmen *ISA Informationssysteme*, Stuttgart, unterstützt im Projekt ‚Sterntaler' Mitmenschen in Not, indem es Spenden von ausländischen Münzen im Internet versteigert und den Gewinn an soziale Einrichtungen weiterleitet. Hierbei setzt das Unternehmen seine IT-Kompetenz ein, um innovative Spendenwege zu entwickeln und so sozialen Einrichtungen neue Einnahmequellen zu eröffnen.

Die *Mestemacher GmbH*, Gütersloh, finanziert jährlich den mit mehreren tausend Euro dotierten „Mestemacher Kita-Preis". Die drei Hauptpreise und sieben Trostpreise werden an Kindertagesstätten vergeben, die sich durch herausragende Harmonisierung von ‚Familie und Beruf' für Eltern ausgezeichnet haben. Das Unternehmen möchte so einen Anstoß für mehr Engagement in der Kindererziehung geben.

Die *Philip Morris GmbH*, München, unterstützt in zahlreichen Sponsoring-Aktivitäten die Gesellschaft. So wird der Berliner ‚Initiative gegen Gewalt gegen Frauen' durch die Bereitstellung der notwendigen finanziellen Mittel ermöglicht, Hilfe und Beratung für Opfer häuslicher Gewalt vor Ort und rund um die Uhr anzubieten. Diese mobile Intervention ist in dieser Form innovativ für Deutschland und soll als Pilotprojekt Vorbild für andere Organisationen sein. Des weiteren hat die Philip Morris GmbH ein Spendenverdoppelungsprogramm, dass die Spenden von Mitarbeitern für gemeinnützige Zwecke unterstützt. Mit diesem Programm möchte sich das Unternehmen für die gesellschaftlichen Interessen seiner Mitarbeiter einsetzen und sein Engagement auf eine breite Basis stellen. Besonders im Bereich der Wissenschaft engagiert sich Philip Morris für die Förderung und Kommunikation von herausragenden wissenschaftlichen Arbeiten. Jährlich wird dafür der hoch dotierte Philip Morris Forschungspreis ausgeschrieben.

Verbesserung der Lebens- und Lernbedingungen für Kinder und Jugend

Einer Vielzahl von Projekten im Kinder- und Jugendbereich liegen entweder Probleme der Unternehmen bei der Personalrekrutierung oder aber Probleme der Mitarbeiter etwa mit der Vereinbarkeit von Familie und Beruf und ganz allgemein mit ihrer Erziehungsverantwortung zugrunde. Diese ‚neuen' Formen des Engagements der Unternehmen in bereichsübergreifenden Projekten tritt ‚klassischen' Formen des Engagements etwa im Bereich von Prüfungskommissionen an die Seite, ohne die das viel gelobte ‚duale Ausbildungssystem' der Bundesrepublik Deutschland mit seiner charakteristischen Verschränkung von Berufsschule und Ausbildungsbetrieb überhaupt nicht realisierbar wäre.

Unternehmen haben ein originäres Interesse an einer nachwachsenden Generation, die in der Lage ist, Verantwortung zu übernehmen. Weiterhin ist es wichtig, im Bildungswesen gelegentlich genährte Vorbehalte und Berührungsängste mit Wirtschaft und Betrieben abzubauen. Gerade im Bereich der Verbesserung der Lern- und Lebensbedingungen von Kindern und Jugendlichen können zugleich nachhaltig positive Impulse in die Gesellschaft hinein gegeben werden. In der Bevölkerung ist deshalb ein Engagement der Unternehmen in diesem Bereich oft mit einer hohen Reputationssteigerung verbunden. Die meisten Projekte fokussieren dabei auf die Themenfelder Gewaltvermeidung, Toleranz, Widerstand gegen Fremdenfeindlichkeit und Demokratieerziehung. Unternehmen leisten so einen aktiven Beitrag zur Werteerziehung nachfolgender Generationen.

Gewalt sowohl gegen andere aber auch gegen sich selbst, Gewalt in der Familie, im Klassenzimmer und auch in den Medien wirkt auf Jugendliche beängstigend, aber faszinierend. Daher möchte die *BMW AG*, München, als verantwortungsvoller gesellschaftlicher Akteur in dem Projekt „Fass mich nicht an" den Jugendlichen mit Hilfe des Mediums Internet die Möglichkeit geben, sich mit ihren Gefühlen zum Thema Gewalt auseinander zu setzen. Im Rahmen eines Online-Forums können sich Opfer, Täter und Zuschauer von Gewaltaktionen sowie Pädagogen über die verschiedenen Facetten, Gefühle, Verhaltensweisen und Überzeugungen zur Thematik austauschen, ohne dass sie sich dabei sofort Eltern oder Erwachsenen gegenüber verantworten müssen. Das Forum bietet für Jugendliche die Möglichkeit, sich unverkrampft und offen mit den für sie wichtigen Fragen zu Gewalt zu beschäftigen. Jugendliche sollen so selbstständig Ansätze erarbeiten und Mechanismen entwickeln, mit denen sie das Konflikt- und Gewaltpotenzial in ihrem Umfeld abbauen können. Das Projekt „Fass mich nicht an" wurde mit der Unterstützung von Fachleuten aus dem Stadtjugendamt München und der ‚Arbeitsgemeinschaft Friedenspädagogik' entwickelt. Es steht im engen Zusammenhang mit weiteren Projekten in der Reihe gegen Fremdenfeindlichkeit und Gewalt der BMW AG. Das Unternehmen hat erkannt, dass ein friedliches und tolerantes Umfeld eine unabdingbare Voraussetzung auch für nachhaltig erfolgreiches Wirtschaften ist. Es verringert die Anzahl der Konflikte, die in das Unternehmen von außen hineingetragen werden, und ermöglicht so, dass die Mitarbeiter in einem intakteren gesellschaftlichen Klima ein hohes Produktivitäts- und Kreativitätspotenzial entfalten.

Auch die *Deutsche Bahn AG*, Berlin, arbeit in ihrem Projekt „Bahn-Azubis gegen Hass und Gewalt" daran, das Engagement von jungen Menschen gegen Rechtsextremismus, Fremdenfeindlichkeit und Diskriminierung zu fördern. Als grenzüberschreitendes Transportunternehmen sieht die Bahn AG hier über ihre generelle gesellschaftliche Verantwortung hinaus eine besondere Verpflichtung gegenüber ihren ausländischen Kunden und Beschäftigten. Daher hat die Deutsche Bahn ein Zwei-Säulen Konzept mit Partnern aus Politik und Bürgergesellschaft entwickelt. Zunächst wurden Maßnahmen eingeleitet, die die Toleranz zwischen den Mitarbeitern untereinander erhöhen sowie Diskriminierungen aller Art vermeiden sollen. Dazu gehören z.B. Konzernbetriebsvereinbarungen, Schulungsmaßnahmen für

Beschäftigte und interne Initiativen. Weiterhin wurde die Eigeninitiative der jugendlichen Bahn-Azubis durch einen jährlichen Aktionswettbewerb gefördert. Im Rahmen dieses Wettbewerbs entwickeln die Auszubildenden eigene Projekte zum Thema Toleranz, die später in einem feierlichen Rahmen vorgestellt und prämiert werden. Die Bahn möchte dadurch im Unternehmen, aber darüber hinaus auch in ihrem gesellschaftlichen Umfeld das Bewusstsein dafür schärfen, dass in einem grenzüberschreitenden Verkehrssystem und in einem zusammenwachsenden Europa gewaltfreies Miteinander eine unerlässliche Grundlage für das eigene Handeln und Wirtschaften ist.

Ähnlich engagiert sich die *Henkel KGaA*, Düsseldorf, in der Initiative „Gegen Rechtsradikalismus und Ausländerfeindlichkeit“, um ihre Mitarbeiter und Auszubildenden für die Problematik des Rechtsradikalismus und der Ausländerfeindlichkeit zu sensibilisieren. Mittels Plakataktionen, Runden Tischen, Gesprächsforen und Lesungen schafft das Unternehmen dabei ein Forum des wechselseitigen Austauschs zwischen Unternehmen, Mitarbeitern, Bürgern und Öffentlichkeit. Die verschieden Maßnahmen schaffen eine Kooperationskultur im Unternehmen sowie zwischen dem Unternehmen und seinem gesellschaftlichen Umfeld.

Die *Sahinler Group Europe*, Würselen, ist ein internationales Handelsunternehmen, das in seinem operativen Geschäft mit vielen verschiedenen Kulturen umgehen muss. Das Unternehmen entwickelte im Rahmen des Projektes „Förderung der multikulturellen Kompetenz von jungen Erwachsenen“ verschiedene Maßnahmen und Initiativen, um die multikulturelle Zusammenarbeit, das Zusammenleben und das Verständnis für Menschen aus unterschiedlichen Kulturen und Nationalitäten zu fördern. Alle Mitarbeiter sind direkt oder indirekt beim Aufbau multikultureller Mitarbeiter- und Auszubildenden-Teams beteiligt. Ein kontinuierlicher Austausch zwischen den verschiedenen Produktionsstätten in Deutschland und der Türkei, Erdbebenhilfe für die Türkei und die Gründung einer Naturschutz-Stiftung zur Wiederaufforstung von Gebieten in der Türkei führen dabei zu einer besseren Verständigung zwischen den Kulturen und dem Aufbau von Mitarbeiterkompetenzen im Bereich der kulturübergreifenden Kommunikation.

Das ‚Buddy-Projekt' der *D2 Vodafone,* Düsseldorf, arbeitet ebenfalls mit Schulen zusammen – doch hier mit dem Ziel, durch Stärkung des Klassenverbundes und Präventionsmaterial ‚Straßenkinderkarrieren' zu vermeiden. Die Initiative für eine gemeinsame präventive Maßnahme ging von der gemeinnützigen Initiative ‚Off-Road-Kids e. V.' aus, die das Unternehmen zunächst nur um ein Sachsponsoring anging, dann aber zum Partner und inhaltlichen Impulsgeber für das ‚Buddy-Projekt' wurde. In dessen Rahmen sollen Lehrer und Schüler lernen, mehr aufeinander zu achten und Mitschülern in Not ‚Buddys', also gute Kumpel, zu sein. D2 Vodafone sieht in dem Projekt einen Beitrag zur Erhöhung der sozialen Kompetenz und Problemlösungsfähigkeit von Schülern. Das gemeinsam mit den Streetworkern des Vereins erarbeitete Medienpaket umfasst einen Dokumentarfilm über das Leben von Straßenkindern, eine Lehrerarbeitsmappe und eine Infobroschüre für Schüler. Vodafone hat durch eine professionelle Öffentlichkeitsarbeit enorme

Publizitätswirkung für das ‚Buddy-Projekt' entfaltet und konnte mit dem Medienpaket bereits über 2000 der ca. 12.500 weiterführenden Schulen in Deutschland erreichen. Neben dem Medienpaket wird die Aktion von öffentlichkeitswirksamen Aktionen und Wettbewerben begleitet. Dabei soll die eigene Kernkompetenz im Bereich der Kommunikation eingesetzt werden, um den Kerngedanken des Buddy-Konzeptes: ‚miteinander reden, einander zuhören' in der Gesellschaft zu stärken – auch hier in enger Beziehung zur Kernkompetenz eines Kommunikationskonzerns. Ein fester Bestandteil des Buddy-Projekts ist die Zusammenarbeit mit und die Beratung von staatlichen Stellen – so des Arbeitskreises ‚Gewaltprävention' der Landesregierung Nordrhein-Westfalen sowie der Schulsozialarbeit Baden-Württemberg. Durch diese insbesondere von den Projektpartnern geleistete Beratungsarbeit ‚wächst' das Projekt aus einer bereichsübergreifenden Projektpartnerschaft zwischen Unternehmen, Verein und Schulen in eine ansatzweise ‚politische' Dimension hinein: nämlich die Weiterentwicklung der öffentlichen Jugendpflege. So engagiert sich das Unternehmen auch als Bürger – gemeinsam mit anderen Bürgern – für die Verbesserung der Rahmenbedingungen im Gemeinwesen.

Täglich werden weltweit Tausende von Kindern und Jugendlichen Opfer von Missbrauch, Menschenraub oder Kinderhandel. Die *Cobion AG*, Kassel, hat deshalb im Rahmen des Projektes „People Search Service" ihre Kernkompetenz, die Bildanalyse und Bilderkennung aus dem Bereich des Markenzeichenschutzes, eingesetzt, um die technischen Vorraussetzungen für die Suche nach vermissten Kindern im Internet zu schaffen. Gemeinsam mit Suchorganisationen (z.B. Rotes Kreuz u.a.), ermittelnden Behörden und betroffenen Eltern wird so das Internet als globales Medium genutzt, um Hinweise über den Verbleib der vermissten Kinder zu finden. Das ursprünglich von Cobion eher nebenbei als Beitrag zur Suche nach vermissten Kindern gedachte Projekt hat sich binnen kurzer Zeit fest in der Unternehmensphilosophie verankert. Es ist mittlerweile auf Dauer angelegt und soll zu einem weltweiten Netzwerk zur Suche vermisster Kinder ausgebaut werden. Hier wird erneut das ‚Hineinwachsen' von Projekten bereichsübergreifender Kooperation in die Veränderung von Rahmenbedingungen auf regionaler, nationaler oder internationaler Ebene deutlich. Der ursprüngliche Anspruch des Unternehmens, die eigenen Erfahrungen, sein Know-how und seine IT-Struktur in die Lösung eines relevanten gesellschaftlichen Problems einzubringen, hat sich zu einer Win-Win-Situation für alle Beteiligten entwickelt. Die Cobion AG profitiert von den entstandenen Netzwerken, einer gestiegenen Reputation und einem neuen Entwicklungs- und Anwendungsfeld für die eigene Kompetenz. Die Suchorganisationen und Eltern erhalten im Gegenzug neue Chancen und Möglichkeiten für ihre Suche nach vermissten Kindern.

Um einen Beitrag zur Demokratieerziehung der Jugendlichen in Deutschland zu leisten, hat die *Dresdner Bank AG*, Frankfurt a. M., in Kooperation mit dem Bundesinnenministerium bzw. dem Bündnis für Demokratie und Toleranz sowie dem Aufbau-Verlag den bundesweiten ‚Victor-Klemperer-Wettbewerb' ins Leben gerufen. Jugendliche im Alter von 16 bis 21 Jahren sowie Bundeswehrsoldaten im

Alter von 18 bis 24 Jahren waren im Rahmen des Wettbewerbs dazu aufgefordert, sich mit den Themen Rechtsextremismus und Gewalt auseinander zu setzen. Aufbauend auf den Tagebücher des jüdischen Romanisten Victor Klemperer, die an alle Teilnehmer kostenlos verteilt wurden, entwickelten die Jugendlichen Antworten auf die Frage „Was kann ich für unsere Demokratie tun?". Begleitet wurde die Aktion durch die Bereitstellung von Arbeitsmaterial, Informationsbroschüren und Tagebuchkassetten. An dem Wettbewerb nahmen 20.000 junge Menschen mit 1.800 Beiträgen zum Thema teil. Die von den Jugendlichen verfassten Kurzgeschichten, Tagebuchsequenzen, Essays, Aufsätze, CD-ROMs, Homepages und Songs wurden von einer namhaften Jury prämiert. Das Engagement der Dresdner Bank AG ist aber nicht nur auf die finanzielle Unterstützung beschränkt. Vielmehr wird auch hier vermehrt organisatorischer und fachlicher Input und entsprechendes Know-how in die Projektdurchführung eingebracht.

In dem Projekt STEP 21 haben sich drei große deutsche Unternehmen, das Medienhaus *Bertelsmann AG*, Gütersloh, die *DaimlerChrysler AG*, Stuttgart, und die *Siemens AG*, München, zusammengeschlossen. Ziel ist es, die Wertebildung, Sozialkompetenz und Orientierungsfähigkeit von Jugendlichen zu fördern. In Form einer gemeinnützigen GmbH werden kompetenzorientierte, innovative Bildungsangebote entwickelt und umgesetzt. Weiterhin wird durch handlungsorientierte Projekte und Aktionen das Engagement von Jugendlichen befördert und publik gemacht. Das Projekt liegt an der Schnittstelle zwischen politischer Bildung und Medienpädagogik und soll Jugendlichen eine Plattform bieten, auf der Demokratie bewusst erfahrbar ist und Toleranz, Zivilcourage und Verantwortungsbewusstsein wachsen können. Seit der Gründung der Initiative konnten gemeinsam mit vielen Partnern im Bildungsbereich und den Jugendlichen selbst unterschiedliche Projekte und Konzepte umgesetzt werden. So wurde zum Beispiel eine STEP 21-Box für den Fach- und Projektunterricht entwickelt, in dem sich Jugendliche mit Wertbildungsprozessen in einer fiktiven Clique auseinandersetzen können. Es soll dabei insbesondere Pädagogen und Lehrern ermöglicht werden, die Jugendlichen bei der kritischen Infragestellung der eigenen Werte und Normen auf dem Weg ins Erwachsenwerden zu unterstützen. Als weiterer Baustein schafft der Projektbereich STEP 21-Netz, ein Austauschforum in dem Jugendliche durch Aktionen, Wettbewerbe und Begegnungen direkt angesprochen werden. In diesem Rahmen wurden in knapp 24 Monaten bereits über 30 Einzelprojekte umgesetzt, in denen ca. 20.000 Jugendliche mitgemacht haben. Sowohl die Box als auch das Netz sollen so Brücken schlagen zwischen den abstrakten Werten und den alltäglichen Erfahrungen und Handlungen der Jugendlichen in Schule und Freizeit. Somit kann STEP 21 präventiv wirken, um Intoleranz und Hass nicht nur in den Symptomen, sondern an den Wurzeln zu kurieren. Den beteiligten Unternehmen ist es dabei wichtig, dass es nicht nur um inhaltsleere PR gegen Rechtsextremismus geht, sondern dass Kompetenz vermittelt wird. Dies ist von besonderer Bedeutung, da Unternehmensinitiativen im Bereich der Wertebildung oft von einer kritischen Öffentlichkeit beobachtet werden[98]. STEP 21 ist ein gelungenes Beispiel für eine branchenübergreifende Initiative, in der nicht nur die Wertebildung der Jugendlichen positiv unterstützt wurde; für die Unternehmen ist auch ein Zugang zur jugendlichen Zielgruppe mit nützlichen Einsichten in die Jugendkultur und in das Bildungssystem eröffnet worden.

Die genannten Projekte renommierter deutscher Unternehmen lassen Möglichkeiten und Grenzen unternehmerischen Bürgerengagements deutlich werden. Natürlich findet etwa Gewaltprävention und die Arbeit an der besseren Integration von Minderheiten breitflächig auch im Tagesbetrieb der Schulen statt. Gleiches gilt für die Schulsozialarbeit, die sich um gefährdete Kinder und Jugendliche bemüht. Trotzdem wächst die ständig steigende Gewaltbereitschaft unter Jugendlichen zu einem gravierenden gesellschaftlichen Problem heran, das auch die Unternehmen und ihre Mitarbeiter berührt. Angesichts der demografischen Entwicklung verschärft sich das Problem fremdenfeindlicher Gewalt noch: Wenn der Standort Deutschland in den Augen ausländischer Konzernmitarbeiter zu einem gefährlichen und wenig attraktiven Produktionsstandort wird, so hat dies gravierende Folgen für die Möglichkeiten der grenzüberschreitenden Personalpolitik, qualifizierte Kräfte nach Deutschland zu holen. Das traditionelle Instrumentarium staatlicher Jugend- und Sozialpolitik reicht hier immer weniger aus, um Erziehungsdefizite in den Familien zu kompensieren oder Jugendliche in einer schwierigen sozialen Situation zu erreichen. Die Innovationsfähigkeit der Unternehmen, ihr Zugang zu modernen Technologien, ihre Kommunikationsfähigkeit sind wichtige Voraussetzungen für eine ‚Pfadfinderfunktion' unternehmerischen Bürgerengagements auf der Suche nach effektiveren Instrumenten und Methoden im wichtigen Bereich der Jugendpflege und Sozialpolitik.

Deutlich sind in diesem Bereich auch die Chancen für die Funktion der Informationsgewinnung durch unternehmerisches bürgerschaftliches Engagement. Denn der Umgang mit Kindern und Jugendlichen im Kontext von Corporate-Citizenship-Projekten gibt Auskunft über die Entwicklung von beherrschenden Konsummustern, Lebens- und Werteinstellungen sowie die Sozialkultur einer zukünftigen Generation von Konsumenten und Mitarbeitern. Dies wird – neben anderen Maßnahmen der Informationsgewinnung – die Neuausrichtung sowohl von Kommunikationsstrategien als auch von strategischen Entscheidungen im Unternehmen beeinflussen. Das bürgerschaftlich engagierte Unternehmen ist gerade in Projekten mit Kindern und Jugendlichen immer zugleich auch ein lernendes Unternehmen, das seinerseits mit relevanten Informationen für die Zukunft seiner Arbeit versorgt wird.

---

98 Vgl. exemplarisch die Kritik von Dobbin (1998), aber auch Klein (2000) an entsprechendem Unternehmensengagement.

Schließlich eignet sich die Thematik sehr gut zur Kommunikation, weil die Arbeit für Kinder und Jugendliche sowohl im konservativen als auch im progressiv-liberalen Spektrum der pluralistischen Öffentlichkeit Akzeptanz findet. Ein Unternehmen, das in Kinder und Jugendliche investiert, signalisiert langfristiges Denken und das Bemühen um die Herstellung ‚nachhaltiger' Lebens- und Arbeitsbedingungen am Standort Deutschland.

Schule und Bildung

Der globale Schulvergleich im Rahmen der sogenannten PISA-Studie hat die Bedeutung der Bildungspolitik wieder neu auf die Tagesordnung der öffentlichen Diskussionen gesetzt. Im Bereich des unternehmerischen Bürgerengagements spielen Schule und Ausbildung traditionell eine große Rolle. Neben dem bereits erwähnten breiten Engagement der deutschen Unternehmen im Rahmen des Dualen Ausbildungssystems engagieren sich Unternehmen zusätzlich in Corporate-Citizenship-Projekten auf vielfältige Weise für die Ausbildung von Jugendlichen. Auch im Bereich von Schule und Bildung haben Unternehmen ein unmittelbares Interesse daran, durch gut qualifizierten Nachwuchs international wettbewerbsfähig zu bleiben.

Mit dem Projekt „FamilyNet" möchte die IT-Firma *BI-LOG AG*, Bamberg, Hemmschwellen vor dem Zugang zum Internet abbauen, indem Eltern, Kinder und Jugendliche gemeinsam an das neue Medium herangeführt werden. Das Projekt soll einen Beitrag zur Wissensgesellschaft leisten. Zugleich sieht das Unternehmen auch die Chance zur Überwindung der viel diskutierten ‚digital divide', indem Menschen aller Lebensalter, Bildungsniveaus und Einkommensschichten der Zugang zum Medium Internet eröffnet wird. Ein eigens dafür ausgestatteter Medienbus, der zu Veranstaltungen in ganz Oberfranken fährt, gibt Familien die Möglichkeit, unter Anleitung eines qualifizierten Teams die ersten Schritte im Internet zu unternehmen. Dies erhöht auch in der ländlichen Region die Akzeptanz für neue Technologien und erleichtert die kulturelle Annäherung an Informations- und Kommunikationstechnologien. Im Zusammenhang mit dem FamilyNet engagiert sich das Unternehmen auch intensiv in der Initiative ‚Oberfranken Offensiv', einer Regionalmarketing-Initiative zur Imageprofilierung der ehemaligen Grenzregion Oberfranken. Diese hat unter anderem dazu geführt, dass die BI-LOG AG künftig gemeinsam mit der Initiative einen eigenen Regionalwettbewerb „Jugend forscht" in Oberfranken umsetzen wird. Die öffentliche Wahrnehmung des Unternehmens ist durch das breite Engagement in der Region deutlich gestiegen. Vorbehalte in der Bevölkerung gegenüber den Tätigkeitsfeldern und Beschäftigungsangeboten des Unternehmens (z.B. im Rahmen von neu eingerichteten Call-Centern) konnten abgebaut werden. Die geschaffene Vertrauensbasis zwischen Unternehmen und gesellschaftlichem Umfeld erleichtert es auch, weitere gemeinsame Problemfelder anzugehen und so den Wandel im Unternehmen und in der Region positiv zu unterstützen.

Ziel des Projektes „Jugend-Schule-Wirtschaft" der *Deutschen Bank AG*, Frankfurt a. M., ist es, die Erziehung von Jugendlichen zu aktiven Wirtschaftsbürgern zu fördern. Das Unternehmen handelt hier in einer bereichsübergreifenden Partnerschaft zusammen mit 270 Schulen, einer Reihe von Medien und der Kultusministerkonferenz. Eine Brücke zwischen Wirtschaft und Schule soll das Wirtschaftswissen von Lehrern und Schülern vertiefen und so die berufliche Vorbildung von jungen Menschen verbessern. Im Rahmen des Projektes werden Schüler zusammen mit ihren Lehrern bei der Erstellung von fachübergreifenden Arbeiten zu Wirtschaftsthemen durch 64 Mitarbeiter der Deutschen Bank und etwa 30 Wirtschaftsredakteure unterstützt. Im Verlauf eines Schuljahres recherchieren die Schülerinnen und Schüler eigenständig oder im Team aktuelle Wirtschaftsthemen und erschließen sich so praxisnahes Wissen über die Wirtschaftswelt. In Kooperation mit den Partnerzeitungen verfassen die Jugendlichen Zeitungsartikel und die entstandenen Arbeiten werden von einer unabhängigen Jury ausgezeichnet. Das Projekt steht darüber hinaus in engem Zusammenhang mit anderen Projekten der Deutschen Bank AG, die traditionell einen Fokus ihres Engagements auf die Bildungsarbeit legt.

Ein Mangel an qualifizierten Nachwuchsingenieuren und -technikern entwickelt sich immer stärker zu einem Problem der deutschen Automobilindustrie. Das Problem wird noch dadurch verstärkt, dass sich Mädchen und junge Frauen unterdurchschnittlich für technische Berufe entscheiden und damit als Potenzial ausfallen. Der Grund dafür liegt keineswegs in einer mangelnden Begabung, sondern in einer kulturellen Vorprägung, die Frauen und Männern unterschiedlichen Berufsbildern zuordnet. Im Rahmen des Projektes „Fit – Frauen in technischen Berufen" arbeitet die *Ford Werke AG*, Köln, gemeinsam mit der Stadt Köln und Schulen (Gymnasien, Realschulen und Hauptschulen) aus der Region zusammen, um diesem Trend und den dahinter stehenden Vorurteilen entgegen zu wirken. Junge Frauen sollen im Bereich der technischen Vor- und Ausbildung gefördert werden. In den letzten zwei Jahren haben an den diesbezüglichen Angeboten – wie etwa den Aktionen „Infotage im Entwicklungszentrum", „Physik zum Begreifen", „Try-ing", „Was kosten Eure Träume" – über 6000 Schüler(innen) und Lehrer teilgenommen. Das Projekt steht im engen Zusammenhang mit anderen Projekten im Bereich des Diversity Managements der Ford AG und hat bereits zu einem deutlichen Anstieg der Schülerpraktikantinnen im technisch-gewerblichen Bereich geführt: diese haben sich mit 30 % Mädchen im Jahr 2000 seit Projektbeginn verfünffacht. Somit gelingt es der Ford AG, Frauen vermehrt aktiv an der Entwicklung und Produktion von Fahrzeugen zu beteiligen. Zugleich können dadurch auch weibliche Kundenwünsche direkt in den Entwicklungsprozess einbezogen werden. Die Berührungsängste zwischen Schule und Arbeitswelt werden abgebaut, und dem Schulwesen können neue Impulse in der naturwissenschaftlich-technischen Ausbildung gegeben werden.

Auch die *GlaxoSmithKline*, Hamburg, arbeitet eng mit Schulen zusammen. Im Rahmen der Initiative ‚Schulen ans Netz' und auf Anfrage der schleswig-holsteinischen Landesregierung entstand das gemeinsame Projekt „Wie geht's –

Uns gut". Diese Zusammenarbeit zwischen Unternehmen und Schule generierte für die Schüler eine wichtige Lernerfahrung, aber auch für das Unternehmen relevante wissenschaftliche Ergebnisse. Gemeinsam mit den Lehrern und Schülern wurde eine Lebensqualitätsmessung bei Jugendlichen erarbeitet. Die Schüler wurden in den Schulstunden in die Thematik eingeführt, um dann selbstständig einen Fragebogen zu entwickeln, mit dem sie im Anschluss 200 Mitschüler befragten. Die Daten wurden mit Computern, die GlaxoSmithKline gestiftet hat, von den Schülern anhand statistischer Standardmethoden ausgewertet. Die Ergebnisse wurden von den Schülern bei der Jahrestagung der ‚Deutschen Gesellschaft für Medizinische Psychologie' in Hamburg präsentiert. Im Rahmen dieses Projektes hat sich eine stabile Partnerschaft zwischen Schülern, Lehrern und Mitarbeitern des Unternehmens ergeben. Vorurteile gegenüber dem Pharmaunternehmen konnten abgebaut werden. Gleichzeitig gelang es GlaxoSmithKline, für die medizinische Forschung wichtige Lebensqualitätsdaten zu generieren und den Schulunterricht näher an die Praxis heranzuführen.

Auch mittelständische Unternehmen wie die *Ultimate Renaissance GmbH*, Amberg, arbeiten im Rahmen ihres unternehmerischen Bürgerengagements mit Schulen zusammen. Im Projekt COM.1 soll das selbstverständliche und sichere Nutzen des Internets als Lern- und Informationsmedium in der Schule unterstützt werden. Zusammen mit dem Lehrerkollegium eines Gymnasiums in Amberg und mit Unterstützung des Oberbürgermeisters richtete die Ultimate Renaissance GmbH eine Internet-Lounge ein, in der alle Schüler und Lehrer unabhängig von ihren finanziellen Möglichkeiten und ihrer gesellschaftlichen Situation Zugriff auf das Internet haben. Durch das Projekt wurde dem Trend entgegen gewirkt, dass bestimmte Gruppen vom Internet und seinen Möglichkeiten aufgrund finanzieller Restriktionen abgekoppelt werden (‚digital divide'). Durch den Aufbau einer Vertrauensbeziehung konnten die Verantwortlichen in der Stadtverwaltung und im Bildungswesen schrittweise für weitere Modernisierungsvorhaben gewonnen werden wie z. B. die zukunftsorientierte Gestaltung der Schulbibliothek. Somit hat das Unternehmen seine Kernkompetenz erfolgreich eingesetzt, um die nächste Generation frühzeitig mit dem Nutzen des Internets vertraut zu machen. Zugleich hat sich Ultimate Renaissance als verantwortungsvoller Bürger in der Region etabliert.

Der Multitechnologiekonzern *3M*, Neuss, hat gemeinsam mit dem Bildungsministerium Nordrhein-Westfalen die Initiative „Unternehmen Schule" gestartet. Ziel dabei ist es, Schüler(innen) und Lehrkräfte aus NRW Wissenschaft und Forschung aktiv erleben zu lassen und von dem Know-how erfahrener 3M Mitarbeiter zu profitieren. Dabei geht es nicht nur um die Bereitstellung von Geld- und Sachmitteln, sondern um eine direkte Zusammenarbeit zwischen dem Unternehmen und den Schulen an den jeweiligen 3M Standorten. Im Rahmen dieser bereichsübergreifenden Kooperation entstanden eine Reihe von individuellen Projekten, bei denen die Interessen und Talente der heranwachsenden Generation gefördert werden. Die enge Kooperation zwischen den verschiedenen gesellschaftlichen Gruppen brachte ein besseres Kennenlernen und in Folge dessen auch ein tieferes wechselseitiges Verständnis von Unternehmen und Schule. Die Berichterstattung insbesondere in den regionalen Medien ermöglicht einer breiten Öffentlichkeit neue Einblicke in das Unternehmen. In den Schulen konnte ein verstärktes Interesse an mathematisch-naturwissenschaftlichen Fächern aufgebaut werden. Gleichzeitig erhöhte sich die Anzahl der Schüleranfragen nach einem Praktikum bei 3M. Schülerinnen und Schüler, die in gemeinsamen Projekten bereits wichtige Schlüsselqualifikationen wie Teamfähigkeit, Eigeninitiative und Kommunikationsfähigkeiten vermittelt bekommen hatten, zeigten auch darüber hinaus Interesse für das Unternehmen. Die Effizienzsteigerung des Unterrichts und die Vorbereitung der Schüler auf das Arbeitsleben ist seitens 3M zeitlich nicht begrenzt, so dass engagierte Mitarbeiter ihre Kompetenz langfristig einbringen und zusammen mit den Lehrern den Nachwuchs im mathematisch-naturwissenschaftlichen Bereich nachhaltig fördern können.

Auch die *BMW AG*, München, liefert einen Beitrag zur Modernisierung der Bildungsinstitutionen in Deutschland. Das Unternehmen engagiert sich deshalb unter anderem im Rahmen des Großprojektes „Schulen im gesellschaftlichen Verbund“, das in Kooperation mit der Freien Universität Berlin und dem Bayerischen Staatsministerium für Unterricht und Kultus an Schulen aller deutschen BMW Standorte durchgeführt wird. Die Grundidee dabei ist, dass Schüler und Lehrer außerhalb des Klassenzimmers – in Ateliers, Studios und Fabriken (z.B. im BMW Werk) – neue Lernerfahrungen sammeln. Im Rahmen dieser Initiative sollen Schüler lernen, ein eigenes Projekt unter realen Bedingungen eines Industrieunternehmens durchzuführen. Durch die Einbeziehung von schulexternen Personen und realitätsnahen Aufgabenstellungen sollen Bedingungen für selbstgesteuertes, kooperatives Lernen geschaffen und der Lernerfolg durch Praxisnähe und neue Motivationsanreize gesteigert werden. In diesem Projekt sind Schüler und Lehrer der Partnerschulen sowie Auszubildende und Ausbilder der BMW AG gleichermaßen einbezogen. So können die wechselseitigen Vorbehalte zwischen den verschiedenen Welten abgebaut werden. Den Schülern und Lehrern wird geholfen, den Spagat zwischen der sich langsam wandelnden Schule und den sich schnell verändernden Tätigkeitsstrukturen in den Betrieben erfolgreich zu meistern. Durch dieses Projekt kann der in der Schule vermittelte Lernstoff konkret im „echten Leben“ angewendet werden. Zugleich finden sich die Schüler mit den Anforderungen der Wirtschaft konfrontiert. Zusätzlich beeinflusst die BMW AG gemeinsam mit weiteren Partnern auch die Entwicklung von umfangreichen Lehrmitteln. Durch die Einbindung von immer neuen Partnern wird die Nachwuchsförderung in Deutschland gestärkt und die Theorie-Praxis Barriere überwunden. Aber auch die BMW AG zieht ihren Nutzen aus dieser Kooperation. So schult das Projekt auch die Souveränität und Teamfähigkeit der Auszubildenden bei BMW, die für die Schüler die Seite wechseln und ihrerseits zu Ausbildern werden. Gemeinsam entwickelte neue Lernmethoden sowie die neue Ausbildungskonzeption helfen Azubis, Ausbildern und Führungskräften, den kontinuierlichen Wandel in ihrem gesellschaftlichen Umfeld besser wahrzunehmen und zu bewältigen.

In Zusammenarbeit mit den örtlichen Schulen, den kommunalen Schulträgern, den Schulaufsichtsbehörden, der Bezirksregierung, dem Schulministerium, der Universität Köln, den Eltern, den Lehrerinnen und Lehrern sowie den administrativen und politischen Gremien der Stadt Köln will die *Kreissparkasse Köln*, Köln, ihren Beitrag zur Hochbegabtenförderung in der Region leisten. Dafür wurde vom Unternehmen eine Stiftung gegründet, die neben Fortbildungsmaßnahmen für Lehrer(innen) und Eltern auch schulübergreifende Arbeitsgemeinschaften für hochbegabte Schüler der Gymnasien und Grundschulen initiiert. Darüber hinaus wurde eine Sommerakademie ins Leben gerufen, in der Professoren der Universität die Leitung der Arbeitsgemeinschaften übernahmen und so den Schülern ermöglichten, ihre Fähigkeiten und soziale Kompetenz an Einzelfragen gemeinsam auszubauen. Weiterhin gelang es, das Modell „Schüler an die Uni“ zu entwickeln, das landesweit erstmals Gymnasiasten die Möglichkeit einräumt, obligatorische Vorlesungen und Proseminare an der Universität bereits während der Schulzeit zu belegen. Die Schüler dürfen die Universitätsveranstaltungen vor der Abiturprüfung besuchen und die von den Schülern erworbenen Scheine werden von der Universität anerkannt, wenn sich die Schüler später in den entsprechenden Fächern immatrikulieren. Erst durch die Zusammenarbeit zwischen Wirtschaft, Universität und Politik im Projekt konnte jenes wechselseitige Vertrauen aufgebaut werden, welches es ermöglichte, in Zusammenarbeit mit dem Kultus- und dem Wissenschaftsministerium von Nordrhein-Westfalen die dafür notwendigen rechtlichen Voraussetzungen zu schaffen. Mittlerweise hat die Landesrektoren-Konferenz der nordrhein-westfälischen Universitäten das von der Kreissparkasse Köln initiierte Modell auch allen anderen Universitäten im Lande empfohlen. Das unternehmerische Bürgerengagement der Kreissparkasse Köln hat mithin die Entstehung neuer bereichsübergreifender Strukturen im Bildungssystem des größten deutschen Bundeslandes anstoßen und damit die Ausbildungsbedingungen für Hochbegabte positiv verändert. In der Öffentlichkeit profilierte sich die Kreissparkasse Köln als gesellschaftlich verantwortlicher Bürger und findet hohe Akzeptanz für das umfangreiche Engagement auch bei den Mitarbeitern.

Nicht für Hochbegabte, sondern für Hauptschüler engagieren sich Mitgliedsfirmen der *Wirtschaftsjunioren Göppingen*, Göppingen, im Projekt „Stufen zum Erfolg“. Die Unternehmer und Führungskräfte bringen ihr Fachwissen in Seminare und Workshops in schulische Veranstaltungen vor Ort ein. Ziel ist es, die Hauptschulausbildung aufzuwerten und die Ausbildungsfähigkeit der Schüler zu erhöhen. Es ist geplant, das Konzept auf übergeordnete Ebenen zu verankern. Hierzu finden bereits Gespräche mit dem Kultusministerium Stuttgart statt. Das Projekt wird auf einer Konferenz der Schulleiter einem weiteren Kreis von potenziellen Partnern vorgestellt. Auch ‚Stufen zum Erfolg' ist ein Beispiel für bereichsübergreifendes Engagement, das nach und nach in eine ordnungspolitische Dimension hinein wächst und die gesellschaftlichen Rahmenbedingungen der Firmen (hier im Bereich Bildung und Ausbildung) zu verbessern hilft.

Der wechselseitige Bezug von Wirtschaft und Gesellschaft ist auch der Hintergrund der Initiative ‚business@school' der *Boston Consulting Group*, Düsseldorf. Denn dieses Projekt will daran arbeiten, dass sich die beiden Bereiche stärker aufeinander beziehen und zusammenarbeiten. Dazu übernehmen Berater des Unternehmens jeweils für ein Schuljahr ehrenamtlich eine Schulpatenschaft und sind mindestens 6-7 mal vor Ort; weiterhin stehen sie ihren Ansprechpartnern aus verschiedenen Schulen telefonisch oder per E-Mail zur Verfügung. Das Projekt umfasst drei Phasen: In den ersten beiden Phasen analysieren Oberstufenschüler Klein- und Großunternehmen. Darauf aufbauend entwickeln sie in der dritten Phase in kleinen Arbeitsgruppen eine eigene Geschäftsidee mit dem dazugehörigen Businessplan. Die Ergebnisse werden von den Schülern im Rahmen von schulinternen, regionalen und bundesweiten Veranstaltungen referiert und von einer hochkarätigen Fachjury ausgezeichnet. Das Projekt läuft bereits im dritten Jahr und es haben sich mittlerweile schon 11000 Schüler und 100 Lehrer daran beteiligt. Die Wirkung von business@school reicht in vielfältige gesellschaftliche Institutionen hinein. In Baden-Württemberg wurde business@school im Unterricht als Seminarfach anerkannt, in Bayern ist es teilweise in das Fach Wirtschaft und Recht integriert. Auch in anderen Ländern wurden Elemente von business@school in die Lehrpläne aufgenommen. Lehrkräfte erhalten so Anregungen, neue Formen des Schulunterrichts zu erproben und Schüler durch Praxisbezug stärker zu motivieren. Durch die Projekte bildeten sich regionale Netzwerke zwischen Schülern, Lehrern und Unternehmen, welche die Schulen auch für andere Bereiche langfristig nutzen können. Um die Vernetzung weiter zu fördern, wurde ein Netzworkshop ins Leben gerufen, in dem sich die rund 50 Initiativen bundesweit austauschen und von den Erfahrungen der jeweils anderen Projektteams lernen können. Im Rahmen des bundesweiten Austauschs zwischen Schülern, Lehrern und Unternehmen gelingt es, die verschiedenen Projekte zu kommunizieren und anderen interessierten Schulen zu helfen, ähnliche Projekte zu initiieren.

In dem Projekt „Dialog mit der Jugend" setzen sich Mitgliedsunternehmen der *Initiativkreis Ruhrgebiet Verwaltungs-GmbH*, Essen, (z.B. RWE AG, E.ON AG, ThyssenKrupp AG, RAG AG, STEAG AG) für eine stärkere Wahrnehmung der Wirtschaftsunternehmen durch Schülerinnen und Schüler der gymnasialen Oberstufe im Ruhrgebiet ein. Die Vorstandsvorsitzenden oder Vorstandsmitglieder der beteiligten Unternehmen stehen in regelmäßigen Abständen selbst in den Schulen Rede und Antwort. Dabei berichten sie über eigene Erfahrungen, stellen sich kritischen Rückfragen und geben den potenziellen Bewerberinnen und Bewerbern einen Einblick in das Anforderungsprofil ihrer Personalabteilungen. Auf diese Weise bekommen die kurz vor dem Abitur stehenden Schülerinnen und Schüler die Möglichkeit, die Tätigkeits- und Ausbildungschancen in der Region kennen zu lernen und ihre Berufswahl informiert zu treffen.

Im Bereich Schule und Ausbildung zeigt sich besonders, dass unternehmerisches Bürgerengagement kein Ersatz, sondern vielmehr eine fruchtbare Ergänzung zum staatlichen Handeln ist[99]. Es entfaltet eine Pfadfinderfunktion in Bezug auf neue

---

99 Weitere Ausführungen und Beispiele zu dem Handlungsfeld Schule und Bildung finden sich bei CSR Europe (2001) und IFOK (2001).

Lernmethoden, Lerninhalte und Vernetzungen zwischen Bildungseinrichtungen und Firmen. Auch hier sind die ‚Erträge' solchen Engagements sehr vielfältig. Informationsfunktion und breite Kommunizierbarkeit ergeben sich wie beim Engagement für Jugendpflege und Jugendsozialarbeit. Auch für die Zusammenarbeit mit Schulen spielen die Rekrutierungsbedürfnisse der Unternehmen eine wichtige Rolle. Doch zugleich zeigen sich Kernelemente echter bereichsübergreifender Corporate-Citizenship-Projekte. Denn die Zusammenarbeit mit Lehrern wirkt tief sitzenden wechselseitige Vorbehalte entgegen und eröffnet Raum für Begegnungen und ein besseres Kennenlernen des beruflichen Alltags der jeweils ‚anderen Seite'. Stärker als alle Anweisungen aus dem Kultusministerium oder als Appelle aus den Wirtschaftsverbänden bringt eine Kooperation mit einem Unternehmen für die Lehrer die Notwendigkeit mit sich, wirtschaftliche Inhalte zu vermitteln und sich auch selbst in der Unterrichtsvorbereitung damit zu beschäftigen. Dies ist geeignet, der verbreiteten Wirtschaftsferne schulischer Ausbildung in Deutschland entgegen zu wirken. Dem Projekt der Kreissparkasse Köln ist es durch die Erweiterungen der Anerkennungspraxis der Universitäten – die zu erreichen angesichts der überlappenden Zuständigkeitsbereiche sicherlich kein Kinderspiel war – gelungen, einen wirksamen Beitrag zur Weiterentwicklung der institutionellen Rahmenordnung lokaler Wirtschaft zu erbringen. Zugleich ist hier unter den Vertretern verschiedener Organisationen und gesellschaftlicher Subsysteme Soziales Kapital gewachsen. Andere Projekte wie etwa ‚Schulen im gesellschaftlichen Verbund' der BMW AG, das das Siegerprojekt der Initiative Freiheit und Verantwortung im Bereich der ‚Großunternehmen' geworden ist, stellen eine breite Verankerung auch bei den Mitarbeitern sicher.

Beschäftigung und Soziales

Die folgenden Beispiele beziehen sich auf Handlungsfelder im Bereich der Beschäftigung und Lösung von sozialen Problemen, in denen Unternehmen erfolgreich Corporate-Citizenship-Projekte umgesetzt haben.

Die Ausbildung von Lehrlingen ist traditionell eine wichtige Leistung, die insbesondere der Mittelstand im Bereich Jugend und Soziales erbringt. Es ist nicht zuletzt dieser Institution der Lehre im Dualen Ausbildungssystem zwischen Betrieb und Berufsschule zu verdanken, dass die Integration Jugendlicher ins Berufsleben in Deutschland wesentlich besser funktioniert und die Jugendarbeitslosigkeit niedriger ist als z.B. in westeuropäischen Ländern wie Frankreich oder Spanien. Die gesellschaftspolitische Bedeutung eines reibungslosen Übergangs Jugendlicher ins Erwerbsleben ist kaum zu überschätzen. Wer schon zu Beginn seiner Berufsbiografie die Erfahrung macht, nicht erwünscht zu sein und keinen Platz zu finden, der wird sich auch in höherem Alter wesentlich schlechter in die Gesellschaft einfügen. Jugendarbeitslosigkeit ist häufig der erste Schritt in Drogenmissbrauch und Kriminalität. So ist es umso gravierender, dass in den letzten Jahren die Ausbildungsbereitschaft vieler Betriebe aufgrund steigenden Wettbewerbsdrucks und auch wachsender Erziehungsdefizite in den Familien abgenommen hat. In dieser Situation gibt die Pumpenfabrik Wangen, Wangen im Allgäu ein wichtiges Signal, indem sie Jugendliche weit über den Eigenbedarf hinaus ausbildet. Um die 12 Auszubildenden – bei nur 55 Mitarbeitern – angemessen betreuen zu können, wurde eine eigene Ausbildungsinfrastruktur (inklusive Halle, Meister und Ausbildungsmaschinen) geschaffen. Gemeinsam mit der IHK Bodensee-Oberschwaben und der Kaufmännischen und Gewerblichen Berufsschule in Wangen wurde das neue Berufskonzept des ‚Mechatronikers' umgesetzt. Durch die enge Zusammenarbeit des Unternehmens mit Verbänden und Schulen wird eine marktgerechte Ausbildung sicher gestellt und das berufliche Ausbildungssystem entlang den Bedürfnissen der Wirtschaft und der Jugendlichen weiterentwickelt. Durch die Verankerung der Ausbildungsverantwortung in das Unternehmensleitbild findet das Engagement Anerkennung unter den Mitarbeitern und in der Öffentlichkeit. Sowohl das Unternehmen profitiert von den gut ausgebildeten Nachwuchskräften, als auch die Region und die Jugendlichen selbst. Das neue Berufsbild ist ein wichtiger Beitrag zur dringend notwendigen Weiterentwicklung des Dualen Ausbildungsmodells, das in Deutschland durch einen gewissen Reformstau in die Krise zu geraten droht.

Die *YTONG-Brandenburg GmbH*, Brandenburg, hat – trotz hoher Arbeitslosigkeit in ihrer Region – zunehmend Probleme, qualifizierte Fachkräfte und Lehrlinge für ihre Baustoffproduktion zu bekommen. Das Problem wird noch verschärft dadurch, dass YTONG in einem der drei größeren Gewerbegebiete der Stadt Brandenburg lokalisiert ist, in denen viele der Unternehmen aus Westdeutschland stammen und daher wenig Kontakte in die Gemeinde besitzen (ein typisches Problem vieler Investoren in den neuen Ländern). Das Unternehmen hat aufgehört, auf das Arbeitsamt und die von dort zugeteilten Bewerber zu warten, sondern ist selbst zum Unternehmer in Sachen Bürgergesellschaft geworden. Es ist eine Kooperation mit der Jugendpflege des Amtes Brück und den angeschlossenen Jugendclubs Cammer und Trebitz eingegangen: YTONG stellt den Clubs die benötigten Baustoffe für ihre Arbeit zur Verfügung. Dafür erledigen die Jugendlichen in einem festgelegten Zeitraum einfache Arbeiten auf dem Werksgelände und lernen so das Unternehmen kennen. Das Unternehmen bekommt die Möglichkeit, qualifizierte Jugendliche auf eine mögliche Mitarbeit anzusprechen und sich zugleich in der Region bekannt zu machen. Bei einem Einweihungsfest in einem der Clubs, das das Unternehmen finanziert hat, stellten sich die Personalverantwortlichen den Jugendlichen vor und schilderten interessierten Jugendlichen die Tätigkeit bei YTONG.

Die *VEAG Vereinte Energiewerke AG*, Berlin, will jungen Menschen in Ostdeutschland durch soziale und berufliche Integration eine Perspektive schaffen. Zusammen mit umliegenden klein- und mittelständischen Unternehmen und den Berufsbildungseinrichtungen der Region wurde ein Ausbildungsnetzwerk aufgebaut. Dieses soll Fachkräfte ausbilden und so die Region wirtschaftlich stärken. Neben der Umsetzung von höchsten Ausbildungsstandards werden die Auszubildenden durch gesellschaftliches Engagement in ausgewählten gemeinnützigen Projekten sozial integriert. Die Aktivitäten erfolgen in enger Abstimmung mit anderen regionalen Unternehmen, Behörden, Schulen und Sozialeinrichtungen. Da die VEAG dieses Ausbildungskonzept in hohem Maßen durch Medien und Foren in der Öffentlichkeit vertritt und mit anderen gesellschaftlichen Gruppen kooperiert, werden Anstöße für das regionale Ausbildungssystem und andere Ausbildungseinrichtungen gegeben. Das Ausbildungsnetzwerk beweist, dass sich eine zukunftsgerichtete fachliche Qualifizierung von Jugendlichen im Unternehmen und die Auseinandersetzung mit dem regionalen Umfeld im Prozess der betrieblichen Ausbildung dauerhaft miteinander verbinden lassen.

Ähnlich konzentriert sich die *Hamburg-Mannheimer Versicherung AG*, Hamburg, auf die Vermittlung und Qualifizierung arbeitsloser und sozial benachteiligter Jugendlicher aus urbanen Brennpunkten. Finanziert durch die Hamburg-Mannheimer Stiftung „Jugend & Zukunft" wurden bisher drei „Job-Lokomotiven" in Hamburg, Leipzig und Dresden ins Leben gerufen. Das Konzept beruht auf sozialpädagogischen Konzepten, die ganz wesentlich auf eine individuelle Betreuung und Qualifizierung beruhen. Gleichzeitig werden die geschäftlichen Kontakte der Hamburg-Mannheimer Versicherung genutzt, um Kooperationen mit der ortsansässigen Wirtschaft aufzubauen. Die Job-Lokomotive wird auf eine breite Grundlage gestellt, wenn in konkreten Projekten Brücken zwischen der Wirtschaft einerseits und relevanten gesellschaftlichen Gruppen (Schulen, Sozialämter, Arbeitsämter, Kirchen, Jugendhilfseinrichtungen, Politiker etc.) andererseits geschlagen werden. Das Projekt der Hamburg-Mannheimer macht beispielhaft deutlich, dass ein Unternehmen auf vielfältige Weise zum Gelingen von Corporate-Citizenship-Projekten beizutragen vermag. Die finanzielle Unterstützung durch die Jugendstiftung ist hier nur ein Aspekt; mindestens ebenso wichtig ist das ‚Sozialkapital', das die Versicherung darin einbringt. Denn dass sie mit ihrem Namen für das Projekt einsteht, ist eine wichtige Voraussetzung für die Kooperationsbereitschaft auch anderer Wirtschaftsunternehmen in den genannten Regionen.

Unternehmerisches Bürgerengagement hat auch Initiativen (mit-)begründet, um arbeitslose Fachkräfte und Jungunternehmer bei der Gründung eines neuen Betriebes zu unterstützen. Durch die Gründung des ‚Zentrums für Neue Arbeit' in Kassel unterstützt das mittelständische Autohaus *Bernd Behrens KG, Kassel,* den Wandel auf dem Arbeitsmarkt durch die Entwicklung innovativer Ansätze und Konzepte von Erwerbsarbeit. Durch Impulsworkshops, Zukunftswerkstätten und den Aufbau eines überregionalen Netzwerkes werden neue gesellschaftlich und ökologisch sinnvolle Arbeitsbereiche erschlossen. In der ‚Car-Factory' wird sozial randständigen Jugendlichen die Möglichkeit gegeben, schrottreife Autos zu reparieren und sich dabei Know-how und berufsqualifizierende Kompetenzen zu erwerben. Das ‚Zentrum für Neue Arbeit' arbeitet darüber hinaus mit Künstlern zusammen und hilft ihnen, ihre Projekte auch wirtschaftlich zu realisieren. Bereits mehrere Aufführungen konnten so umgesetzt werden. Die Partner des Zentrums bekommen im Rahmen eines eintägigen Workshops mit Gästen ihrer Wahl die Möglichkeit, Gespräche über mögliche Kooperationsprojekte zu führen. Es ist die Infrastruktur des ‚Zentrums für Neue Arbeit', aber auch der gute Ruf des mittelständischen Autohauses Bernd Behrens in der Region, der zum Gelingen dieser Art der Netzwerkarbeit beiträgt. Dabei arbeitet die Bernd Behrens KG mit dem

Arbeitsamt Kassel, Vereinen und anderen Unternehmen zusammen. Durch die regelmäßigen Gespräche und Veranstaltungen ist in der Region eine Sozialkultur gewachsen, die die Ernsthaftigkeit des Engagements der beteiligten Partner garantiert und das Autohaus zugleich als Netzwerkknoten der regionalen Öffentlichkeit profiliert. Nicht zuletzt durch die konzeptionelle Ausrichtung auf Formen ,Neuer Arbeit' wird in diesem Engagement eines Mittelständlers der spezifische Charakter unternehmerischen Bürgerengagements konkret deutlich. Es unterscheidet sich damit von klassischen Formen des Sponsorings.

Die *Nassauische Heimstättenentwicklungsgesellschaft mbH*, Frankfurt a. M., besitzt in der Nähe des Offenbacher Stadtzentrums eine Wohnanlage in einem sozialen Brennpunkt. Geprägt durch große Häuserblocks und mit einer höchst unausgewogenen Struktur unter den 750 Mietern – vorwiegend Sozialhilfeempfänger und Arbeitslose – verstärkten sich offen ausgetragene Konflikte. Vandalismus ist an der Tagesordnung, untergräbt jede Investition und leistet der zunehmenden Verwahrlosung der Siedlung Vorschub. Auch die Verantwortlichen der Wohnungsbaugesellschaft warteten nicht auf Polizei oder Ordnungsamt. Sie sind mit dem Jugendamt der Stadt Offenbach und dem Jugendsozialwerk e.V. eine Partnerschaft eingegangen und haben für die Dauer des Projekts die Jugendlichen in der Siedlung beim Jugendsozialwerk e.V. angestellt – 25 Stunden die Woche zu 12 DM Stundenlohn. Fachkräfte übernehmen die Supervision. ,Aus unserer Sicht wird dabei der bauliche Zustand der Wohnsiedlung zu günstigen Konditionen gebessert. Die Jugendlichen erwerben sowohl handwerkliche als auch allgemein nützliche Grundkenntnisse und stärken ihr Selbstwertgefühl.' Der Effekt: Die Zerstörungen und Schmierereien ließen nach, das optische Erscheinungsbild der Siedlung verbesserte sich – andere Gesellschaften interessieren sich für die Erfahrungen. Für die Wohnungsbaugesellschaft ist besonders wichtig: Die Identifikation der Bewohner mit ihrer Siedlung ist gestiegen. Wer sein Treppenhaus selbst renoviert hat, der hält es auch besser in Stand.

Engagement im Rahmen des Dualen Ausbildungssystems gehört zur alltäglichen Praxis einer großen Zahl von kleinen und mittelgroßen Betrieben. Doch einige innovative Unternehmen bemühen sich darüber hinaus um die Schaffung zusätzlicher Ausbildungskapazitäten in Regionen mit Fachkräftemangel. Angesichts eines immer dringenderen Mangels an Altenpflegekräften in der Region Ober- und Mittelfranken hat die *SeniVita Holding GbR*, Bayreuth, eine private Betriebsgesellschaft für Pflegeheime, zusammen mit anderen privaten, gemeinnützigen und staatlichen Partnern eine Fachschule für Altenpflege gegründet, die bis zu 90 Schüler gleichzeitig ausbildet und zur Weiterbildung Altenpflegekurse anbietet. Das Unternehmen und die Partner unterstützen die Durchführung des Unterrichts mit eigenem Personal und haben die Ausbildung fest in ihrem Unternehmenskonzept verankert. Die Kooperationspartner treffen sich regelmäßig, um gemeinsam Ziele der Kooperation, Richtlinien und deren Umsetzung zu beschließen. Durch die Zusammenarbeit werden nicht nur Pflegefachkräfte ausgebildet, die auch anderen Sozialeinrichtungen in der Region zur Verfügung stehen; es hat sich auch ein gemeinsamer Qualitätszirkel und ein Einkaufsverbund gebildet. Für die Zukunft soll die Ausbildung zur Krankenschwester/-pfleger in Kooperation mit Krankenhäusern ermöglicht werden. Hierzu wurden von den Partnern gemeinsame Anträge gestellt; die rechtlichen Rahmenbedingungen müssen noch vom Gesetzgeber verabschiedet werden. Durch diese gemeinsame Ausbildungsinitiative gewinnen die Partner neben dem dringend benötigten Fachpersonal auch Informationen über andere soziale Einrichtungen. Die Qualität der Betreuung in den Pflegeheimen kann sukzessive verbessert werden.

Der Herausforderung der hohen Arbeitslosigkeit in der Region Rhein-Sieg-Kreis nimmt sich die *Kreissparkasse Siegburg*, Siegburg, im Projekt ‚SMK-Selbstständig mit Konzept' zusammen mit dem Arbeitsamt Bonn und anderen Unternehmenspartnern an. Ziel ist es, arbeitslose Fach- und Führungskräfte aus dem Rhein-Sieg-Kreis zu unterstützen. Im Rahmen des Projektes werden die Teilnehmer in Veranstaltungen zusammen gebracht, um gemeinsam neue Produkt- und Dienstleistungsideen mit dem Ziel der Existenzgründung zu generieren. Die Kreissparkasse bringt in diesen Prozess das fachliche Know-how ihrer Existenzgründerspezialisten ein und stellt die Räumlichkeiten, Arbeitsmaterialien und Verpflegung für die Teilnehmer zur Verfügung. Durch die Zusammenarbeit der verschiedenen Partner im Projekt hat sich eine Kooperationskultur gebildet, die die effiziente und zielgerichtete Unterstützung von arbeitslosen Fachkräften bei der Existenzgründung ermöglicht. Aus der Initiative heraus haben sich allein im vergangenen Jahr sechzehn neue Unternehmen gegründet: Davon profitierten sowohl die ehemals arbeitslosen Jungunternehmer als auch die Region Rhein-Sieg. Das Projekt der Kreissparkasse Siegburg ist ein anschauliches Beispiel für die Entstehung ‚Sozialen Kapitals' durch die Kooperation zwischen Partner aus unterschiedlichen gesellschaftlichen Bereichen. Die Herausbildung von dezentralen Netzwerken als Instrumente der Selbstbindung und Selbstorganisation ist eine wichtige Voraussetzung für ‚kollektives Handeln', also die effektive Kooperation über Bereichsgrenzen hinweg. Nur wo dies erreicht wird kann eine tragfähige Infrastruktur für junge Selbstständige zur Verfügung gestellt werden.

Um einen nachhaltigen Beitrag zur Schaffung und Sicherung von Arbeitsplätzen in Ostbayern zu leisten, gründete die *Lindner AG*, Arnstorf, eine gemeinnützige Stiftung mit dem Ziel, Existenzgründungen zu fördern. Die Verwirklichung dieses Zieles wurde gemeinsam mit öffentlichen und privaten Partnern angegangen. In enger Zusammenarbeit mit Bildungseinrichtungen wurde ein Forschungszentrum für Gründungsmanagement (Hans-Lindner-Institut) geschaffen sowie eine Patentrecherchestelle und ein regionales Informationssystem eingerichtet. Die Partner stifteten einen Hochschulpreis für Gründungsforschung und initiierten ein Gründernetz der ostbayerischen Hochschulen. Neben der engen Kooperation mit Hochschulen ist auch die Zusammenarbeit mit den niederbayerischen und oberpfälzischen Sparkassen bei der Betreuung von Gründungsvorhaben ein wichtiges Anliegen. Seit Beginn der Initiative konnte so über 600 Gründungswilligen eine individuelle Beratung ermöglicht werden. Durch die Bündelung der regionalen Kräfte und der Zusammenarbeit des Hans-Lindner-Instituts, der Hochschulen, der Gründerzentren, der Kommunen und Kammern (IHK, HWK) konnte auf der Landkreisebene ein gesellschaftliches Netzwerk institutionalisiert werden, dem sich immer neue Partner und Landkreise anschließen. Auch in diesem Projekt wird sehr deutlich, dass unternehmerisches Bürgerengagement zur Schaffung dezentraler Netzwerke beitragen kann, um ordnungspolitische Probleme in der Region konkret anzugehen. Die Unternehmen übertragen dabei jene Innovationsfähigkeit und praxisorientierte Tatkraft, die sie auch in ihrem Kerngeschäft entwickeln, auf die neue Aufgabe der Schaffung besserer Strukturen in der Region. Wichtig ist dabei, auch die anderen wichtigen Akteure insbesondere im Bereich der Bildungsinstitutionen sowie der Verbände und Verwaltung einzubeziehen. Nur so können in bereichsübergreifenden Kooperationsnetzwerken Synergieeffekte zwischen den unterschiedlichen Kompetenzen erreicht werden.

Auch Unternehmen, die Arbeitsplätze abbauen, übernehmen ‚ordnungspolitische Mitverantwortung' in Zeiten der Umstrukturierung. Um den erheblichen Einschnitt für die Mitarbeiter und die Region Arzberg abzufedern, hat die *E.ON AG*, Düsseldorf/München, die Stilllegung des Kraftwerkes Arzberg durch das Projekt „Neue Energie in strukturschwacher Region – erfolgreiche Industrieansiedlung angesichts bestehender Kraftwerkstilllegung" flankiert. Ziel ist es, neue, zukunftsorientierte, wettbewerbsfähige Arbeitsplätze für qualifizierte Fach- und Führungskräfte, insbesondere die Mitarbeiter(innen) des still gelegten Kraftwerkes Arzberg, zu schaffen und so die Wirtschaftskraft der Region zu erhalten. Um dies zu erreichen, hat die E.ON AG zusammen mit Vertretern des Bayerischen Wirtschaftsministeriums und den Akteuren vor Ort (Arbeitsamt, Landratsamt, der Stadtverwaltung Arzberg und Berufsfortbildungszentrum) einen Arbeitskreis gebildet. Neben dem engen Austausch zwischen den Partnern und der Kommunikation mit der Öffentlichkeit wurden die von den Mitarbeitern eingebrachten Vorschläge zur Schaffung neuer Arbeitsplätze berücksichtigt. Das Ergebnis ist frappierend: Durch die konzertierten Bemühungen konnten dreimal mehr Arbeitsplätze in der Region geschaffen werden, als durch die Schließung des Kraftwerkes weggefallen sind. Die freigesetzten Arbeitnehmer wurden für neue Arbeitsplätze qualifiziert und traditionelle Arbeitsplätze konnten tendenziell durch zukunftsorientierte ersetzt werden. Dies war nur möglich, weil durch die gemeinsamen Projekte eine Kooperationskultur zwischen den beteiligten gesellschaftlichen Gruppen gewachsen ist, die zukünftige gemeinsame Initiativen erleichtert. Ähnliche Projekte sollen auf andere von Stillegung betroffene Standorte übertragen werden. Auch die Vorteile für den Energiekonzern liegen auf der Hand: E.ON kann die Akzeptanz der Bevölkerung für die wirtschaftlich notwendigen Veränderungen im Kraftwerksbereich steigern. Das Kooperationsprojekt hilft auch dem Bayerischen Wirtschaftsministerium, ähnliche Umstrukturierungen in anderen Regionen zu begleiten.

Unternehmen gehen auch vermehrt Partnerschaften mit Sozialeinrichtungen und Freiwilligeninitiativen ein, um neue Impulse für die Weiterentwicklung der klassischen Strukturen des Sozialsystems zu geben und in diesem Zusammenhang das bürgerschaftliche Engagement zu fördern.

Die *DaimlerChrysler AG*, Stuttgart, engagiert sich als Hauptsponsor des Bundesverbandes Deutsche Tafeln e.V. Die regional organisierten Tafeln sind gemeinnützige Vereine, deren freiwillige Helfer überschüssige, verwertbare Lebensmittel, die ansonsten weggeworfen würden, bei Produzenten und Lieferanten einsammeln, um sie dann an Bedürftige zu verteilen. Die Daimler-Chrysler AG stellt den Tafeln – entsprechend ihrer Kernkompetenz – die für die Sammlung und Verteilung der Nahrungsmittel erforderlichen Fahrzeuge zur Verfügung. Zusätzlich bemüht sich DaimlerChrysler in Abstimmung mit dem gemeinnützigen Verein, weitere lokale Sponsoren für die Initiative zu finden. Ziel ist es, gemeinsam mit lokalen Partnern aus der Wirtschaft Goodwill und Vertrauen für privates, soziales Engagement aufzubauen. Durch die Investitionen in ein breit angelegtes Sponsoringnetzwerk wurde die Nachhaltigkeit des Projektes sichergestellt, ein verstärktes Problembewusstsein für soziale Projekte geschaffen und das Unternehmen für die Zusammenarbeit mit Non-Profit-Organisationen sensibilisiert. Ein anderer wichtiger Partner der Tafel-Bewegung ist die McKinsey-Unternehmensberatung, München. Als angelsächsisches Unternehmen verfügt es über eine lange und internationale Tradition von ‚pro bono' Aktivitäten, die die bürgerschaftliche Mitverantwortung des Unternehmens auf vielerlei Weise und in ganz verschiedenen Kontexten dokumentieren. Für die Tafel-Bewegung hat McKinsey zwei professionelle Berater freigestellt, die in Zusammenarbeit mit den bestehenden Gruppen ein Handbuch erarbeitet haben. Angesichts des großen Interesses, das die Arbeit der Tafeln bundesweit auf sich gezogen hat, war es das Ziel, im Rahmen eines Handbuches die wichtigsten praktischen Informationen zur Gründung neuer Tafel-Bewegungen in anderen Städten der Republik weiter zu geben. Das Handbuch liegt mittlerweile vor und hat in der Praxis einer ganzen Reihe von Interessierten gute Dienste geleistet.

Die *Radio NRW GmbH*, Oberhausen, arbeitet im Rahmen der Aktion ‚Lichtblicke' mit Lokalradios in Nordrhein-Westfalen, den kirchlichen Hilfswerken Diakonie und Caritas sowie den freien Wohlfahrtsverbänden zusammen. Ziel ist eine unbürokratische, schnelle Hilfe für Familien in sozialen Notlagen. Durch die redaktionelle Begleitung der Aktion und Reportagen vor Ort wird die Bevölkerung für die Notlagen von Familien in ihrer unmittelbaren Nachbarschaft sensibilisiert. Darüber hinaus wirkten die Mitarbeiter von Radio NRW bei der Abwicklung einer großen Spendenaktion in der Adventszeit mit. In enger Abstimmung mit den Partnern werden Spenden entgegengenommen und nach gemeinsamer Prüfung der eingehenden Hilfsanträge an Bedürftige verteilt. Vor allem aufgrund der Kernkompetenzen des Unternehmens (Radioreportagen, Trailer, CD-Produktion, Faltblätter und On-air-Vermarktung) hat die Initiative ‚Lichtblicke' landesweite Bekanntheit erreicht und Vorbildfunktion für die Sensibilisierung der Mitmenschen für soziale Notlagen übernommen. Die Initiative von Radio NRW beleuchtet gerade die Rolle der Medien für die Stärkung einer Bürgerkultur. So spielt etwa die BBC in Großbritannien seit Jahren eine wichtige Multiplikatorrolle bei der Vermittlung von ehrenamtlich Engagierten und bedürftigen Personen oder Organisationen. Dazu werden Sendeplätze zur Verfügung gestellt, in denen Anforderungsprofile für bürgerschaftliches Engagement beschrieben werden können. Im Anschluss daran nehmen Mitarbeiter Telefonanrufe interessierter Bürgerinnen und Bürger entgegen und leiten diese an die vorgestellten Organisationen weiter.

Auch die Werbeagentur *Xynas, Wetzel, von Büren GmbH*, München, leistet einen wichtigen Beitrag zur Stärkung von bürgerschaftlichem Engagement. Die private Agentur kooperiert mit der kommunal getragenen Münchener Freiwilligenagentur und anderen Unternehmen, um neue freiwillige Helfer im Großraum München zu gewinnen. Dafür stellt die Werbeagentur ihr gesamtes Know-how zur Verfügung. Sie entwickelte einen neuen Namen, Slogan, Logo, Werbematerialien und -kampagne in Zusammenarbeit mit der Freiwilligenagentur. Um dieses Projekt zu finanzieren, wurden neben den eigenen Mitteln des Unternehmens auch neue Unternehmenssponsoren eingebunden. Der Erfolg der bereichsübergreifenden Zusammenarbeit war überzeugend und hat den grundsätzlichen Ansatz bestätigt: Die Zahl der vermittelten Freiwilligen konnte innerhalb kurzer Zeit verdoppelt werden. Mitarbeiter und Geschäftsführung arbeiten auch weiterhin während und nach der Arbeitszeit für die Freiwilligenagentur, um das bürgerschaftliche Engagement in München zu fördern. Das Siegerprojekt der Initiative ‚Freiheit und Verantwortung' im Bereich der kleinen Unternehmen bietet damit ein gutes Beispiel für bessere Rahmenbedingungen, die sich die Bürgergesellschaft selber schafft und damit für ermöglichendes Corporate Citizenship.

Auf ähnliche Weise unterstützt das Unternehmen *Weblicum*, Stuttgart, mit seinem Projekt „Vereine ans Netz" die Engagementbereitschaft von Bürgerinnen und Bürgern. Weblicum hilft hauptsächlich Sportvereinen auf dem Weg zu einem eigenen attraktiven Internetauftritt. Das Unternehmen verlangt dafür im ersten Jahr kein Geld. So soll das soziale Netz der Vereine in Deutschland unterstützt und an neue Technologien herangeführt werden.

Auch die Versicherungsgesellschaft *AXA Colonia*, Köln, unterstützt mit der Gründung des gemeinnützigen Vereins ‚AXA von Herz zu Herz e.V.' das ehrenamtliche Engagement ihrer Mitarbeiter. Der Verein schafft die Infrastruktur für die Mitarbeiter, um mit sozialen Organisationen (wie zum Beispiel dem Blindenverein Köln, Aids Hilfe Büro Köln, Aids Hilfe Nürnberg, Club 68 Köln, Kinderhilfezentrum Düsseldorf u.a.) langfristige Beziehungen aufbauen zu können. AXA Colonia stellt hierfür ein entsprechendes Budget, die Nutzung der betriebseigenen Strukturen, Intranet, Bürologistik etc. zur Verfügung. Die Initiative geht bewusst von anonymen Geldspenden zur tatkräftigen Unterstützung von sozialen Organisationen und hilfsbedürftigen Menschen durch die Vereinsmitglieder über. Dabei kommt das ehrenamtliche Engagement der Mitarbeiter insbesondere dem Bereich der Personalentwicklung zugute und erhöht die Attraktivität des Unternehmens für neue Talente und die besten Mitarbeiter.

Zusammen mit zwei weiteren Nahrungsmittelherstellern unterstützen die *Wachter Nahrungsmittelwerke*, Schwaig, in der Initiative ‚Gutes tun mit bestem Essen' Behinderte durch das freiwillige Engagement ihrer Mitarbeiter und durch die Bereitstellung von Nahrungsmitteln. Das Unternehmen arbeitet dabei mit einem

Epilepsiezentrum zusammen. So wurden einen Tag lang die Behinderten des Epilepsiezentrums durch die Mitarbeiter bekocht und bedient. Begleitet wurde diese Aktion durch eine Podiumsdiskussion, in der die Öffentlichkeit über die Situation von Behinderten informiert und über die Möglichkeit von sozialen Engagements von Unternehmen in der Marktwirtschaft sensibilisiert wurde. Im Rahmen einer weiteren Aktion wurde gemeinsam von den Wachter-Mitarbeiter(innen) und den Bewohnern des Epilepsiezentrums das Außengelände eines neuen Wohnhauses des Zentrums bepflanzt. Dafür konnten auch weitere Sponsoren gewonnen werden. Wiederum wurden alle Beteiligten von einem Team der Nahrungsmittelwerke bekocht. Zum Ausklang des Tages fand eine gemeinsame Feier statt. Die Partnerschaft mit dem Epilepsiezentrum, das transparente Vorgehen in engem Kontakt mit der politischen Öffentlichkeit (Diakonie, Sozialministerium) und die nachhaltige Verankerung der gesellschaftlichen Verantwortung in der Unternehmensvision haben ganz wesentlich zum Erfolg des Projektes beigetragen. Zugleich setzten sich auch die Wachter Nahrungsmittelwerke im Bereich ihrer Kernkompetenz ein und konnte im Rahmen des Projektes zugleich ihre Professionalität unter Beweis stellen.

Im Rahmen des Projektes ‚Kinderkunst im Kitz' engagiert sich die *PRIMA Wohnbauten Privatisierungs-Management GmbH*, Berlin, in Berlin-Lichtenberg für die Mitwirkung von Jugendlichen bei der Gestaltung des Wohnumfeldes. Kinder entwerfen und gestalten Skulpturen für ihr Wohnquartier und können sich durch ihre aufgestellten Skulpturen stärker mit dem Wohnumfeld identifizieren. Gemeinsam mit dem angrenzenden Gymnasium, einem freien Künstler und einem festen Kreis von Jugendlichen wurde so das Wohnumfeld positiv gestaltet. Durch das dabei entstandene vertrauensvolle Verhältnis zwischen den Jugendlichen, den Mietern und der PRIMA GmbH konnte dem sonst üblichen Vandalismus und Graffitis an den Wohnhäusern entgegengewirkt werden. Durch das Engagement des Unternehmens werden die Bedürfnisse von Jugendlichen und Mietern bereits in der Bauphase von Wohnhäusern berücksichtigt und eine wechselseitige Akzeptanz zwischen Mietern, Vermieter und Öffentlichkeit hergestellt.

Ein gelungenes Beispiel dafür, wie unternehmerisches Bürgerengagement für eine ganze Reihe kommunaler Aktivitäten im Jugend- und Sozialbereich aktiviert werden kann, stellt die vielfältige Tätigkeit des mittelbrandenburgischen *Amtes Brück* dar. Insbesondere die Jugendpflege der Kommune ging aktiv auf kleine und mittelständische Unternehmen der Region zu, um Partner für seine diversen Aktivitäten zu finden. So stellt die ‚Paul Hartmann AG' – regelmäßig einen Übungsplatz und einen Schulungsraum für zwei Kurse eines ‚Sicherheitstrainings' im Bereich ‚Jugend im Straßenverkehr' zur Verfügung. Die Bauunternehmung ‚Max Bögl GmbH' bildet Jugendliche beim Verfassen von Bewerbungsschreiben und für – realitätsnahe – Bewerbungsgespräche fort. Das lokale Fotoatelier ‚Straubel' stellte eine Mitarbeiterin frei, um mit Jugendlichen über mehrere Wochen hinweg einen Fotoworkshop durchzuführen. Das Busunternehmen ‚Wetzel' stellte für ein Graffitiprojekt jugendlichen Sprayern einen weißen Bus zur Verfügung, der nun als Schulbus verkehrt und große Aufmerksamkeit genießt. Andere Unternehmen stellen der Jugendarbeit im Amt Brück Schnupperpraktika zur Verfügung und erhalten so zugleich die Möglichkeit, Ausbildungskandidaten kennen zu lernen und sich als möglicher Arbeitgeber vorzustellen.

Kultur

Kulturförderung gehört zu den klassischen Tätigkeitsfeldern von Unternehmen in der Gesellschaft. Die Motive für das traditionelle Kultursponsoring sind vielfältiger Art. Im angelsächsischen Sprachraum sprichwörtlich ist die ‚CEO wife's initiative': Auf die Frau eines Vorstandsvorsitzenden geht etwa die Gründung des Opernhauses in Seattle und manches andere kulturelle Angebot weltweit zurück. Unternehmen sind traditionell wichtige Käufer von Kunstwerken – und zwar bekannter Künstler ebenso wie von Nachwuchsgrößen aller Richtungen. Grundsätzlich sind hier allerdings verschiedene Formen des Engagements zu unterscheiden:

A) Der Kauf von Kunstwerken für das Bürohaus sowie die Veranstaltung von Konzerten oder das Arrangement von Ausstellungen für die eigene Belegschaft ist zunächst ein reines Markthandeln. Kunst ist dann ebenso ein ‚input'-Faktor des Unternehmens wie jeder andere ‚Rohstoff'.

B) Häufiger ist die finanzielle Beteiligung des Sponsors an Kunstwerken, Konzerten oder Ausstellungen, die prinzipiell über den Kreis der Mitarbeiter hinaus auch der interessierten Öffentlichkeit zugänglich sind. Unternehmen engagieren sich in diesem Bereich, um etwa die Lebensqualität an ihrem Produktionsstandort zu erhöhen. Sie tragen hier – oft in Kooperation mit anderen Kultureinrichtungen vor Ort – durchaus zur Schaffung öffentlicher Güter in ihrer Region bei. Allerdings beschränkt sich ihr Beitrag dabei ganz überwiegend auf finanzielle Unterstützung. Die Potenziale bereichsübergreifender Zusammenarbeit werden in diesen Formen nicht realisiert.

C) Manche Unternehmen schaffen mit innovativen Projekten die Basis für einen Austausch mit verschiedenen gesellschaftlichen Gruppen über Kunst oder beziehen ihre Mitarbeiter auch selbst in den künstlerischen Prozess mit ein. Hier beschreibt unternehmerisches Bürgerengagement selbst eine kulturelle Aktivität. Denn Kultur zielt ja auf die Erarbeitung übergreifender Interpretationen und Beiträge, die Kommunikation ermöglichen und Identität vermitteln. Unternehmerisches Bürgerengagement gestaltet den sozialen und gesellschaftlichen Raum mit und wird dadurch zum Ausdruck und integralen Bestandteil der Kulturarbeit einer Region. Es schafft darüber hinaus aber auch die ökonomische Basis für spezialisierte Kommunikationsformen – sei es in Form künstlerischer Aktivität, sei es in Form von Verständigung im Rahmen einer breiteren Öffentlichkeit. In dieser doppelten Funktion trägt unternehmerisches Bürgerengagement direkt und indirekt zur Weiterentwicklung der Gesellschaft und zur Lösung aktueller Problemlagen bei.

Eine besondere Form des Sponsoring hat die *Bayrische Versicherungsbank AG*, Unterföhring, realisiert. Das Versicherungsunternehmen unterstützt die Abteilung ‚Betrieb-Erhaltung' der Bayrischen Staatsbibliothek (BSB) bei der Entwicklung eines Bestandserhaltungsprogramms durch betriebswirtschaftliche Beratung in Fragen der Kostensenkung. Ein Großteil des zwischen 1840 und 1970 hergestellten Buchbestandes ist durch Papierzerfall bedroht – Rettungsmaßnahmen würden nach heutigem Stand gut 65 Mio. Euro kosten und rein theoretisch 116 Jahre dauern. Eine Projektgruppe des Führungsnachwuchses der BVB erarbeitete alternative Lösungskonzepte. Dabei stellte sich schnell heraus, dass nicht eine aufwändige Sanierung der vorhandenen Buchbestände, sondern nur die Erfassung und Dokumentation des bedrohten Materials betriebswirtschaftlich darstellbar ist. Hier könnten zugleich durch eine koordinierte Zusammenarbeit der deutschen Bibliotheken, die alle vor ähnlichen Problemen stehen, die vorhandenen Ressourcen effizienter eingesetzt werden. Um diesen Weg gangbar zu machen, richteten die Partner BVB und BSB im März 2001 ein Symposium ‚Strategien der Bestandserhaltung' aus, zu dem Mitarbeiter anderer Bibliotheken im deutschsprachigen Raum eingeladen wurden. Dort vereinbarten einige der großen Bibliotheken die Gründung einer ‚Allianz zur Erhaltung des schriftlichen Kulturgutes', um ein koordiniertes Vorgehen bei der kooperativen Bestandserhaltung (insbesondere bei der Erstellung von Sekundärformen) zu ermöglichen und zudem ein gemeinsames Fundraising-Konzept zu erstellen. Die Projektgruppe des BVB-Führungsnachwuchses steht dieser Initiative auch weiterhin beratend zur Seite und bringt dabei ihre spezifischen Kompetenzen ein. In diesem Fall ist die Mitgliedschaft eines Vorstandsmitglieds der Versicherungsgesellschaft im Kuratorium der BSB zur personellen ‚Brücke' geworden, die das Corporate-Citizenship-Projekt angestoßen und Verantwortliche aus beiden Bereichen an einen Tisch gebracht hat. Seitens des Unternehmens sind nur wenig ‚direkte' Sponsoringmittel geflossen – doch der Ertrag bei der Bibliothek ist allein durch die ersparten ‚Fehlinvestitionen' in bestandserhaltene Maßnahmen enorm. Für die Zukunft ist eine stärkere Nutzung der Partnerschaft auch für die Unternehmensmitarbeiter geplant. Exklusive Führungen durch die wertvollen Bestände oder andere Formen der Unterstützung der Personalarbeit der BVB sind Möglichkeiten, die erwogen werden.

Die Ausrichtung von themenbezogenen Gesprächsveranstaltungen, Diskussionsforen, Podien mit Fachleuten aus unterschiedlichen gesellschaftlichen Bereichen sind ein Beitrag zur gemeinsamen Ortsbestimmung in einer vielfältig ausdifferenzierten Gesellschaft. Die ‚Johannisberger Gespräche – Frankfurter Forum für Wissenschaft und Wirtschaft' sind im Rahmen der Corporate University der mg technologies ag entstanden. Die Initiatoren reflektieren gesellschaftliche und kulturelle Transformationen im Kontext ihrer eigenen Erfahrung als Unternehmen: „Mit dem Leitthema ‚Von der Industriegesellschaft zur Wissensgesellschaft' – ziehen wir bewusst eine Parallele zur eigenen Entwicklung der alten Metallgesellschaft zur neuen mg technologies. Darin spiegelt sich der fundamentale Wandel eines traditionsreichen, rohstoffintensiven Unternehmens der Metallbranche zu einem modernen, wissensbasierten Technologiekonzern.“ Entlang der drei Themenzyklen ‚Der Strukturwandel der Geschäfts- und Arbeitswelten', ‚Kulturwandel und neue Handlungsmuster in einer vernetzten Welt' und ,Die Veränderung der Welt im Kopf' richten sich die Veranstaltungen an Führungskräfte aus Wissenschaft, Wirtschaft und Kultur, ohne dabei vordergründigem ,name dropping' zu verfallen. Die Dokumentation der Vorträge und Diskussionen spiegelt das Ergebnis bereichsübergreifender Verständigungsprozesse in die gesellschaftliche Öffentlichkeit zurück: ,Konstitutionelle Dialoge', in denen Reflexion der eigenen alltäglichen Praxis geleistet wird und zugleich Ansätze zu ihrer Weiterentwicklung und Umgestaltung aufscheinen. Die Johannisberger Gespräche stellen als Corporate Citizenship Aktivitäten selbst ein Stück Kulturarbeit dar, die einen Beitrag zur Überwindung der Kommunikationsblockaden und der spezifischen ,Sprachlosigkeit' ausdifferenzierter Gesellschaften leistet.

Die *Sutter-Gruppe*, Essen, ist ein traditionsreiches mittelständisches Unternehmen mit rund 900 Mitarbeitern an mehreren Standorten in Deutschland und mit einer Außenstelle in Moskau. Produziert werden Telekommunikations-Verzeichnisse, Verlagsprodukte, weiterhin betreibt das Unternehmen Services sowie einen Buch- und Medienhandel. In der Firmenzentrale in Essen teilt ein Eisengitter eine 200 Quadratmeter große Fläche der ehemaligen Lagerhalle von der Druckerei ab. 1990 entschied sich die Unternehmensleitung aus einer eher zufälligen Konstellation heraus, diesen Raum inmitten des täglichen Arbeitsbetriebes der Druckerei einem Künstler aus der Region als Werkstatt zur Verfügung zu stellen. Dies begründete die Tradition des ,Kunstkäfigs': Für jeweils 18 Monate teilt das Unternehmen diesen Raum als persönlichen Arbeitsraum/ Atelier einem bildenden Künstler aus Nordrhein-Westfalen zu. Eine Jury aus Künstlerinnen, Wissenschaftlern, einer Journalistin und einem Gesellschafter des Familienunternehmens wählt den Stipendiaten aus zahlreichen Bewerbungen aus. Das Stipendium umfasst die Finanzierung von zwei Ausstellungen jeweils am Beginn und am Ende des Aufenthaltes im Kunstkäfig, die zugleich dokumentieren sollen, wie die besondere Atelieratmosphäre des Kunstkäfigs den Schaffensprozess des Stipendiaten beeinflusst hat. Zur ersten Ausstellung veröffentlicht das Unternehmen zugleich eine Broschüre über den Künstler, am Ende erscheint ein umfangreicher Katalog. Zudem erwirbt die Sutter-Gruppe aus den im Kunstkäfig produzierten Arbeiten mindestens ein Werk für ihre eigene Sammlung. Ebenso wichtig für die Künstler sind mehrmals jährlich Veranstaltungen für Kunden und Geschäftspartner, die auf das Atelier aufmerksam machen und ihm Gelegenheit geben, seine Arbeiten darzustellen. Das Unternehmen bringt so bereichsübergreifend Menschen über Kunst in einen Austausch miteinander und hat sich damit als fester Bestandteil der Essener Kunstszene etabliert. Dies umfasst auch den Internet-Auftritt des Unternehmens, innerhalb dessen sich der jeweilige Stipendiat ebenfalls exponieren kann. Der Kunstkäfig macht deutlich, inwiefern ein Corporate Citizen seine Kernkompetenzen – nämlich die Kommunikation und das regionale Netzwerk zu Geschäftskunden und Partnern – wie auch seine Produktionsressourcen Raum und technische Mittel im Rahmen seines Engagements zur Verfügung stellen kann. Finanzielle Unterstützung über die genannten Möglichkeiten hinaus ist in dem Kunstkäfig-Stipendium nicht enthalten. Das Unternehmen betrachtet den Kunstkäfig allerdings nicht als Einweg-Kommunikation: Es erwartet vielmehr die regelmäßige Anwesenheit im Kunstkäfig, die aktive Teilnahme an der Vorbereitung und Durchführung der Veranstaltungen und auch die Zuarbeit bei der Gestaltung von Grußkarten mit Oster- und Weihnachtsgrüßen für Kunden und Geschäftspartner des Unternehmens. Der ‚Kunstkäfig' ist mithin das genaue Gegenteil eines Käfigs: Es ist vielmehr ein Raum der Kommunikation und Zusammenarbeit über Bereichsgrenzen hinweg. Die Belegschaft der Druckerei und die Künstler-Stipendiaten, die diesseits und jenseits des Gitters arbeiten, stehen für zwei Bereiche unserer arbeitsteiligen und spezialisierten Gesellschaft, die im Alltag kaum mehr miteinander kommunizieren.

Das Projekt der Sutter-Gruppe hält viele Anschlussstellen für solche bereichsübergreifende Kommunikation bereit. Z.T. haben Künstlerstipendiaten Techniken der Druckerei für ihre eigene Kunstproduktion genutzt. Umgekehrt prägt jeder Stipendiat die Sensibilität von Mitarbeiterinnen und Mitarbeitern für Ausdrucksformen moderner Kunst auf seine Weise. Doch der Kunstkäfig ist nicht nur ein hausinternes Kommunikationsprojekt. Durch die feste Integration in die Öffentlichkeitsarbeit des Unternehmens ist er vielmehr zu einem Forum geworden, das die Diskussion um Kunst in der Region Essen anregt und bereichert. Der Kunstkäfig zeigt, wie Kunst Menschen aus ganz unterschiedlichen Arbeitsbereichen einer ausdifferenzierten Gesellschaft miteinander ins Gespräch bringt – und so selbst eine Kommunikationskultur schafft.

Mit großer Professionalität setzt die *Kultur-Stiftung in der Alfred Herrhausen Gesellschaft*, Frankfurt a. M., für internationalen Dialog genau diesen Kommunikationsaspekt von Kunst ‚über Grenzen hinweg' um. Kultur wird in ihren unterschiedlichen Ausdrucksformen als einer der besten Wege begriffen, einander kennen und schätzen zu lernen. Die Kulturförderung orientiert sich am Gesamtkonzept des grenzüberschreitenden Engagements, das die Auswahl einzelner Projekte bestimmt. Ein Schwerpunkt ist dabei die Kooperation mit Osteuropa – an der Schwelle der Erweiterung der Europäischen Union eine zentrale, aber bisher wenig realisierte Form der grenzüberschreitenden Verständigung. Die Ausstellung ‚Polnische Landschaftsmalerei', ein deutsch-polnisches Jugend-Theaterprojekt, die Ausrichtung grenzüberschreitender Festivals wie der Passauer Festwochen mit Beteiligung deutscher, polnischer und österreichischer Künstler, das Sächsisch-böhmische Musikfestival sind Elemente dieses Konzepts. Kultur im Dienst grenzüberschreitender Kommunikation – dies wird auch konkret in der Gesprächsreihe ‚Grenz – Denker'. Hier arrangiert die Kulturstiftung der Deutschen Bank den Dialog von außergewöhnlichen Persönlichkeiten aus unterschiedlichen Bereichen, die von konträren oder einander herausfordernden Positionen aus miteinander diskutieren. ‚Mit dieser Reihe möchten wir einen Beitrag zur Meinungsbildung und Erweiterung des Horizonts leisten – eine wesentliche Voraussetzung dafür, dass Toleranz überhaupt entstehen kann': Dieses innovative Kulturverständnis, das über die in Deutschland weit verbreitete hermetische Elitenkultur weit hinaus geht, entspricht genau dem hier grundgelegten Konzept unternehmerischen Bürgerengagements. Die Stiftung sollte diese Arbeit noch stärker mit dem Kerngeschäft der Deutschen Bank vernetzen, um unternehmerisches Bürgerengagement auch in diesem Sinne produktiv werden zu lassen.

Bis zum Jahr 2015 soll die Berliner Museumsinsel mit Milliardenaufwand restauriert werden – ein einzigartiges Ensemble von Museen, das die UNESCO komplett zum Weltkulturerbe erklärt hat. Testlauf für ein kontinuierlicheres Engagement der *KPMG Wirtschaftsprüfungsgesellschaft,* Berlin, in diesem Projekt war eine Veranstaltungsreihe im wieder eröffneten Pergamonmuseum, für das sich das Unternehmen zunächst als Sponsor engagierte – ein Beispiel für die Signalfunktion des Sponsoring. Die Bebauung der Museumsinsel ist historisch und räumlich nahe an der Entstehung der Deutsch-Amerikanischen Treuhandgesellschaft, aus der die KPMG hervor gegangen ist. Das Unternehmen sieht seine Kompetenzen hier nicht primär im finanziellen Engagement. Vielmehr haben Mitarbeiter ein langfristiges Finanzierungskonzept erarbeitet. KPMG hat – unterstützt auch durch die vielfältigen Kontakte zu Führungskräften in der Wirtschaft – ein Kuratorium konstituiert und darin die Federführung für das erste Jahr übernommen. Angesichts des maroden Berliner Landeshaushaltes wird unternehmerisches Bürgerengagement hier zu einer unverzichtbaren Ressource, um durch Kulturarbeit zur Identität einer Stadt beizutragen. Der KPMG Vorstand ist davon überzeugt, dass die Förderung für beide Seiten – Unternehmen wie Museen – eine Bereicherung darstellt.

Gesundheit

Auch im Gesundheitsbereich können Unternehmen aktiv zur Verbesserung der Strukturen und der Lebensqualität der Bevölkerung beitragen. Insbesondere Unternehmen im Bereich Pharma und Medizintechnik haben ein Interesse an einem funktionierenden und sich positiv entwickelnden Gesundheitsbereich. Ihr Know-how und ihre Netzwerke können neue Wege in der medizinischen und therapeutischen Versorgung aufzeigen und Veränderungen in einem oft starren und durch gut organisierte Interessengruppen dominierten Gesundheitswesen initiieren. Wie Unternehmen Impulse für die Reform des Gesundheitssystems in Deutschland geben können und gleichzeitig einen Nutzen für sich generieren, sollen folgende Beispiele veranschaulichen.

Bei dem Projekt „Soziale Verantwortung" der *betapharm Arzneimittel GmbH*, Augsburg, handelt es sich nicht um ein zeitlich begrenztes Projekt, sondern um eine prinzipiell unbefristete Kooperation zwischen dem Unternehmen und dem ‚Bunten Kreis e.V.', einer Selbsthilfeinitiative, die im Bereich der Nachsorge für schwerkranke Kinder und Jugendliche arbeitet. Das Projekt ‚Soziale Verantwortung' wird einerseits bis weit in das Unternehmen hinein mit getragen, andererseits sind aus der bereichsübergreifenden Zusammenarbeit und dem Zusammenwirken unterschiedlicher Kompetenzprofile bereits eine ganze Reihe problemorientierter Einzelprojekte heraus gewachsen. Ziel der Kooperation ist es, bei den Mitarbeitern den Sinn für sozial verantwortliches Handeln zu verstärken und damit der Arbeit im Unternehmen einen Sinn zu verleihen. In der externen Dimension soll im Gesundheitswesen dem Bedürfnis nach psychosozialer, ganzheitlicher Krankheitsbewältigung mehr Gewicht verliehen werden. Dafür investierte betapharm in den Aufbau von Nachsorgeprojekten und die Einrichtung eines einzigartigen telefonischen Beratungsdienstes zu sozialen Fragen im Gesundheitswesen. Es wurde ein betapharm Forschungsinstitut und eine Nachsorgestiftung gegründet, um ein gemeinsam mit dem Bunten Kreis entwickeltes Case-Management und Nachsorgemodell im gesetzlichen Gesundheitswesen bundesweit zu verankern. Dieses Modell und dessen Umsetzung wird in zahlreichen Publikationen sowie Fort- und Weiterbildungsmaßnahmen einem breiten Kreis von Fachkräften aus dem Gesundheitswesen zugänglich gemacht, insbesondere natürlich den mit betapharm verbundenen Kunden und Ärzten. Als weitere Maßnahme wurde ein betafon als ständige Hotline für Ärzte und betroffene Familien in Sachen sozialmedizinische Beratung eingerichtet. Eine umfangreiche Buchpublikation ‚beta-Liste' gibt Überblick über wichtige sozialmedizinische Bestimmungen, die in allgemeinverständlicher Sprache wiedergegeben sind, sowie über die Erreichbarkeit der wichtigen einschlägigen Beratungsstellen bundesweit. Für die nahe Zukunft wird eine Verfügbarkeit dieser Leistungen auch per Internet vorbereitet. Alle diese Aktivitäten, die sich einerseits entlang der Bedürfnisse der im Bunten Kreis e.V. organisierten Betroffenen entwickelten aber andererseits in ihrer Umsetzung von der Professionalität der betapharm profitieren konnten, führten bereits zu zahlreichen Verbesserungen im sozialmedizinischen Bereich. Der vom Unternehmen angestoßene Prozess hat Vorbildcharakter für weitere Innovationen im Gesundheitssystem und für neue Wege insbesondere auf dem Weg zu einer ganzheitlichen Nachsorge in Deutschland. Die Zusammenarbeit des Unternehmens bleibt dabei nicht auf einzelne Projektmitarbeiter beschränkt, sondern bindet weitgehend alle Mitarbeiter, insbesondere aus den Bereichen Geschäftsführung, Marketing, Unternehmenskommunikation, Außendienst und Verwaltung mit ein. Dies wird auch äußerlich sichtbar, indem das gemeinnützige Institut als Träger der sozialmedizinischen Arbeit im vierten Stock desselben neuen Bürogebäudes eines Augsburger Gewerbegebietes angesiedelt ist, dessen übrige drei Stockwerke die betapharm Arzneimittel GmbH belegt. Durch seine konzeptionelle Arbeit an der Schnittstelle von Betroffenen und Pharmaindustrie leistet das Unternehmen somit einen erheblichen Beitrag zur Weiterentwicklung des Institutionensystems im Gesundheitsbereich und qualifiziert sich zugleich als interessanter Arbeitgeber und Geschäftspartner im Vertriebsnetz. Durch das Projekt werden die Netzwerke des Unternehmens in die Politik und zu den Kundengruppen verstärkt und weiter ausgebaut. Dies verleiht dem Unternehmen Einblick in wichtige Informationen über die Interessen der für den Unternehmenserfolg wichtigen Gruppen. Auf dem wettbewerbsintensiven Markt für Generika ist es dem betapharm-Management durch sein soziales Engagement gelungen, bei seinen Kunden eine nachhaltige Differenzierung seiner Produkte von denen der z.T. größeren Konkurrenz zu erreichen.

Gemeinsam mit dem Gesundheitsministerium in Schleswig-Holstein und dem onkologischen Forschungszentrum der Universität Kiel hat die *Ethicon Endo-Surgery Europe GmbH Breast Care*, Norderstedt, (eine Tochtergesellschaft des

Pharmaunternehmens Johnson & Johnson) das Projekt ‚BRUST – life' ins Leben gerufen. Ziel ist es, gesunde Frauen besser über die Möglichkeit der Brustkrebsfrüherkennung zu informieren. Für diese Zielgruppe haben die Partner gemeinsam ein Programm zum Erlernen der Selbstuntersuchungstechnik entwickelt. Zentrale Bestandteile darin sind ein spezielles Video als Anleitung sowie entsprechende Brusttastmodelle, an denen Frauen Brustkrebsfrüherkennung praktisch üben können, nachdem sie von Ärzt(inn)en angeleitet wurden. Die Umsetzung des Projekts wurde in Zusammenarbeit mit dem Landfrauenverband Schleswig-Holstein, verschiedenen Ministerien, der Krebsgesellschaft, der Landesregierung, der Landesärztekammer, dem Berufsverband der Frauenärzte, verschiedenen Krankenhäusern, der Apothekerkammer und dem Apothekerverband umgesetzt. So konnte eine breite Bevölkerungsschicht erreicht und für die Brustkrebsfrüherkennung sensibilisiert werden. Das Unternehmen brachte seine Kompetenz im Bereich der minimal invasiven Brustbiopsie und seine Netzwerke im Gesundheitssystem in das Projekt ein. Das Engagement war also nicht auf finanzielle Unterstützung beschränkt, sondern vor allem inhaltlicher Natur. Ethicon Endo-Surgery Europe konnte sich dabei als verantwortlicher Bürger in der für das Unternehmen relevanten Öffentlichkeit profilieren und eine Vertrauenskultur zwischen Wirtschaft, Politik und Gesellschaft aufbauen. Diese trägt dazu bei, langfristig Wettbewerbsvorteile für das Unternehmen zu sichern. Beide genannten Projekte zeigen auf gelungene Weise das Element des ‚Beziehungsmanagements' von Corporate-Citizenship-Projekten. Durch die bereichsübergreifende Zusammenarbeit mit den professionellen Einrichtungen des Gesundheitssystems wird einerseits deren Kompetenz aktiviert, andererseits kann sich das Unternehmen als nachhaltig wirtschaftender Investor in Soziales Kapital am Wirtschaftsstandort und als ordnungspolitisch mitverantwortlicher Bürger profilieren. Durch die gewachsene Aufmerksamkeit entsteht zugleich eine informelle Erwartungshaltung bezüglich der Effektivität des Projektes, die sich in der Regel förderlich auf die Professionalität der Umsetzung sowie das Maß und die Dauerhaftigkeit des Engagements der beteiligten Partner auswirkt.

Die Verbesserung der Lebensqualität behinderter Menschen ist Ziel des von der *Siemens AG*, Bonn, initiierten Projektes „Computer helfen heilen und leben". In enger Kooperation mit anderen Organisationen, Stiftungen, Selbsthilfegruppen und Kliniken werden innovative Lösungen erarbeitet um Behinderten einen gleichberechtigten Zugang zur Informations- und Kommunikationstechnologie zu ermöglichen und ihre motorischen Funktionsdefizite durch technische Lösungen auszugleichen. Ein weiteres Anliegen ist die Vermittlung einer realitätsgerechten Wahrnehmung der Situation von Behinderten in der Öffentlichkeit. Auf der Basis einer engen Zusammenarbeit werden gemeinsam Spezialtastaturen, Schalter, Sensoren und Hilfsmittel entwickelt, die es ermöglichen computergestützte Therapieverfahren umzusetzen. Hierbei wird mit zahlreichen Therapeuten zusammengearbeitet, um für behinderte Menschen sowohl in der Therapie, als auch im Alltag und Beruf neue Handlungsmöglichkeiten zu schaffen. Im Rahmen des Projektes wurden so mehr als 900 behindertengerechte Therapie- und Arbeitsplätze eingerichtet, mit denen täglich mehr als 3700 Patienten und Rehabilitanden arbeiten.

Der Erfolg der Initiative basiert dabei auf lösungsorientierter Kooperation von internen und externen Forschungs- und Entwicklungspartnern im Hard- und Softwarebereich, Hilfsorganisationen, Rehabilitationskliniken, Stiftungen und den Behinderten selbst. Dabei prägt „Computer helfen heilen und leben" die Unternehmenskultur der Siemens AG und sensibilisiert insbesondere die eigenen Forschungs- und Entwicklungsabteilungen, sich für neue Lösungen, Problemfelder und Herausforderungen zu öffnen. Das Projekt wird über verschiedene Medien und Aktionen im Unternehmen kommuniziert, so dass sich auch nicht direkt beteiligte Mitarbeiter mit dem gesellschaftlichen Engagement der Siemens AG identifizieren. ‚Computer helfen heilen und leben' ist wie andere vergleichbare Projekte (etwa ‚Reinventing Education' der IBM) vor allem auf den Aspekt des Informationstransfers durch unternehmerisches Bürgerengagement bezogen. Noch immer ist es ein Folgeproblem von Spezialisierung und Professionalisierung, dass Entwicklungsingenieure sich in ihrer Produktentwicklung eher an den technischen Möglichkeiten und Faszinationen als an den alltäglichen Kundenwünschen orientieren. Durch die bereichsübergreifende Zusammenarbeit mit Betroffenen und Therapieeinrichtungen kommt ein Informationstransfer in Gang, der Kommunikationsprobleme überwindet und für beide Seite einen Zugewinn bringt: Die Produkte des Unternehmens werden praxisbezogener (und damit marktgängiger). Die Bedürfnisse der Behinderten und ihrer Angehörigen schlagen sich im Innovationsprozess nachhaltiger nieder.

Alle aufgeführten Initiativen führten zu einer breiten Vernetzung unterschiedlicher gesellschaftlicher Gruppen mit dem Ziel der Verbesserung der medizinischen Versorgung in Deutschland. Gerade die Beteiligung der Betroffenen selbst (z.B. der Eltern von schwerkranken Kindern, von Brustkrebs gefährdeter Frauen, Behinderter etc.) führte zu neuen Lösungen der Prävention, Therapie und Rehabilitation in verschiedenen Problembereichen des Gesundheitswesens. Die breite Vernetzung und die Innovationsleistung in den jeweiligen Projekten brachte eine Veränderung der institutionellen Rahmenbedingungen mit sich und diente als Vorbildprojekt der weiteren Modernisierung in der deutschen Gesundheitspolitik. Insbesondere der Abbau des wechselseitigen Misstrauens zwischen den verschiedenen Gruppen erhöht die Akzeptanz von notwendigen Änderungen und neuen Ideen im Gesundheitssystem.

Betriebliche Freiwilligenarbeit

Eine Sonderform des Engagements in allen genannten Bereichen, schwerpunktmäßig aber im Sozial- und Jugendsektor bildet das betriebliche Freiwilligenengagement (‚Corporate Volunteering'). Hier werden vom Unternehmen oft entsprechende Anreize und/oder die notwendige Infrastruktur für die Freiwilligentätigkeit der Mitarbeiterinnen und Mitarbeiter aufgebaut und zur Verfügung gestellt. Meist sind entsprechende Programme in der Personalentwicklung verankert, um die Sozialen Kompetenzen der Mitarbeiter zu fördern. Da betriebliche Freiwilligenprogramme (‚Corporate Volunteering') in Deutschland schon eine gewisse Verbreitung gefunden haben, werden sie oft mit dem Begriff des unternehmerischen Bürgerengagements (Corporate Citizenship) generell gleichgesetzt oder verwechselt. Um solchen Missverständnissen zu begegnen, ist darauf hinzuweisen, dass betriebliche Freiwilligenprogramme nur ein Instrument einer umfassenden Corporate-Citizenship-Strategie im Unternehmen sein können. Wird betriebliches Freiwilligenengagement isoliert seitens des Personalmanagements ins Unternehmen eingeführt und angeboten, dann droht die Gefahr, dass entsprechende Programme seitens der Abteilungen lediglich als ‚Abstellgleis' für entbehrliche Mitarbeiter oder Mitarbeiterinnen ohne Entwicklungsperspektive eingesetzt bzw. wahrgenommen werden. Gerade betriebliche Freiwilligenprojekte sind daher unbedingt in ein umfassendes Konzept unternehmerischen Bürgerengagements oder auch eine Personalentwicklungsstrategie für Führungskräfte einzubetten. Nur als solche sollten sie auch hausintern kommuniziert werden. Zugleich wäre der Nutzen solcher Programme für das operative Kerngeschäft des Unternehmens, die Unternehmenskultur und die Personalentwicklung aufzuzeigen.

Eines der bekanntesten Projekte im deutschen Sprachraum ist „Switch – die andere Seite", das die *Siemens AG*, München, gemeinsam mit dem Sozialreferat der Landeshauptstadt München konzipiert und umgesetzt hat. Mit ‚Switch' verbindet das Unternehmen eigene gesellschaftliche Verantwortung mit dem sozialen Engagement seiner Manager. Ausgewählte Führungskräfte wechseln dabei im Rahmen des Projektes für eine Woche die Seite und arbeiten in sozialen Einrichtungen, wie der AIDS-Hilfe, dem internationalen Jugendzentrum, dem Patenprojekt der Nichtsesshaftenhilfe, der Bahnhofsmission etc. Dabei übernimmt die Stadt München die Auswahl der sozialen Einrichtungen und die Qualitätssicherung für die Arbeit in den beteiligten Einrichtungen. Ziel ist es, neben der Verbesserung der Sozialen Kompetenz der Führungskräfte auch soziale Themen in das Unternehmen zu tragen, um das betriebliche Umfeld für gesellschaftliche Fragestellungen zu sensibilisieren. So engagiert sich ein Großteil der Teilnehmer des Programms auch nach Ablauf ehrenamtlich weiter. Dadurch gelingt es, Führungskräfte zu entwickeln, die über das Fachwissen hinaus sowohl im betrieblichen als auch im gesellschaftlichen Umfeld kompetent entscheiden, handeln und kommunizieren können. Die sozialen Einrichtungen profitieren darüber hinaus vom Transfer des Know-hows und Management-Wissens der Führungskräfte und erhalten Kontakte zu engagierten Partnern aus der Wirtschaft. Der Erfolg des Projektes hat bereits bundesweit weitere Kontakte zwischen Unternehmen und Sozialeinrichtungen nach sich gezogen, um ähnliche Projekte auch in anderen Städten aufzubauen.

Die *Rabobank*, Frankfurt a. M., – das Spitzeninstitut der niederländischen Genossenschaftsbanken – hat in ihrer Frankfurter Niederlassung im Rahmen des Projektes ‚Seitenwechsel' mit dem gesamten Institut einen Freiwilligentag veranstaltet. Alle Mitarbeiter, das komplette Management eingeschlossen, sind aufgerufen, den sicheren Rahmen des Vertrauten für einen Tag zu verlassen und die Seite zu wechseln. Im ganz persönlichen Austausch mit sozial und gesellschaftlich engagierten Organisationen sollen Eindrücke gesammelt und in persönlichen Begegnungen Vorurteile abgebaut werden. Der Controller tauscht den Schreibtisch mit der Schulbank in einer Klasse für Sehbehinderte. Der Risikoanalyst erfährt im

Regenbogendienst die Gedanken und Gefühle eines HIV-Patienten. Der Investmentbanker begreift am Bahnhof die Drogenproblematik für die Süchtigen, die Polizei und die Stadt. Die Expertin für Projektfinanzierung erlebt das Mitteilungsbedürfnis der verwitweten Heimbewohnerin. Der IT – Profi wechselt zur Mitarbeit im Board der Aidshilfe. Die Bank unterstützt die sozialen Einrichtungen, mit denen sie für Seitenwechsel kooperiert auch durch Sachspenden – etwa pädagogisches Werkzeug für Seh-, Sprach und Körperbehindertenwerkstätten. Die Effekte für die eigene Unternehmenskultur sind gut belegt und nachhaltig: Verbesserung sozialer Kompetenz der Mitarbeiter, eigene Probleme werden im Vergleich mit anderen relativiert, das soziale Engagement des Unternehmens trägt zur Mitarbeitermotivation und -bindung bei. Für die Wettbewerbsfähigkeit wird es immer wichtiger, Mitarbeitern soziale Kompetenz zu vermitteln. Fehlende Sozialkompetenz, wie sie sich im ‚mobbing', aber auch in rein prestigeorientierten Fehlentscheidungen der Führungskräfte ausdrückt, führt in den Unternehmen zu Kosten in Milliardenhöhe. Gerade das zwanglose Miteinander beim gemeinsamen Engagement bringt hier oft mehr als teure Managementschulungen im künstlichen Milieu. Die hohe Zufriedenheit der Mitarbeiter mit entsprechenden Projekttagen spricht diesbezüglich Bände.

Die *OTIS GmbH & Co. OHG*, Berlin, arbeitet mit dem Verein ‚Special Olympics e.V.' zusammen, damit sich Behinderte und Nichtbehinderte ein Stück näher kommen. Die Mitarbeiter unterstützen in diesem Rahmen insbesondere den ‚SG Rehabilitation Berlin-Lichtenberg e.V.'. Das Team OTIS Deutschland besteht dabei aus 4 Hauptkoordinatoren und ca. 50 bis 100 freiwilligen Helfern je Veranstaltung. Die Mitarbeiter stellen ihre Freizeit zur Verfügung, um unter dem Motto „Menschlich aufwärts" die National Games, ein alljährliches Schwimmfest und ein Tischtennisturnier in Berlin zu unterstützen.

Im Rahmen der einjährigen Personalentwicklungsinitiative „Explorers 21" der *Lufthansa AG*, Seeheim-Jugenheim, werden Teilnehmer aus dem High Potenzial Bereich für gesellschaftliche Themenfelder sensibilisiert. Neben der persönlichen Entwicklung der Nachwuchsführungskräfte geht es dabei insbesondere um die zukünftigen Veränderungen und soziale Verantwortung des Unternehmens und seiner Mitarbeiter für die Gesellschaft. Die Konzeption des Programms umfasst die Identifikation von geeigneten Partnern aus dem sozialen Sektor, um gemeinsam ein soziales Projekt zu entwickeln, umzusetzen und die Ergebnisse zu evaluieren. Dabei werden die Projekte langfristig angelegt, um sie gegebenenfalls vom Projektstatus in die Linie zu überführen. Neben der positiven Außenwirkung für den Konzern ist für dieses Programm insbesondere die damit verbundene Personalentwicklung und Motivation der Mitarbeiter bedeutsam. Die Aktionen beförderten in großem Maß das Teamgefühl der teilnehmenden Gruppe. Die erfolgreiche Umsetzung der Ideen auf bisher unbekannten Feldern stärkte das Selbstbewusstsein und eröffnete allen Beteiligten neue Perspektiven. Die Lufthansa AG realisiert im Rahmen ihres gesellschaftlichen Engagements die Möglichkeit, die interpersonalen und kommunikativen Kompetenzen ihrer Mitarbeiter sowie Eigeninitiative, Motivation und Identifikation mit dem Unternehmen deutlich zu steigern.

Als dominante Fluglinie hat die Lufthansa AG an ihrem wichtigsten Drehkreuz, dem Flughafen Frankfurt, naturgemäß mit Vorbehalten seitens der durch Fluglärm beeinträchtigten Anwohnerschaft zu kämpfen. In einem weiteren Projekt, dem „Botschafter-Projekt“, engagiert sich das Unternehmen, um größeres Vertrauen und Akzeptanz seines Handelns bei der Bevölkerung zu schaffen, soziale Verantwortung in der Region wahrzunehmen und die Verbundenheit zu ihrem Standort zu signalisieren. Das Programm wurde im Rahmen der Kommunikation des Themas „Kapazitätserweiterung Flughafen Frankfurt“ entwickelt und umgesetzt. In diesem Programm ist es Lufthansa-Mitarbeitern möglich, förderungswürdige soziale und kulturelle Projekte in ihren Heimatgemeinden zu benennen. So konnten schon über 95 konkrete Projekte ausfindig gemacht werden, die dann von der Lufthansa AG unterstützt werden. In dem Projekt verstehen sich also die Mitarbeiter als Repräsentanten (‚Botschafter’) des Unternehmens, um dessen positive Wahrnehmung in den jeweiligen Nachbargemeinden zu erhöhen. Dabei spielt insbesondere die bereichsübergreifende Netzwerkbildung zwischen dem Unternehmen über die Mitarbeiter in das gesellschaftliche Umfeld hinein eine zentrale Rolle. Im Kontext von Netzwerken wechselseitigen Vertrauens und einer Kultur der Zusammenarbeit auf verschiedenen Feldern wird es für das Unternehmen auch leichter, sensible Themen in der Region zu kommunizieren und die Mitarbeiter in die soziale Verantwortung des Unternehmens für die Gesellschaft einzubinden.

Ähnlich wie der Mutterkonzern engagiert sich auch die *Siemens AG Management Consulting (SMC)*, München, mit Kooperationspartnern aus dem Sozialbereich, um Lösungen für gesellschaftliche Problemlagen zu finden. In Zusammenarbeit mit der Brochier Kinderfonds Stiftung (Nürnberg), dem Kinderfonds Stiftungszentrum (München) sowie dem Bund der katholischen Jugend (BDKJ) entstand im Rahmen einer Teaminitiative von 120 der 160 Mitarbeiter des Unternehmens ein Sommercamp für Heimkinder in Pribram in Tschechien. Hierbei engagierte sich die SMC sowohl in der Vorbereitung, Durchführung und Nachbereitung der Baumaßnahmen. So wurde im Vorfeld eine eigene „Active Help Kinderfonds Stiftung“ gegründet. Die professionellen Partner und Kunden der SCM wurden im Vorfeld über das Vorhaben informiert und darum gebeten, die Finanzierung des Vorhabens zu unterstützen. Um auch das Umfeld der SCM für gesellschaftliche Themen zu sensibilisieren, wurde im Anschluss allen Kunden ein Video vom Bau des Kindercamps zugeschickt. Diese sollen so zu eigenen Projekten und zum wechselseitigen Austausch in diesem Bereich animiert werden. Im Rahmen dieses Projektes hat die Wahrnehmung von Siemens in der Öffentlichkeit als aktives, sozial verantwortliches Unternehmen zugenommen. Die SCM hat konsequent ihre Kernkompetenz „Projektmanagement“ genutzt, um den sozial benachteiligten Heimkindern in Tschechien zu helfen. Das Teambewusstsein im Unternehmen hat durch das weitere Engagement zugenommen. Am stark umkämpften Recruitingmarkt hat sich der Arbeitgeber SCM als verantwortungsbewusstes und umfeldsensibles Unternehmen erfolgreich differenziert.

In dem Projekt „Soziales Lernen – Lernen in fremden Lebenswelten“ arbeitet das *Bankhaus Ellwanger & Geiger*, Stuttgart, mit der gemeinnützigen Mehrwert

GmbH zusammen, um die Sozialkompetenz und Teamfähigkeit ihrer Auszubildenden zu fördern. Die Bankauszubildenden erleben in diesem Engagement die Armut und Bedürfnisse der Menschen in der „Vesperkirche" und werden so für soziale Problemlagen sensibilisiert. Durch diese enge Zusammenarbeit von Wirtschaft und Sozialpartnern haben sich weiterführende Kontakte ergeben, in denen sich das Bankhaus im Arbeitskreis „Neue Formen von Freiwilligendiensten" engagiert. Dieser Austausch hilft vorhandene „Vorurteile" zwischen den verschiedenen Sphären in der Region abzubauen, die Nachwuchskräfte für ehrenamtliches Engagement zu sensibilisieren und sich bei den Kunden, Mitarbeitern und in der Bevölkerung als verantwortliches Unternehmen zu etablieren.

Auch die Auszubildenden der Unternehmensgruppe *Boehringer Ingelheim Pharma KG*, Bieberach/Riss, erhalten am Standort Biberach im Rahmen ihrer Berufsausbildung in den kaufmännischen, naturwissenschaftlichen und technischen Berufsfeldern des 2. Lehrjahres die Möglichkeit, auf freiwilliger Basis eine Woche beim Projekt „Soziales Lernen" in sozialen Einrichtungen mitzuarbeiten. Dieses Projekt hilft den Auszubildenden, sich mit ungewohnten Realitäten zu befassen, Verständnis und Akzeptanz für Menschen in schwierigen Lebenslagen zu entwickeln und so Vorurteile abzubauen. Über das Projekt hat sich mittlerweile ein halbjähriger „Runder Tisch" entwickelt, der einen kontinuierlichen Austausch zwischen Unternehmen sowie den Partnerinstitutionen im sozialen, karitativen und kirchlichen Bereich ermöglicht. Am runden Tisch wird über die Weiterentwicklung des Projektes diskutiert und sich gleichzeitig über weitergehende gesellschaftsrelevante Themenfelder ausgetauscht. Für die Ausbildung bei Boehringer Ingelheim spielen die Förderung der sozialen und personalen Kompetenzen wie die Kommunikations- und Kooperationsfähigkeit, Wertehaltung und Rollenverständnis eine wesentliche Rolle. Das fest in die Ausbildung integrierte Projekt „Soziales Lernen" liefert dazu einen beträchtlichen Beitrag und hilft, das soziale Klima in der Region und in der Gesellschaft positiv zu verändern.

Ein weiteres Unternehmen, dass sich der Förderung der Sozialen Kompetenz der Auszubildenden annimmt, ist die *Valeo Auto-Elektrik Wischer und Motoren GmbH*, Bietigheim-Bissingen. Angeregt durch die Initiative „Soziales Lernen" des Verbands der Metallindustrie entwickelte sich eine Kooperation zwischen dem Unternehmen und der Werkstatt für Behinderte in Bietigheim. Die Zusammenarbeit beinhaltet insbesondere die Versetzung von je einem Auszubildenden im dritten Ausbildungsjahr für einen Monat in die Werkstatt für Behinderte. Dort lernen sie den Produktionsalltag in der Behindertenwerkstatt kennen und übernehmen Betreuungsfunktionen für die Behinderten. In einem zweiten Schritt ist es dann Aufgabe des Auszubildenden, in Eigenverantwortung und nach Absprache mit der Werkstatt für Behinderte die Produktionseinrichtung noch besser an die spezifischen Bedürfnisse der behinderten Menschen anzupassen. So wird die Sozialkompetenz der Auszubildenden insbesondere im Bereich der Offenheit für Fremdes und den Abbau von Vorurteilen im Umgang mit anderen Menschen erhöht. Gleichzeitig wird die Bereitschaft zur Übernahme von Verantwortung für sich und andere gefördert, um auf verschiedene gesellschaftliche Situationen flexibel reagieren zu können. Der Austausch zwischen Unternehmen und Sozialeinrichtung ist dabei so gestaltet, dass beide Seiten profitieren. Die Auszubildenden können sowohl die unmittelbar zum Beruf gehörenden fachlichen aber auch ihre sozialen und persönlichen Kompetenzen erhöhen. Für die Behindertenwerkstatt ergeben sich zusätzliche Ressourcen und fachliches Know-how zur Lösung technischer Aufgaben. Des weiteren werden von Valeo auch der Maschinenpark der Ausbildung sowie Material für die im Rahmen des Projektes anfallenden Aufgaben gestellt.

Auch die *Henkel Terson GmbH*, Heidelberg, ermöglicht Auszubildenden die befristete Mitarbeit in einer sozialen Einrichtung im Rahmen des Projektes „Soziales Lernen – Lernen in fremden Lebenswelten". In Zusammenarbeit mit der Mehrwert – Agentur für soziales Lernen konnten so schon über 15 Auszubildende ihre soziale Kompetenz erweitern und Vorurteile abbauen.

Inhaltlich ist das konzernweite Freiwilligen – Programm „Initiative Plus" der *Deutschen Bank AG*, Frankfurt a. M., eng mit den anderen Corporate Citizenship Aktivitäten im Rahmen der Initiative „Jugend-Schule-Wirtschaft" des Unternehmens verknüpft. Bei der Initiative plus werden weltweit Deutsche Bank-Mitarbeiter angeregt, sich stärker ehrenamtlich für junge Menschen zu engagieren. Die Konzeption der Initiative passt sich den regionalen Gegebenheiten an und wird in Deutschland, Großbritannien, Irland, Kanada, den USA, in Lateinamerika und in Südafrika umgesetzt. In Deutschland hat die Deutsche Bank ihre Mitarbeiter eingeladen, sich an Projekten für Jugendliche an gemeinnützigen Schulen zu engagieren. Von der Theater AG über den Computerkurs bis zum Schulgarten oder Vorträge zum Thema „New Economy": Den Mitarbeitern bleibt es selbst überlassen, wie sie ihr persönliches Engagement gestalten. So treten Deutsche Bank-Mitarbeiter für mehr Toleranz und Suchtprävention in der Schule ein, sie werben für Müllvermeidung und vermitteln Wissen für den Übergang von der Schule in die Praxis. Allein in Deutschland wurden im Jahr 2001 insgesamt ca. 500 Schulprojekte gefördert. Folglich können Mitarbeiter ihre individuellen Kernkompetenzen und ihr Know-how als Angestellte eines Wirtschaftsunternehmens an junge Menschen weitergeben. So hilft ihre Motivation und ihr ehrenamtliches Engagement, der gesellschaftlichen Problematik des „Bildungsnotstands" über mittel- und langfristige Projekte für Jugendliche entgegenzutreten. Gleichzeitig trägt die Unterstützung der Mitarbeiter und der Multiplikationseffekt des Freiwilligenprogramms dazu bei, dem Rückgang des ehrenamtlichen Engagements in unserer Gesellschaft entgegenzuwirken. Das gesellschaftliche Engagement der Bank im Bildungssektor wird breit kommuniziert. Es wird von den beteiligten Bildungseinrichtungen und der Öffentlichkeit insgesamt sehr positiv aufgenommen.

Angeregt von den positiven Erfahrungen in den USA und auf Vorschlag der Mitarbeiter engagierte sich *Asean Brown Boveri (ABB)*, Mannheim, als Hauptsponsor der Special Olympics in Deutschland. Mit Roadshows, bei Tagen der offenen Tür an den einzelnen Standorten und über interne Kommunikationsmittel wurden dafür fast 400 Mitarbeiter mobilisiert, die über die vom Unternehmen zur Verfügung gestellte finanzielle Unterstützung hinaus als freiwillige Helfer die National Summer Games in Berlin unterstützten. Das gemeinsame Erlebnis der Mitarbeiter (Azubis, BA-Studenten, Trainees, Ingenieure, Sekretärinnen, Betriebsräte, Geschäftsführer und Pensionäre) mit den geistig behinderten Sportlern war dabei eine wichtige soziale Erfahrung und ein prägendes persönliches Erlebnis. Die von den Mitarbeitern erworbene soziale Kompetenz und ihre organisatorischen Erfahrungen bei der Durchführung von Wettkampfauswertungen und Siegerehrungen wurden dann gleich ein zweites Mal bei den National Winter Games im bayerischen Zwiesl eingesetzt, bei denen rund 65 ABB Mitarbeiter die Sportler begleiteten und unterstützten. ABB unterstützte bei beiden Events seine Mitarbeiter(innen) und ermutigte diese zum weiteren Engagement, um gemeinsam einen Beitrag für die Verbesserung der Lebensbedingungen von Behinderten zu leisten. Das Engagement seiner Mitarbeiter hilft ABB, eine langfristige Kooperationskultur im Unternehmen und zwischen dem Unternehmen und der Gesellschaft aufzubauen. Betriebliches Freiwilligenengagement ist dabei bei ABB nicht nur als ein Projekt konzipiert, sondern als eine Bewegung, die die interne Unternehmenskultur prägt und Vertrauen schafft. Auf lokaler Ebene organisieren die Mitarbeiter Sammelaktionen, trainieren einzelne Sportteams und organisieren zusammen mit Behinderten Weihnachtsfeiern, deren Erlös Behindertenwerkstätten zu Gute kommen.

In der Initiative ‚MIT-Miteinander im Team' unterstützt die *Henkel KGaA*, Düsseldorf, das soziale, karitative und kulturelle ehrenamtliche Engagement ihrer Mitarbeiterinnen und Mitarbeiter. In das Programm sind auch ehemalige Mitarbeiter und Pensionäre einbezogen. Die Unterstützung erfolgt dabei ideell (motivierend, Freistellung von der Arbeit), materiell (finanziell und Bereitstellen von Sachmitteln), organisatorisch (Beratung, Netzwerke, Logistik) und durch gezielte Fortbildungsangebote. Das aus der MIT-Initiative entstandene MACH-MIT-Team besteht aus aktiven Mitarbeiterinnen und Mitarbeitern sowie Pensionären, die ihre Erfahrungen zum einen in einer Datenbank einbringen, zum anderen in individueller Beratung an Kollegen weitergeben. Im Rahmen dieser Initiative engagiert sich Henkel so zum Beispiel für 125 Kinderprojekte in der ganzen Welt. Über die Zeit konnte auf diesem Wege ein unternehmensweites Freiwilligennetzwerk gegründet werden, das in vielfältigen Zusammenhängen eine Kooperation des Unternehmens mit seinem gesellschaftlichen Umfeld erlaubt. Zusammen mit über 125 gemeinnützigen Institutionen und Vereinen liefert Henkel einen Beitrag für die Idee des ehrenamtlichen Engagements und die konkrete Verbesserung der Lebensbedingungen der Menschen vor Ort. Die Henkel-spezifische Philosophie des betrieblichen Freiwilligenengagements, bei der die zu fördernde Institution direkt die finanzielle Hilfe zur Bewältigung von Problemlagen erhält, verankert dabei bereits die Grundidee der Kooperation zwischen Mitarbeiter, Unternehmen und Gesellschaft. Dabei ist das Unternehmen offen dafür, seine Erfahrungen an andere Unternehmen weiterzugeben und mit ihnen zusammenzuarbeiten. Durch sein professionelles Freiwilligenengagement hat das Unternehmen nicht nur ein positives öffentliches Image in der Region erworben; gewachsen ist auch die Motivation bei den Mitarbeitern und ihre Identifikation mit dem Unternehmen. Wie kaum eine andere öffentlichkeitswirksame Aktivität des Unternehmens hat das betriebliche

Freiwilligenengagement im Zusammenhang mit der MIT – Initiative zur Konstitution von Netzwerken des wechselseitigen Vertrauens innerhalb und außerhalb des Unternehmens und der bereichsübergreifenden Zusammenarbeit mit Partnern aus anderen gesellschaftlichen Systemen geführt.

In dem Projekt „Community Service" möchte die *Ford-Werke AG*, Köln, die Fülle von unterschiedlichen Kenntnissen, Erfahrungen sowie die kulturelle Vielfalt der Mitarbeiterinnen und Mitarbeiter für das Gemeinwesen nutzen, und so dem bürgerschaftlichen Engagement einen festen Platz in der Unternehmensstrategie zu verschaffen. Die Mitarbeiter erhalten die Möglichkeit, für eine gewisse Anzahl bezahlter Stunden von der Arbeit befreit zu werden, um sich in dieser Zeit konzentriert für soziale Belange einsetzen zu können. Das Community Service Programm zielt darauf ab, möglichst viele verschiedene Mitarbeiterinnen bei ihrem persönlichen Engagement zu unterstützen und für freiwillige Aktivitäten zu begeistern. Alle Teilnehmer wurden von der Geschäftsleitung angeschrieben und in Auftaktveranstaltungen an verschiedene konkrete Projekte herangeführt. Gemeinsam mit externen Partnern werden dann die Projekte von den Mitarbeitern ausgewählt, abgestimmt und durchgeführt. In den einzelnen Projekten kooperiert Ford insbesondere mit Kindergärten, Schulen, Universitäten sowie der Stadt Köln und setzt dabei seinen Schwerpunkt im Bereich Ausbildung, Diversity und Umweltschutz. Die Integration von einzelnen Mitarbeiterinnen und Mitarbeitern aber auch ganzen Abteilungen von Ford erzielt dabei vielfältige positive Rückwirkungen für das Unternehmen. Die Teilnehmer machen eine neue Erfahrung – jenseits vom Fließband und Büro. In den Gruppenprojekten begegnen sich verschiedene Abteilungen und entsprechende Kulturen. So entstehen unternehmensinterne Netzwerke, die den Teilnehmern im beruflichen Alltag nützlich sein können und ein besseres Verständnis für die Aufgaben in anderen Abteilungen verschaffen. Projekte, die von ganzen Abteilungen gemeinsam umgesetzt werden, stärken das Zusammengehörigkeitsgefühl, wenn man Kolleginnen und Kollegen, aber auch Vorgesetzten und Führungskräften einmal in ganz neuen Situationen begegnet. Die Erfolgserlebnisse in den Projekten wie z. B. einer Schulhofentsiegelung, der Zusammenarbeit mit dem Jugendhilfezentrum, der Unterrichtsgestaltung in Schulen, der Schaffung von Blumenwiesen und Weidenbauten und dem Bau von Anschauungsmaterial für den Physikunterricht helfen der Ford-Werke AG, die Motivation der Belegschaft zu steigern und sich eine Reputation in der Öffentlichkeit zu erwerben. Dies bringt zugleich neue Impulse für den Arbeitsalltag der Mitarbeiterinnen und Mitarbeiter. Ford strebt dazu Partnerschaften mit anderen Unternehmen an und sieht seine Corporate-Citizenship-Aktivitäten als Fundament der strategischen Unternehmensplanung der Mutterfirma.

Auch der Sportartikelhersteller *NIKE International*, Berlin, stellt im Rahmen des Projekts NIKETOWN einen Teil seiner Mitarbeiter für soziale Projekte in Problemvierteln der deutschen Hauptstadt frei. Gemeinsam mit der agens27 Gesellschaft für Kunst, Medien und Kommunikation mbH und freien Trägern der Sozialarbeit wird das Engagement der Mitarbeiter vorbereitet, koordiniert und begleitet. Unternehmensintern wird das Projekt durch die Mitarbeiterzeitung „swooshreport“ und durch verschiedene Personalversammlungen kommuniziert. Eine professionelle Qualitätssicherung der Projekte (Auswertungshandbücher, Evaluationsgespräche, Abschlussrunden) und die Freistellung von der Arbeit unter Beibehaltung der Bezüge erhöht die Motivation der Mitarbeiterinnen und Mitarbeiter, sich bei NIKETOWN zu engagieren. Viele von ihnen halten auch im Nachhinein Kontakt zu den Partnern und engagieren sich in ihrer Freizeit weiter für die Jugendlichen. Sowohl intern als auch in der Außendarstellung hat das Unternehmen von seinem Freiwilligenprogramm profitiert.

Die *Drozak Consulting GmbH*, Berlin, engagiert sich im Projekt „Eurocup im Modernen Fünfkampf für Jugend und Prominente“ für einen internationalen Jugendaustausch. In der Zusammenarbeit mit diversen Sportverbänden und -organisationen übernimmt das Unternehmen Planung, Vorbereitung, Organisation und gesamte Finanzierung der Veranstaltung. Dabei unterstützten alle Mitarbeiter des Unternehmens freiwillig das Projekt in ihrer Freizeit.

3.4 Auswertung der Projekte nach operativen Größen

In die nun folgende Kurzanalyse wurden die Beispiele unternehmerischen Bürgerengagements aus der Initiative Freiheit und Verantwortung einbezogen. Die anschließenden Schlussfolgerungen können somit nicht den Anspruch erheben, ein repräsentatives Bild Bürgerschaftlichen Engagements von Unternehmen in Deutschland zu geben. Sie sollen vielmehr dazu dienen, auf der Grundlage der vorliegenden, umfangreichen Beispielsammlung Entscheidungsträgern in Wirtschaft und Gesellschaft Anhaltspunkte bezüglich der finanziellen, organisatorischen und zeitlichen Dimensionen gelungener Corporate-Citizenship-Projekte zu geben. Hierbei soll auch auf eventuelle Unterschiede zwischen KMU und Großunternehmen eingegangen werden.

Projektlaufzeiten

Die meisten Projekte unternehmerischen Bürgerengagements sind auf ein bis drei Jahre ausgelegt. Denn nur in dieser Mindestzeit kann es gelingen, tragfähige Arbeitsbeziehungen zwischen den Partnern aufzubauen und dadurch leistungsfähige Selbstorganisationsstrukturen in der Region zu konstituieren. Für Projekte, die auf eine nachhaltige Strukturveränderung im Gemeinwesen und damit auf eine im weitesten Sinne ordnungspolitische Dimension von Veränderungen abzielen, ist hingegen ein Projektzeitraum von 4 bis 5 Jahren zu veranschlagen. Erfolgreiche Projekte, die nach einer anfänglichen Investitionsphase laufende Erträge für Unternehmen und Gesellschaft zeigen, werden dann oft auch über diesen Zeitraum hinaus fortgesetzt. Insbesondere bei Großunternehmen zeigt sich, dass sogar ein längeres Engagement (über 5 Jahre) in einem Projekt durchaus keine Seltenheit ist. Bei kleinen und mittleren Unternehmen hingegen ist ein Engagement im Rahmen eines bereichsübergreifenden Partnerschaftsprojektes über einen derartigen Zeitraum nur in wenigen Fällen zu beobachten.

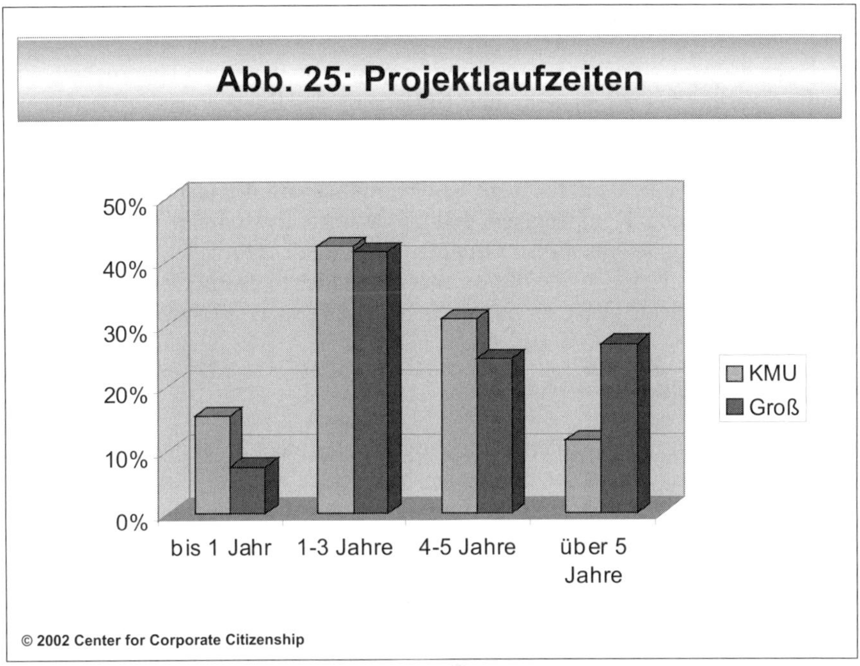

Abb. 25: Projektlaufzeiten

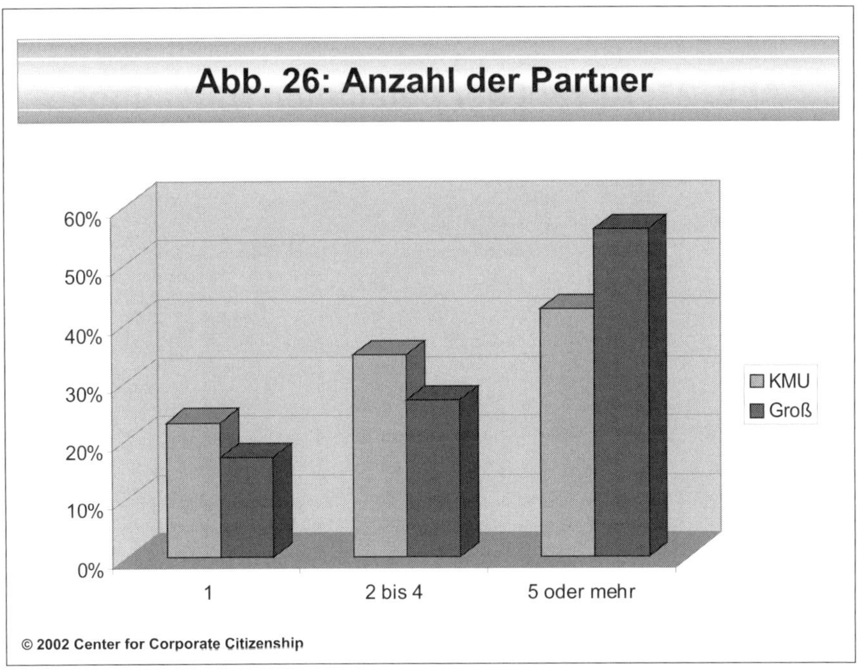

Abb. 26: Anzahl der Partner

Kooperationspartner

Bei bereichsübergreifenden Kooperationsprojekten, in denen ein Unternehmen mit externen Partner bei der Planung und Umsetzung des Engagements zusammenarbeitet, sind dies in der Regel meist mehr als vier Partner.

Erfolgreiche Projekte sind für neue Kooperationen offen und integrieren oft im Projektverlauf neue Kompetenzen und zusätzliche Ressourcen von neu hinzu kommenden Organisationen oder Gruppen. Insbesondere Projekte von Großunternehmen führen oft eine Vielzahl von unterschiedlichen Partnern zusammen. Bei KMU werden Projekte meist nur mit einem bis vier Partnern erfolgreich umgesetzt.

Beteiligte Abteilungen

Bezüglich der am unternehmerischen Bürgerengagement beteiligten Abteilungen können zwei unterschiedliche Strategien beobachtet werden. Einerseits arbeiten im Rahmen eines Projektes meistens fünf oder mehr Abteilungen im Unternehmen zusammen.

Hier zeigt sich, dass Corporate Citizenship wirklich Querschnittsbeziehungen in der Organisation schafft. Es wird somit nicht nur in externes Soziales Kapital investiert, sondern auch eine Kooperationskultur im Unternehmen aufgebaut bzw. verstärkt. Bei vielen KMU ist das ganze Unternehmen beteiligt. Andererseits kann

Abb. 27: Anzahl der beteiligten Abteilungen

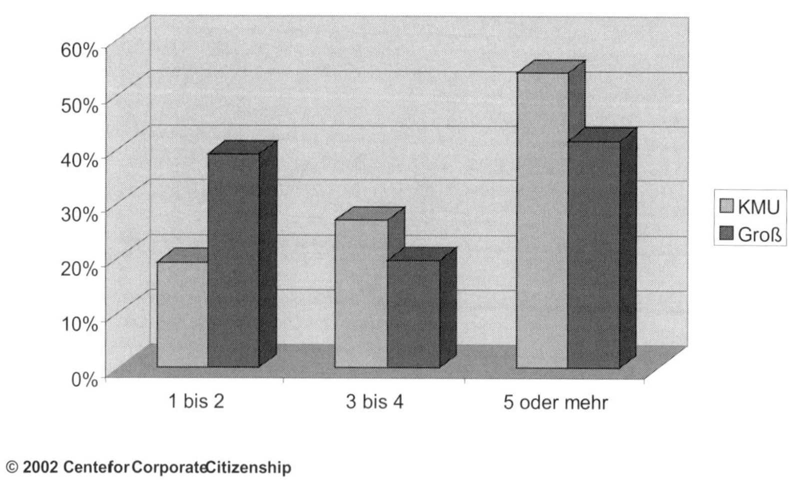

insbesondere in Großunternehmen beobachtet werden, dass eine Vielzahl von Projekten nur von einer oder maximal zwei Abteilungen im Unternehmen getragen wird. Hier handelt es sich oft um die spezialisierte Umsetzung einzelner Corporate-Citizenship-Instrumente (z.B. Corporate Volunteering der Personalabteilung oder Sponsoringaktivitäten der Public Relations Abteilung oder dem Engagement der Unternehmensstiftung). Wenn allerdings die Aktivitäten nicht in eine umfassende Corporate-Citizenship-Strategie eingebettet sind, so besteht die Gefahr, dass wertvolles Know-how, Ressourcen und Synergieeffekte für das Unternehmen nicht zum Tragen kommen. Projekte werden dann zwar zu vollen Kosten, aber nur mit beschränktem Nutzen durchgeführt.

Folgende Abteilungen haben sich an den Projekten aus ‚Freiheit und Verantwortung' beteiligt:

Forschung und Entwicklung, Produktentwicklung, Inhouse-Technik, Presseabteilung, Marketing, Geschäftsführung, Leitung, PR, Corporate Business School, Werkstatt, Umweltconsulting, Real Estate, Procurement, Personal, Sekretariat, IT, Personalentwicklung, Innendienst, Administration, Ausbildungsabteilung, Logistik, Finanzen, Vertrieb, Produktion, Technischer Service, Gesellschaftspolitik, Stiftung, Unternehmenskommunikation, Public Affairs, Einkauf, Rechnungswesen, Finanzplanung, Werbung, Qualitätsmanagement, Buchhaltung, Hausmeister, Verkauf, Produktion, Verwaltung, Wirtschaftspolitik, Betriebsrat, Sponsoring, Interne Kommunikation u.a.

In dieser Auflistung zeigt sich, dass Corporate Citizenship keinesfalls auf die üblichen Verdächtigen Public Relations oder Personalabteilung beschränkt ist. Vielmehr stellen gerade jene Projekte, die die eigentlichen Kernkompetenzen in das Engagement einbringen, auch eine Win-Win-Situation für Unternehmen und Gesellschaft dar. Nur dort, wo es wirklich gelingt, nicht nur hübsche Vorzeigeprojektchen zu fahren, sondern Unternehmensinteresse und gesellschaftliches Interesse miteinander in Beziehung zu setzen, können nachhaltige Netzwerke der Zusammenarbeit aufgebaut werden[100]. Gerade diese oft noch ungenutzten Synergien begründen die Leistungsfähigkeit und die Effektivität von Projekten unternehmerischen Bürgerengagements.

Beteiligte Mitarbeiter

Ein ähnlich heterogenes Bild zeigt sich auch bei den beteiligten Mitarbeitern. Die Mehrheit der Projekte bindet eine Vielzahl von Mitarbeiterinnen und Mitarbeitern in die Durchführung mit ein. Jedoch werden auch nicht wenige Projekte insbesondere in Großunternehmen von nur einer bis fünf Personen abgewickelt. Bei den KMU hingegen sind meist alle Mitarbeiter mehr oder weniger am Projekt betei-

---

[100] Vgl. Kanter (1999), Porter (1999).

Abb. 28: Anzahl der beteiligten Mitarbeiter

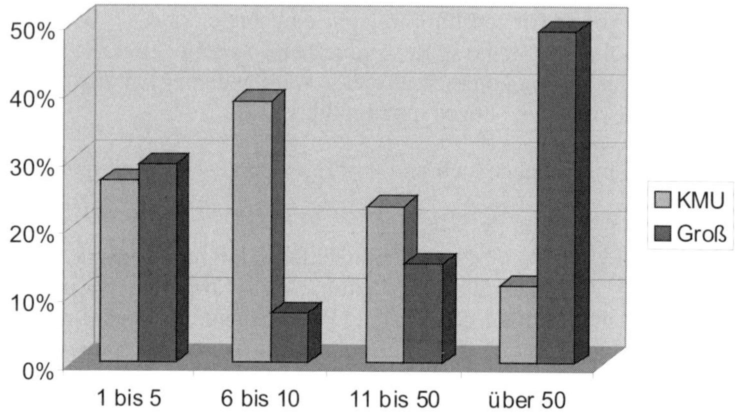

ligt und tragen es durch direktes oder indirektes Engagement mit. Hier werden die identitätsstiftenden Potenziale unternehmerischen Bürgerengagements konsequenter genutzt.

KMU engagieren sich ganz überwiegend mit 100 bis 1000 Mitarbeiterstunden in einem Projekt. Aber auch Projekte mit 1000 bis 5000 und sogar mehr als 5000 investierten Mitarbeiterstunden sind keine Seltenheit. Bei den Großunternehmen umfasst die Mehrzahl der Projekte eine Investition von 1000 bis 5000 Mitarbeiterstunden, aber insbesondere größer und längerfristig angelegte Projekte können durchaus über 5000 Mitarbeiterstunden beanspruchen.

Projektkosten

KMU investieren für ein Corporate-Citizenship-Projekt meist zwischen 5000 und 500.000 Euro. Bei Großunternehmen sind Investition in Höhe von 50.000 bis über 500.000 Euro keine Seltenheit. Die Angaben über die Projektkosten sind oft schwierig, weil verschiedene Kalkulationsverfahren zu Grunde liegen und Budgets aus verschiedenen Abteilungen in die Projektumsetzung mit einfließen.

Abb. 29: Mitarbeiterstunden

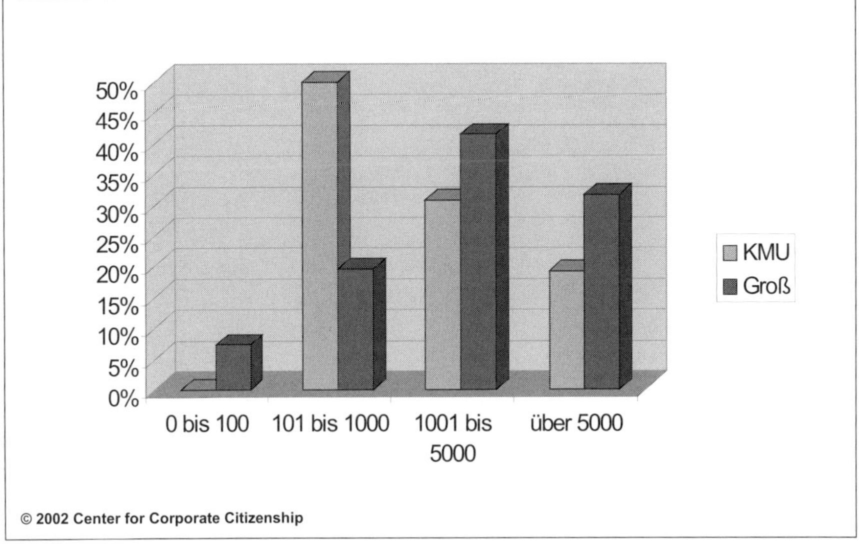

Abb. 30: Projektkosten

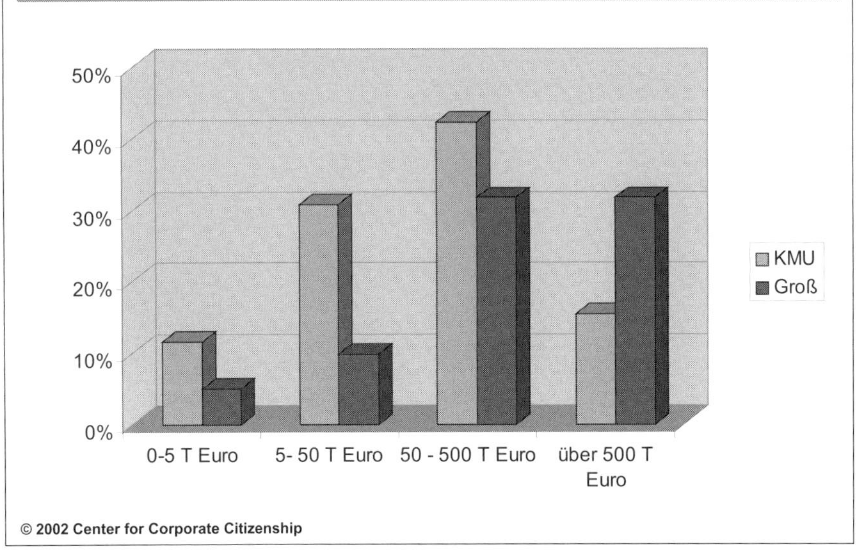

Teil 4: Unternehmerisches Bürgerengagement – gesellschaftliche Rahmenbedingungen

4.1 Die Schaffung von Rahmenbedingungen in der Bürgergesellschaft

Die Schaffung von Rahmenbedingungen: Eine staatliche Aufgabe?

Unternehmerisches Bürgerengagement und Netzwerke Sozialen Kapitals als dezentrale Selbststeuerungsmechanismen einer aktiven Bürgergesellschaft ergänzen in vielen Punkten die ordnungspolitische Funktion des Staates und internationaler Organisationen[101]. Ihnen eignet eine ‚Pfadfinderfunktion' in Bezug auf die Weiterentwicklung von Bildungs- und Sozialprogrammen, die Gestaltung ökologischer Rahmenbedingungen und die Kulturförderung. Netzwerke übernehmen die ordnungspolitische ‚Feinsteuerung', der die staatliche Ordnungsgarantie als ‚Regressbremse' bei einer Erosion bürgerschaftlicher Selbststeuerungsmechanismen gegenüber steht. Im internationalen und globalen Maßstab werden Selbstverpflichtung und Selbstkontrolle der Bürgergesellschaft zur Lösung von Ordnungsproblemen eine wichtige Rolle spielen – jeweils unter maßgeblicher Beteiligung von Unternehmen als ‚Corporate Citizens'.

Bezieht sich also in einem zweistufigen Schema von ‚Rahmenbedingungen (Spielregeln) und Handlungen (Spielzüge)' das unternehmerische Bürgerengagement zunächst auf die Gestaltung von Rahmenbedingungen, so kann umgekehrt auch gefragt werden, welche Rahmenbedingungen denn ihrerseits unternehmerisches Bürgerengagement fördern und erleichtern können. Diese Frage stand im Mittelpunkt etwa der Untersuchungen der Enquete-Kommission ‚Zukunft des bürgerschaftlichen Engagements' des Deutschen Bundestages sowie zahlreicher Veranstaltungen im Rahmen des Internationalen Jahres der Freiwilligen 2001. Auch die Europäische Kommission hat sich jüngst mit einer ‚Mitteilung über die soziale Verantwortung der Unternehmen: ein Beitrag zur nachhaltigen Entwicklung' zu der Thematik geäußert[102]. Auf der Ebene der Vereinten Nationen hat UNO-Generalsekretär Kofi Annan mit dem auf dem Weltwirtschaftsforum 2000 ins Leben gerufenen ‚Global Compact' die Meinungsführerschaft übernommen. Die

---

[101] Vgl. zu einer zeitgemäßen Weiterentwicklung des Konzepts der Ordnungspolitik auch Homann (1995), Gerecke (1998), die Beiträge in Renner/Hinterberger (1998), Pies (2000), Homann/Suchanek (2000).

[102] Kommission der Europäischen Gemeinschaften (2002).

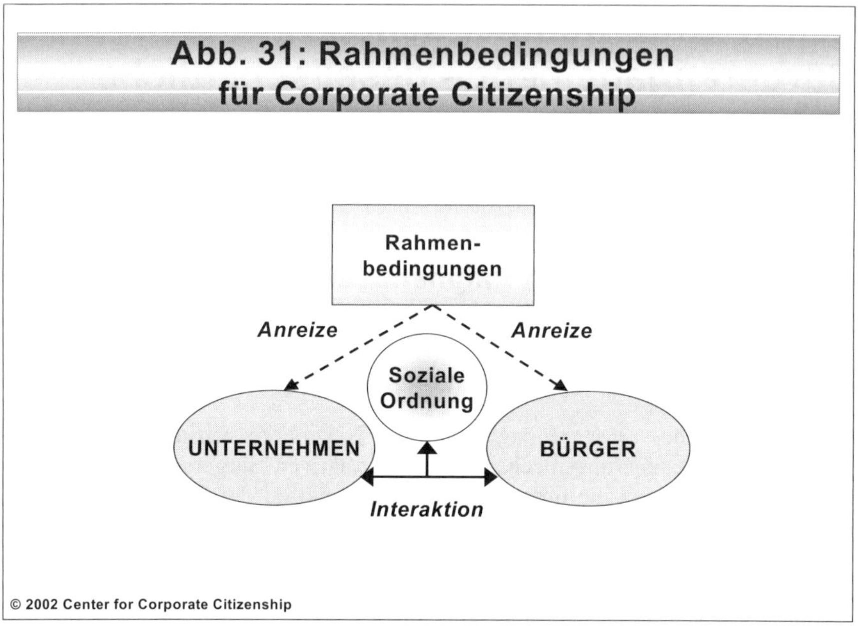

tragenden Überlegungen und Inhalte der genannten Dokumente und Initiativen sollen in diesem Kapitel kurz vorgestellt werden.

Zunächst ist zu betonen: Geeignete Rahmenbedingungen für bürgerschaftliches Engagement von Unternehmen können nicht nur von staatlichen oder internationalen Institutionen geschaffen werden. Relevante Faktoren sind keineswegs nur die rechtlichen oder organisatorischen Rahmenbedingungen, die vom Staat zur Verfügung gestellt werden[103]. Vielmehr entwickeln sich entscheidende Rahmenbedingungen in der Bürgergesellschaft selbst: bürgerschaftliches Engagement (auch von Unternehmen) schafft Rahmenbedingungen für bürgerschaftliches Engagement (anderer Unternehmen und Bürgergruppen).

Das wachsende Gewicht, das gerade der Wirtschaft bei der Entwicklung einer leistungsfähigen Bürgergesellschaft zukommt, ist vielleicht eine der wichtigsten ‚Wiederentdeckungen' in den öffentlichen Diskussionen der vergangenen Jahre: Es ist die Entdeckung eines aktivierenden Corporate Citizenship[104].

---

[103] Dies ist gerade auch angesichts des Abschlussberichtes der Enquete-Kommission des Bundestages zu betonen; vgl. dazu das Sondervotum der CDU / CSU-Fraktion sowie das Sondervotum von Habisch zum Begriff des 'Sozialen Kapitals' in Enquete-Kommission (2002).

[104] Diese Formulierung ist auch gewählt mit Bezug auf die Formulierung vom ‚aktivierenden Staat', die die sozialwissenschaftliche Diskussion um bürgerschaftliches Engagement geprägt hat.

Sponsoring und betriebliche Freiwilligenprogramme

Zentrale Elemente des aktivierenden Corporate Citizenship sind bereits in den Praxisbeispielen aus ‚Freiheit und Verantwortung' zur Sprache gekommen. Durch finanzielle Unterstützung im Rahmen des Sponsorings aber auch unentgeltliche Sachleistungen werden Initiativen bürgerschaftlichen Engagements etwa im Bereich von Sport- und Kulturveranstaltungen, der Bildungsarbeit und Selbstverwaltung, des Naturschutzes und sozialer Einrichtungen überhaupt erst ermöglicht. Die Zahl der Handwerkerstunden, die ehrenamtlich in Vereinshäusern und Kirchengemeinden geleistet werden; die Pkw-Kilometer, die für Sozialeinrichtungen und Jugendgruppen abgefahren werden; die freiberuflichen Beratungsleistungen, die ehrenamtlich für Bürgergruppen und Selbsthilfeeinrichtungen erbracht werden – sie gehen in die Millionen und sind das Schmieröl der Bürgergesellschaft[105]. Stiftungen und Bürgerstiftungen spielen bei der kontinuierlichen Unterstützung bürgerschaftlichen Engagements eine wichtige Rolle.

Als Beitrag, dessen Aktivierungsleistung ständig an Bedeutung gewinnt, sind betriebliche Freiwilligenprogramme (‚Corporate Volunteering') zu nennen. Traditionell spielten erste Erfahrungen in Kindheit und Jugend in einer Engagementbiografie eine wichtige Rolle, um an bürgerschaftliches Engagement herangeführt zu werden. Die Mitarbeit in Gruppierungen der kirchlichen oder gewerkschaftlichen Kinder- und Jugendarbeit, in der Freiwilligen Feuerwehr oder bei Kulturvereinigungen legte in früheren Generationen biografisch die Erfahrungsgrundlage für spätere Engagementformen. Gleiches gilt für Erfahrungen in der Familie. Die Mutter, die sich ehrenamtlich engagiert oder der Vater, der den Sohn oder die Tochter bei der Jugendorganisation anmeldet, spielen eine wichtige Rolle als ‚Türöffner' bürgerschaftlichen Engagements. In einer ‚posttraditionellen' Gesellschaft sind solche Erfahrungen selten geworden. Im Kontext einer individualistischen Kultur werden Mädchen und Jungen immer weniger wie selbstverständlich an Engagementformen heran geführt. Die Chancen zum Erwerb sozialer Kompetenz als auch zur Begegnung mit anderen Engagierten werden ihrerseits erst gar nicht entdeckt: Bürgerschaftliches Engagement bleibt ‚terra incognita'.

Im Kontext einer individualisierten Gesellschaft setzen betriebliche Freiwilligenprogramme also dort an, wo die Menschen (überhaupt noch?) zu erreichen sind: nämlich am Arbeitsplatz. Die Rückmeldungen auf entsprechende betriebliche Aktionen – etwa auf den ‚Betriebsausflug' in Sozialeinrichtungen – sind regelmäßig sehr positiv. Viele Mitarbeiter ‚entdecken' bürgerschaftliches Engagement für

---

[105] Im Rahmen des Preises 'Freiheit und Verantwortung' steht der Preisträger im Bereich Kleinunternehmen – die Werbeagentur Wetzel und Partner – für 'aktivierendes Corporate Citizenship'. Durch die ehrenamtliche Zuarbeit zur Freiwilligenagentur München konnte die Zahl der erbrachten Stunden bürgerschaftlichen Engagements in der Stadt mehr als verdoppelt werden. Doch auch die Unterstützung der Tafel-Bewegung durch die Sponsoren Daimler-Chrysler und McKinsey ist hier zu nennen. Medienanstalten wie Radio NRW können eine wichtige Aktivierungsrolle spielen.

sich und wollen sich längerfristig und intensiver engagieren. In den USA sind ‚Corporate Volunteering'-Programme wesentlich selbstverständlicher und weiter verbreitet[106]. Betriebliche Freiwilligenprogramme werden dort zu einem wichtigen ‚Türöffner' für bürgerschaftliches Engagement in der individualisierten und posttraditionellen Gesellschaft. Sowohl die engagierten Mitarbeiter als auch die Partnerorganisationen in Kultur-, Sozial- und Umweltbereich, vor allem aber die beteiligten Betriebe profitieren von der Logik dieser Entwicklung. Allerdings sind betriebliche Freiwilligenprogramme gelegentlich auch Gegenstand der Kritik: nämlich immer dann, wenn sie sich zu wenig an den Interessen der sozialen und kulturellen Einrichtungen als Partner orientieren. So wird man den Besuch mit einer Blindengruppe im Antiquitätenmuseum nur als Missgriff bezeichnen können. Und die Bewohner von Altenheimen werden die im Rahmen einer betrieblichen ‚Aktion' hordenweise einfallenden Nachwuchsmanager eher als Belästigung denn als Bereicherung empfinden. Die sorgfältige Auswahl eines für beide Seiten ‚passenden' Projektes, die logistische und operative Vorbereitung und Begleitung, die angemessene Öffentlichkeitsarbeit, Nachbereitung in Form von Evaluation und weiterführenden Angeboten an die Mitarbeiter – dies sind Leistungen, die die Einhaltung hoher Professionalitätsstandards erfordern. Die Vorbereitungsarbeit spezialisierter Vermittlungsagenturen ist amerikanischen Unternehmen 100 Dollar pro Tag und Teilnehmer und mehr wert[107].

Fragt man nach den wichtigsten Faktoren der Engagementbereitschaft von Bürgerinnen und Bürgern, dann werden regelmäßig genannt:

a) die zeitliche Überschaubarkeit des Engagements und sinnvolle Gestaltungsmöglichkeiten darin;

b) der Bezug zur eigenen Tätigkeit inklusive flankierender Qualifizierungs- und Weiterbildungsmöglichkeiten;

c) die Aussicht darauf, auch wirklich etwas zu bewegen.

In allen drei Dimensionen können Unternehmen wichtige Partner bei der Gestaltung bürgerschaftlichen Engagements werden. Denn für betriebliche Freiwilligenengagements gelten meistens alle drei Kriterien. Doch auch in bereichsübergreifende Partnerschaftsprojekten etwa mit Bildungseinrichtungen oder Sozialen Trägern können Betriebe entsprechende Elemente einbringen. So können Erfahrungen regelmäßigen Engagements in der betrieblichen Alltagspraxis Eingang in Personal-

---

[106] Vgl. dazu ausführlich Backhaus-Maul (2001a) und (2001b).

[107] In Deutschland hat insbesondere Dieter Schöffmann theoretische und praktische Arbeit zur Verbreitung der Idee und praktischer Initiativen betrieblicher Freiwilligenarbeit geleistet. Vgl. Schöffmann (2001). Zu Kristallisationspunkten sind auch die lokalen Büros der Initiative 'Unternehmen – Partner der Jugend' (UPJ) geworden. Vgl. www.upj-online.de bzw. Damm und Lang (2001).

akten finden und auch dem Qualifikationsschema einer Mitarbeiterin bzw. eines Mitarbeiters zugerechnet werden. Im Bereich der Führungskräfteschulung setzen Unternehmen das ‚Secondment', also die Platzierung eines Mitarbeiters für einige Wochen oder Monate z.B. im operativen Geschäft einer Nichtregierungsorganisation, als strategisches Element der Personalentwicklung ein. Flankierende Qualifikations- und Weiterbildungsmaßnahmen können auf das Secondment abgestimmt werden. Dadurch können zusätzliche Anreize geschaffen werden, die allerdings nur Sinn machen, wenn eine natürliche Nähe des Mitarbeiters zu dieser Organisation oder Bürgergruppe besteht. Sichergestellt ist auch eine gewisse Effektivität des Engagements, wenn sich Unternehmen als Corporate Citizens in bereichsübergreifenden Netzwerken für gesellschaftliche Belange engagieren. Denn sie bringen nicht nur ihr Organisations- und Managementwissen in diese Partnerschaft mit ein, was in der Regel eine hohe Produktivität des Engagements und entsprechende Erfahrungen für die Engagierten ermöglicht. Die Firmen stehen schließlich mit ihrem Namen und ihrer Reputation dafür ein, dass bei dem Projekt ein konkretes Ergebnis mit Bezug zu wichtigen gesellschaftlichen Problemen erarbeitet wird.

Bereichsübergreifende Netzwerke als ‚Gelegenheitsstrukturen': Die ‚Initiative für Beschäftigung!'

Unternehmerisches Bürgerengagement schafft nicht nur durch das Bereitstellen von Finanzmitteln und Mitarbeiterstunden wichtige Voraussetzungen für die ehrenamtliche Tätigkeit anderer Bürger und Unternehmen. Wenn es zur Entstehung von bereichsübergreifenden Kooperationsbeziehungen und Netzwerken kommt, wachsen auch ‚Gelegenheitsstrukturen' (Mutz) für andere Unternehmen, aufzuspringen und sich ihrerseits zu beteiligen. Denn das Bestehen solcher eingespielter Formen der Zusammenarbeit senkt die ‚Transaktionskosten' für andere – z.B. kleinere – Unternehmen.

Als Paradebeispiel für unternehmerisches Bürgerengagement, das seinerseits Gelegenheitsstrukturen für andere engagierte Bürger und Unternehmen geschaffen hat, ist die ‚Initiative für Beschäftigung', die die Bertelsmann-Stiftung gemeinsam mit der IG Bergbau, Chemie, Energie und der BASF AG ins Leben gerufen hat. Das Ordnungsproblem, das ausschlaggebend für die ‚Initiative für Beschäftigung!' wurde, war die Arbeitslosigkeit, die in der zweiten Hälfte der 90er Jahre in Deutschland auf neue Höchststände anschwoll. Insbesondere Problemgruppen des Arbeitsmarktes waren mit den klassischen Instrumenten der Arbeitsverwaltung kaum mehr vermittelbar. Ausgehend von einer Initiativgruppe bestehend aus dem Bertelsmann-Mehrheitsgesellschafter R. Mohn, dem BASF-Vorstandsvorsitzenden J. Strube und dem Vorsitzenden der Chemiegewerkschaft H. Schmoldt fanden sich in den verschiedenen deutschen Wirtschaftsregionen Unternehmerpersönlichkeiten in Großunternehmen (Eigentümerunternehmer oder Vorstandsmitglieder). Sie verpflichteten sich, jeweils in ihrer Region ein regionales Netzwerk von Unternehmen und Partnern zu konstituieren, um spezifische Lösungswege zu finden. Ziel der regionalen Netzwerke, die jeweils unter der ‚Patenschaft' eines Großunternehmens stehen, ist es, Reformprojekte am regionalen Arbeitsmarkt anzustoßen und so insbesondere Langzeitarbeitslosen neue Beschäftigungsfelder zu erschließen. Operativ betreut wurde die ‚Initiative für Beschäftigung!' durch ein professionelles Moderationsunternehmen, die IFOK GmbH in Bensheim. Durch die enge Kooperation mit kleinen und mittleren Unternehmen, Verbänden, Gewerkschaften, Kammern, Aus- und Weiterbildungseinrichtungen und anderen gesellschaftlichen Gruppen sind konkrete Projekte entwickelt und gemeinsam in den regionalen Netzwerken auch umgesetzt worden. Es arbeiteten zeitweilig über 2000 Persönlichkeiten aus Unternehmen und öffentlichem Leben zusammen, darunter 400 Unternehmen, die sich aktiv an der Umsetzung beteiligten. Die Initiative beschäftigt sich dabei insbesondere mit der Integration von Jugendlichen in das Berufsleben, der Förderung von Unternehmensgründungen, der Integration von Benachteiligten und der Sicherung des Beschäftigungstandes in Unternehmen. Neben der regionalen Kooperation und dem regelmäßigen Informationsaustausch in den jeweiligen Netzwerken findet ein Austausch zwischen den Regionen auch auf der Bundesebene statt. Im Rahmen eines Initiativkreises der jeweiligen Vertreter der regionalen Netzwerke werden Erfahrungen ausgetauscht und die Gesamtstrategie abgestimmt.

Die Öffentlichkeit wird durch Fachveranstaltungen in den Prozess mit einbezogen. Die quantitativen Erfolge sind beträchtlich: ca. 5.000 neue Arbeitsplätze wurden geschaffen und 20.000 Personen durch Qualifikations- und Informationsprojekte erreicht. Dies hat die hohe Arbeitslosigkeit in Deutschland bekanntlich nicht beseitigt. Die Zusammenarbeit in den regionalen Netzwerken funktioniert zudem unterschiedlich gut. Doch die ‚Initiative für Beschäftigung!' kann zurecht als Modellprojekt für eine dezentrale Arbeitsmarktpolitik gelten, wie sie in der gegenwärtigen Diskussion um die Reform der Bundesanstalt für Arbeit als Leitbild gehandelt wird. Denn vielleicht noch wichtiger als die Qualität der neuen Arbeitsplätze sind die qualitativen Verbesserungen der Beschäftigungsstrukturen in den betreffenden Regionen. Die Netzwerkarbeit hat eine Kultur der Zusammenarbeit zwischen großen und mittelständischen Unternehmen, Bildungs- und Weiterbildungseinrichtungen, Arbeitsverwaltung und Gewerkschaften begründet, die für die Umsetzung neuer Ideen auf den regionalen Arbeitsmärkten von zentraler Bedeutung ist. In einigen Regionen ist es zur Entstehung von ‚Sozialem Kapital' gekommen – also tragfähigen Kooperationsstrukturen, die eine koordinierte Zusammenarbeit an bestimmten Ordnungsproblemen der Region insbesondere im Bereich der Aus- und Weiterbildung ermöglicht. Darüber hinaus gingen von der ‚Initiative für Beschäftigung!' immer wieder auch Impulse für Reformen der Arbeitsmarktinstitutionen aus.

Corporate Citizenship: Zusammenarbeit und Wettbewerb zwischen Unternehmen

Ganz im Sinne eines ermöglichenden Corporate Citizenship betont die EU-Kommission in ihrem Grünbuch zur Sozialen Verantwortung der Unternehmen vom Dezember 2000, dass die Geschäftsbeziehungen zwischen Großunternehmen und ihren Zulieferern bzw. Kunden zu einem der wichtigsten Instrumente zur Verbreitung unternehmerischen Engagements in der Wirtschaft werden können[108]. Hier werden die bestehenden Geschäftsbeziehungen zu förderlichen Rahmenbedingungen unternehmerischen Bürgerengagements: Engagierte Unternehmen können die mit ihnen verbundenen Firmen einladen, sich an Aktionen zu beteiligen oder ihre spezifischen Kompetenzen einzubringen[109]. Bei einem solchen Vorschlag sollten allerdings wichtige Eigenschaften unternehmerischen Bürgerengagements beachtet werden:

a) Die Freiwilligkeit der Teilnahme muss unbedingt gewahrt bleiben. Insbesondere bei Zulieferern oder Auftragnehmern großer Konzerne kann hier ein informeller Druck entstehen, ‚doch bitte' einen Beitrag zur Reputation der Großen zu erbringen. Dies würde dem Geist unternehmerischen Bürgerengagements widersprechen und seiner Verbreitung eher schaden.

b) Hinzutretenden Sponsoren oder Engagierten müsste Gelegenheit gegeben werden, namentlich im Projektergebnis klar identifizierbar zu bleiben. Die Freiheit zur eigenständigen Gestaltung eines bestimmten Teilaspekts unterscheidet Corporate-Citizenship-Projekte von einer bloßen Lieferbeziehung, in der die Leistung der Zulieferfirma bis in Einzelheiten hinein im voraus festgelegt worden ist.

c) Dazu gehört auch, dass ein gemeinsames Projekt in die strategische Ausrichtung und die Kompetenz aller beteiligten Partner fallen sollte. Innovationsgeist und Einsatzbereitschaft nehmen in der Regel zu, wenn alle Partner auch von den zu Grunde liegenden Ordnungsproblemen betroffen sind bzw. von deren Lösung profitieren würden. Wo dazu eine ‚kollektive Selbstbindung' z.B. aller Anbieter einer Branche oder Arbeitgeber einer Region notwendig ist, da muss sich ein Corporate Citizen in der Tat um die Einbeziehung der relevanten Partner bzw. Wettbewerber bemühen.

d) Die Kooperation zweier oder mehrerer Unternehmen in einem Projekt bürgerschaftlichen Engagements darf Grundregeln nicht außer Kraft setzen. Dies gilt vor allem für das Wettbewerbsprinzip, das im Kontext funktionsfähiger Marktwirtschaften seinerseits wichtige Gemeinwohlfunktionen hat. Wo die Zusammenarbeit zweier Wettbewerber in einem Corporate-Citizenship-Projekt auch eine ‚Verständigung' bezüglich be-

---

[108] Vgl. Kommission der Europäischen Gemeinschaften (2001).

[109] So handelt etwa die SMC Unternehmensberatung, wenn sie für ihre betrieblichen Freiwilligeneinsätze in Osteuropa unter ihren Kunden und Geschäftspartnern Sponsoren sucht, die z.B. Materialkosten zur Verfügung stellen. Ein anderes Beispiel hierfür ist die Werbeagentur Xynas, Wetzel, von Buren, die weitere Sponsoren für das Projekt „Tatendrang" über ihr Beziehungsnetzwerk mobilisierte.

stimmter Preisstrukturen oder Marktstrategien etc. mit sich bringt, da wird dies zu Recht die Aufmerksamkeit der Wettbewerbsbehörden auf sich ziehen. Gleiches gilt auch für die mögliche Einschränkung der Rechte Dritter, die von den Folgen einer Vereinbarung betroffen sind. Ein transparentes Vorgehen, das stets im Licht einer medialen Öffentlichkeit statt findet, ist daher ein unentbehrliches Element jeder Corporate Citizenship Strategie.

Der EU-Kommission ist sicherlich zuzustimmen, dass die Zusammenarbeit zwischen Unternehmen ein wichtiges Instrument der Wirtschaft ist, um ihre soziale Verantwortung wahrzunehmen und deren Basis zu verbreitern. Die Kooperation in Verbänden oder auch in branchenübergreifenden Netzwerken wie CSR-Europe dient nicht nur dem Informationsaustausch. Sie ermöglicht auch ein koordiniertes Vorgehen, wo etwa die Lösung eines ordnungspolitischen Problems die Herstellung einer Branchenvereinbarung zwischen verschiedenen Wettbewerbern voraussetzt. Feste Kooperationsstrukturen etwa im Kontext von Verbänden oder Kammern können also durchaus als Soziales Kapital zur Überwindung von Trittbrettfahrerproblemen dienen, wenn und insofern sie den genannten Kriterien entsprechen.

Die Betonung von Kooperationsbeziehungen zwischen engagierten Unternehmen sollte allerdings einen noch wichtigeren Mechanismus zur Stärkung unternehmerischen Bürgerengagements nicht ignorieren: den Wettbewerb. Auch im Bereich der Güter- und Dienstleistungsmärkte verdanken moderne Gesellschaften ihren Wohlstand ja nicht einer umfassenden Kooperation (wie sie zumindest als Idee sozialistischen Produktionsformen zu Grunde liegt) sondern der Konkurrenz zwischen alternativen Anbietern. Nichts spricht dagegen, dass ein bewusst gestaltetes Wettbewerbssystem auch der quantitativen Verbreitung und der qualitativen Leistungssteigerung von Projekten unternehmerischen Bürgerengagements Vorschub leisten kann. Lassen sich bereichsübergreifende Kooperationsprojekte als intern konkurrenzfreie Räume bezeichnen, so wäre hier gerade eine ‚Konkurrenz der konkurrenzfreien Räume' anzuzielen[110]. Fänden sich geeignete Kriterien – die formal und nicht inhaltlich ansetzen müssten[111] – dann wäre ein Vergleich verschiedener Aktivitäten ebenso möglich, wie sich etwa bei Befragungen die Beliebtheit verschiedener Arbeitgeber, die Leistungsfähigkeit verschiedener Universitäten oder die Qualität verschiedener Standorte vergleichen lassen.

Der Wettbewerb der Initiative ‚Freiheit und Verantwortung' der Spitzenverbände und der WirtschaftsWoche unter der Schirmherrschaft des Bundespräsidenten stellt selbst eine solche Konkurrenz der konkurrenzfreien Räume dar. Doch die Anreize, die er auf die Unternehmen auszuüben vermag, sind naturgemäß begrenzt. Dies ändert sich, wenn sich – wie dies z. T. in den USA bereits der Fall ist

[110] Vgl. dazu Habisch (1998a).

[111] Vgl. dazu die Kriterien des Wettbewerbs ‚Freiheit und Verantwortung'.

– konkrete Anschlussvorteile etwa auf wettbewerbsintensiven Personalmärkten ergeben, weil hochqualifizierte Mitarbeiterinnen und Mitarbeiter ihr Eintreten in ein Unternehmen u.a. auch von dessen Qualitäten als ‚Corporate Citizen' abhängig machen. Bei entsprechend ansetzender Unternehmenskommunikation ist auch eine Differenzierungsstrategie auf Produktmärkten möglich. Ein Vehikel des Wettbewerbs in Sachen unternehmerisches Bürgerengagement sind mit Sicherheit nationale und internationale Finanzmärkte, an denen das Interesse für die Thematik wächst. Ein mittelständischer Kreditnehmer, der sich kontinuierlich und nachhaltig in Projekten unternehmerischen Bürgerengagements engagiert, signalisiert dadurch eine Langfristigkeit seines Kalküls, die auch für Kreditgeber bzw. Versicherungsunternehmen eine relevante Information darstellen dürfte.

Eine derartige ‚Konkurrenz der konkurrenzfreien Räume' hätte wichtige Steuerungseffekte für alle Beteiligten des Corporate Citizenship – auch für Nichtregierungsorganisationen und andere Unternehmenspartner. Der bereits bestehende Wettbewerb zwischen konkurrierenden Umweltgruppen, Vereinen, Verbänden, NGOs oder Bürgergruppen würde dadurch um einen wichtigen Faktor ergänzt: die Kooperations- und Kommunikationsfähigkeit. Wettbewerbsvorteile in der Öffentlichkeit erhielte derjenige, dessen Kooperationsprojekt dort wahrgenommen würde – mit entsprechenden Rückwirkungen auf den Wettbewerb um Sponsorengelder, Ehrenamtliche, Medieninteresse etc. Nicht mehr nur diejenige Initiative, die die waghalsigste Blockadeaktion organisiert oder die gröbste Vereinfachung komplexer Sachverhalte vornimmt, hätte dann Wettbewerbsvorteile in der Mediengesellschaft. Der Wettbewerb würde sich vielmehr auf die Auswahl eines relevanten Ordnungsproblems, den Ideenreichtum in der Auswahl eines Unternehmenspartners, die Kommunikationsfähigkeit im Umgang mit dem Partner und die (gemeinsame) Effizienz im Projekt beziehen. Das Anforderungsprofil an den leistungsfähigen Aktivisten würde sich von Qualitäten wie körperlicher Fitness und Wagemut verschieben hin zu Sachkenntnis und sozialer Kompetenz im Umgang mit dem Unternehmenspartner und anderen Mitgliedern des bereichsübergreifenden Netzwerkes.

In den USA haben entsprechende Effekte in den vergangenen Jahrzehnten nach Aussage von Beobachtern beider Seiten zu einer erheblichen Steigerung der Professionalität und Kompetenz von NGOs und Initiativen geführt. Dies hat beachtliche Vorteile für die gesamte Gesellschaft. Denn eine Bürgergesellschaft, die Kreativität, Einsatzbereitschaft und Engagement mit kommunikativer Kompetenz und Sachkenntnis paart, vermag ihre Aufgaben in der komplexen Gesellschaft von heute wesentlich effektiver zu leisten. Ihr Beitrag zur Lösung der Ordnungsprobleme des 21. Jahrhunderts steigt – mit entsprechenden positiven Effekten für die Reputation und die Rahmenbedingungen ihrer Arbeit. Ein Personalaustausch zwischen Unternehmen und Bürgergruppen, wie er bereits heute üblich ist, würde bei einer solchen Entwicklung sicherlich noch an Bedeutung zunehmen – mit entsprechenden positiven und Horizont erweiternden Folgen für beide Seiten[112].

Nur wenn sowohl engagierte Unternehmen als auch Partnerorganisationen aus ihrer Kooperation auf den jeweils für sie relevanten Märkten konkrete Wettbewerbsvorteile ableiten können, wird sich die Praxis des Corporate Citizenship im 21. Jahrhundert mit jener Geschwindigkeit ausbreiten und professionalisieren, die aus gesellschaftlicher Sicht wünschenswert wäre. Maßnahmen der Politik müssen solche Wettbewerbsvorteile nicht erst schaffen; sie können ihr Fehlen aber auch nicht kompensieren – etwa durch Subventionszahlungen oder durch eine gesetzlich auferlegte Freistellungsverpflichtung für engagementwillige Mitarbeiterinnen und Mitarbeiter[113]. Flankierende Maßnahmen auf kommunaler, nationaler und internationaler Ebene müssten vielmehr im Rahmen einer ordnungspolitischen Strategie darauf hinaus laufen, bestehende Wettbewerbsvorteile zu verstärken bzw. die (Transaktions-)Kosten für engagementwillige Unternehmen zu senken. Bei alledem bleibt aber unbestreitbar, dass professionellen Nichtregierungsorganisationen und Bürgergruppen eine zentrale Aufgabe für die Verbreitung des Corporate Citizenship zukommt.

Nichtregierungsorganisationen als Rahmenbedingungen für unternehmerisches Bürgerengagement

Schaffen im Raum der Bürgergesellschaft Unternehmen selbst Rahmenbedingungen für andere Engagierte (Bürger oder Unternehmen), so gilt dies genauso für Nichtregierungsorganisationen. Auch ihre Aktivitäten können auf jeweils nationaler Ebene, aber gerade auch im internationalen Raum bürgerschaftliches Engagement von Unternehmen befördern und unterstützen. Dazu ist es allerdings unverzichtbar, dass sie eine eigene soziale Kompetenz für den Umgang mit den Unternehmen entwickeln und auch in Wettbewerbszusammenhängen zu denken lernen. Mit pauschalen Vorbehalten und medienträchtigem Aktionismus lassen sich diese kritischen Erfolgsfaktoren für Nichtregierungsorganisationen im 21. Jahrhundert nicht ersetzen. Zwei Beispiele mit globaler Resonanz seien für diesen Typ eines professionellen Unternehmenspartners im 21. Jahrhundert genannt.

---

[112] Vgl. zur Diskussion um die verschiedenen Aspekte der Arbeit von Nichtregierungsorganisationen auch Altvater/Brunnengräber (2002), Andreasen (1996), Brunnengräber/Klein/Walk (2001), Hötte (1999), Edwards (2000), May (2002), Messner (1998), Mullen (2002), Porter/Kramer (1999), Klein (2002), Kohout/Mayer-Tasch (2002), Zimmmer/Frantz (2002).

[113] Die Enquete-Kommission des Bundestages hat fraktionsübergreifend auf eine solche Empfehlung verzichtet. Ein ‚Zwang zur Freiwilligkeit' würde die Logik unternehmerischen Bürgerengagements zerstören und – wie manches wohlmeinende Handeln des Staates – der Idee in der Praxis eher schaden.

Die Initiative ,Transparency International – Globale Koalition gegen Korruption' ist eine der spektakulärsten Erfolgsstorys im Bereich der Nichtregierungsorganisationen. Sie wurde erst 1993 vom ehemaligen Ostafrika-Direktor der Weltbank, Peter Eigen und einigen seiner Kollegen gegründet. Bereits die Gründung von TI ist ein gutes Beispiel für die Logik bürgerschaftlichen Engagements. Eigen war in seinem Berufsalltag immer wieder auf das Problem der Korruption gestoßen. Jahrlange Bemühungen um eine korrekte Abwicklung geförderter Großprojekte wurden mit einem Schlag zunichte gemacht, wenn der Emissär eines internationalen Großunternehmens beim Minister zu Besuch war und dabei diskret einen Geldkoffer übergab. „TI wurde aus der Erfahrung von Menschen geboren, die mit eigenen Augen gesehen haben, wie sehr Korruption das Leben der Menschen beeinträchtigt – und aus Enttäuschung, dass niemand darüber sprechen wollte" (P. Eigen)[114]. Weil Staat und Wirtschaft das Problem nicht in den Griff bekamen, sahen Eigen und seine Kollegen die Notwendigkeit, im Rahmen der internationalen Bürgergesellschaft selbst aktiv zu werden. Dabei brachten sie ihr professionelles Know-how wie auch die Netzwerke, über die sie unmittelbar nach ihrem Ausscheiden aus der Weltbank verfügten, in ihr bürgerschaftliches Engagement mit ein.

Korruption ist ein Problem je nationaler Ordnungssysteme, das aber durch die Globalisierung noch entscheidend verstärkt wird[115]. Sie verursacht Ineffizienzen, die letztlich von Steuerzahlern und Verbrauchern bezahlt werden müssen. Weder Staat noch Wirtschaft können das Problem aus sich heraus lösen: Nationale Maßnahmen scheitern daran, dass Gesetze nicht befolgt werden, Kontrollbehörden nicht ausreichend ausgestattet sind oder die Politik selbst in den Interessenkonflikt einbezogen ist. Unternehmen sind durch den Wettbewerb mit korrumpierenden Konkurrenten gezwungen, ebenfalls zur Bestechung zu greifen, um überleben zu können.

Für unsere Zusammenhänge ist jedoch weniger die Bedeutung der adressierten ordnungspolitischen Thematik relevant, als vielmehr die professionelle Herangehensweise, mit deren Hilfe Transparency International das Problem angegangen ist. Denn die Struktur und das Arbeitsinstrumentarium stellt ein herausragendes Beispiel dafür dar, wie durch Nichtregierungsorganisationen Rahmenbedingungen für Corporate Citizenship Aktivitäten geschaffen werden können[116]. Diese verfolgen ein doppeltes Ziel:

---

[114] Zit.n. www.Carl-Bertelsmann-Preis.de

[115] Vgl. zu diesem Zusammenhang von Globalisierung und Ordnungsproblemen unten Teil 5 ,Globale Ordnungsstrukturen'.

[116] TI hat dafür im Jahr 2002 den renommierten Carl-Bertelsmann-Preis für gesellschaftliche Verantwortung des Unternehmens erhalten.

a) in der nationalen und internationalen Öffentlichkeit Korruption auf die Tagesordnung zu setzen und ein Bewusstsein für dessen verheerende Konsequenzen zu schaffen – also öffentlichen Problemdruck zu erzeugen;

b) pragmatische Instrumente zur Bekämpfung von Korruptionspraxis so in den jeweiligen gesellschaftlichen Kontext einzubetten, dass jeweils in der Funktionslogik der ausdifferenzierten Systeme Wirtschaft und Politik ‚Heilungsprozesse' angestoßen werden. Auf dieser Ebene spielt eine konstruktive Herangehensweise und eine gemeinsame Suche mit Politik, Verwaltung und Unternehmen auf je nationaler und regionaler Ebene eine zentrale Rolle.

Letzteres Vorgehen unterscheidet TI von rein ‚öffentlichkeitswirksamen' Nichtregierungsorganisationen. Es entfaltet auch Rückwirkungen auf die Mitgliederstruktur. In den nationalen Arbeitsgruppen (‚national chapters') engagieren sich sehr viel stärker nationale Eliten der jeweiligen Länder[117]. Aufgrund dieser Struktur der national chapters ist TI ein idealer Ansprechpartner für international agierende Unternehmen. Denn Vorwürfe eines Neokolonialismus, der die spezifische Kultur des Landes (zu der Korruption nun einmal gehöre) ignoriert, gehen hier ins Leere. Internationale Corporate Citizens, die mit TI zusammen arbeiten, unterstützen die je nationale Bürgergesellschaft selbst in ihrem Kampf um die Herstellung Sozialer Ordnung. Sie investieren in Soziales Kapital ihrer Gastländer. Doch um dies zu ermöglichen muss eben eine derartige NGO – Infrastruktur zur Verfügung stehen: TI schafft Rahmenbedingungen für Corporate Citizenship.

Gleiches gilt auch für die wichtigsten Instrumente des operativen Geschäfts. Die Initiative hat ein praxisnahes Antikorruptionsinstrumentarium (‚Corruption Fighters Tool Kit') entwickelt, mit dem sie sich speziell an korruptionsgeplagte Unternehmen richtet. Zudem bietet sie die Expertise ihrer ehrenamtlichen Fachleute an, die den Spezialisten des Justizapparats in Sachen Professionalität in nichts nach stehen. Weltweit wurden bereits 120 ‚Integritätspakts' verwirklicht, innerhalb derer sich alle an einer öffentlichen Ausschreibung oder Planung beteiligten Personen zu Transparenz und Integrität verpflichten. TI-Mitarbeiter überwachen die Einhaltung, im Falle des Verstoßes drohen rechtliche Sanktionen, Verlust von finanziellen Pfandzahlungen oder auch informelle Sanktionen innerhalb des Netzwerkes. Der ‚Integritätspakt' ist ein klassisches Ordnungsinstrument der Bürgergesellschaft des 21. Jahrhunderts.

Im Bereich ökologischer Probleme engagiert sich die ‚Coalition for Environmentally Responsible Economies – Ceres' (nach der römischen Göttin der Fruchtbarkeit). Ein Auslöser wurde die Exxon-Valdez-Katastrophe Ende der 80er Jahre, die

[117] TI verfügt über eine professionell agierende Weltzentrale in Berlin. Diese bietet aber lediglich logistische Unterstützung für die eigentliche operative Arbeit in den ‚National Chapters'.

auch in den USA das Bewusstsein für Umweltpolitik stärkte. Die Politik verzichtete auf Regulierungen, um die internationale Wettbewerbsfähigkeit amerikanischer Unternehmen nicht zu gefährden. Den Unternehmen fehlten Instrumente zur Selbstregulierung und zur Neuausrichtung ihres Produktionsprozesses. Eine Gruppe sozialer Investoren im ‚Board for Social Investment Forum' suchte nach Partnern in der Bürgergesellschaft, um Kriterien für soziales Investment zu formulieren. In dieser Situation hat sich CERES als bereichsübergreifendes Kooperationsnetzwerk aus Sozialen Investmentfonds, kirchlichen Gruppen, Gewerkschaften, Umweltverbänden und Wissenschaftlern konstituiert. Der Gründungsdirektor Robert Massie sah es als wichtigste Herausforderung an, den Gedanken der Nachhaltigkeit in der Unternehmensstrategie selbst zu verankern. Zugleich sollten für reformwillige Unternehmen Wettbewerbsvorteile geschaffen werden. Zwei Erkenntnisse bestimmen die Arbeit von CERES:

a) Nur solche Lösungen, die von allen akzeptiert werden, können sich durchsetzen und nachhaltige Veränderungen bringen;

b) Nur messbare Daten fördern die Problemwahrnehmung und mobilisieren Initiativen zu deren Beseitigung.

In bereichsübergreifender Kooperation zwischen Investoren und Umweltgruppen im Rahmen des CERES-Netzwerkes (CERES Coalition) wurden unter Nutzung von Informationen aus allen gesellschaftlichen Bereichen die CERES-Prinzipien als messbare Standards für nachhaltiges Wirtschaften formuliert. Ressourcenverbrauch, Prozesssicherheit, Organisation – engagierte Unternehmen sollen Wettbewerbsvorteile in der Öffentlichkeit und bei Investoren erhalten. Die ‚70 plus' sind kleine, mittlere und große Unternehmen, die die CERES-Standards übernehmen und umsetzen: Dazu gehören mittlerweile 50 Unternehmen inklusive 13 Großunternehmen der Fortune 500 Liste. Sie können sich auf der Internetseite des Netzwerkes[118] präsentieren. Der permanente Dialog im Rahmen des Netzwerkes schafft wechselseitiges Vertrauen und sorgt für permanenten Informationsaustausch. Dies brachte – ganz überwiegend im nationalen Kontext der USA – bessere Rahmenbedingungen für Corporate Citizenship hervor. Darin zeigte sich eine ‚Pfadfinderfunktion' auch für Aktivitäten der nationalen und internationalen Politik. So startete – mit initiiert durch CERES – im Jahr 1997 die ‚Global Reporting Initiative' unter dem Dach der Umweltorganisation der Vereinten Nationen (UNEP). Hier geht es um die Formulierung weltweit anwendbarer ‚Sustainable Reporting Guidelines'. Diese wurden in bereichsübergreifender Zusammenarbeit von Unternehmen aller Branchen und Nichtregierungsorganisationen in einem fünfjährigen Prozess erarbeitet und auf dem Weltumweltgipfel in Johannesburg erstmals vorgestellt. Noch stärker als im CERES-Netzwerk wurden in der Global Reporting Initiative auch die Unternehmen selbst an bereichsübergreifenden Kon-

---

[118] Weitere Informationen unter www.ceres.org.

sultationen in einem weltweiten Prozess beteiligt. Allerdings zeigten sich hier zugleich auch die Grenzen eines globalen Regulierungsansatzes. Die vorgelegten Guidelines sind extrem technisch, zugleich aber immer noch zu allgemein, um branchenbezogen eingesetzt zu werden. Die Lösung der Ordnungsprobleme des 21. Jahrhunderts bedarf dezentraler Instrumente gesellschaftlicher Selbstregulierung, die von internationalen Agenturen unterstützt, aber nicht ersetzt werden können. Zu deren Herausbildung aber können Initiativen von Nichtregierungsorganisationen eine wichtige Rolle spielen.

4.2 Rahmenbedingungen auf kommunaler und regionaler Ebene

Der Aufbau bereichsübergreifender Kooperationsnetzwerke

Die Integration unternehmerischen Bürgerengagements in die Kommunalpolitik und die Lösung von Ordnungsproblemen auf regionaler Ebene gewinnt schnell an Bedeutung[119]. Dabei spielt nicht nur die – aktuelle – Krise der kommunalen Haushalte und die dadurch vielerorts notwendig gewordene Beschränkung von Leistungen eine Rolle. Langfristig muss der Leviathan-Staat, von dem die Bürger ausschließlich die Lösung gesellschaftlicher Probleme in der Region erwarten, insbesondere auf der kommunalen Handlungsebene überwunden werden. Hier ist auch die Bereitschaft zum Engagement der Bürgerinnen und Bürger für öffentliche Angelegenheiten am größten[120]. Insbesondere das bürgerschaftliche Engagement kleiner und mittlerer Unternehmen richtet sich fast ausschließlich auf die kommunale und regionale Ebene, weil es hier seine wichtigsten Anspruchsgruppen erreichen kann. Was kann die Kommunalpolitik tun, um ihrerseits das Engagement von Corporate Citizens für die Lösung regionaler Ordnungsprobleme zu verstärken?

Ein erster Schritt wird die (Wieder-)Herstellung einer Gesprächsebene zwischen Unternehmen einerseits und kommunalen Bildungs-, Sozial- und Kultureinrichtungen andererseits sein, auf der es um die gemeinsame Bearbeitung von regionalen Ordnungsproblemen geht. Solche Gespräche zielen auf die gemeinsame Veränderung von Rahmenbedingungen in der Region ab. Entsprechende ‚konstitutionelle Dialoge' können eher situativ bei Eröffnungsfeiern und Empfängen, in Kirchengemeinden oder Sportvereinen, im Lionsclub oder bei Abschlussbällen stattfinden. Sie finden organisiert statt im Stadt- oder Gemeinderat, in Beiräten und Kuratorien, in lokalen Agenda 21-Prozessen. Es ist auch hier das Beziehungsnetzwerk einer aktiven Bürgergesellschaft, das in vielfältiger Weise ‚Gelegen-

119 Vgl. für die Kooperation mit Städten Berg/Braun/Otgaar (2000) sowie allgemein die Beiträge in Backhaus-Maul/Brühl (2002).

120 Diese Beobachtung findet sich bereits bei Tocqueville (1835/ 1990).

heitsstrukturen' für Corporate-Citizenship-Projekte hervorbringt. Es entsteht jenes kommunikative Milieu, in dem Unternehmen auf ihre bürgerschaftliche Mitverantwortung hin ‚ansprechbar' werden[121].

Andere Beispielprojekte wachsen aus reinem Sponsoring zu bereichsübergreifenden Partnerschaftsprojekten heran. Traditionelle Sponsoring-Aktivitäten lassen sich in dieser Perspektive zugleich als Kommunikationssignal des Unternehmens (‚Signaling') verstehen. Dabei werden neben der grundsätzlichen Bereitschaft, sich als ‚Corporate Citizen' für das gesellschaftliche Umfeld zu engagieren, auch die Thematik und Richtung kommuniziert, in der das Unternehmen auf entsprechende Aktivitäten hin ‚ansprechbar' ist. Potenzielle Partner etwa aus dem Kultur-, Sozial- oder Bildungsbereich können ein Unternehmen, das dort als Sponsor auftritt, leichter ‚beim Wort nehmen' und auf ein Partnerschaftsprojekt hin angehen. In einem solchen Projekt werden dann vom Unternehmen und den anderen beteiligten Bürgergruppen bzw. Institutionen gemeinsame Problemwahrnehmungen und Lösungsstrategien entwickelt und umgesetzt.

Neben einer Kommunalpolitik, die – wie eingangs dargelegt – auf die Öffnung von Räumen für ‚konstitutionelle Dialoge' abzielt, können bestimmte Rahmenbedingungen die Leistungsfähigkeit solcher Prozesse entscheidend unterstützen. Das Bestehen bereichsübergreifender Partnerschaften in der Region kann – wie im Wettbewerb ‚Freiheit und Verantwortung' oder auch im InnoRegio-Programm des Bundesministeriums für Bildung und Forschung (BMBF) in den neuen Bundesländern[122] – zum Kriterium für die Verleihung öffentlichkeitswirksamer Preise oder die Vergabe von Fördergeldern werden. Kommune oder Region haben als Orte solcher Auszeichnungen für kleine und mittlere Unternehmen oft eine größere Bedeutung als die nationale oder internationale Ebene: Mittelständler interessieren sich mehr für eine positive Resonanz in der Lokalpresse als für überregionale Zeitungen, Rundfunk oder Fernsehen, weil sie dadurch die für sie relevanten Anspruchsgruppen (stakeholder) zuverlässiger erreichen.

Doch nicht nur die Unternehmen selber, sondern auch (potenzielle) Partner engagierter Unternehmen in Bildungs-, Sozial- oder Kultureinrichtungen, Arbeitsverwaltung und Kommunalpolitik sollten von regionalen Informationskampagnen und Motivationsmechanismen erreicht werden. Denn bereichsübergreifende Partnerschaftsprojekte zur Lösung von Ordnungsproblemen kommen nur dann zustande, wenn von beiden Seiten die Bereitschaft dazu besteht. Bei vielen bürgerschaftlich engagierten Gruppen ist aber die Wahrnehmung von Wirtschaft und Unternehmen häufig sehr kritisch. Unterschiede zwischen Großunternehmen und Mittelstand, zwischen verschiedenen Branchen, zwischen gesellschaftlich engagierten Unternehmen und solchen, die jede Mitverantwortung ablehnen, werden kaum

---

[121] Vgl. Glück/Magel dazu umfassend die Beiträge in (Hg.) (2000).

[122] Weitere Infos zu InnoRegio unter www.innoregio.de oder in Müller u.a. (2002).

noch gemacht. Aus systematischer Sicht geht durch solche Pauschalkritik das Differenzierungsvermögen, das gerade zu Wettbewerbsvorteilen für engagierte Unternehmen führen würde, vollständig verloren.

Flankierendes Ordnungshandeln der Städte und Kommunen muss also darauf abzielen, auch bei Verantwortlichen von Bildungs-, Kultur- und Sozialeinrichtungen, von Bürgerinitiativen und Umweltgruppen, von Sportvereinen und Solidarnetzwerken die Bereitschaft und Fähigkeit zum Eingehen von Partnerschaftsprojekten noch deutlich zu stärken. Weil durch die Schaffung von ‚Sozialem Kapital' in den Regionen wichtige Potenziale nachhaltiger Entwicklung entstehen, wäre eine solche Förderpraxis auch politisch gerechtfertigt[123] . Beispiele im angelsächsischen Raum zeigen zudem, dass die Einrichtung spezialisierter Vermittlungsagenturen und qualifizierter ‚Community Action Manager' einen Motor regionaler Aktivitäten bilden.

Unternehmerisches Bürgerengagement in der Region: Der kommunale Familien-Tisch

Als ein Beispiel der Förderung bürgerschaftlichen Engagements auf regionaler Ebene kann der kommunale Familien-Tisch gelten. Er ist ein Instrument, das dem Querschnittscharakter der Familienpolitik Rechnung trägt. Die Lebensbedingungen für Familien werden nicht primär im Sozialministerium des Landes oder Bundes beeinflusst, Familienpolitik ist mehr als nur Sozialtransfer. Vielmehr lassen sich für Familien nur dann spürbare Verbesserungen erreichen, wenn Rahmenbedingungen in ganz verschiedenen gesellschaftlichen Bereichen auf ihre Bedürfnisse angepasst werden. Dazu müssen Verantwortliche in Politik, Wirtschaft, Bildungssystem, Jugendpflege, Verkehrsbetrieben, Wohnungswesen etc. ihre Mitverantwortung erkennen und Strukturen anpassen oder verändern[124]. Der Wirtschaft kommt dabei eine Schlüsselrolle zu. Nicht nur die Möglichkeit der Vereinbarkeit von Familie und Beruf – eine wichtige Thematik für junge Eltern – hängt letztlich von der Flexibilität von Arbeitszeit und Arbeitsort und damit von Bemühungen der Unternehmen ab. Auch die Anerkennung von Familienarbeit als Qualifikationsfaktor ihrer weiteren beruflichen Entwicklung (‚Soziale Kompetenz') spielt für (potenzielle) Eltern eine wichtige Rolle. Das trifft insbesondere für qualifizierte junge Frauen zu, von denen in Deutschland bekanntlich knapp die Hälfte lebenslang kinderlos bleibt.

Unternehmen sind also ein wichtiger Akteur in der Familienpolitik. Doch die familienpolitischen Konsequenzen eigener Entscheidungen spielen im Bereich der betrieblichen Organisation für Unternehmer und Manager in der Regel keine Rolle.

---

[123] Vgl. dazu Habisch (1999a) und Habisch (1999b).

[124] Vgl. zu einem solchen Konzept von Familienpolitik als ‚Gesellschaftsordnungspolitik' Habisch (2000d).

Sie als ‚Corporate Citizens' für die zumal im kinderarmen Deutschland zentrale Zukunftsaufgabe einer Verbesserung der Lebensbedingungen von Familien zu sensibilisieren, ist eine wichtige Aufgabe jeder Familienpolitik. Nur wenn die Wirtschaft als mitverantwortlicher Partner mit ins Boot gezogen wird, wird sich im Bereich der Gesellschaftspolitik überhaupt etwas bewegen lassen[125]. Diese Querschnittsaufgabe breitflächig wahrzunehmen, bedeutet zugleich, die ordnungspolitische Mitverantwortung der Unternehmen in Sachen ‚bessere Lebensbedingungen für Familien' zu aktivieren. Dies stellt jenseits der Weiterentwicklung sozialpolitischer Transfersysteme eine zentrale Herausforderung jeder Familienpolitik im 21. Jahrhundert dar.

Genau hier setzt auch das Konzept des kommunalen Familien-Tisches an. In einem professionell moderierten zweijährigen Kommunikationsprozess auf kommunaler oder regionaler Ebene werden Verantwortungsträger in der Region an einen Tisch geholt, um miteinander über Probleme junger Familien in der Region, aber auch über konkrete Verbesserungsmöglichkeiten zu sprechen. Die Mitglieder des Familien-Tisches setzen sich dabei selbst ihre Agenda: In der Stadt werden die Schwerpunkte anders gesetzt werden müssen als im Wohngebiet am Stadtrand oder auf dem Lande. Der Teilnahme großer und mittelständischer Betriebe kommt für das Gelingen dieser kommunalen Kommunikationsprozesse eine Schlüsselrolle zu. Sie verfügen nicht nur über entsprechende organisatorische Kompetenzen und Durchsetzungsvermögen, um sich etwa für die Schaffung neuer Betreuungsmöglichkeiten, eine bessere Koordination von Arbeits- und Öffnungszeiten, von Verkehrsverbindungen und Dienstleistungsangeboten zu engagieren. Sie stehen auch mit ihrer Reputation für jene praxisbezogene Kompetenz ein, die für einen Familien-Tisch den kritischen Erfolgsfaktor darstellt.

Findet das Konzept des Familien-Tisches an einem Ort Verwirklichung[126], dann bringt das zunächst die Umsetzung mehrerer konkreter Kooperationsprojekte für die Familien. Solche Maßnahmen können etwa die Einrichtung neuer Betreuungseinrichtungen sein, die in gemeinsamer Trägerschaft dadurch die Unterstützung von Familien, Betrieben und Jugendpflege finden und zugleich besser auf die Bedürfnisse der beteiligten Partner abgestimmt sind. Andere Projekte können etwa

---

[125] Das dies zunehmend gelingt, ist auch eine Folge des wachsenden Problemdrucks, der sich etwa in Schwierigkeiten bei der Rekrutierung geeigneten Personals vor allem bei Fach- und Führungskräften zeigt. Initiativen wie die von der gemeinnützigen Hertie-Stiftung ins Leben gerufene ‚Familie und Beruf gGmBH', die ein Zertifikat ‚Der familienfreundliche Betrieb' an Unternehmen aller Größenordnungen vergibt, soll in dieser Situation Wettbewerbsvorteile für familienpolitisch sensible Betriebe bringen. Das Zertifikat erfreut sich wachsender Beliebtheit.

[126] Gegenwärtig werden entsprechende Modellprojekte mit Unterstützung der gem. Hertie-Stiftung in drei hessischen Kommunen sowie in einem größeren Projekt des Bayrischen Staatsministeriums für Familie in jeweils einer Kommune in jedem der sieben bayrischen Verwaltungsbezirke realisiert.

eine bessere Abstimmung der Fahrzeiten öffentlicher Verkehrsmittel mit den Bedürfnissen der Familien, die Schaffung von Anlaufstellen und Unterstützungsnetzwerken für Familien im öffentlichen Raum, eine Medienkampagne für die Bedeutung und Bedürfnisse für Familien sein. In Arbeitsgruppen des Familien-Tisches werden solche Teilprojekte weiter ausgearbeitet und in Zusammenarbeit mit der Kommunalverwaltung umgesetzt. Doch der Familien-Tisch sensibilisiert darüber hinaus die regionale Öffentlichkeit für das Anliegen der Familienförderung. Denn in der Regel legt man sich auch hier kaum Rechenschaft darüber ab, dass Familien von bestimmten kommunalen Entscheidungen tangiert sind, die regelmäßig einer anderen (wirtschaftlichen, politischen, öffentlichkeitsbezogenen) Logik folgen und gar nicht erst in ihren familienpolitischen Wirkungen diskutiert werden. Schließlich aber führt der kommunale Familien-Tisch auch zur Entstehung von Netzwerken, die über die Phase der konkreten Zusammenarbeit hinaus stabil bleiben und sich auch für andere Kooperationen und Abstimmungen nutzen lassen. Lernen sich hier der städtische Jugendreferent, die Leiterin der Kindertragesstätte und die Personalverantwortliche des mittelständischen Betriebes kennen, dann erleichtert dies die Abstimmung zwischen ihnen auch bei anderen Gelegenheiten außerhalb der Veranstaltungen. Häufig dagegen scheitern Initiativen einfach an einer fehlenden Kooperationskultur und einem prinzipiellen Misstrauen, das gerade zwischen Vertretern von Sozial-, Jugend-, Bildungs- und Kultureinrichtungen einerseits und Unternehmensvertretern andererseits weit verbreitet ist. Der kommunale Familien-Tisch zielt also langfristig auf das Wachstum bereichsübergreifender Netzwerke und damit von Sozialem Kapital ab. Die bürgerschaftlich engagierten Organisationen, Verbände, Familien und Unternehmen, die hier zusammenarbeiten, sollen sich auch jenseits der fürsorgenden Allgegenwart des Staates selbst organisieren können. Ein funktionierender kommunaler Familien-Tisch kann mithin eine wichtige Rahmenbedingung für Corporate Citizenship im Bereich von Familie, Kindern und Jugend darstellen[127].

Damit dies gelingt, ist allerdings eine professionelle Moderation entsprechender Aktivitäten unverzichtbar. Dabei spielt insbesondere die Motivationsarbeit der Teilnehmer (und vor allem auch jener aus der Wirtschaft) eine zentrale Rolle. So ist es etwa der Mehrzahl der im Anschluss an den Rio-Gipfel 1992 ins Leben gerufenen Agenda-21-Prozesse nicht gelungen, gerade auch die mittelständische Wirtschaft für ein bereichsübergreifendes bürgerschaftliches Engagement zu gewinnen. Jeder derartige Versuch muss die Frage beantworten können, wo denn jenseits abstrakter Zielvorstellungen der konkrete Vorteil liegen kann, der für das unter Wettbewerbsdruck stehende Unternehmen aus seinem Engagement resultiert. Dazu ist es wichtig, dass die Aufbereitung der Thematik die spezifischen Fragen und Problemstellungen der Wirtschaft aufnimmt und zugleich auch für eine zügige Umsetzung festgelegter Kooperationsprojekte gesorgt ist. Gelingt

---

[127] Dass Jugend und Schule prinzipiell ein bevorzugtes Arbeitsfeld unternehmerischen Bürgerengagements darstellt, zeigen unsere o.g. Beispiele.

dieser Übersetzungsprozess, dann lassen sich kommunale Tische prinzipiell für jede Thematik organisieren, die in einer Region bedeutsam ist und das mitverantwortliche Engagement der Bürgerinnen und Bürger zu mobilisieren vermag[128].

4.3 Rahmenbedingungen auf nationaler Ebene: Die Enquete-Kommission ‚Zukunft des Bürgerschaftlichen Engagements' des deutschen Bundestages

Die Enquete-Kommission ‚Zukunft des bürgerschaftlichen Engagements' wurde im Dezember 1999 vom Deutschen Bundestag eingesetzt. Ihr Untersuchungsgegenstand war sehr breit gefasst: Bürgerschaftliches Engagement in allen seinen Modifikationsformen und gesellschaftlichen Zusammenhängen. Als Konsultativgremium des Gesetzgebers war es die besondere Aufgabe der Kommission, Verbesserungen der Rahmenbedingungen zur Steigerung der Engagementbereitschaft von Bürgerinnen und Bürgern vorzuschlagen und diesbezüglich einen Bericht zu erarbeiten[129]. Dieser Bericht ist dem Bundestagspräsidenten im Juni 2002 übergeben worden. Er richtet sich aber keineswegs nur an Politik und Administration. Ziel der Kommission war es vielmehr von Anfang an auch, zur ‚Selbstaufklärung' der demokratischen Öffentlichkeit beizutragen. Die Enquete-Kommission hat daher in Zusammenarbeit mit dem Verlag ‚Leske und Budrich' für ihre Dokumente eine wissenschaftliche Reihe ins Leben gerufen. Im Kontext dieser Reihe ist auch der Abschlussbericht der Kommission als Band 4 einer breiteren Öffentlichkeit zugänglich gemacht worden. Die Gutachten, Berichte und Dokumente der Enquete-Kommission stellen in ihrer Breite die ausführlichste Textsammlung zum Bürgerschaftlichen Engagement im Deutschen Sprachraum dar. Sie wird die politischen Aktivitäten und auch die öffentliche Diskussion zur Thematik sicherlich maßgeblich mit beeinflussen. Daher soll zum Thema ‚Rahmenbedingung in nationaler Perspektive' an dieser Stelle vor allem der Abschlussbericht der Enquete-Kommission in seinen einschlägigen Passagen Erwähnung finden.

Trotz mitunter deutlich unterschiedlicher Nuancierung einzelner Aspekte in den verschiedenen Teilen des Berichtes (er enthält u.a. ein umfangreicheres Sondervotum einiger Mitglieder der CDU/CSU Arbeitsgruppe) ist es doch eine bedeutende Leistung der Enquete-Kommission als ganzer, Unternehmen und Wirtschaft als Ort bürgerschaftlichen Engagements und als wichtigen Faktor bei der Förderung der Engagementbereitschaft von Bürgerinnen und Bürgern erstmals systematisch zur Geltung zu bringen und im Zusammenhang zu entfalten. Zwar hat in der Praxis

---

[128] Vgl. weiterführend Meister/Wüst (2000), Seehausen/Wüst (2002), BMWi/Gem. Hertie-Stiftung (Hrsg.) (2001).

[129] Vgl. dazu auch Bürsch (2001).

bürgerschaftliches Engagement von Unternehmen aller Größenordnungen auch in Deutschland von jeher eine Rolle gespielt. „Allerdings ist in Deutschland die Debatte um eine neue Rolle von Unternehmen als Akteure in der Bürgergesellschaft noch wenig entwickelt und soll mit dem vorliegenden Bericht angeregt und vorangetrieben werden“[130].

Die Enquete-Kommission bzw. deren Arbeitsgruppe ‚Bürgerschaftliches Engagement und Erwerbsarbeit', die für diese Passagen verantwortlich zeichnet, entfaltet Corporate Citizenship vor dem Hintergrund der entsprechenden Entwicklungen in der US-amerikanischen Wirtschaft. Sie stützt sich dabei auf ein umfangreiches Gutachten von H. Backhaus-Maul (2001), der in empirischen Studien die Praxis amerikanischer Unternehmen insbesondere im Bereich des betrieblichen Freiwilligenengagements (‚Corporate Volunteering') untersucht hat. Ausgehend von der umfangreichen Analyse kommt die Kommission zu folgenden Anregungen.

a) Einen besonderen Schwerpunkt der Ausführungen des Berichts bildet die Reflexion der Rolle der Gewerkschaften. Gewerkschaftlich organisierte Mitarbeiterinnen und Mitarbeiter werden in ihrer Mehrzahl als bürgerschaftlich engagierte begriffen und angesprochen. So werden sie etwa aufgefordert, die gesellschaftlichen Folgen ihres Handelns zu reflektieren und sich nicht auf Interessenvertretung in der Arbeitswelt zu beschränken. „Dazu gehören die Beteiligung an lokalen Beschäftigungspakten und die Mitwirkung an Prozessen der Gemeinwesenentwicklung ebenso wie gezielte Projekte, die auf die Integration von Arbeitslosen und Senioren zielen“[131].

b) Strukturveränderungen in der Erwerbsarbeit wie zunehmende Arbeitsverdichtung, Mobilitätsanforderungen, Zunahme von Teilzeitarbeit etc. erfordern Strukturen, die eine wechselseitige Durchlässigkeit von Erwerbsarbeit und Engagement zulassen. Unternehmerisches Bürgerengagement (insbesondere in Form betrieblicher Freiwilligenprogramme) wird hier als ein Instrument zur Vorbereitung eines generell erwarteten veränderten Gleichgewichts zwischen Erwerbsarbeit und Bürgerengagement gesehen[132].

c) Ausdrücklich wird die Notwendigkeit einer stärkeren Vernetzung zur Lösung von Ordnungsproblemen thematisiert: „Ausgehend von den Erkenntnissen zur Bedeutung eines funktionierenden Gemeinwesens

---

130 Enquete-Kommission (2002) 456.

131 Enquete-Kommission (2002) 491.

132 Allerdings findet das Konzept der ‚bezahlten Bürgerarbeit', das der Soziologe U. Beck vor einigen Jahren in die Diskussion gebracht hat, in den Materialien der Kommission mehr Kritik als Zustimmung, vgl. Mutz/Kühnlein (2001), Habisch (2000b).

und der Rolle Sozialen Kapitals für Unternehmenstätigkeiten sollten Netzwerke breit angelegt sein. Um z.B. Initiativen zur Bewältigung der Arbeitslosigkeit in einer Region in Gang zu setzen, sind neben Unternehmen und Gewerkschaften und Wirtschaftsverbänden auch Akteure wie Organisationen des Dritten Sektors, öffentliche Einrichtungen, kommunale Verwaltungen und die Politik zentrale Ansprechpartner. Auch für eine Ausweitung des unternehmerischen Bürgerengagements bedarf es der Kooperation von Akteuren, die bislang wenig miteinander zu tun hatten (z.B. Unternehmen und gemeinnützige Organisationen). Im lokalen Raum fehlen darüber hinaus Netzwerke und Vermittlungsagenturen, die Projekte unternehmerischen bürgerschaftlichen Engagements anregen, entwickeln und durchführen"[133].

d) Es werden organisatorische Voraussetzungen einer besseren Vereinbarkeit von Erwerbsarbeit, Familie und Engagement angemahnt. Dazu zählen insbesondere flexiblere Arbeitszeitmodelle, der Ausbau von Betreuungseinrichtungen sowie entsprechende betriebliche Vereinbarungen bzw. tarifvertragliche Regelungen.

e) Zur Erleichterung betrieblicher Freistellungen für Freiwilligenprogramme befürwortet die Kommission eine generelle steuerliche Anerkennung des fortgezahlten Lohnes als Betriebsausgabe. Denn das eigentliche Corporate Volunteering – also die Freistellung des Mitarbeiters zu einem gemeinwohlorientierten Zweck – ist nach geltendem Steuerrecht nur als Aufwandsspende in den Grenzen des § 10 b Abs. 1 EstG steuerabzugsfähig.

Die Mitglieder der CDU/CSU Arbeitsgruppe, die ein z.T. ergänzendes, z.T. modifizierendes Sondervotum zum Bericht verfasst haben, sehen ‚alte' und ‚neue' Formen unternehmerischen Bürgerengagements in einer stärkeren Kontinuität miteinander. Ihre Herangehensweise ist zudem weniger auf die Frage der Erwerbsarbeit bezogen, sondern stärker ordnungspolitisch ausgerichtet. So heißt es:

„Die deutsche Wirtschaftsordnung der ‚Sozialen Marktwirtschaft' – ohne die der wirtschaftliche Wiederaufstieg nicht möglich gewesen wäre – setzt stärker als andere nationale Ordnungsformen auf die strukturierte Zusammenarbeit zwischen den sozialen Gruppen zur Lösung gemeinsamer gesellschaftlicher Probleme. Im Rahmen des dazu entwickelten Gefüges von Institutionen der Selbstverwaltung engagieren sich Unternehmer ehrenamtlich in Kammern und Bildungseinrichtungen, in der Arbeitsverwaltung und im Gesundheitswesen. Es wird oft in der Öffentlichkeit kaum sichtbar, dass hier unentgeltlich Arbeit geleistet wird, ohne die

---

[133] Enquete-Kommission (2002) 492.

viele Einrichtungen nicht funktionieren würden. Die Mehrzahl der Betriebe in Deutschland sind kleine und mittelständische. Handwerker und Kleinunternehmer bringen immer wieder ehrenamtlich ihre betrieblichen Ressourcen ein, aber vor allem auch ihre Kenntnisse und Fähigkeiten in Sportvereinen und Schulen, in Kirchengemeinden und Umweltgruppen, in sozialen Initiativen und Einrichtungen. Der Umfang dieses Engagements ist bis heute nicht annährend erfasst – er lässt sich auch kaum erfassen, da vieles bewusst im Verborgenen geschieht. Immer stärker werden aber die vielfältigen positiven Effekte diskutiert: Initiativen und Aktivitäten bürgerschaftlich engagierter Gruppen (z.B. von Jugendlichen) werden überhaupt erst möglich; Schulen, Kultur- und Bildungseinrichtungen können ihre Aufgaben besser erfüllen; Angehörige verschiedener sozialer Gruppen arbeiten zusammen und lernen einander besser kennen (was zum Abbau wechselseitiger Vorbehalte beiträgt und den sozialen Frieden stabilisiert); ein Zusammengehörigkeitsgefühl erleichtert auch die Lösung politischer, sozialer oder wirtschaftlicher Probleme auf regionaler Ebene. Gerade im internationalen Vergleich wird deutlich: Auch wirtschaftlicher Wettbewerb kann seine entwicklungsförderliche Dynamik nicht entfalten, wenn er nicht in Räume und Institutionen einer gruppenübergreifenden Zusammenarbeit (soziales Kapital') eingebettet ist. Es wird in diesem Zusammenhang immer deutlicher, dass bürgerschaftliches Engagement (auch und gerade von Unternehmen) einen wichtigen ‚Standortfaktor' in einer Region darstellt.“[134]

Daneben betonen die Verfasser aber auch die Bedeutung stärker projektbezogener Formen unternehmerischen Bürgerengagements, die sie zugleich als Herausforderung an die ordnungspolitische Rahmensetzung sehen:

„Häufig arbeiten Unternehmen mit einem Sportverein, einer Bürgergruppe, einer kulturellen, sozialen oder Bildungseinrichtung nicht nur sporadisch zusammen, sondern gehen eine über mehrere Jahre kontinuierlich angelegte Partnerschaft ein.

Solche Partnerschaften umfassen:

- einen regelmäßigen Austausch über gemeinsame Probleme und Möglichkeiten, zu deren Lösung konkret zusammen zu arbeiten;
- einen personellen Austausch, der wechselseitige Lernprozesse ermöglicht;
- die ‚logistische Unterstützung' durch das Unternehmen mit Hilfe von Informationen, Know-how, IuK-Technologie, Ausbildungsressourcen etc.

Solche Partnerschaften funktionieren besser, wenn sie an gemeinsamen Handlungsfeldern oder Zielvorstellungen ansetzen und von dort aus bestehende Unterschiede fruchtbar zu machen versuchen. Beispiele sind der Sporthersteller, der mit

[134] Enquete-Kommission (2002) 719f.

Elterninitiativen zusammen arbeitet, um gemeinsam einen Kindergarten vor Ort ins Leben zu rufen; die Werbeagentur, die einer Freiwilligeninitiative hilft, um erfolgreich für das Ehrenamt zu werben; der Autohändler, der gemeinsam mit dem Arbeitsamt eine lokale Initiative für Langzeitarbeitslose startet; das Automobilunternehmen, das Schüler und Lehrer zum Praxislernen in den Werkshallen einlädt; das Pharmaunternehmen, dass gemeinsam mit einer Selbsthilfegruppe Dienstleistungen und Produkte für Kinder mit Stoffwechselstörungen entwickelt.

Kooperationsformen dieser Art sind im Sozial- und Bildungswesen, im Kulturbetrieb und im Gesundheitssektor des 21. Jahrhunderts unverzichtbar. Die Politik muss – zentral und dezentral – Anreize zur Kooperation schaffen und verschiedene Partner zur Umsetzung eines gemeinsamen Projektes an einen Tisch holen. Dazu sollten vor Ort Beauftragte (in Zusammenarbeit mit den Kommunen und Kammern) ernannt und regelmäßig aus- und weitergebildet werden. Die Sozialbehörden können von der Innovationsfähigkeit und den Erfahrungen in den Modellprojekten profitieren und gelungene Beispiele breit in sozialpolitische Programme übernehmen.“[135]

4.4 Rahmenbedingungen für unternehmerisches Bürgerengagement auf Europäischer Ebene – eine Mitteilung der Europäischen Kommission

Soziale Verantwortung der Unternehmen

Bedeutende Impulse für die Stärkung und Verbreitung unternehmerischen Bürgerengagements sind auch von der Europäischen Union zu erwarten. Sie wirkt hier – wie in anderen Bereichen von Wirtschaft und Gesellschaftspolitik – gegenwärtig eher entgrenzend und befruchtend auf nationale Kulturräume zurück und trägt Diskussionen grenzüberschreitend in jeweils nationale öffentliche Diskussionen hinein. Das Stichwort, unter dem die hier angesprochenen Fragen auf Europäischer Ebene verhandelt werden, ist Soziale Verantwortung der Unternehmen (‚Corporate Social Responsability'[136]). Vor kurzem hat die Europäische Kommission eine Mitteilung über die soziale Verantwortung der Unternehmen als Beitrag zur nachhaltigen Entwicklung vorgelegt. Dieses Papier fasst eine monatelange Diskussion auf europäischer Ebene zusammen, die im Anschluss an ein Grünbuch vom Dezember 2000 mit dem Titel ‚Europäische Rahmenbedingungen für die soziale Verantwortung der Unternehmen' geführt worden ist und die zugleich konkrete Formen bereichsübergreifender Partnerschaft zur CSR-Förderung eruieren

---

[135] Enquete-Kommission (2002) 720.

[136] Dieser Begriff, der in der deutschen Übersetzung etwas moralistisch klingt, ist aber dennoch sehr praktisch zu verstehen. Zu nennen ist hier insbesondere das Unternehmensnetzwerk CSR-Europe, das in seinen Arbeitskreisen sehr praktische Fragen diskutiert.

sollte. Die jetzt vorliegende Mitteilung formuliert zugleich einen ambitionierten Fahrplan, mit dessen Hilfe die Kommission unternehmerisches Bürgerengagement in den kommenden Jahren konkret unterstützen und fördern will.

Zunächst ist auffällig, dass die Kommission nicht mit dem Begriff des unternehmerischen Bürgerengagements arbeitet, sondern mit dem bereits erwähnten Konzept der ‚Sozialen Verantwortung des Unternehmens (Corporate Social Responsability', CSR). Zwei Leitperspektiven sind es, unter denen die Kommission CSR in die Diskussion einführt[137]. Das eine ist die unternehmensinterne Perspektive, die sich weitgehend an den Stakeholder-Ansatz anlehnt. „Sozial verantwortlich handelt ein Unternehmen, wenn es anstrebt, ein für alle Beteiligten akzeptables Gleichgewicht zwischen den Erfordernissen und Bedürfnissen der verschiedenen Stakeholder herzustellen." In ähnlich handlungstheoretischer Perspektive hatte das Grünbuch CSR definiert als „ein Konzept, das den Unternehmen als Grundlage dient, auf freiwilliger Basis soziale Belange und Umweltbelange in ihre Unternehmenstätigkeit und in die Wechselbeziehungen mit den Stakeholdern zu integrieren". Diese Zugangsweise lehnt sich eher an unternehmensethische Perspektiven an und teilt mit ihnen einen gewissen Individualismus, der im Gegensatz zum Begriff des bürgerschaftlich engagierten Unternehmens nur auf die unternehmensinterne Aufgabenstellung fokussiert. Daher ist es umso wichtiger, dass eine solche Sichtweise in der Mitteilung der Kommission flankiert wird durch eine Verknüpfung mit den volkswirtschaftlichen Zielen der Europäischen Union. So heißt es: „CSR kann deshalb einen Beitrag leisten zum Ersten zur Realisierung des auf dem EU-Gipfel von Lissabon im März 2000 vorgegebenen strategischen Ziels, die EU bis zum Jahr 2010 zum wettbewerbsfähigsten und dynamischsten wissensbasierten Wirtschaftsraum zu machen – einem Wirtschaftsraum, der fähig ist, ein dauerhaftes Wirtschaftswachstum mit mehr und besseren Arbeitsplätzen und einem größeren sozialen Zusammenhalt zu erzielen, und zum Zweiten zur europäischen Strategie für nachhaltige Entwicklung". Hier ist eine wichtige Verbindung zur gesamtwirtschaftlichen Aufgabe (mehr und bessere Arbeitsplätze) wie auch zu Politik und Bürgergesellschaft (größerer sozialer Zusammenhalt) geschlagen, die den Begriff der Sozialen Verantwortung des Unternehmens näher an das Konzept des unternehmerischen Bürgerengagements heran rückt, das dem vorliegenden Buch zugrunde liegt.

Die weiteren Ausführungen zeigen, dass dieser Eindruck einer großen konzeptionellen Nähe zwischen beiden Begriffen die Diskussionslagen durchaus richtig wiedergibt. So betont auch das Papier der Kommission die Freiwilligkeit der CSR-Aktivitäten und entwickelt den Begriff gleichzeitig im konzeptionellen Raum zwischen Unternehmen einerseits und Gewerkschaften sowie bürgergesellschaftlichen Institutionen andererseits, die als relevante Anspruchsgruppen definiert wer-

---

[137] Die Zitate dieses Kapitels entstammen dem Papier Europäische Kommission (2002), das in verschiedenen Formaten im Internet verfügbar ist.

den. Dies wird äußerlich durch den Vorschlag dokumentiert, ein Multi-Stakeholder-Forum zu konstituieren und diesem bestimmte Funktionen für die Weiterentwicklung geeigneter Rahmenbedingungen für CSR zu übertragen.

Völlig identisch mit der hier gewählten Herangehensweise ist auch der konzeptionelle Grundansatz von CSR in der Mitteilung der Kommission. Denn soziale Verantwortung einerseits und unternehmerische Wettbewerbsfähigkeit andererseits werden nicht im Widerspruch zueinander, sondern letztlich als einander ergänzende Größen betrachtet: „Die Unternehmen erkennen zunehmend, dass der Weg zu dauerhaftem wirtschaftlichem Erfolg und Shareholder Value nicht allein über eine kurzfristige Profitmaximierung führt, sondern vielmehr über marktorientiertes, aber verantwortliches Handeln. Und die Unternehmen wissen: Zur nachhaltigen Entwicklung können sie beitragen, wenn sie ihre Tätigkeit so gestalten, dass sie Wachstum und Wettbewerbsfähigkeit fördern und gleichzeitig Umweltschutz und soziale Verantwortung praktizieren; dies schließt auch die Verbraucherinteressen ein.“

Die Vorteile für die Unternehmen

Auch die Europäische Kommission will also mit der Propagierung von CSR den Prozess der Arbeitsteilung, Spezialisierung und Professionalisierung moderner Gesellschaft, für den das Unternehmen in besonderer Weise steht, nicht stoppen oder umdrehen. Sie vertritt keine sozialromantischen Ideale, die letztlich dem Unternehmen den Verzicht auf seine Funktion in der Wettbewerbsgesellschaft auferlegen würden. Vielmehr werden unter dem Leitbild der Nachhaltigkeit ethische Leitziele einerseits und ökonomische Notwendigkeiten andererseits als prinzipiell komplementär und in die selbe Richtung gehend entwickelt. Dies geht auch aus den im Papier skizzierten Grundzügen der CSR-Kultur hervor. Denn diese betonen

a) die Freiwilligkeit und das korrespondierende langfristige Interesse der Unternehmen, das aus CSR spricht;

b) die Verknüpfung mit der Nachhaltigkeit, die letztlich den auch hier betonten ‚Investitionscharakter' entsprechender Programme betont;

c) CSR als Querschnittsaufgabe, die dem Management nicht zusätzliche Aufgaben auferlegen soll, sondern in alle Dimensionen unternehmerischen Handelns Eingang finden soll.

Im übrigen bejaht auch die Kommission – ähnlich wie die Initiative Freiheit und Verantwortung – eine dezentrale Pluralität der Umsetzungsformen „abhängig von der spezifischen Situation des jeweiligen Unternehmens und dem Umfeld, in dem es tätig ist, sei es in Europa oder in anderen Teilen der Welt.“ Den Unternehmen wird also explizit die Freiheit zugebilligt, entsprechende Programme je nach ihrer Situation zu konzipieren und umzusetzen. Bei CSR geht es – wie bei unternehme-

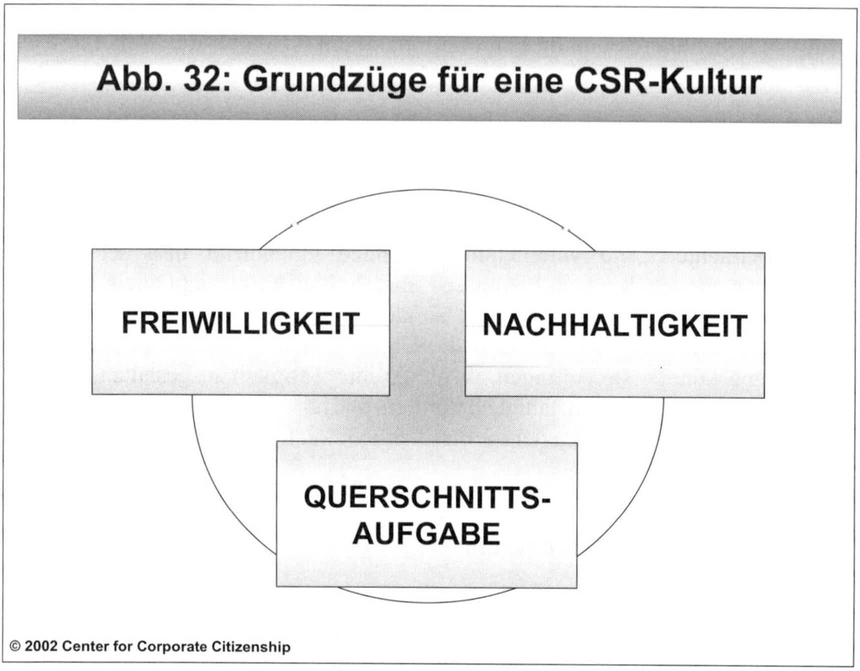

rischem Bürgerengagement – nicht um die Umsetzung zentral beschlossener Richtlinien in allen europäischen Unternehmen, also um eine neue Spielart zentralistischer Regulierung. Vielmehr soll die Imagination und Kreativität von Unternehmen ganz unterschiedlicher Größe geweckt werden.

Hinsichtlich der daraus resultierenden Vorteile für das Unternehmen fallen die oben entfalteten Stichworte: globale Verantwortlichkeiten insbesondere in den Entwicklungsländern, Reputation auf Güter- und Dienstleistungsmärkten, Versicherungs- (‚Risikomanagement') und Kapitalmarkteffekte, Informationsgewinn, flexibleres Veränderungs- und Innovationsmanagement. Explizit stellt die Europäische Kommission die Verbindung her zur Diskussion um ‚Global Governance' (also neue Ordnungsformen im internationalen Kontext z.B. zum Kampf gegen Wirtschaftskriminalität, Umweltstandards etc.). Sie umschreibt somit, was wir in der deutschen Tradition als ‚ordnungspolitische Mitverantwortung' bezeichnet hatten. Diese Übereinstimmung macht es interessant, welche Hindernisse die Europäische Kommission nach wie vor für die Verbreitung von CSR sieht. Sie nennt hier als Herausforderungen:

a) Wissen über die ökonomischen Vorteile von CSR (business-case);

b) Ein Konsens bezüglich der globalen Dimension von CSR angesichts der bleibenden Verschiedenheit nationaler Politiksysteme;

c) CSR-Schulung insbesondere in Wirtschafts- und Management-schulen;

d) Sensibilisierung und Ressourcen in kleinen und mittleren Betrieben;

e) Berücksichtigung von CSR-Praktiken durch Verbraucher und Investoren;

f) Kohärenz der staatlichen Maßnahmen.

Die Rolle der europäischen Politik

Entsprechend unserer Betonung des Aktivierenden Corporate Citizenship betont auch die Kommission, dass die Umsetzung prinzipiell Gegenstand der Unternehmen ist. Dies wird aus der Vorrangstellung des Wissens um die ökonomischen Vorteile deutlich. Die Kommission sieht also ihre Aufgabe keineswegs darin, die ökonomischen Vorteile von CSR durch entsprechende Markteingriffe (z.B. durch entsprechend konditionierte Subventionen) erst herzustellen. Es ist ein Unterschied, ob nur Wissen über bestehende Vorteile vermittelt werden soll oder solche Vorteile erst sekundär ‚hergestellt' werden müssen. Es ist eindeutig in ersterem Sinne zu verstehen, wenn die Kommission als Leitlinie des eigenen Handelns herausarbeitet: „Staatliche Maßnahmen können zur Entwicklung eines Aktionsrahmens beitragen, denn sie steigern die Transparenz und damit die Glaubwürdigkeit von CSR-Praktiken". Diese Maßnahmen müssten die Freiwilligkeit anerkennen, einen echten Mehrwert erbringen, ausgewogen und umfassend sein, insbesondere kleinen und mittleren Unternehmen Rechnung tragen und mit bestehenden internationalen Abkommen und Instrumentarien vereinbar sein. Die Kommission nennt hier explizit die OECD-Leitsätze und die Kernarbeitsnormen der Internationalen Arbeitsorganisation IAO. Diesen Zielen entsprechend will die EU-Kommission in Sachen CSR-Förderung in den kommenden Jahren:

a) das Wissen über die positiven Auswirkungen von CSR auf Wirtschaft und Gesellschaft vertiefen in Europa und weltweit, vor allem in den Entwicklungsländern;

b) den Austausch von Erfahrung zwischen den Unternehmen unterstützen;

c) die Entwicklung von CSR-Managementkompetenzen fördern;

d) CSR den kleinen und mittleren Unternehmen näher bringen;

e) die Konvergenz und Transparenz von CSR-Praktiken und -Instrumentarien erleichtern;

f) Ein europäisches Forum der Anspruchsgruppen (Stakeholder) einsetzen;

g) CSR in die Gemeinschaftspolitik integrieren.

Bezüglich der Bildungsvoraussetzungen sieht die Kommission Handlungsbedarf darin, Manager, Arbeitnehmer und andere Akteure auszubilden und zu schulen. Besonders betont sie in diesem Zusammenhang die Betriebswirtschaftslehre. „Der Austausch von Good Practice bei der Integration von CSR-Grundsätzen in die allgemeine Bildung sowie in die Ausbildung in Betriebswirtschaftslehre ist verbesserungsfähig. Eingebunden werden sollten die Bildungssysteme, die Unternehmen, die Arbeitnehmervertreter und andere Stakeholder, einschließlich der Verbraucher". Explizit nennt sie zudem die Erarbeitung von Unterrichtsmaterialien und Lehrplänen – auch im Bereich lebenslangen Lernens – in Zusammenhang mit Unternehmen.

In Hinblick auf kleine und mittlere Unternehmen (KMU) betont die Kommission, dass hier bereits eine weit verbreitete Praxis sozial verantwortlichen unternehmerischen Handelns zu beobachten ist. Sie bezieht sich dabei auf den 7. Bericht der Europäischen Beobachtungsstelle für KMU, den die Generaldirektion Unternehmen als Ergebnis empirischer Befragungen von über 7000 KMU im Jahr 2001 formuliert hat[138]. „Zahlreiche KMU praktizieren bereits sozial und ökologisch

[138] Observatory of European SMEs (2002) downloadbar unter: http://europa.eu.int/comm/enterprise_policy/analysis/observatory.htm.

verantwortliches Handeln, ohne mit dem CSR-Konzept vertraut zu sein oder über ihre Tätigkeit zu berichten. Für viele KMU sind derartige Praktiken schlicht gleichbedeutend mit verantwortungsvollem Unternehmertum." Allerdings sei derartiges Engagement überwiegend lokal ausgerichtet, unsystematisch und nicht verknüpft mit einer Unternehmensstrategie. Hauptmotiv seien ethische Überlegungen des Eigentümers/Managers, obwohl viele kleine und mittlere Unternehmen durchaus wissen, was die ihnen zuwachsenden besseren Beziehungen zu Verbrauchern und lokaler Gemeinschaft wert seien. Zugleich bestehe eine positive Korrelation zwischen Innovations-, Qualitäts- und Wachstumsorientierung des mittelständischen Betriebs und dem Grad seines sozialen Engagements. Ein gravierendes Hindernis sei dagegen die Ressourcenknappheit. In dieser Situation sieht die Kommission Unternehmerverbände, Unterstützungsnetzwerke und Kammern in der Verantwortung, mittelständische Betriebe durch Informationen und das Aufzeigen von Handlungsmöglichkeiten zu sensibilisieren und zugleich Unterstützung für die Entwicklung eines stärker strategisch ausgerichteten Ansatzes zu gewähren (Schulungsmöglichkeiten, Mentoring etc.)[139]. Dementsprechend nimmt sich die Europäische Kommission vor,

a) das Verständnis der gegenwärtigen Praxis durch die spezifische Erforschung KMU-spezifischer Aspekte und des ökonomischen Nutzens von CSR zu vertiefen;

b) in Zusammenarbeit mit Verbänden und Experten aus dem Mitgliedsstaaten den Austausch und die Verbreitung von Beispielsammlungen zu intensivieren;

c) ein benutzerfreundliches und maßgeschneidertes Instrumentarium für KMU zu entwickeln (Informationsmaterial, Toolkits etc.);

d) Verbände und Unterstützungsorganisationen für CSR zu sensibilisieren und zu Fördermaßnahmen aufzurufen;

e) Die Zusammenarbeit zwischen Großunternehmen und KMU zu erleichtern (Lieferkettenmanagement, Mentoring-Systeme etc.);

f) KMU zu sensibilisieren für Auswirkungen ihrer Tätigkeit auf die Entwicklungsländer und die Potenziale eines verstärkten Engagements im Bereich des Arbeitsschutzes ihrer Mitarbeiter.

---

[139] Allerdings zeigen die empirischen Ergebnisse einer entsprechenden Untersuchung des Kölner Instituts für Mittelstandsforschung, dass zumindest deutsche KMU hier bereits zu ca. 50 Prozent eine strategische Gesamtkonzeption ihres Bürgerengagements entwickelt haben, vgl. Maas/ Clemens (2002) . Die Ergebnisse, die wir am CCC im Rahmen einer vergleichenden qualitativen Befragung deutscher und britischer Mittelständler gewonnen haben, legen nahe, dass für solche Diskrepanzen auch Unterschiede in der Größe und Professionalität deutscher und westeuropäischer Mittelständler verantwortlich sein könnten.

Intensiv beschäftigt sich der Text mit neuen Standards zur Förderung der Konvergenz und Transparenz von CSR-Praktiken und -Instrumentarien. Hier sollen Verhaltenskodizes, Managementstandards, Performancekriterien, Gütesiegel und Indizes sozial verantwortlichen Investierens formuliert und umgesetzt werden. Zugleich bezieht sich die Kommission auf bereits eingeführte Systeme wie etwa das EMAS (Eco-Management and Audit Scheme), die ISO 14 000-Normen etc. Solche Instrumente haben große Bedeutung, wenn es um die interne Organisation unternehmerischen Handelns geht. Es besteht aber sicherlich eine gewisse Gefahr, durch formal abzuarbeitende Standards, Reportinglisten und Auditing-Auflagen eine lediglich reaktive Haltung der Unternehmen zu induzieren. Statt ‚planwirtschaftlich' abzuarbeitende Vorlagen zu entwickeln, sollte es einer wirksamen Förderung sozial verantwortlichen Wirtschaftens und unternehmerischen bürgerschaftlichen Engagements darum gehen, Einfallsreichtum, Kreativität und Engagement des Unternehmers für die Lösung regionaler Ordnungsprobleme zu aktivieren. Will man trotzdem – etwa um CSR für Finanzmarktanalysen zu operationalisieren – von Reporting- und Auditingsystemen Gebrauch machen, so kommt einer ausreichend offenen Formulierung der Kriterien eine zentrale Rolle zu. Statt lediglich Input-Faktoren abzufragen, müsste dann Raum bleiben für unternehmerische Kreativität, die dennoch – etwa anhand der oben dargestellten Interaktionslogik aus ‚Freiheit und Verantwortung' – formalen Qualitätskriterien zu genügen hat.

Als konkrete Maßnahme kündigt die Europäische Kommission in ihrer Mitteilung an, ein EU-Stakeholder-Forum über das soziale Engagement des Unternehmens einzusetzen (EMS-Forum = European Multi-Stakeholder Forum „CSR"). Vertreter von etwa 40 europäischen Organisationen von Arbeitgebern, Arbeitnehmern, Verbrauchern, Berufsverbänden und Unternehmensnetzen sollen unter Vorsitz der Kommission zwei jährliche Plenarsitzungen abhalten sowie themenbezogene Runde Tische mit einem fachspezifisch zusammengesetzten Teilnehmerkreis durchführen. Die operative Verantwortung wird bei einer Lenkungsgruppe liegen, wobei eine größtmögliche Transparenz der laufenden Arbeiten des Forums gewährleistet sein soll. Bis zum Jahr 2004 soll das EMS im Rahmen eines Berichtes zu den oben genannten Themen 1.–7. Leitsätze und Operationalisierungsvorschläge erarbeiten. Darüber hinaus soll in der Kommission eine dienststellenübergreifende CSR-Gruppe eingesetzt werden, deren Aufgabe im Informationsaustausch und in der Prüfung eines kohärenten Vorgehens der Kommission besteht.

Abschließend nennt die Kommission eine Reihe von Politikfeldern, in denen sie die Integration von CSR in ihre laufenden Bemühungen sieht:

a) Beschäftigungs- und Sozialpolitik,

b) Unternehmenspolitik,

c) Umweltpolitik,

d) Verbraucherpolitik,

Abb. 34: Politikfelder für die Integration von CSR

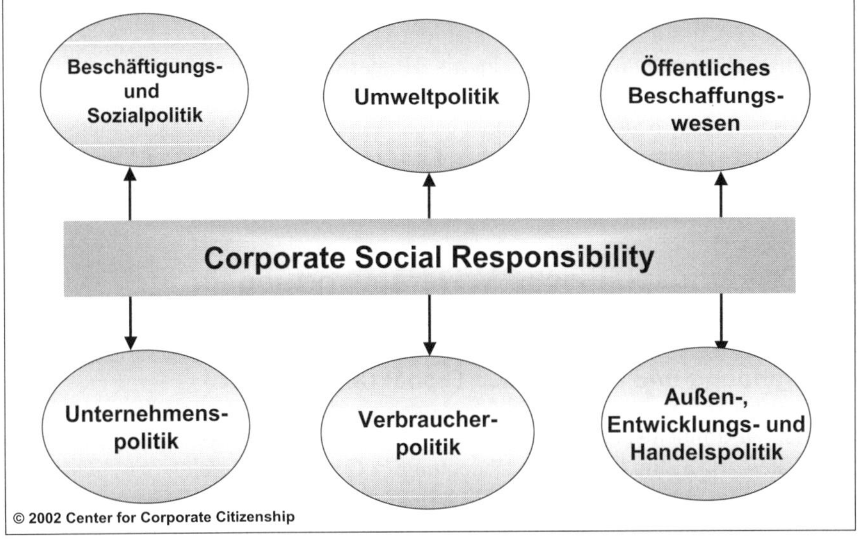

e) öffentliches Beschaffungswesen,

f) Außen-, Entwicklungs- und Handelspolitik.

Besondere Erwähnung verdienen etwa die Überlegungen, Maßnahmen zur stärkeren Sensibilisierung der öffentlichen Behörden in Sachen CSR zu fördern. Hier bezieht sich das Papier auf Artikel 2 des EG-Vertrags, das ausdrücklich auch Nahhaltigkeitserfordernisse für das öffentliche Beschaffungswesen formuliert: „Die Auslegungsmitteilungen der Kommission zum Gemeinschaftsrecht für das öffentliche Beschaffungswesen und zu den Möglichkeiten, soziale und ökologische Belange in das öffentliche Auftragswesen zu integrieren, haben verdeutlicht, dass das Gemeinschaftsrecht reichlich Möglichkeiten für öffentliche Auftraggeber bietet, soziale und ökologische Erwägungen in ihre Verfahren zu integrieren". Angesichts der Bedeutung des öffentlichen Beschaffungswesens in den europäischen Volkswirtschaften, deren Staatsanteil ein Drittel bis die Hälfte des jeweiligen nationalen Sozialprodukts ausmacht, kann dieser Art der Gestaltung von Rahmenbedingungen schnell eine enorme Bedeutung zukommen.

Bemerkenswert ist auch, dass die Kommission explizit die Entwicklungs- und Handelspolitik als ‚Einflugschneise' von CSR benennt: und damit Politikbereiche, die traditionell nicht mit unternehmerischem Handeln in Beziehung gesetzt werden. So heißt es etwa im Papier: „Die Förderung der Debatte zu CSR ist insbesondere sinnvoll in Entwicklungsländern, in denen ein geringes Verständnis für das Konzept vorherrscht, oder wo es als eine Form des Protektionismus oder eine Bremse für Investitionsflüsse verdächtigt wird, statt als potenzielle Marktgelegenheit (z.B. durch soziale Gütesiegel) und als ein Instrument zur Attraktion von ausländischen Direktinvestitionen". Der Zusammenhang mit der Entwicklungspolitik liegt genau auf der Linie der oben entwickelten Perspektiven, die unternehmerisches Bürgerengagement nicht als Hindernis, sondern als Instrument zur Entwicklung arbeitsteiliger, spezialisierter und professionalisierter gesellschaftlicher Kontexte zu begreifen versucht. Unternehmerisches Bürgerengagement ist ein wichtiges Instrument nachhaltiger Entwicklung, die wirtschaftliche, soziale, kulturelle und politisch-institutionelle Dimensionen aufweist.

4.5 Ordnungspolitische Mitverantwortung im internationalen Kontext: Der ‚Global Compact'

Die Gründung und Struktur des Global Compact (GC)

In einer zusammenwachsenden Welt gewinnt auch die Diskussion um Global Corporate Citizenship schnell an Bedeutung[140]. Gerade im Bereich der Nichtregierungsorganisationen ist es zu einer internationalen Kooperation gekommen, um geeignete Strukturen für unternehmerisches Bürgerengagement im internationalen Kontext zu schaffen[141]. Folgende Initiationen sind zu nennen:

1. Die Organisation für wirtschaftliche Zusammenarbeit und Entwicklung (OECD) hat im Jahr 1997 einen Dialogprozess zur Erweiterung ihrer Richtlinien für international agierende Unternehmen um Fragen der nachhaltigen Entwicklung und des Engagements von Unternehmen in der Gesellschaft gestartet[142]. Dieser hat im Jahr 2000 zu einer entsprechenden Neufassung dieses vielleicht wichtigsten Dokumentes mit Prinzipien nachhaltigen Wirtschaftens im internationalen Raum geführt. Unter der Koordination des Komitees für Internationales Investment und Multinationale Unternehmen (CIME) werden in den 30 Mitgliedsstaaten der OECD Nationale Kontaktstellen zu den Richtlinien eingerichtet, die Information und Erfahrungsaustausch bei der Umsetzung der Prinzipien ermöglichen sollen.

---

[140] Vgl. dazu die Beiträge in Mitchell (Ed.) (1998), Kulik (1999), Waddock/Smith (2000).

[141] Vgl. World Business Council for Sustainable Development (1999) und (2000), CIVICUS (2000), Global Reporting Initiative (2000).

[142] OECD (1997), (2000).

2. Aus der bereichsübergreifenden Netzwerk der CERES-Initiative[143] hat sich unter dem Dach der Weltumweltorganisation UNEP im gleichen Jahr die ‚Global Reporting Initiative'(GRI) konstituiert, die die Formulierung weltweit einheitlicher Kriterien für nachhaltiges Wirtschaften im Sinne eines Metastandards für branchenbezogene Reporting Richtlinien formuliert hat. Mit Unterstützung US-amerikanischer Unternehmensstiftungen (Ford, MacArthur, Mott, Olin) sowie des UNEP wurde dazu ein globaler Konsultationsprozess organisiert und im Bostoner Sekretariat der GRI koordiniert. Mit Unterstützung der UN-Stiftung wird die GRI ab 2002 als permanente Organisation konstituiert.

3. Auf Initiative des religiösen Führers Leon H. Sullivan (1922-2001) wurden mit Unterstützung multinationaler Unternehmen und verschiedener Industrieverbände bereits 1977 die ‚Sullivan Prinzipien' ethischen Wirtschaftens formuliert. Diese Verhaltensrichtlinien beziehen sich insbesondere auf das Verhalten multinationaler Konzerne in Entwicklungsländern und haben wesentlichen Anteil am Ende des Apartheitregimes in Südafrika. 1999 wurden dieser Verhaltenskodex zu ‚Globalen Sullivan Prinzipien' (GSP) weiterentwickelt und verallgemeinert. Dabei geht es insbesondere um firmeninterne Maßnahmen zur Garantie der Menschenrechte der Mitarbeiter und der Kommunen bzw. Regionen, in denen die Unternehmen agieren. Aber auch Umweltverhalten, nachhaltige Entwicklung und Antikorruptionsstandards sind Gegenstand der globalen Sullivan Prinzipien. Die GSP-Initiative, die von Phönix (Arizona/USA) aus koordiniert wird, stellt ihren Mitgliedern ein internes Reporting-System zur Verfügung, das zugleich als Informationsinstrument für Investoren und Aktionäre gilt. Auch die Sullivan Prinzipien sind Ertrag einer bereichsübergreifenden Kooperation von Unternehmen, Wirtschaftsverbänden, Nichtregierungsorganisationen und Vertretern des öffentlichen Sektors.

Erst vor kurzem hat sich bei den Vereinten Nationen eine Initiative konstituiert, die sich zu einem Knotenpunkt in Sachen Gestaltung von Rahmenbedingungen für unternehmerisches Bürgerengagement im internationalen Raum zu entwickeln verspricht: Der ‚Global Compact'. Offiziell erst im Juli 2000 gegründet, hat sich diese von UNO-Generalsekretär Kofi Annan selbst ins Leben gerufene Initiative vier Arbeitsfelder abgesteckt, um Corporate Citizenship auch im internationalen Raum zu fördern: Globale und Nationale Initiativen, Politikdialoge, das Lernforum und Public-Private Partnership Projekte. Eine nähere Analyse dieser Aktivitäten und der zugrunde liegenden Leitvorstellungen für den Global Compact zeigt, dass sich auch diese Initiative in den hier aufgespannten Bogen unternehmerischen Bürgerengagements einfügt.

---

[143] Vgl. dazu Teil 4.

Seit seinem Amtsantritt als UNO-Generalsekretär hat Kofi Annan den Akzent auf eine stärkere Integration der Privatwirtschaft in die Arbeit seiner Organisation gelegt. Regelmäßig war er auch Gast beim Weltwirtschaftsforum in Davos, dem jährlichen Treffen von Top-Managern internationaler Unternehmen, Politikern und Wissenschaftlern in der Schweizer Bergwelt[144]. In seiner Rede im Januar 1999 dort wiederholte er an der Schwelle zum neuen Millenium seine Einschätzung der Globalisierung: „Die Globalisierung der Wirtschaftsbeziehungen ist ein Faktum. Aber ich glaube, dass wir ihre Zerbrechlichkeit unterschätzt haben. Das Problem lässt sich folgendermaßen formulieren: Das schnelle Zusammenwachsen der Märkte hat die Fähigkeiten der Gesellschaften und ihrer politischen Systeme überfordert, sich an diesen Prozess anzupassen oder ihn gar zu gestalten. Die Geschichte lehrt uns aber, dass ein solches Ungleichgewicht zwischen den wirtschaftlichen, sozialen und politischen Welten nicht über längere Zeit durchgehalten werden kann". Da die wechselseitige Abhängigkeit im Kontext der Globalisierung schnell zunehme, bedürfe es mehr denn je gemeinsamer Antworten auf die gemeinsamen ökonomischen und sozialen Probleme. Daher sei es auch Aufgabe des privaten Sektors, die Globalisierung stabiler und inklusiver zu gestalten. „Ich rufe Sie dazu auf – individuell durch ihre Firmen, kollektiv durch ihre Wirtschaftsverbände – eine Reihe von Basiswerten im Bereich der Menschenrechte, Arbeitsstandards und Umweltpraktiken anzunehmen, zu formulieren und zu unterstützen"[145].

Die mit der Gründung des ‚Global Compact' verbundene Botschaft des Generalsekretärs geht also in Richtung einer ordnungspolitischen Mitverantwortung der Unternehmen im globalen Maßstab. Doch zugleich betont K. Annan in diesem Zusammenhang auch den zweiten Aspekt, der unserer inhaltlichen Bestimmung von Corporate Citizenship zugrunde liegt – nämlich die bereichsübergreifende Zusammenarbeit im Kontext von Netzwerken Sozialen Kapitals. So erklärte er im April 2002 vor einem Auditorium internationaler Wirtschaftsführer im Rückblick auf die bisherigen Erfahrungen: „Mit ihnen zusammenzuarbeiten ist eine wichtige Lernerfahrung auch für uns bei den Vereinten Nationen". Denn in der Kooperation wachse der Organisation neue Sozialkompetenz zu und ließen sich pauschale Vorurteile und veraltete Ideologien überwinden.

Durch die Art und Weise der Einpassung des Global Compact in die Organisationsstruktur der UN (siehe Grafik) hat Annan genau diese bereichsübergreifende Arbeitsweise angezielt: Es sollen hergebrachte Schemata (inklusive der dort gepflegten Vorurteile) überwunden sowie nach außen abgeschlossene Subkulturen aufgebrochen werden. Deshalb ist das kleine Global Compact Büro eingebunden in eine institutionalisierte Zusammenarbeit mit der Internationalen Arbeitsorganisation ILO, der Internationalen Flüchtlingsorganisation UNHCR, der Entwick-

---

144 Vgl. von dieser Seite jüngst auch World Economic Forum (2002).

145 Zitat nach www.unglobal.compact.org .

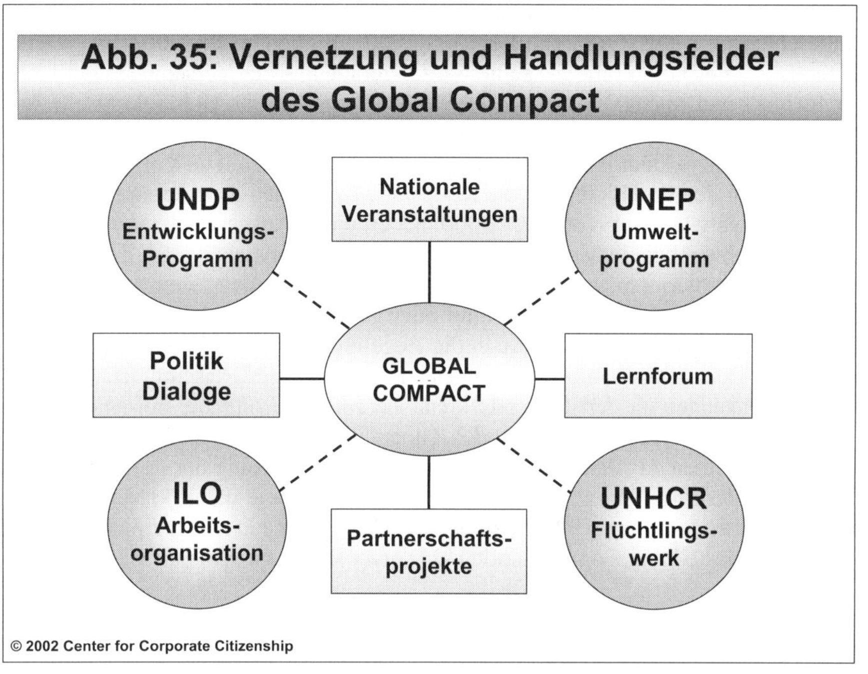

lungsagentur (UNDP) und der Umweltagentur (UNEP). In problembezogenen Formen der Zusammenarbeit können Netzwerke zwischen Akteuren mit ganz unterschiedlichem professionellen Hintergrund entstehen. Jede Agentur – so heißt es im Zwischenbericht des Global Compact Büros – bringe ihre eigenen hochspezialisierten Ressourcen und Expertisen in die Mission des Global Compact mit ein. Das Resultat ist eine Synergie, deren Effekte die Summe ihrer Bestandteile bei weitem übersteigt.

Diese Philosophie schlägt sich auch in den genannten operativen Tätigkeitsfeldern nieder. Erst im Januar 2002 wurde ein bereichsübergreifender Beirat konstituiert, in den Wirtschaftsführer[146] aus allen Kontinenten, Vertreter von NGOs und internationalen Institutionen sowie einzelne Wissenschaftler eingebunden sind. Eine erste Arbeitsgruppe des Beirats widmet sich der Stärkung der Unternehmenspartizipation sowie auch der Beteiligung von NGOs und Bürgergruppen. Sie entwickelt zudem Maßnahmen gegen einen Missbrauch der Mitgliedschaft im Global Compact. Eine zweite Arbeitsgruppe beschäftigt sich mit der Mobilisierung bereichsübergreifender Kooperationsnetzwerke zur Bekämpfung der Armut in den 49 am wenigsten entwickelten Ländern (LDC).

146 Mitglied ist u.a. der ehemalige Vorstandsvorsitzende der Deutschen Bank, Rolf Breuer.

Dem Global Compact haben sich bis zum Sommer 2002 ca. 400 Unternehmen angeschlossen – die Zielmarge liegt bei 1000 Mitgliedern bis 2003. Er versteht sich als offenes Gremium, das seine Stärke gerade aus der Verschiedenheit seiner Teilnehmer und einem Dialogprozess zwischen ihnen bezieht. Unbürokratische Aufnahmeregularien sollen diesem Ziel Rechnung tragen. Die Mitgliedschaft ist freiwillig, im Prinzip kann jedes Unternehmen Mitglied werden. Die Vorraussetzungen dafür sind in den Richtlinien für die Kooperation zwischen den Vereinten Nationen und der Privatwirtschaft vom 17.7.2000 niedergelegt. Ausgeschlossen sind danach alle Unternehmen, die in Menschenrechtsverletzungen verwickelt sind, Zwangs- oder Kinderarbeit tolerieren, in den Verkauf oder die Herstellung von Antipersonenminen oder ihrer Teile verwickelt sind oder gegen relevante Verpflichtungen der Vereinten Nationen verstoßen. Auch die Regeln der Aufnahme sind genau festgelegt. Der Beitrittswunsch muss aus einem persönlichen Anschreiben des Vorstandsvorsitzenden an den Generalsekretär hervorgehen. Für die aufgenommenen Firmen gilt der Verhaltenskodex des Global Compact und insbesondere die 9 Prinzipien, die einen Auszug aus der Allgemeinen Erklärung der Menschenrechte von 1948, der Grundprinzipien der ILO von 1998 sowie der Erklärung von Rio bzw. der Agenda 21 von 1992 darstellen. Verletzungen dieser Prinzipien durch die Mitglieder des Global Compact sollen ggf. beim Beirat thematisiert werden.

Die Unternehmen verpflichten sich, einmal im Jahr auf der Internetseite (www.unglobalcompact.org) einen Bericht über mindestens ein konkretes Beispielprojekt zur Umsetzung der Prinzipien zu veröffentlichen[147]. Aus dem kurzen Bericht (nur 240 Worte), für den das Unternehmen letztlich selbst verantwortlich zeichnet, soll hervorgehen, auf welche Prinzipien sich das geschilderte Projekt bezieht und welche Effekte es gebracht hat. Ein Forschungsnetzwerk von Wissenschaftsinstitutionen soll diesen Prozess unterstützen und ausgehend von den Projektberichten zur gemeinsamen Definition ‚guter Praxis' unternehmerischen Bürgerengagements (‚benchmarking') kommen. Unabhängig von diesem Projektbericht werden GC-Mitglieder auch aufgerufen, sich in Partnerschaftsprojekten mit einer der genannten UN-Organisationen für die am wenigsten entwickelten Länder zu engagieren. Diese sehr offen gehaltenen Regeln stehen für eine ‚induktive' Vorgehensweise, die unternehmerische Kreativität und Engagementbereitschaft nicht fesseln oder kanalisieren, sondern gerade freisetzen und motivieren will. Unternehmen können innerhalb des abgesteckten Spektrums ihre Schwerpunkte

---

[147] Diese Auflage soll insbesondere einen Anreiz darstellen, sich kontinuierlich mit der Logik des Corporate Citizenship auseinanderzusetzen, vgl. Ruggie (2001) 5. Allerdings haben von den ca. 400 Unternehmen, die sich bis zum Sommer 2002 dem GC angeschlossen haben, erst gut 40 einen Beitrag zur Internetpräsentation des GC geleistet. Die mangelnde Transparenz bezüglich der Namen der teilnehmenden Unternehmen bzw. die geringe Zahl und Qualität der im Netz publizierten Projekte ist ein Kritikpunkt aus dem Kreis der Nichtregierungsorganisationen.

Die neun Prinzipien des Global Compact

Menschenrechte:

1. Die Wirtschaft soll den Schutz der international verkündeten Menschenrechte unterstützen und achten.
2. Die Wirtschaft soll sicherstellen, dass sie sich nicht an Menschenrechtsverletzungen beteiligt.

Arbeitsbeziehungen:

3. Die Wirtschaft soll die Vereinigungsfreiheit und die wirksame Anerkennung des Rechts auf Tarifverhandlungen wahren.
4. Alle Formen der Zwangs- und Pflichtarbeit sind zu beseitigen.
5. Kinderarbeit ist effektiv abzuschaffen.
6. Diskriminierung in Beschäftigung und Beruf ist zu beseitigen.

Umwelt:

7. Die Wirtschaft soll umsichtig mit ökologischen Herausforderungen umgehen.
8. Die Wirtschaft soll Initiativen zur Förderung eines verantwortlichen Umgangs mit der Natur durchführen.
9. Die Wirtschaft soll sich für die Entwicklung und Verbreitung umweltfreundlicher Technologien einsetzen.

selber setzen und damit entsprechend ihren Kernkompetenzen ein spezifisches Profil entwickeln[148].

Mitgliedsunternehmen bekommen das Recht, nach genau festgelegten Regeln mit dem Logo der Global Compact Initiative zu werben. Bemerkenswert sind die Finanzierungsregeln des Global Compact, die keine Unternehmensspenden zulassen – auch nicht von Mitgliedsfirmen. Die Aktivitäten finanzieren sich vielmehr ausschließlich aus Zuwendungen der UNO-Mitgliedsstaaten sowie von gemeinnützigen Institutionen.

---

[148] Der Global Compact setzt mithin prinzipiell ganz ähnlich an wie die Initiative Freiheit und Verantwortung auf nationaler Ebene.

Die Aufnahme des Global Compact in der internationalen Öffentlichkeit

Es ist von zentraler Wichtigkeit für die operative Arbeit der Global Compact Initiative, dass die Mitgliedsstaaten der Vereinten Nationen sie unterstützen und aktiv propagieren. Denn die Regierungen sollen GC-Veranstaltungen im jeweils nationalen Kontext durchführen und dadurch zum Wachstum der Initiative beitragen. Sie sollen vor allem ihr Ideengut – unternehmerisches Bürgerengagement und ordnungspolitische Mitverantwortung – im je nationalen Kontext verbreiten[149]. Diese Vorgehensweise zeigt sehr deutlich, wie das Konzept des Global Compact ansetzt, um jeweils nationale Rahmenbedingungen für Corporate Citizenship zu schaffen. Es wird nicht eine neue Hierarchie von Organisationen neben die bestehenden gesetzt; vielmehr soll der Gedanke unternehmerischen Bürgerengagements in der bestehenden institutionellen Struktur der internationalen Staatengemeinschaft verankert und in möglichst vielen Arbeitszusammenhängen ‚angedockt' werden.

Im Herbst 2001 hat sich eine Debatte der UNO-Generalversammlung das Corporate Citizenship zum Gegenstand gemacht. In Zusammenhang mit dieser Sitzung hat das Global Compact-Büro – das eigentliche Herz dieser schlanken Initiative – einen Bericht verfasst, der die unterschiedlichen Formen und den Umfang bereichsübergreifender Kooperationsprojekte zwischen UN-Organisationen, Wirtschaft und Bürgergesellschaft zusammenfasst[150]. Die Aufnahme der Initiative des Generalsekretärs in der UNO-Generalversammlung – also der Vollversammlung der angeschlossenen Nationen als höchstes Gremium der Organisation – ist nicht frei von kritischen Tönen geblieben. Insbesondere viele Entwicklungsländer sehen in einer verstärkten Zusammenarbeit mit der (fast ausschließlich in den reichen Ländern beheimateten) Wirtschaft die Gefahr eines sinkenden Einflusses auf die Aktivitäten der UN-Organisationen und dadurch zugleich – indirekt – auch einen Kontrollverlust gegenüber der eigenen Wirtschaft und Gesellschaft. Sie sind es, die auf klare Richtlinien und Kriterien für eine solche Zusammenarbeit drängen. Es wird betont, dass der Global Compact den Charakter der Arbeit der UN-Organisationen als zwischenstaatlicher Vereinbarungen nicht gefährden darf. Es

[149] Dies ist – wie der homepage des Global Compact zu entnehmen ist – bereits in wachsendem Maße geschehen. Die deutsche Regierung hat sich dabei die Initiative des GC besonders zu eigen gemacht. Sowohl Bundeskanzler Schröder als auch Außenminister Fischer haben dies mehrmals öffentlich bekundet und u.a. durch finanzielle Unterstützung des GC Büros in New York dokumentiert. Sie haben sich insbesondere um die Teilnahme deutscher Firmen bemüht.

[150] Dieser Bericht, der unter der Ägide von Jane Nelson vom britischen Business Leader's Forum entstanden ist, behandelt auf 305 Seiten wichtige Teilaspekte und ist mit vielen UNO-Mitgliedsstaaten und UN Agenturen abgestimmt. Er ist im Juni 2002 unter dem Titel ‚Building Partnerships: Cooperation Between the United Nations System and the Private Sector' erschienen.

wird das Legitimationsdefizit von Public-Private-Partnerships gegenüber den Aktivitäten gewählter Vertreter betont. Es wird die Unverbindlichkeit der Kooperationsformen und ihrer Ergebnisse kritisiert[151].

Zugleich zeichnet sich aber in der Generalversammlung mit der Zeit ein wachsender Konsens bezüglich der Arbeit des Global Compact ab. Dies erlaubt es, das Instrumentarium offenerer Organisationsformen, wie sie im Kontext bürgerschaftlichen Engagements benötigt werden, vorsichtig weiter auszubauen und zu spezifizieren[152]. So hat die Generalversammlung auf der Sitzung vom 11.12.01 die Resolution 56/76 ‚Auf dem Weg zu neuen Partnerschaften' erstmals auch mit expliziter Unterstützung wichtiger Staaten der Dritten Welt wie Indien, Indonesien, Bangladesh, Südafrika, Ghana, Nigeria, Tunesien und Marokko verabschieden können. Sie bestätigt das schon auf einem Millennium-Gipfel der Staatschefs 2000 formulierte Ziel des Global Compact, ‚dem Privatsektor, NRO und der Zivilgesellschaft im Allgemeinen größere Möglichkeiten bei der Mitwirkung an den Zielen der Vereinten Nationen zu geben'. Der Privatsektor wird ermutigt, die Prinzipien gemeinwohlorientierten unternehmerischen Bürgerengagements (good corporate citizenship) zu akzeptieren. Bei prinzipieller Anerkennung ihres auf Gewinnerzielung gerichteten Verhaltens sollten die Unternehmen die Grundsätze der nachhaltigen Entwicklung – im Einklang mit den innerstaatlichen Vorschriften – berücksichtigen. Dabei nennt die Generalversammlung ausdrücklich Anspruchsgruppen übergreifende Kooperationsformen (‚multi- stakeholder- Initiativen') wie etwa den Global Compact, der damit erstmals in einer Resolution anerkannt wird. Allerdings macht die Resolution auch deutlich, dass diese Zusammenarbeit kein Selbstzweck ist, sondern den Interessen der Vereinten Nationen und ihrer Mitgliedsstaaten dienen muss.

---

[151] In diesen Diskussionen wird der Innovationsgrad der Arbeit des Global Compact gegenüber den übrigen Strukturen der UN-Organisation deutlich. Die dadurch ausgelösten Irritationen sind durchaus mit Problemen vergleichbar, auf die eine stärkere Propagierung bürgerschaftlichen Engagements in Kommune, Region oder nationalem politischen System stößt. Dies reicht bis in Formulierungen hinein. So war etwa in den Anhörungen der Enquete-Kommission immer wieder zu hören, die Ausgaben für Projekte bürgerschaftlichen Engagements dürften kein ‚Ersatz' für Leistungen der sozialen Sicherungssysteme werden oder auch Steuerzahlungen nicht substituieren. Ebenso heißt es im globalen Kontext in Bezug auf Finanzmittel für den Global Compact, die ‚dadurch aufgebrachten zusätzlichen Ressourcen dürften kein Ersatz für den aufgrund des gegenwärtigen nominalen Nullwachstums ... real abnehmenden ordentlichen VN-Haushalt werden", Hüfner (2002) 14. Hier wie dort wird lediglich *ressourcen*bezogen in Nullsummenspiel – Kategorien gedacht, statt zu fragen, wie eine systematische Integration bürgerschaftlichen Engagements in die Arbeit staatlicher und internationaler Institutionen deren Arbeits*ergebnisse* optimieren könnte.

[152] Fitschen (2002) 47f.

Laufende Aktivitäten des Global Compact

Flankiert von dem Kampf um eine wachsende Akzeptanz unter den Mitgliedsstaaten hat der Global Compact auch seine operative Arbeit mit Unternehmen und Nichtregierungsorganisationen aufgenommen.

Einen ersten Block der Aktivitäten des Global Compact bilden die Politikdialoge (‚policy dialogues'). Im Rahmen dieses Programms werden jeweils bereichsübergreifende Gesprächskreise konstituiert, die zu praxis- und problembezogenen Fragestellungen Stellungnahmen und Handreichungen erarbeiten sollen. Ein Kreis von Arbeitsgruppen zum Thema Nachhaltige Entwicklung umfasst etwa Themen wie ‚Nachhaltige Investitionen' (zur Stärkung von Investitionen in den am wenigsten entwickelten Ländern) und ‚Nachhaltiges Unternehmertum' (zur Entwicklung von Finanzierungsmodellen für Kleinunternehmen insbesondere in den Sektoren Energie und IuK-Technologien). Ein zweiter Kreis von Arbeitsgruppen ist der Thematik des Dialogs in Konfliktzonen gewidmet. Eine Arbeitsgruppe ‚Transparenz' hat einen Katalog konkreter Maßnahmen erarbeitet, um die Integrität der öffentlichen Verwaltung im Umgang mit Wirtschaftsunternehmen zu erhöhen und Korruption einzudämmen. Eine Arbeitsgruppe zu Risikomanagement in Konfliktzonen hat Arbeitsmaterial zu Einschätzung und Management von Geschäftsrisiken in Krisengebieten erarbeitet, das u.a. eine Liste mit wichtigen Partnern in solchen Regionen umfasst. Eine andere Arbeitsgruppe befasst sich mit den Potenzialen von Anspruchsgruppen übergreifender Partnerschaftsprojekte (Multi-Stakeholder-Partnerships) und stellt anhand konkreter Beispiele fest, dass eine Zusammenarbeit zwischen zwei oder mehreren starken und nachhaltig engagierten Führungspersönlichkeiten ein Schüsselfaktor des Gelingens dieser Projekte zu sein scheint. Eine weitere Arbeitsgruppe schließlich fragt nach geeigneten Arrangements zwischen ausländischen Direktinvestoren und autochthonen Gruppen in Entwicklungsländern bei der Verteilung der Erträge natürlicher Ressourcen. Eine Rechtsposition, die lediglich auf der Durchsetzung erworbener Eigentumsrechte beruht, wird von diesen Gruppen meist nicht akzeptiert und führt in vielen Fällen zu gewalttätigen Konflikten.

Alle Arbeitsgruppen im Rahmen der Politikdialoge stellen den Versuch dar, die kollektive Suche nach Problemlösungen und bereichsübergreifendem gemeinsamen Handeln (‚collective action') zu mobilisieren. In Folge der kontinuierlichen gemeinsamen Arbeit haben sich funktionsfähige Arbeitsgruppen konstituiert, die aufgrund ihrer bereichsübergreifenden Kompetenz praxisrelevante Handlungsmöglichkeiten zu erschließen versprechen.

Ein weiterer Arbeitsbereich des Global Compact ist das Lernforum. Das Lernforum dient dem Austausch von Erfahrungen und Informationen, um Unternehmen zur bereichsübergreifenden Kooperation zu befähigen. Der Global Compact will in diesem Sinne auch als ganzes ein Ort kollektiven Lernens zwischen Vertretern der Wirtschaft, der Arbeitnehmer, der Bürgergesellschaft und der Institutionen für Menschenrechte, Umwelt und Entwicklung sein. Ein praktischer Erfahrungsaustausch soll eine bessere Kenntnis relevanter Erfolgsfaktoren, des richtigen Vorgehens und möglicher Fehlentwicklungen bei bereichsübergreifenden Kooperationsprojekten vermitteln. Weitere Ziele sind der Aufbau einer Datenbank, die Entwicklung von ‚business case'-Studien und deren Veröffentlichung. Zu diesem Zweck konstituierte sich im Juni 2002 auch eine Runde von Wissenschaftlern und tauschte sich bezüglich methodischer Fragen aus. Der Aufbau spezieller internetbasierter Kommunikationsformen ist geplant. Das Lernforum, das immer wieder auch als ‚Herzstück des GC' bezeichnet wird, steht für den Paradigmenwechsel, den der GC gegenüber der bisherigen Praxis der UN-Organisationen mit sich bringt. Denn es macht deutlich, dass der Compact nicht als Regulierungsinstrument oder als mehr oder weniger verbindlicher Verhaltenskodex im Sinne des ‚Soft law' konzipiert ist. In Bezug auf die Unternehmen geht es nicht um externes Monitoring oder die Verlängerung staatlicher Regulierung. Vielmehr sollen in einem induktiven Prozess Qualitätsstandards unternehmerischen Bürgerengagements entwickelt und festgehalten werden.

Noch in den Anfängen steckt ein Handlungsfeld ‚Partnerschaftsprojekte', das eine verstärkte bereichsübergreifende Zusammenarbeit zwischen Unternehmen und UN-Organisationen fördern soll. Hier ist vor allem an die vier Organisationen gedacht, die in die ‚Architektur' des GC explizit mit aufgenommen sind – also die Internationale Arbeitsorganisation, das Flüchtlingswerk, die Entwicklungs- und die Umweltagentur. In ersten Kooperationsprojekten wird das Potenzial solcher bereichsübergreifenden Arbeitsstrukturen deutlich. So stellt etwa ein Pharmaunternehmen wie Aventis seine Forschungskapazitäten zur Verfügung, um für spezielle Krankheiten in afrikanischen Entwicklungsländern Medikamente zu entwickeln. Da in Afrika aufgrund der mangelnden Kaufkraft kein Ertrags-Potenzial besteht, ließen sich die im Rahmen des Projektes getätigten Investitionen in Forschung und Entwicklung als ‚business case' betriebswirtschaftlich kaum rechtfertigen. Der Lagebericht des Global compact-Büros vom Juli 2002 macht deutlich, dass auch im Bereich der Partnerschaftsprojekte nur flankierende und unterstützende Tätigkeit geplant ist: „Wenn der Compact seine Kapazitäten – insbesondere leistungsfähige Rahmenbedingungen und Anreize – voll entwickelt haben wird, wird er sich vor allem auf die Ermutigung und Kommunikation, nicht aber auf die Unterstützung oder Durchführung von Public-Private-Partnership-Projekten konzentrieren, die mit relevanten UN Agenturen zusammen arbeiten"[153].

Schließlich besteht ein wichtiger Bereich der Arbeit des Global Compact in ihrer Multiplikatorfunktion durch je nationale Veranstaltungen. Eine bloße Superstruktur auf globaler Ebene ohne Wurzeln in den nationalen Diskussionen könnte kaum den Anspruch erheben, einen spürbaren Beitrag zur Stärkung der ordnungspolitischen Mitverantwortung von Unternehmen zu leisten. Beim ‚Global Outreach' des GC ist denn auch bewusst ein Ansatz gewählt, der die Verschiedenheit der natio-

---

[153] Global Compact Office (2002).

nalen Diskussionslagen und institutionellen Strukturen berücksichtigt. So fungieren als nationale Botschafter und Multiplikatoren des GC einmal Ministerien, einmal internationale Institutionen, einmal Stiftungen oder auch Privatpersonen. In Australien ist sogar die kommunale Entwicklungsagentur der Stadt Melbourne, die selbst ein bereichsübergreifendes Netzwerk verschiedener Akteure darstellt, zum nationalen GC-Partner geworden. Nationale oder nationenübergreifende Netzwerke stellen sich z.T. als reine Business-Netzwerke dar, z.T. sind es schon bereichsübergreifende Kooperationsformen unter Mitwirkung von NGOs oder Fachleuten. Es wird nicht zuletzt von der Entwicklung in diesem Bereich des ‚Global outreach' abhängen, inwiefern der Global Compact seinem Anspruch gerecht zu werden vermag, globale Rahmenbedingungen für Corporate-Citizenship-Projekte zu verbessern.

Teil 5: Unternehmerisches Bürgerengagement und globale Ordnungsstrukturen im 21. Jahrhundert

5.1 Unternehmerisches Bürgerengagement als Instrument der Global Governance

Unternehmerisches Bürgerengagement – so hatten wir gesehen – ist ein bekanntes Phänomen, das mindestens so alt ist wie die Industriegesellschaft selbst. Wer Corporate Citizenship als neues Thema zelebriert und der Wirtschaft vorwirft, es noch nicht begriffen zu haben, der darf nicht in die oberflächliche Attitüde manches Unternehmensberaters oder Journalisten verfallen, der schon aus professionellen Motiven regelmäßig die Neuheit einer Entwicklung behauptet. Doch andererseits ist es eben auch nicht das traditionelle ‚Ehrenamt', das Corporate Citizenship am Beginn eines neuen Jahrhunderts plötzlich zu einer vieldiskutierten Thematik werden lässt. Diskussionsteilnehmer in Wissenschaft, Politik und Praxis verbinden mit der Thematik vielmehr die Hoffnung, dass hier in Netzwerken bereichsübergreifender Zusammenarbeit neue Selbstbindungs- und Selbststeuerungs-Potenziale wachsen – und zwar angesichts einer sich öffnenden Schwere zwischen globalisierungsbedingt wachsendem Problemdruck einerseits und sinkenden Ordnungs-Potenzialen des Staates bzw. internationaler Organisationen andererseits. Hier geht es also nicht primär um Tugend oder Ethik, sondern um die zweifellos wichtige Frage, welches angesichts des Vergreisungsprozesses des Leviathan-Staates die ‚ordnungsstiftenden Potenzen' (W. Eucken) des 21. Jahrhunderts sein werden.

Genau in dieser Perspektive ist auch der Global Compact gegründet und angelegt worden. J.G. Ruggie, Mitarbeiter von Kofi Annan und Professor an der Harvard University, stellt Corporate Citizenship in einen Zusammenhang mit nachhaltiger Entwicklung im Sinne der Schaffung Sozialer Ordnung im globalen Maßstab. Ruggie schlägt eine Brücke von der gegenwärtigen Weltsituation zur ‚ersten' Modernisierung im ‚Viktorianischen Zeitalter'[154]. Das Zusammenwachsen der Weltwirtschaft und die damit verbundene nachhaltige Wohlstandssteigerung ist seinerzeit in ihrem ersten Anlauf gescheitert. Denn durch die einseitige Entwicklung der Wirtschaft ohne begleitenden sozialen Ausgleich habe sich – so Ruggie –

---

[154] Diese Terminologie bezieht sich auf die britische Königin Victoria (1837-1902), in deren lange Regentschaft die geschilderten Entwicklungen fallen. In Deutschland würden wir vom Wilhelminischen Zeitalter sprechen, damit aber zwei deutsche Kaiser – nämlich Wilhelm I (1870-1888) und Wilhelm II (1888-1914) meinen.

ein Ungleichgewicht gebildet, das die europäischen Gesellschaften letztlich aus ihrer prekären Balance gebracht habe. Die atavistischen Katastrophen des 20. Jahrhunderts – Weltkriege und totalitäre Regime – sind für Ruggie also als Reaktion auf einen unbalancierten Liberalismus der Viktorianischen Eliten zu verstehen. Diese haben die Zusammengehörigkeit von Wohlstandssteigerung und gesellschaftlicher Mitverantwortung ignoriert und mussten dies im Rückblick teuer bezahlen. „Deutlich gesprochen: Die Viktorianische Globalisierung war ein System ohne populäre Wurzeln und ohne soziale Legitimität. Sie berücksichtigte weder die Bedürfnisse noch die Hoffnungen der breiten Mehrheit der normalen Bevölkerung – also jener, die die Hauptlast jener gesellschaftlichen Anpassungskosten zu tragen hatten, die der Übergang zu freien Märkten zwangsläufig mit sich bringt. Der Ruf nach sozialem Schutz wurde unwiderstehlich und er führte – vorhersagbar – in einen ökonomischen Protektionismus, der eine ganze Generation lang anhielt. Was ist die Lehre aus dieser Entwicklung? Gesellschaften werden sich vor unbeschränkten Marktkräften schützen – und zwar mit allen Mitteln, die ihnen verfügbar sind“[155].

---

[155] Ruggie (2001) 3. Für die deutsche Geschichte ist dieser Zusammenhang von dem Betriebswirten Götz Briefs formuliert worden – und zwar ex ante, also bereits im Jahr 1920. Briefs, der später vor den Nationalsozialisten in die USA ausgewichen ist und an der Georgetown Universität gelehrt hat, schildert in seiner aus heutiger Sicht bemerkenswerten Streitschrift gegen O. Spengler die Lage der Arbeiter in Deutschland nach der erzwungenen Modernisierung durch die preußische Bürokratie: „Die Ursachen des einheitlichen, alles an sich reißenden deutschen Sozialismus sind teilweise oben angegeben: die treibhausartige Entwicklung des Industrialismus und Kapitalismus mit der Folge stärkster Eigentums- und Klassentrennung, unter Aufrechterhaltung überlebter und unzulänglicher staatlich-sozialer Lebensformen, ja unter Indienststellung des staatlich-militärisch-bürokratischen Befehls- und Gehorsamsstils für die Wirtschaft und das soziale Zusammenleben; das erlaubte, Arbeitsintensitäten aus dem ‘Menschenmaterial’ herauszuholen, die wohl kein anderes kapitalistisches Land herausholte ... Die Last der Arbeitsintensität, der Minderbewertung als Mensch und als soziale Gruppe, der Nichtgewährung gleicher staatsbürgerlicher Rechte traf dazu noch Schichten, die durchgängig in der ersten, höchstens der zweiten Generation vom Lande stammten. Eine ungeheure Binnenwanderung hatte den unerhört schnellen Aufschwung des deutschen Kapitalismus begleitet; was zuwächst an Menschen – die Zuwachsquoten sind fast durchaus ländlich-kleinstädtisch – wandert zur Industriestadt, zur Großstadt. Eine Entwurzelung von Millionen landsässigen, einfachen Volkes im kurzen Verlauf von 30-40 Jahren!... Sie bedeutet Auflösung des Gemeinschaftsbewusstseins und Zersetzung des Gemeinschaftsempfindens, Heimatlosigkeit, Verblassen der inneren Bindungen, Verbitterung und Hass gegen die kalte unfassbare Macht, die stärkste Arbeitsleistung verlangt und dabei der Seele und dem Herzen alles nimmt, woran ein Mensch für sich und vor seiner Umwelt Stütze und Halt findet“, Briefs (1920) 65f.

Die Rolle von Legitimität und Weiterentwicklung globaler Märkte findet sich thematisiert auch bei Kell/Ruggie (1999).

Heute stelle sich – so Ruggie – dieselbe Herausforderung einer schnellen Wohlfahrtssteigerung durch die Globalisierung bei gleichzeitiger Verarmung breiter Bevölkerungsschichten erneut – allerdings im globalen Maßstab. Solange im weltweiten Maßstab noch immer 1,2 Milliarden Menschen von einem Dollar pro Tag oder nahezu 3 Milliarden Menschen von 2 Dollar täglich leben müssten, sei auch der ‚zweite Schub' der Globalisierung ein bedrohtes Projekt. Doch während einerseits jene Regeln, die auf die Öffnung nationaler Märkte drängen, zunehmend an Verbindlichkeit und Einklagbarkeit gewönnen, seien auf der anderen Seite die Regeln, die einen sozialen Ausgleich im globalen Maßstab propagieren, eher noch schwächer geworden. Hier zu einem gleichgewichtigeren Entwicklungspfad zu kommen, der nachhaltige Entwicklung ermögliche, sei das Ziel des Global Compact.

Ruggie kennzeichnet den Global Compact mithin als ‚interorganisationelles Netzwerk'[156] der Selbstregulation, das eine Alternative zu traditionellen hierarchischen und bürokratischen Regulierungsmechanismen darstellt. Solche interorganisationellen Netzwerke seien

a) bestehend aus autonomen Organisationen, die ihre Kräfte freiwillig sammeln, um ein bestimmtes Problem zu lösen. Die UN helfe lediglich dazu, diese Koalition zu koordinieren, während die eigentliche Kraft zum Herbeiführen der Veränderungen bei den Organisationen des Netzwerkes selbst liege,

b) speziell darauf ausgerichtet, mit komplexen und ambivalenten Problemstellungen umzugehen,

c) durch gemeinsame Normen, Leitvorstellungen und Absichten koordiniert. Im Fall des Global Compact sei der Generalsekretär der wichtigste ‚Normlieferant',

d) nur locker strukturierte Organisationsformen, die auf horizontalen Verhandlungsprinzipien beruhen. Weder der Global Compact noch irgendein einzelner Teilnehmer kann einen anderen zwingen, teilzunehmen oder sich zu verändern.

In dieser seiner Struktur eines ‚interorganisationellen Netzwerkes' sei der GC nur ein Element zur Schaffung Sozialer Ordnung im globalen Kontext – aber eben ein immer wichtigerer Faktor, der genauer untersucht und verstanden werden muss.

---

[156] Ruggie wählt diesen Begriff mit Bezug auf R. Chisholm (1998) bzw. W. Reinicke/ F. Deng (2000). Unser Begriff des bereichsübergreifenden Kooperationsnetzwerkes (‚cross-sectoral network of cooperation') betont demgegenüber stärker die Zusammenarbeit von Akteuren aus unterschiedlichen gesellschaftlichen Bereichen. Beide Begriffe unterscheiden sich in einem noch näher darzustellenden Sinn vom Begriff ‚Soziales Kapital'.

5.2 Kritik an der Ordnungsfunktion unternehmerischen Bürgerengagements

Gerade am ordnungsstiftenden Anspruch des Global Compact macht sich die Kritik des Projektes durch manche Entwicklungsländer und insbesondere die Nichtregierungsorganisationen fest. Sie richtet sich nicht nur gegen die Initiative K. Annans, sondern vielmehr gegen das Konzept des Corporate Citizenship insgesamt, das diesem zugrunde liegt. Die Kritiker leugnen nicht die Notwendigkeit einer stärkeren institutionellen Einbindung der Globalisierung – ganz im Gegenteil. Doch sie sehen eine Disproportion zwischen dieser ambitionierten Aufgabe und der Struktur des Global Compact als ‚locker strukturiertem' Kooperationsnetzwerk. So weisen Kritiker etwa darauf hin, dass es im Kontext solcher Strukturen wesentlich auf die Kooperationskultur im Netzwerk ankomme. ‚Auch das Gelingen des *Global Compact* hängt entscheidend davon ab, ob die beteiligten AkteurInnen diese Plattform für einen solchen Dialog nutzen. Sein Erfolg hängt wesentlich von den Interessen ab, die die unterschiedlichen AkteurInnen einbringen. Letztlich geht es hier also um die Fragen, inwiefern der *Global Compact* Wirksamkeit als Instrument von *Global Governance* entfalten kann[157]'. Gerade diese Interessen aber seien viel zu heterogen, um als Grundlage für eine dauerhafte Kooperation zu dienen. So sei die Pilotphase des Projekts auch insgesamt enttäuschend ausgefallen, insbesondere was die quantitative und qualitative Beteiligung der Unternehmen angehe. Ein intransparenter und wenig dialogischer Stil gefährde das Zustandekommen der angestrebten Kooperationskultur. Einzelnen Unternehmen wie etwa Nike, Aventis, Unilever, Norsk Hydro, Rio Tinto werde erlaubt, das Logo des Global Compact zu benutzen, obwohl sie sich nicht durchgängig an die zugrunde liegenden neun Prinzipien halten. Zudem seien diese Prinzipien zu offen und unpräzise formuliert. Es fehlten Kontroll- und ggf. Sanktionsinstrumente, denn im Gegensatz zu Verhaltenskodizes als ‚soft law' sei der GC gerade nicht darauf angelegt, eines Tages zur verbindlichen Regel für die Wirtschaft zu werden[158].

So fordern denn auch viele Nichtregierungsorganisationen und Entwicklungsländer Reformen der entstehenden Arbeitsformen des Global Compact[159]:

a) eine Stärkung der demokratischen Kultur;

b) die Einführung von Transparenz, Partizipation und Rechenschaftspflicht;

---

[157] B. Hamm (2002) 25.

[158] In diesem Sinne favorisieren viele Nichtregierungsorganisationen die Bemühungen der ‚Global Reporting Initiative' (GRI), im Dialog mit den Unternehmen weltweite Standards des Reporting im Bereich von ökologischen und sozialen Verhaltensweisen durchzusetzen. Vertreter des Global Compact betonen den engen wechselseitigen Austausch mit der GRI. Dennoch ist ein unterschiedliches Grundkonzept von Corporate Citizenship zwischen Global Compact und Global Reporting Initiative unverkennbar.

[159] B. Hamm (2002) 37f.

c) die Einführung eines Berichts- und Rechenschaftssystems;

d) eine Fortschrittskontrolle (benchmarking) mit klaren Zielvorgaben.

Bei vielen Kritikern sind solche Vorbehalte letztlich aus einer Skepsis dem gesamten Konzept unternehmerischen Bürgerengagements gegenüber gespeist. Für sie sind die Unternehmen Instrumente des globalen Kapitalismus – also eher Potenzen globaler Unordnung als Träger der Mitverantwortung für Soziale Ordnung. Eine nähere Auseinandersetzung mit der fundamentalen Kritik an Marktwirtschaft und Wettbewerb, die sich in solchen Forderungen manifestiert, kann an dieser Stelle nicht erfolgen[160]. Wichtig ist, dass die Kritiker ‚Soziale Ordnung' nicht als ‚von innen' hergestellte Ordnung, sondern lediglich als von außen erzwungene Ordnung zu denken vermögen. Nicht die sich selbst regulierende Bürgergesellschaft, sondern der mit Zwangsgewalt auftretende Nationalstaat ist hier als Paradigma für Globale Ordnung gedacht. ‚Global Governance' läuft in dieser Perspektive auf die Bändigung der gefährlichen Kräfte von Marktwirtschaft und Wettbewerb durch noch stärkere, ‚demokratische' Mächte (also einen globalen Leviathan) hinaus. In Verlängerung des Nationalstaates als Ordnungsinstanz wird von den bestehenden oder noch zu schaffenden Internationalen Organisationen erwartet, als eine Art ‚Weltwirtschaftsregierung' regelübertretende Unternehmen im Zaum zu halten und in diesem Sinne ‚für Ordnung zu sorgen'[161]. Die Enttäuschung über den Global Compact hängt dann damit zusammen, dass er diese ihm zugedachte Rolle nicht spielen kann oder will.

Wie ist diese Kritik zu beurteilen? In welcher Weise kann der ‚Global Compact' zur Verbreitung unternehmerischen Bürgerengagements und zur Entstehung Sozialer Ordnung im globalen Maßstab beitragen?

5.3 Entwicklungsmöglichkeiten des Global Compact

Für den Global Compact, wie bisher umgesetzt und von J. G. Ruggie konzeptionell begründet, deuten sich angesichts der skizzierten Kritik (mindestens) drei verschiedene Entwicklungsmöglichkeiten an:

1.) Der Kritik der NGOs wird im wesentlichen entsprochen. Der Global Compact wird als globales Regulierungselement konstituiert. Als interorganisationelles Netzwerk dient er dann direkt und unmittelbar zur Schaffung Sozialer Ordnung, indem z.B. Standards von Good Corporate Citizenship formuliert und unter den Mitgliedern durchgesetzt werden. In diese Rich-

160 Dazu etwa Homann/Suchanek (2000).

161 Diese Position ist im deutschen Sprachraum am konsequentesten von O. Lafontaine formuliert worden, vgl. Lafontaine/Müller (1999).

tung zielen die Festlegung der Mitglieder auf die neun Prinzipien und die Festlegung von Strafen bei Verletzung dieser Standards. Dieses Modell liegt auch den Forderungen der NGOs zugrunde, die eine Straffung der Regeln und die Aufstellung von Verhaltensrichtlinien als ‚soft law' verlangen. Der Anreizmechanismus für Unternehmen, sich an die Regeln zu halten, stellt in diesem Fall zunächst informeller Druck im Netzwerk selber bzw. die Angst vor Beschämung dar. Denkbar sind aber auch andere Zwangsmechanismen. Viele Bemühungen der Verantwortlichen des Global Compact laufen gegenwärtig in diese Richtung.

2.) Der Global Compact wird als Zertifikat bzw. Gütesiegel konstituiert, der auf globalen Wettbewerbsmärkten den angeschlossenen Unternehmen Wettbewerbsvorteile verleiht. In diese Richtung zielt die Möglichkeit der Verwendung des GC-Logos durch die Unternehmen bzw. die genauen Regeln zu deren Einschränkung. Auch die NGOs scheinen solche Vorstellungen zu haben, wenn sie etwa den Ausschluss von Regelübertretern aus dem Netzwerk fordern. Der Anreizmechanismus für Unternehmen liegt in diesem Fall auf Reputationsvorteilen, die sie auf Wettbewerbsmärkten realisieren.

3.) Der Kritik der Nichtregierungsorganisationen wird nicht entsprochen. Der Global Compact soll überhaupt nicht als direktes Steuerungs- oder Regulierungsinstrument konstituiert werden, sondern lediglich als globaler ‚Think tank', Forschungs- und Diskussionsforum zur Thematik Unternehmerisches Bürgerengagement. Er ist dann selbst kein Instrument globalen Ordnungshandelns (Global Governance), sondern soll zur Entstehung solcher Elemente und Instrumente in anderen, dezentralen Kontexten beitragen. In diese Richtung zielt das Lernforum und auch der ‚global outreach' – also die Durchführung von Veranstaltungen und die Konstitution von Netzwerken in den regionalen Kontexten. Dies scheint die ursprüngliche Konzeption gewesen zu sein.

Diese drei Entwicklungsmöglichkeiten stellen bis zu einem gewissen Grad einander ausschließende Alternativen dar, zwischen denen sich die Protagonisten des Global Compact langfristig werden entscheiden müssen. Denn das Paradigma des offenen Lernforums ist per se unvereinbar mit dem Paradigma des Netzwerkes im Sinne von ‚Sozialem Kapital'. Im Kontext des ersteren bleibt die Teilnahme von Anfang bis Ende freiwillig und unverbindlich. Sie beruht auf der Übereinstimmung mit den jeweils aktuellen Interessen des Unternehmens und schafft nur ‚schwache Bindungen' (weak ties). Dagegen müssen bei letzterem die Bindungen so eng und verbindlich sein (strong ties), dass die Abweichung von Vereinbarungen zumindest informell bestraft wird und somit ‚Kosten' aufwirft. Die Mitgliedschaft in Netzwerken Sozialen Kapitals steht nicht – entsprechend den aktuellen Interessen des Unternehmens – täglich zur Disposition. Sie dienen vielmehr immer auch der Durchsetzung der langfristigen, ‚konstitutionellen' Interessen gegen kurzfristige Anreize.

Bei der Auswahl aus den drei Alternativen ergibt sich also ein unausweichlicher Zielkonflikt für die Führung des ‚Global Compact'. Soll er zu einem selbstregulierenden Netzwerk ‚Sozialen Kapitals' (im Sinne von E. Ostrom[162]) auf globaler Ebene aufgerüstet werden, dann muss er mit Mechanismen der Selbstregulierung, Selbstkontrolle und Sanktion ausgestattet werden – wie dies die Kritiker fordern. Die Netzwerke etwa der Arbeitsgruppen im Rahmen des Politikdialogs leisten dies zum gegenwärtigen Zeitpunkt nicht. Sie eigenen sich nicht als Basis für ‚kollektives Handeln', weil Trittbrettfahrer, die ihre Vorleistungen nicht erbringen, nicht sanktioniert werden können.

Würden dagegen (wirklich) Mechanismen ‚starker Bindungen' entstehen, dann rückt allerdings aufgrund der damit verbundenen Exklusivität und hohen Eintrittsbarrieren die anvisierte Teilnehmerzahl von 1000 Unternehmensmitgliedern bis 2003 in weite Ferne. Netzwerke Sozialen Kapitals sind von ihrer Natur her auf kleine Gruppen beschränkt, in denen entsprechend starke Beziehungen aufgebaut werden können. Eine wirksame Propagierung unternehmerischen Bürgerengagements und breiten Erfahrungsaustausches ist in einer solchen Konstruktion aber nicht möglich. Nur wenn er selbst keine ordnungspolitische Funktion im Sinne eines Steuerungs- oder Regulierungsinstruments übernimmt, bleibt der Global

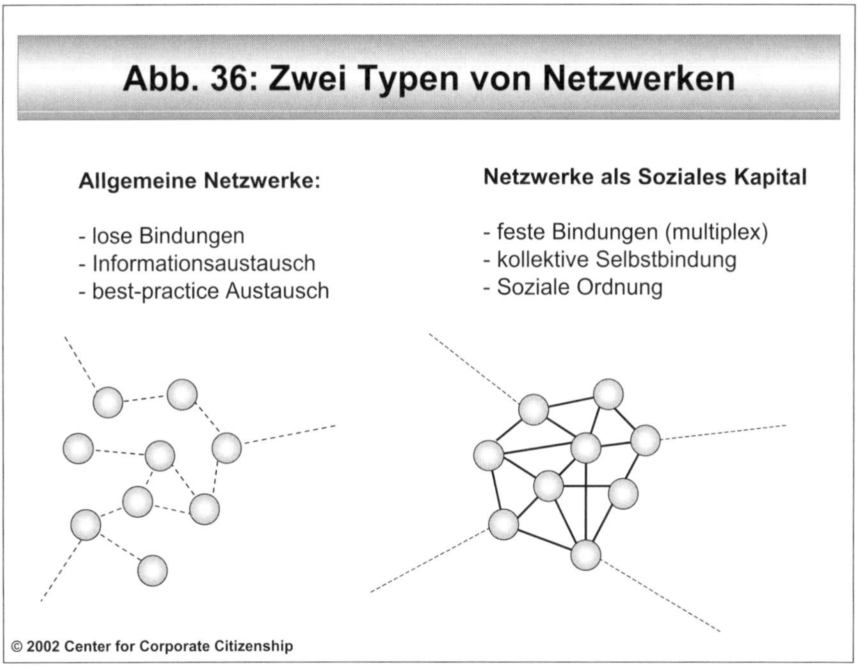

Abb. 36: Zwei Typen von Netzwerken

[162] Noch sind sie ein ‚covenant without a sword' i.S.v. Ostrom/Gardner/Walker (1992).

Compact als globaler Think tank und gemeinsames Lernforum prinzipiell offen für jeden Teilnehmer, der sich beteiligen will. Diese letzte Ambivalenz ist im Bauplan des Global Compact unübersehbar.

Wir haben mithin zwei alternative Marschrichtungen für den Global Compact herausgearbeitet. Doch in welche Richtung sollte nun das vielleicht ambitionierteste Projekt zur Förderung unternehmerischen Bürgerengagements am Beginn des 21. Jahrhunderts entwickelt werden? Diese Frage ist letztlich mit Blick auf das Wesen unternehmerischen Bürgerengagements selbst zu beantworten, dessen Förderung sich die Initiative ja auf die Fahnen geschrieben hat. Dieses aber setzt immer dezentral an einem konkreten Problem vor Ort und in einer Branche an. *Mithin erscheint es nicht sinnvoll, den Global Compact im Sinne der ersten Alternative selbst zu einem Regulierungs- und Steuerungsinstrument aufzurüsten*[163]. Denn Selbstregulierung, Selbstbindung und Kontrolle funktioniert nur sehr bedingt in einem globalen Schwebezustand. ‚Mehr Biss'[164] bekommt der GC erst dort, wo Verhaltensänderungen beobachtbar und transparent sind bzw. Abweichungen auch wirklich sanktioniert werden können – mithin in je konkreten räumlichen oder sachlichen Kooperationszusammenhängen. Der Global Compact sollte sich im Sinne der zweiten Alternative darauf beschränken, für diese Aktivitäten im globalen Maßstab zu werben und dafür Potenziale und Know-how zur Verfügung zu stellen.

Von hierher sind über das Projekt ‚Global Compact' hinaus allgemeine Aussagen möglich. ‚Global Governance' erscheint dann als eine Angelegenheit, deren Instrumente vor allem regional oder national oder branchenbezogen, jedenfalls problemnah ansetzen. Nur hier – bei den im weitesten Sinne Betroffenen – lässt sich auch jene Transparenz des Handelns herstellen, die für jede Selbstbindung und -kontrolle unverzichtbar ist. Die Devise der Agenda 21 – ‚Think global, act local' – lässt sich auch hier anwenden, wenn man ‚lokales' Handeln in einem umfassenden Sinne als ‚problemnahes Handeln' versteht. Unternehmerisches Bürgerengagement wird sich immer aus der Zugehörigkeit entweder zu einer Region oder Nation, oder aus der Betroffenheit von einem bestimmten Problem (etwa einer Branche) heraus motivieren. Eine internationale Superstruktur wird demgegenüber immer eine subsidiär unterstützende Rolle spielen müssen. Sie kann bestimmte allgemein gehaltene Ziele formulieren (wie etwa die in den neun Prinzipien des Global Compact niedergelegten Ziele: Einhaltung der Menschenrechte, nachhaltige

[163] Die Kritikerin B. Hamm (2002) 37 formuliert hier selbst eine Perspektive, die allerdings ihre im folgenden geäußerten Forderungen zugleich faktisch überflüssig macht: „Der Global Compact ist potenziell ein Beitrag für Global Governance, denn er führt unterschiedliche AkteurInnen und unterschiedliche Ebenen zusammen ... In gewisser Weise agiert der Global Compact somit auf einer Metaebene, wo das Erlernen einer gemeinsamen Sprache schon einen Zugewinn darstellt. Der Global Compact ist kein Steuerungsinstrument für einen konkreten Bereich, sondern in seinen Zielvorgaben allgemein".

[164] So die Forderung von Hamm, ebd.

Entwicklung und Bekämpfung von Hunger und Unterentwicklung). Sie kann bestimmte Problemlösungstypen wie die Schaffung bereichsübergreifender Netzwerke unter Beteiligung von Wirtschaft, Nichtregierungsorganisationen etc. propagieren. Sie kann spezielles Wissen und methodische Qualitätsstandards dazu erarbeiten und an möglichst viele Netzwerke weltweit vermitteln. Doch sie wird nie selbst ein branchen- und länderübergreifendes Netzwerk wechselseitiger Selbstbindung werden. Angesichts dieser Zusammenhänge kann Ordnungshandeln auch im 21. Jahrhundert nur subsidiär ansetzen. Der übergeordneten Ebene ist dann nur eine unterstützende Dienstleistungsfunktion zuzuweisen. Diese ist gerade nicht mit einer Weltregierung oder auch nur Weltwirtschaftsregierung zu verwechseln, die zentral festgelegte Standards mithilfe von Zwangsmechanismen verschiedener Art nach ‚unten' hin durchsetzt. Diese Vorstellung, die gelegentlich in der Kritik am Global Compact mitschwingt, verkennt die Struktur Sozialer Ordnung wie auch die Logik bürgerschaftlichen Engagements.

5.4 Die Ordnungsprobleme des 21. Jahrhunderts

Unternehmerisches Bürgerengagement in der arbeitsteiligen, spezialisierten und professionalisierten Gesellschaft der Moderne dient der Entstehung Sozialer Ordnung. Corporate Citizenship zielt dabei auf beide Dimensionen – auf die Stabilisierung wechselseitiger Verhaltenserwartungen und auf die Weiterentwicklung und Anpassung bestehender Regeln an neue Herausforderungen ab.

Kaum irgendwo wird diese Aufgabe gerade in ihren beiden Aspekten so deutlich wie auf internationaler Ebene – auf der Ebene der Weltgesellschaft. Traditionell hat sich Soziale Ordnung im je nationalen Kontext durch das Zusammenwirken formeller und informeller Regeln und Institutionen eingestellt. Das Fortschreiten dieses Prozesses bestimmt nicht zuletzt den Entwicklungsstand der jeweiligen Gesellschaft. Durch die Globalisierung findet dieser Prozess unter neuen Bedingungen statt. Denn dadurch haben sich vor allem für bestimmte Gruppen und Organisationen neue Handlungsmöglichkeiten ergeben, was zu erheblichen Verschiebungen des Kräftegleichgewichts im je nationalen Kontext führt. So müssen etwa die Angehörigen der Oberschicht in den Schwellenländern Lateinamerikas ihr Geldvermögen nicht mehr im nationalen Wirtschaftskreislauf reinvestieren, sondern können es auf Konten in der Schweiz oder auf den Bahamas lagern.

Die wichtigsten Ordnungsprobleme, die sich infolge der Globalisierung stellen, liegen also nicht in einer mangelnden Regulierung des internationalen Austausches. Sie liegen vielmehr darin, dass *die nationalen Regelgefüge vieler Staaten der Erde nicht in der Lage sind, in diesen Ländern überhaupt Soziale Ordnung zu konstituieren und die internen Trittbrettfahrerprobleme zu lösen.* Die national-ungelösten Ordnungsfragen werden durch das Zusammenwachsen der Wirtschaftsräume über die nationalen Grenzen hinweg noch erheblich verschärft, weil sich dadurch für bestimmte Gruppen in den Ländern neue Trittbrettfahreroptionen auftun.

Diese Zusammenhänge lassen sich auch am Beispiel der Qualität und Quantität kriegerischer Konflikte am Beginn des 21. Jahrhunderts aufzeigen. Der Krieg ist die elementarste Beeinträchtigung Sozialer Ordnung überhaupt. Doch Kriege zwischen Staaten sind am Beginn des 21. Jahrhunderts selten geworden. Auf welchem Niveau sich zwischenstaatliche kriegerische Auseinandersetzungen, die ja die Zivilisationsgeschichte jahrhundertelang dominiert haben, heute bewegen, das zeigt sich geradezu sprichwörtlich an der Auseinandersetzung zwischen Spanien und Marokko um die sogenannte ‚Petersilieninsel'. Kaum irgendwann in der neueren Geschichte gab es so wenige militärische Auseinandersetzungen zwischen verschiedenen Nationalstaaten wie heute. Der Grund dafür ist, dass es in den vergangenen vier Dekaden seit der sogenannten Kuba-Krise zur Entwicklung eines ausgefeilten Systems internationaler Institutionen und informeller Regeln gekommen ist, die für einen (potenziellen) Aggressor jede vielversprechende Aggression zu einem teuren Vergnügen werden lassen: Handelsembargo, umfassender Lieferboykott, Ausschluss aus oder jedenfalls rapider Reputationsverlust in der internationalen Staatengemeinschaft, Einfrieren von Krediten und sogar militärisches Eingreifen der internationalen Staatengemeinschaft wie im Fall der Annexion Kuwaits durch den Irak. Alles dies sind empfindliche Disziplinarmaßnahmen, die die Konfliktbereitschaft im internationalen Raum deutlich sinken lassen.

Die eigentlich hartnäckigen, blutigen und über Jahrzehnte andauernden Konflikte unserer Zeit sind dagegen Bürgerkriege und Konflikte verschiedener Ethnien oder Bevölkerungsgruppen innerhalb eines Staates. Nicht im internationalen Raum herrscht also Chaos, sondern je nationale Regelgefüge vermögen ihre ordnungsstiftende Funktion nicht auszuüben.

Nicht der Welt-Staat, von dem sich noch Papst Johannes XXIII. die Lösung globaler Ordnungsprobleme erwartete[165], ist dann das Desiderat unserer Zeit. Es geht vielmehr darum, die nationalen oder gar regionalen Regelgefüge instand zu setzen, ihre ordnungsstiftende Rolle (auch wirklich) zu spielen. Bei dieser Aufgabe aber – auch dies manifestiert sich in den hartnäckigen Bürgerkriegskonflikten unserer Zeit – versagen jene diplomatischen und zwischenstaatlichen Institutionen weitgehend, die sich in Bezug auf die Lösung zwischenstaatlicher Konflikte als so leistungsfähig erwiesen haben.

Nicht die internationale Staatengemeinschaft oder globale Organisationen alleine sind dann gefordert. Vielmehr sind es die Bürger und gesellschaftlichen Gruppen selber, die zunächst in den regionalen Kontexten, dann in den je nationalen Regelgefügen zur Entstehung Sozialer Ordnung beitragen müssen. Die Strukturen im internationalen Raum müssen diese Bemühungen problembezogen unterstützen und ggf. flankieren. Denn ‚Ordnung ist kein Druck, den man von außen her auf die Gesellschaft ausübt, Ordnung ist ein Gleichgewicht, das in ihrem Innern hergestellt wird' (Ortega y Gasset).

---

[165] So in der Enzyklika ‚Pacem in terris' (1963).

Abb. 37: Dezentrale Ordnungsprobleme

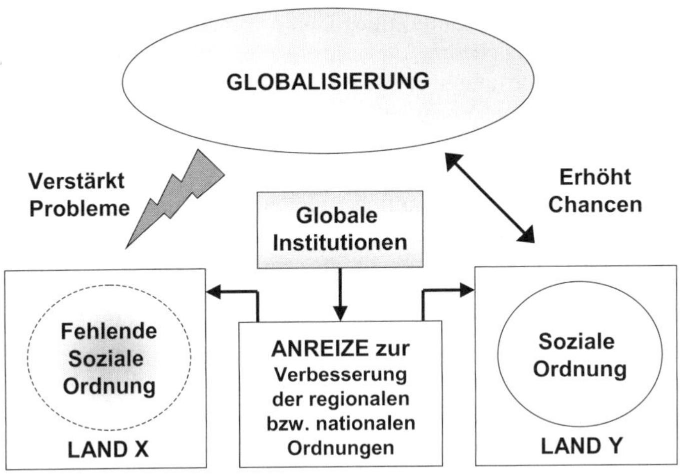

© 2002 Center for Corporate Citizenship

5.5 Aufbau von Kooperationsnetzen als Teil ausländischer Direktinvestitionen

Diese Aufgabe unternehmerischen Bürgerengagements im Entwicklungs- und Schwellenland unterscheidet sich zunächst kaum von entsprechenden Aktivitäten in den entwickelten Kontexten[166]. Denn auch hier kann das Unternehmen nicht aus sich heraus handeln sondern muss mit Partnern aus anderen Bereichen kooperieren. Die Zusammenarbeit mit Partnern aus der Bürgergesellschaft ist im Gastland sogar noch wichtiger, wenn sich ausländische Direktinvestoren nicht dem Verdacht des Neokolonialismus aussetzen wollen. Zugleich spielt eine solche Kooperation eine wichtige Rolle bei der Stärkung und Professionalisierung bürgergesellschaftlicher Gruppierungen und Nichtregierungsorganisationen, die für die gesellschaftliche Entwicklung vieler Entwicklungs- und Schwellenländer von zentraler Bedeutung sind. Der Aufbau von Netzwerken ‚Sozialen Kapitals' und die Stärkung bestehender Strukturen, von formellen und informellen Institutionen der Selbstregulierung und -kontrolle vor Ort ist ein wichtiges Instrument gegen einen gerade in der Dritten Welt verbreiteten Etatismus und Bürokratismus, gegen eine Erwartungshaltung, die die Lösung ordnungspolitischer Probleme ausschließlich

[166] Vgl. dazu auch Habisch (1997).

von einem korrupten und klientelistischen Verwaltungsapparat erwartet[167]. Zugleich ist aber dafür Sorge zu tragen, dass staatliche Stellen und ihre Vertreter in entstehende Netzwerke mit einbezogen werden und jeweils auch selbst Vorteile davon haben. Bereichsübergreifende Kooperationsnetzwerke dieser Art können bei professioneller und umsichtiger Durchführung die Akzeptanz des ausländischen Investors im relevanten sozialen Umfeld des Unternehmens erhöhen. Sie stellen dann eine Art informeller Versicherung dar gegen Maßnahmen ‚kalter Enteignung' etwa durch überbordende Korruption, willkürliche Auflagen, politische Unruhen etc. In diesem Zusammenhang ist nochmals an das hier zu Grunde gelegte Verständnis von unternehmerischem Bürgerengagement als Investition in Soziales Kapital zu erinnern. Gerade im Gastland eines ausländischen Direktinvestors wird die Relevanz dieses Begriffs deutlich – deutlicher vielleicht noch als im allemal geordneten und leidlich regulierten Kontext entwickelter Volkswirtschaften. Denn Investitionen in Soziales Kapital zahlen sich gerade für ihn sehr konkret aus.

Gemeinsame Aktivitäten werden sich je nach vordringlichem Problemdruck in der Region sowie den Kompetenzen und Interessenlagen des Unternehmens auf die Verbesserung der Bildungsinstitutionen, der sozialen Situation von Familien und Jugendlichen, die medizinische Versorgung von Mitarbeitern und Bevölkerung, die Bekämpfung der Kriminalität, die Schaffung von Arbeitsplätzen im Kleingewerbebereich, den Bau von Straßen oder Brücken, das Verlegen elektrischer Leitungen oder einer Kanalisation beziehen. Corporate Citizenship zielt aber darüber hinaus langfristig immer auch auf den Aufbau und die Reform des Institutionensystems, etwa im Bereich der Korruptionsbekämpfung, den Aufbau einer Verwaltungsgerichtsbarkeit, die Schaffung allgemeinverbindlicher und stabiler Umweltschutzregeln, eine Banken- und Kreditmarktkontrolle, die Garantie von Menschenrechten und die Einhaltung elementarer rechtlicher Regeln durch das Justizsystem, den Widerstand gegen offensichtlichen Machtmissbrauch der Politik etc. Es versteht sich von selbst, dass entsprechende im weitesten Sinne ‚politische' Initiativen von einem ausländischen Investor nur mit sehr viel Fingerspitzengefühl, im Kontext ‚eingewachsener' Netzwerke und nach jahrelanger Präsenz in der Region angefasst werden sollten. Meistens wachsen sie – wie im nationalen Kontext – aus ‚operativen' Formen der Zusammenarbeit mit bürgerschaftlichen Gruppen heraus als ‚natürliche' Konsequenz und Vertiefung der dort gemachten Erfahrungen und Ansätze.

Derartige Aktivitäten globalen Corporate Citizenship sind nicht nur eine Möglichkeit für international tätige Großkonzerne. Sie eröffnen sich – in der jeweils dem Betrieb entsprechenden Dimension – auch dem mittelständischen Investor, der in der Globalisierung des 21. Jahrhunderts eine immer wichtigere Rolle spielen wird. Hier zeigt sich zugleich eine Alternative zu einer ‚Global Governance' Diskussion, die nur zentralistisch bei Instrumenten globaler Regulierung ansetzt (und etwa die Weiterentwicklung des Global Compact zu einer Art Weltwirtschaftsregierung

---

[167] Vgl. Messner (1995), (1997).

fordert). Ist letzteres lediglich ein Projekt für Großkonzerne, die entsprechendes Personal für Sitzungen und Kongressbesuche im globalen Maßstab frei stellen können, so sind dezentrale Aktivitäten zur Schaffung Sozialer Ordnung vor Ort eine realistische Möglichkeit für Betriebe aller Größenordnungen. Hier wird gehandelt – im Interesse der ‚gastgebenden' Regionen ausländischer Direktinvestoren und der Betriebe selbst.

Die Aktivitäten internationaler Organisationen, Entwicklungsorganisationen, Handelskammern, Entwicklungsbanken, Stiftungen und Nichtregierungsorganisationen sind für ein solches Konzept von ‚Global Governance' nicht weniger wichtig. Sie können zunächst zur Entstehung einer Wirtschaftskultur beitragen, die entsprechende bereichsübergreifende Initiativen des Corporate Citizenship als integralen Bestandteil prinzipiell jeder ausländischen Direktinvestition propagiert. Dies bedeutet nicht mehr und nicht weniger, als dass jede Investition in physisches oder Humankapital in einer Gastgeberregion auch durch eine Investition in ihr Soziales Kapital begleitet werden sollte[168].

Die genannten Organisationen können aber darüber hinaus durch ihre Präsenz und Erfahrung in der Region in Zusammenarbeit mit der nationalen Administration auch zum Aufbau einer strukturellen Infrastruktur beitragen, die die ‚Kosten' derartigen Engagements gerade auch für den mittelständischen Investor senkt. Spezialisierte Vermittlungsagenturen, wie sie etwa der Abschlussbereicht der Enquete-Kommission für den deutschen Kontext fordert, wären für die Förderung von unternehmerischem Bürgerengagement im internationalen Raum von noch größerer Bedeutung. Sie lassen dem Investor einerseits genug Freiheit für eigene Schwerpunktsetzungen und ein unverwechselbares Profil ‚seiner' Initiativen und sorgen andererseits auch für die notwendige Professionalität bei der Auswahl der Partner, der Formulierung realistischer Ziele und der entsprechenden Öffentlichkeitsarbeit im Gastland. Sie verfügen zudem über jene soziale Kompetenz, die im Kontext unternehmerischen Bürgerengagements in Entwicklungs- und Schwellenländern dringend notwendig ist.

Gerade bei solchen Aktivitäten unternehmerischen Bürgerengagements im globalen Maßstab zeigt sich auch sehr deutlich, dass Corporate Citizenship und die Entwicklung einer arbeitsteiligen, spezialisierten und professionalisierten Gesellschaft keine Gegensätze sind[169]. Wenn und insoweit es zur Lösung von Ordnungsproblemen und zur Entstehung Sozialer Ordnung im regionalen und nationalen Maßstab beiträgt, legt es zugleich die Grundlagen für eine nachhaltige Entwicklung und die Entstehung leistungsfähiger Strukturen auch in anderen gesellschaftlichen Bereichen[170].

---

[168] Entsprechende Forderung an nachhaltige Entwicklungsprojekte bei Ostrom (1992).

[169] Vgl. dazu oben Teil I.

[170] Vgl. dazu auch Zadek et al. (2001).

5.6 Zur Legitimität unternehmerischen Bürgerengagements

Das erste Kapitel der vorliegenden Publikation hatte die Forderung nach unternehmerischem Bürgerengagement mit dem (von liberal-pragmatischer Seite geäußerten) Einwand konfrontiert, im funktionsfähigen Institutionensystem einer arbeitsteiligen, spezialisierten und professionalisierten Gesellschaft sei Bürgerengagement eigentlich gar nicht mehr notwendig. Sie hatte dazu auf die Funktion von Corporate Citizenship bei der Schaffung und Weiterentwicklung Sozialer Ordnung hingewiesen. Gerade dies aber ruft die (vor allem von Seiten linker Gesellschaftstheorie) geäußerte Kritik hervor, unternehmerisches Bürgerengagement unterliege einem (grundsätzlich unheilbaren) Legitimitätsdefizit und dürfe gerade deshalb in einem demokratischen Gemeinwesen keine Ordnungsfunktion übernehmen. Diese Kritik hat vor allem im Zusammenhang mit der Globalisierungsdebatte und den Aktivitäten multinationaler Konzerne insbesondere in Entwicklungs- und Schwellenländern zugenommen[171]. Verschiedene Einwände werden gegen unternehmerisches Bürgerengagement vorgebracht:

1.) Gerade das Beispiel unternehmerischen Bürgerengagements im Kontext von Entwicklungs- und Schwellenländern macht die zugrunde liegende Machtasymmetrie der ‚Partner' im bereichsübergreifenden Netzwerk noch einmal sehr deutlich. Zwar begegnen sich Bürger in ihrem gemeinsamen Engagement für das Gemeinwesen prinzipiell ‚auf Augenhöhe', was auch für Unternehmen und ihre Kooperationspartner in Bürgergruppen oder Bildungseinrichtung gilt. Doch realistisch gesehen erweist sich diese Gleichheitsannahme als wirklichkeitsfremde Illusion. Die ‚Partner' sind in Wahrheit sehr ungleiche Gesellen – und haben entsprechend unterschiedliche Möglichkeiten, ihre Interessen in dem Kooperationsprojekt zur Geltung zu bringen. Nichtregierungsorganisationen droht in diesem Fall die Instrumentalisierung durch das Unternehmen. Sie werden domestiziert und verlieren ihre aufrüttelnde Protestwirkung.

2.) Bürgerschaftliches Engagement entbehrt im Gegensatz zu demokratisch gewählten Politikern der Legitimation seines Handelns. Dies gilt besonders für Unternehmen, die ganz offensichtlich von Eigeninteressen geleitet sind. Entfaltet deren Handlung Außenwirkung auf Dritte – und dies ist im Kontext ordnungspolitischer Mitverantwortung ja gerade angestrebt – dann gibt es keine Garantien mehr gegen die Einschränkung der Grundrechte der davon Betroffenen. Ein Rückzug des Staates aus seinem Machtmonopol kann ein erneutes Vordringen ‚feudaler' Machtausübung im gesellschaftlichen Raum mit sich bringen.

---

[171] So sieht etwa Klein (2000) die Gefahr einer Zerstörung kultureller Einheiten durch das aggressive Vordringen amerikanischer Markenprodukte; Forrester (1999), (2001) kritisiert den ‚Terror der Ökonomie', Werner/Weiss, (2001) das Verhalten internationaler Konzerne.

3.) Unternehmen vertreten im Marktsystem ausschließlich die Interessen ihrer Aktionäre und damit des Kapitals. Beteiligen sie sich an ‚gemeinwohlorientierten' Projekten, dann dient das lediglich der Verschleierung ihrer im übrigen destruktiven und ausschließlich an den eigenen Interessen orientierten Tätigkeit (‚blue washing').

Die genannten Einwände wurzeln z.T. in sehr prinzipieller Kritik an Markt und Wettbewerb, wie sie im Kontext der schnell wachsenden Protestbewegung gegen die Globalisierung auch organisierte Züge annimmt. Dem kann im Kontext der vorliegenden Monografie nicht weiter nachgegangen werden. Doch ist es klar, dass Corporate Citizenship auch mit den besten Argumenten und Beispielen versehen bei demjenigen keine Akzeptanz finden wird, der letztlich von der Illegitimität jeder privatwirtschaftlichen Unternehmertätigkeit überzeugt ist. Auch wer Austausch und Beziehungen zwischen Personen und Organisationen lediglich als ‚Nullsummenspiel' begreift – also davon ausgeht, dass der Gewinn des einen nur durch Verluste eines anderen entstehen kann – wird die Logik bürgerschaftlichen Engagements als ‚Positivsummenspiel' nicht nachvollziehen.

Das Konzept unternehmerischen Bürgerengagements basiert also auf sehr prinzipiellen sozialphilosophischen Annahmen, die hier selbst nicht im Einzelnen philosophisch abgeleitet werden können. In der Tradition bestimmter Vertreter der Ethik I. Kants hat sich in der unternehmensethischen Literatur die Meinung ausgebildet, ein Unternehmen würde entweder – als Profitmaximierer – eine destruktive gesellschaftliche Rolle spielen oder – als Philanthrop – sich völlig selbstlos in den Dienst der Gemeinschaft stellen. Diese durchaus verbreitete Alternative erweist sich aber als unterkomplex zur Erklärung unternehmerischen Handelns. Insbesondere ist sie nicht dazu in der Lage, Wirksamkeit und Motivation des Corporate Citizenship angemessen zu erfassen. Unternehmen bewegen sich gerade nicht in einem ‚trade-off' zwischen rücksichtslosem Ellenbogendenken einerseits und selbstloser Aufopferung andererseits – etwa in dem Sinne, dass die ‚richtige' Position irgendwo in der Mitte zu suchen sei. Besser verständlich wird unternehmerisches Handeln vielmehr in einem Vier-Felder-Schema, das den Aktionärsnutzen (‚shareholder value') auf der horizontalen, den Nutzen für wichtige Anspruchsgruppen (‚stakeholder value') dagegen auf der vertikalen Achse abträgt (vgl. Abbildung 38).

Zu 1.) Hier zeigt sich, dass die eigentlich unternehmerische Herausforderung darin besteht, die Position des eigenen Unternehmens in ‚nordöstlicher Richtung' zu verschieben. Der Pariah wird im funktionsfähigen Wettbewerb von selbst vom Markt verdrängt. Der Philanthrop wird zwar seiner gesellschaftlichen Mitverantwortung gerecht, hat aber ein Ertragsproblem: Er muss Strategien entwickeln, die sein Engagement auch in handfeste Vorteile für das eigene Unternehmen überführen. Der Profitmaximierer muss sich fragen, wie er den gestiegenen Erwartungen an seine gesellschaftliche Mitverantwortung gerecht werden und Formen nachhaltigen Wirtschaftens entwickeln kann. Die eigentliche Zielvorstellung des Corporate Citizenship aber ist der Partner, der durch Kreativität und soziale Kompetenz

Abb. 38: Partnerschaft als Suchanweisung

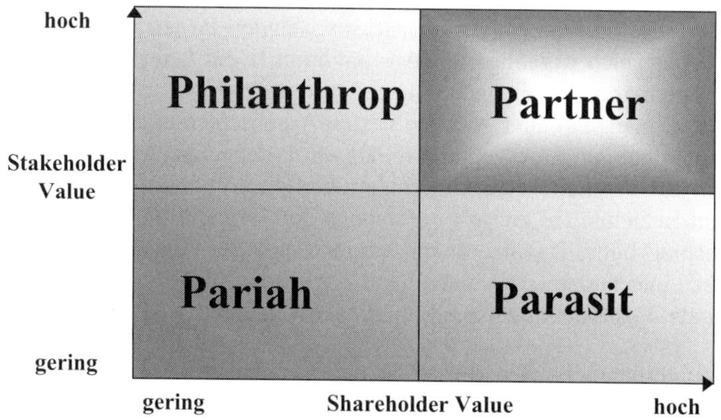

Wettbewerbsstärke des eigenen Unternehmens und gesellschaftliche Mitverantwortung auf intelligente Weise miteinander verbinden kann. Es sind innovative Unternehmerpersönlichkeiten, die dieser Herausforderung gerecht werden und damit die viel diskutierten ‚win-win'-Potenziale realisieren. Die dargestellten Praxisbeispiele des Unternehmenswettbewerbs der Initiative ‚Freiheit und Verantwortung' zeigen allerdings, dass solche Persönlichkeiten in der Realität der Bürgergesellschaft unseres Landes sehr wohl in nicht geringer Zahl anzutreffen sind.

Betrachtet man die Interessenlage einer solchen ‚bürgerschaftlichen Unternehmerpersönlichkeit' näher, dann entspricht es ihr keineswegs, die externen Partner aus dem Bereich der Bürgergesellschaft im Laufe des Projektes ‚umzudrehen' oder sich gefügig zu machen. Eine Nichtregierungsorganisation aus dem Bereich des Umweltschutzes, des sozialen Ausgleichs oder der Menschenrechte, die ihren kritisch-zukunftsorientierten ‚Biss' verliert; eine Wohlfahrtsorganisation oder Selbsthilfegruppe, die sich nicht mehr als ‚Stimme' der ihr anvertrauten Gruppe von benachteiligten oder in Not befindlichen Menschen empfindet; eine Künstlerpersönlichkeit, die sich nur mehr als Sprachrohr ihrer Unternehmenspartner versteht; eine Bürgerinitiative im Entwicklungsland, die nicht mehr die nachhaltige Entwicklung ihrer Region vor Augen hätte – sie alle haben ihren Wert als Gegenüber und befruchtender Partner des Unternehmens verloren. Weder neue Informationen noch ein Reputationsgewinn noch auch neue kommunikative Kompetenzen wachsen dem Unternehmen aus der Kooperation mit einem solchen Partner zu.

Die Potenziale einer wirklich bereichsübergreifenden Zusammenarbeit würden nicht mehr realisiert, wenn die Partner ihre Identität verlieren[172]. Der erste oben vorgetragene Einwand gegen Corporate-Citizenship-Projekte erweist sich also in der Realität als nicht tragfähig. Es liegt vielmehr gerade in der Logik bereichsübergreifender Kooperationsprojekte, an der Leistungsfähigkeit ‚seines' Partners in dem ihm angestammten Bereich interessiert zu sein.

Zu 2.) Bedarf bürgerschaftliches Engagement einer demokratischen Legitimation? Besteht die Gefahr einer – neofeudalen – Einschränkung von Grundrechten im Kontext des Corporate Citizenship? Auch dieser Einwand erweist sich in der Praxis kaum als tragfähig. Unternehmerisches Bürgerengagement verwirklicht sich in der bereichsübergreifenden Zusammenarbeit mit Kooperationspartnern und unter den Augen einer kritischen Öffentlichkeit. Die Beispiele aus dem Wettbewerb ‚Freiheit und Verantwortung' sind sehr sorgfältig darauf angelegt, keine ungewollten Resonanzen und Kommentare hervor zu rufen. Der Reputationseffekt würde sehr schnell ins Gegenteil verkehrt, wenn das Engagement in irgendeiner Weise anrüchig oder ideologisch einseitig orientiert wäre. Noch wichtiger vielleicht ist die Rückwirkung auf die interne Motivation des eigenen Personals. Hier ist es dem Unternehmen wichtig, auch ideologisch unterschiedlich orientierten Mitarbeiterinnen und Mitarbeiter eine möglichst breite Identifikation mit dem Projekt zu ermöglichen. Engagementformen, die auch nur einem Teil der Belegschaft negativ auffallen könnten, scheiden von Anfang an aus. Unternehmerisches Bürgerengagement ist in diesem Sinne sicherlich noch unbedenklicher als die Aktivität mancher Nichtregierungsorganisation oder Bürgergruppe, die ihre Ziele auch gegen Widerstände mit Nachdruck – bis hin zu vereinzelten Regelüberschreitungen – vertritt. Nichtsdestoweniger bleibt selbstverständlich die umfassende Grundrechtsgarantie des Staates und seiner Justiz auch gegenüber wirklichen oder vermeintlichen Beeinträchtigungen individueller Rechtspositionen gültig. Ebenso selbstverständlich ersetzen Projekte bürgerschaftlichen Engagements nicht die Verantwortlichkeit und Entscheidungsgewalt demokratisch legitimierter Volksvertreter. Wie bereits gesehen läuft unternehmerisches Bürgerengagement nicht auf einen Ersatz sondern vielmehr auf eine hilfreiche Ergänzung des Handelns öffentlicher Institutionen und Organisationen hinaus.

Zu 3.) Noch am besten begründet ist dagegen der Kritikpunkt, in Projekten des Corporate Citizenship werde lediglich eine Fassade errichtet, die den wirklichen Praktiken und Strategien des Unternehmens in viel zentraleren Bereichen deutlich widerspreche (‚blue washing'). Unbezweifelbar bleibt die oben als ‚Profitmaximierer' bezeichnete Position die in der Realität am häufigsten vorfindliche Abweichung von der Idealposition des ‚Partners'. Selbst in großen Unternehmen

[172] Gleiches gilt übrigens auch aus der Sicht der Partner: Ein Unternehmen, dass über seinem sozialen Engagement seine Wettbewerbsfähigkeit einbüßt, würde ebenso langfristig als Kommunikationspartner uninteressant.

werden die öffentlichkeitsbezogenen Aktivitäten und Botschaften gelegentlich nicht einmal von den persönlichen Überzeugungen der verantwortlichen Manager selber, geschweige denn von ihren Kollegen aus anderen Abteilungen oder ihren Vorgesetzten mitgetragen. Dem Mittelständler fällt eine solche zweigleisige Strategie dagegen schwerer, weil er als Person in seinem sozialen Umfeld unter dauernder Beobachtung steht und sich mangelnde Glaubwürdigkeit zu seinem Schaden auswirken würde.

Für die gesellschaftliche Wirkung unternehmerischen Bürgerengagements in bereichsübergreifenden Netzwerken ist die Motivation der engagierten Partner allerdings kaum relevant. Auch ein Unternehmen, das ‚in Wirklichkeit' nur an seiner Reputation oder der Außenwirkung seiner Aktivitäten interessiert ist, wird im Kontext solcher problemorientierter Koalitionen einen wertvollen Beitrag leisten. Einen (erwünschten) Reputationsgewinn wird es nämlich nur dann erzielen, wenn es auch die Unternehmenspartner von der Ernsthaftigkeit seines Engagements überzeugen kann. Eine ausschließlich gemeinwohlorientierte Gesinnung ist für Corporate Citizenship nicht nur nicht notwendig, sondern vielleicht eher noch schädlich. Denn Aktivitäten, von denen ein Unternehmen keine handfesten Vorteile erfährt, sind ständig von der Streichung bedroht. Die Nachhaltigkeit und Ernsthaftigkeit des Engagements in solchen Projekten ist begrenzt.

Zudem sollte die Wahrnehmung eines Unternehmens als ‚korporativer Akteur', wie sie insbesondere im angelsächsischen Sprachraum verbreitet ist, auch nicht übertrieben werden. So erscheint es kaum sinnvoll, etwa von den weltweit Hunderttausenden von Mitarbeitern der Siemens AG als von einem einheitlichen Handlungssubjekt zu sprechen. Der Wettbewerb ‚Freiheit und Verantwortung' trägt dem insofern Rechnung, als er nicht – wie andere Preise und Wettbewerbe – unter Berufung auf einzelne Aktivitäten gleich ganze Unternehmern als ‚ethisch wertvoll' qualifiziert und sich damit regelmäßig dem Vorwurf ‚selektiver Wahrnehmung' aussetzt. Ausgezeichnet werden hier nicht Unternehmen oder Unternehmensteile, sondern einzelne bereichsübergreifende Kooperationsprojekte, in deren Kontext regelmäßig wechselseitiger Austausch und Lernen stattfindet und in vielen Fällen auch ein Beitrag zur Weiterentwicklung institutioneller Rahmenbedingungen erbracht wurde (‚ordnungspolitische Mitverantwortung'). Aufgrund dieses Bezuges auf einzelne Projekte, in denen immer auch die Unternehmenspartner aus der Bürgergesellschaft genannt werden müssen, können sich Unternehmen bei ‚Freiheit und Verantwortung' auch mehrfach bewerben. Nur bei einer solchen Architektur ist sicher gestellt, dass nicht einzelne Personen oder Unternehmen als solche ausgezeichnet werden, sondern das Ergebnis ihrer Kreativität und unternehmerischen Engagementbereitschaft als ‚best practice' gekennzeichnet wird.

Auf Produkt-, Personal- und Finanzmärkten interessieren sich potenzielle Geschäftspartner dafür, wer der beste Anbieter, Arbeitgeber oder Kreditnehmer ist. In einer Bürgergesellschaft geht es dagegen nicht darum, wer der beste Bürger ist; Wichtiger sind hier vielmehr die Fragen: Durch welche Modellprojekte und Initiativen kann die unternehmerische Engagementbereitschaft am effektivsten geweckt und in gemeinsames Handeln umgesetzt werden? Auf welche Weise kann die (jeweils an einer bestimmten Problemlösung orientierte) gesellschaftliche Zusammenarbeit verschiedener Gruppen am besten in eine ‚Zugewinnsgemeinschaft' (‚Win-Win-Szenario') überführt werden? Antworten auf diese Fragen sollen weder die nüchterne Kritikfähigkeit vernebeln noch auch Unternehmen zu selbstlosen Gemeinwohlakteuren stilisieren. Wie alle anderen Bürger auch, so arbeiten Unternehmen in einem ständigen Spannungsfeld zwischen ihren kurzfristigen operativen Interessen einerseits und ihren ‚konstitutionellen' bzw. Verfassungsinteressen andererseits.

Die Zusammenarbeit in arbeitsteiligen, spezialisierten und professionalisierten Gesellschaften unterscheidet sich wesentlich von der Zusammenarbeit in weniger entwickelten Kontexten. Denn ein Ordnungsrahmen formeller und informeller Institutionen strukturiert hier das komplexe Interessengefüge ihrer Bürger. Es fördert tendenziell die Erarbeitung wechselseitiger Vorteile und unterbindet zugleich wechselseitige Schädigungen nach Kräften. Dieser zivilisatorische Rahmen individuellen Wirtschaftens ist auch am Beginn des 21. Jahrhunderts in großen Teilen der Welt noch nicht realisiert. Er ist auch in der entwickelten Welt wieder neu zu erringen oder auch auf bestimmten Problemfeldern erst herzustellen. Es stellt die eigentliche Herausforderung an bürgerschaftliches Engagements auch und gerade von Unternehmen dar, auf den verschiedenen Ebenen menschlichen Zusammenlebens an der Gestaltung dieser Rahmenbedingungen mitzuarbeiten und dadurch zur Entstehung Sozialer Ordnung beizutragen.

Anhang

I. Corporate Citizenship – Zukunftsperspektiven in Forschung und Lehre

Schwerpunkte und Entwicklungsperspektiven der internationalen Forschungsarbeiten zu Corporate Citizenship

Unternehmerisches Bürgerengagement ist bereits heute Gegenstand eines schnell wachsenden Forschungsfeldes. Aufgrund des interdisziplinären Charakters und der uneinheitlichen Terminologie laufen aber verschiedene Diskussionsstränge hier immer wieder aneinander vorbei. Im folgenden sollen – ohne Anspruch auf Vollständigkeit insbesondere der zitierten Beiträge – einige zukunftsträchtige Forschungsschwerpunkte genannt werden.

1. Ein Schwerpunkt der laufenden Diskussionen im internationalen Raum ist die Frage der Messbarkeit von Erfolgskriterien unternehmerischen Bürgerengagements sowohl für die Unternehmen als auch für die Partner in den verschiedenen Subsystemen. Unternehmensintern stellt es ein vorrangiges Interesse der verantwortlichen Manager dar, ihre Aktivitäten (und Budgets) rechtfertigen zu können. Dazu müssen sie diese zum Kerngeschäft des Unternehmens in Bezug setzen und ihren Deckungsbeitrag ausweisen. Viele bisher entwickelte Quantifizierungsversuche[173] setzen dementsprechend allerdings ausschließlich unternehmensintern an und lassen die hier andeutungsweise entwickelte Perspektive von Corporate Citizenship als Investition in Soziales Kapital unberücksichtigt.

2. Eine breite Diskussion spinnt sich um die Operationalisierbarkeit entsprechender Messkriterien für die internationalen Finanzmärkte[174]. Dies würde eine Verbindung zwischen unternehmerischem Bürgerengagement und der rein finanziellen Performance von Unternehmen herstellen und den Marktwert von Investitionen in Soziales Kapital abbilden. Ein Problem dieser umfangreichen Diskussion ist es aber, dass eine konzeptionelle

---

[173] Vgl. exemplarisch Clarkson (1995), The Council on Foundations (1996), Burke/Logsdon (1996), Harrison/Freeman (1999), Boston College Center for Corporate Community Relations (jetzt: The Center for Corporate Citizenship) (2000), The Corporate Citizenship Company (2000), Logan/Tuffrey (2000), Prince of Wales Business Leader's Forum (2000), Epstein/Roy (2000).

[174] Vgl exemplarisch Dow Jones Sustainability Group Indexes GmbH (1999), Flatz (2001) und (2002), Sustainability Asset Management (2000), Solomon/Solomon/Norton (2002).

Verständigung auf ein einheitliches Verständnis von Corporate Citizenship bzw. Corporate Social Responsability bisher nicht erzielt werden konnte. Damit steht aber eine notwendige Vorbedingung für die Entwicklung leistungsfähiger quantitativer Parameter noch aus. Autorinnen und Autoren arbeiten vielmehr mit heterogenen Konzepten, was sich auch in der ganz unterschiedlichen Auswahl der Indikatoren zeigt. Im Zusammenhang mit Indizes auf Finanzmärkten verbleiben zudem grundlegende methodische Probleme, die bisher nicht vollkommen ausgeräumt werden konnten. So stellt sich etwa die Frage von Ursache und Wirkung (‚Sind Corporate Citizens erfolgreich, weil sie engagiert sind oder sind sie engagiert, weil sie erfolgreich sind?') bzw. der Abgrenzung erhobener Teilmärkte zum Gesamtmarkt. Darauf bzw. auf Lösungsversuche kann an dieser Stelle nicht weiter eingegangen werden[175].

3. Ein weiteres relevantes Forschungsgebiet bildet die Frage nach jenen institutionellen Ausgestaltungen der Unternehmensstruktur (‚Corporate Governance'), die auf die Stärkung unternehmerischen Bürgerengagements hinauslaufen würden. Würde etwa der Einbezug von unternehmensexternen Anspruchsgruppen wie Nichtregierungsorganisationen, Nachbarschaftsgruppen, kommunaler Anlieger etc. in die Aufsichtsgremien des Unternehmens Bereitschaft zu und Professionalität im bürgerschaftlichen Engagement eines Großunternehmens erhöhen[176]? Dies tangiert unternehmensrechtliche Fragen (Aufsichtsrat, Betriebsrat, Vorstandsgremien etc.), aber auch die Rolle der Tarifpartner und die Institutionen der Arbeitsmarktverwaltung.

4. Eine Kernfrage der Zukunft unternehmerischen Bürgerengagements ist die Integration der Strategien und Instrumente in das Strategische Management. Wie kann Corporate Citizenship als ‚Querschnittsfunktion' in ganz unterschiedlichen Arbeitsbereichen genutzt werden, um die übergeordneten Unternehmensziele zur Geltung zu bringen? Das unvermittelte Einbringen einzelner Corporate Citizenship Elemente (wie z.B. betriebliche Freiwilligenprogramme, cause-related-marketing, Sponsoring etc.) ohne übergreifende Strategie, die mit den Kernkompetenzen des Unternehmens abgestimmt wäre, vermag die Potenziale nicht auszuschöpfen.

---

[175] Vgl. dazu bereits Chochran/Wood (1984), Aupperle/Carrol/Hatfield (1985), McGuire/Sundgreen/Schneeweis (1988), Reich/Lydenberg/Moskowitz (1994), sowie neuerdings Brown/Janney/Paul (2001), Frooman (1997), Garone (1999), Griffin/Mahon (1997), McWilliams/Siegel (2001), Moore (2001), Murphy (2002), Pava/Krausz (1996), Preston/Bannon (1997), Social Investment Forum (1999), Franck (2002), Ruf/Muralidhar, Stanwick/Stanwick (1999), Simpson/Kohers (2002), Stainer (2002), Verschoor (1998) und (2001b), Waddock/Graves (1997).

[176] So Johnson/Greening (1999), Verschoor (2001a), zu Corporate Governance Fragen allgemein Tirole (2001), Vinton (2001), Wieland (1999).

Eine schnell wachsende Zahl von Beiträgen insbesondere im internationalen Raum beschäftigt sich mit dieser Fragestellung[177]. Hier geht es nicht darum, eine Parallelstruktur neben der bestehenden Unternehmensorganisation aufzubauen oder ein Konzept von außen aufzupfropfen. Vielmehr sollen – wie in der Theorie der Lernenden Organisation[178] – wechselseitige Lernprozesse in allen Bereichen des Unternehmens ermöglicht werden (also auch bei scheinbar rein internen Funktionen wie Forschung und Entwicklung, Personalentwicklung etc.). Im Grunde geht es dabei lediglich um die Übertragung von in marktnahen Bereichen eingespielten Praktiken[179] auf interne Funktionen; allerdings verändert sich selbstverständlich auch der Kreis der Partner. Ein geeignetes Instrument, um einen solchen Prozess zu begleiten, könnte eine entsprechend erweiterte ‚Balanced Scorecard' sein[180].

5. Ein wichtiges Feld der Thematisierung von unternehmerischem Bürgerengagement wird auch weiterhin die Diskussion um nachhaltige Entwicklung (‚Sustainability') sein. Dort ist eine kontinuierliche Tendenz von im engeren Sinne ökologischen Arbeiten zu einem umfassenden Ansatz ‚sozialer Nachhaltigkeit' und der Bedeutung von Prozessvariablen wie bereichsübergreifenden Kooperationsnetzwerken festzustellen. Nachhaltigkeit ist dann eher als eine gemeinsame Leitvorstellung zu verstehen, die verschiedenen Gruppen die Zusammenarbeit zum gegenseitigen Vorteil ermöglicht[181].

Corporate Citizenship als Querschnittsthema in der Ausbildung von Fach- und Führungskräften

Wie unternehmerisches Bürgerengagement im Unternehmen selber, so stellen auch die dafür notwendigen Handlungs- und Systemkompetenzen eine Querschnittsaufgabe dar. Zum Aufbau dieser Kompetenzen mit Hilfe praxisbegleitender oder auch universitärer Aufbaustudiengänge ist ein Zusammenwirkungen von

---

177 Jonker (2000), O'Brien (2001), Collins/Porras (1995), The Center for Tomorrow's Company Inc. (1997), Elkington (1998), Holliday/Schmidheiny/Watts (2002).

178 Senge (1994).

179 Vgl. dazu die Literatur zu der Rolle von Business Partnern etwa in The Conference Board (1997), Kanther (1994), Nalebuff/Brandenburger (1996), Rackham/Friedman/Ruff (1996), Reichheld (1996), Ringlstetter (1997), Rooks/Raub/Selten/Tazelaar (2000).

180 Kaplan/Norton (1996).

181 Vgl. dazu Beiträge von: Ashman (2001), Homann (1996), IFOK/IWÖ (1998), Suchanek (2000) (2001), Bendell (1998), Bendell/Russel/Kennedy (1998), Brockhaus (1996), Cramphorn (1999), Elkington/Fennel (1998), The Institute of Social and Ethical AccountAbility (2000), Tennyson (1998), GTZ (2002), Renner (2002), Umweltbundesamt (Hg.) (2002).

Theorie und Praxis wie auch von verschiedenen Disziplinen und Teilbereichen notwendig. Gerade im Hinblick auf die Disziplinen der Betriebswirtschaftslehre sind breite Anschlussmöglichkeiten vorhanden. Umgekehrt übt die Aufgabe unternehmerischen Bürgerengagements eine transformierende Funktion in Bezug auf angestammte Stoffgebiete der Managerausbildung aus. Das grundlegende Verständnis der Rolle von Unternehmen in der Gesellschaft kann in der Allgemeinen Wirtschaftslehre, die Veränderungen im Zeitablauf können in der Wirtschafts- und Sozialgeschichte vermittelt werden. Gegenstand von Absatzwirtschaftslehre und Marketing sind Instrumente wie das Cause-related-Marketing, die Wirkung von Corporate Citizenship auf die Kundenbindung und auf die Produktdifferenzierung homogener Güter. In Lehre und Forschung der Unternehmensrechnung können vermehrt Konzepte der Balanced Scorecard und/oder der Triple-Bottom-Line Einzug finden. Das Controlling wird sich mit der Erfassung immaterieller Vermögenswerte (Reputation, Vertrauen, Netzwerke etc.) zu befassen haben. Die betriebliche Steuerlehre würde dann explizit die steuerlichen Rahmenbedingungen und steuerliche Behandlung von Corporate Citizenship und Partnerschaftsprojekten mit gemeinnützigen Partnern thematisieren. In der Finanzwissenschaft sind insbesondere neue Finanz- und Investitionsinstrumentarien zu betrachten, wie zum Beispiel Dow Jones Sustainabilty, FTSE 4Good und die entsprechenden Trends des Social Responsible Investments sowie die gesellschaftspolitische Bedeutung der Pensionsfonds. Im Fach Recht können die rechtlichen Aspekte der verschiedenen Instrumente des Corporate Citizenship und des Unternehmens als kollektiver Akteur dargestellt werden. Im Internationalen Management können die unterschiedlichen Kulturen und die Identitätsbildung durch Corporate Citizenship Strategien im international agierenden Konzern aufgegriffen werden. Im Themenfeld Organisation und Personalwesen sind betriebliche Freiwilligenprogramme (Corporate Volunteering) aber auch die Auswirkungen von Corporate Citizenship auf das Personal und die Organisationsstrukturen (z.B. Change Management) zu untersuchen. Die Volkswirtschaftslehre, insbesondere Wirtschaftstheorie als auch die Wirtschaftsethik können auf die strukturellen Wechselwirkungen zwischen Unternehmen und Gesellschaft sowie zwischen wirtschaftlichen und gesellschaftlichen Zielfunktionen eingehen. Es geht hierbei darum, die in der Betriebswirtschaftslehre dominante Teilnehmerperspektive um eine Systemperspektive zu erweitern und so Unternehmen die Perspektive eines aktiven Bürgers zu schließen. In der Ökologie und im Umweltmanagement können ökologische Fragestellungen um die soziale Dimension bereichsübergreifender Kooperationsnetzwerke und sozialer Nachhaltigkeit erweitert werden.

Neben den Disziplinen in der Betriebswirtschaftslehre und den Wirtschaftswissenschaften ist auch die Beteiligung von anderen Sozial- und Geisteswissenschaften positiv zu bewerten. So können Disziplinen wie die Sozialethik, Gesellschaftspolitik oder allgemeine Politikwissenschaften die theoretischen Grundlagen schaffen, um das Wechselspiel von unternehmerischem Handeln und gesellschaftlichen Entwicklungen zu reflektieren. Insbesondere Fächer wie Sozialarbeit, Sozialpädagogik, aber auch Verwaltungswissenschaften und angewandte Politologie, in denen die Nachwuchskräfte der verschiedenen gesellschaftlichen Bereiche ausgebildet werden, müssten den Studierenden vermehrt die (mögliche) Rolle der Wirtschaft und bestehende Kooperationsmöglichkeiten mit Unternehmen vermitteln. Bereichsübergreifende Zusammenarbeit könnte bereits in den Maßnahmen der Aus- und Weiterbildung selbst zum praktischen Lernfeld werden, in dem etwa Studierende oder Praxisverantwortliche aus verschiedenen Bereichen in einen gemeinsamen Lernprozess eingebunden werden.

Im Rahmen der Ausbildung und wissenschaftlichen Analyse von Corporate-Citizenship-Aktivitäten können also ganz verschiedene Disziplinen und Wissenschaften integriert werden. Damit wird Corporate Citizenship auch für die Weiterentwicklung der Universität ein Thema. Auch die Universitäten sind im weiteren Sinne Corporate Citizens, die in der Lage sein sollten, in Partnerschaft mit anderen Akteuren (aus Wirtschaft, Politik, Kirche, Kultur) die Bedingungen des Zusammenlebens auf der Ebene der Spielregeln zu verbessern. Es geht in diese Richtung, wenn etwa in Zertifizierungsprozesse zur Bewertung von Universitäten vermehrt das Kriterium der Kooperation mit Institutionen aus der Bürgergesellschaft eingeht. Nur wenn wissenschaftliche Forschung und Lehre, wenn Bildung und Ausbildung auch ihrerseits mit anderen gesellschaftlichen Gruppen zusammen arbeitet, kann sie die Potenziale bereichsübergreifender Kooperation glaubhaft vermitteln. Dies gilt – in Verlängerung des in Deutschland bewährten dualen Ausbildungssystems – auch für die betriebliche Weiterbildung, für Führungskräfteschulungen und berufsbildende Maßnahmen. Alle diese Instrumente können durch begleitende Initiativen unternehmerischen Bürgerengagements sowohl methodisch als auch inhaltlich wichtige Erweiterungen erfahren, ohne dabei an ihrer eigentlichen Aufgabe der Wissensvermittlung und Persönlichkeitsbildung Schaden zu nehmen. Das Veränderungspotenzial von Corporate Citizenship gerade für die Ausbildung einer kommenden Generation von Mitarbeitern und Verantwortungsträgern steht zu Recht im Mittelpunkt vieler Bewerbungen um den Unternehmenspreis Freiheit und Verantwortung. Es birgt ganz erhebliche Chancen für die Verbreitung einer Kultur unternehmerischen Bürgerengagements angesichts der globalen Herausforderungen des 21. Jahrhunderts.

II. Die Initiative ‚Freiheit und Verantwortung' – weitere Bewerbungen

Über die im Text erwähnten Unternehmen hinaus haben sich folgende Organisationen und Betriebe mit ihren Projekten in den Wettbewerb der Initiative Freiheit und Verantwortung eingebracht:

Organisation	**Projektname**
Bag Kommunikation GmbH	Farbrat
Bäckerei Hatscher	Gesamtengagement in der Personalführung
Bauhof e. V.	Zentrum für Aktive Gesundheitsförderung

BOV AG	Stiftung FAIRNETZEN
Conseillé + Partners	Gesamtfirmenkonzept: ethisches Consulting
dm – Drogeriemarkt GmbH	Abenteuer Kultur/Lernen in der Arbeit
F1-Computerschule	Local Players
GlobalFit Consult	Integration von Menschen mit individuellen Werdegängen in den ersten Arbeitsmarkt
Haus Vogelsang GmbH	Mit Bioöl und Biodiesel in die Zukunft
Humanopolis Pädagogische Siedlungs- und Arbeitsgemeinschaft GmbH	Jugendberufshilfe/Berufliche Ausbildungen
Katholische Landjugendbewegung	Kinderkino
LUWOGE Wohungsunternehmen der BASF GmbH	Nachhaltige Revitalisierung des Brunckviertels/3-Liter-Haus in der Altbaumodernisierung
LVM-Versicherungen	Außerbetriebliche Arbeitsplätze
Markus Stifung gGmbH	Allianz für mehr Organik an den Schulen
Stadtverwaltung Nürtingen	Für's Leben lernen – Azubi-Volunteering
Städtische Wirtschaftsschule Ansbach	Zeitgemäßes Schulmanagement
Steinfels Sprachreisen GmbH	Das Sprachenjahr@ für Schüler und Erwachsene
Tischlerei Röhling	Firmenphilosophie
Planungsgruppe Buschmann	solar info center
Ultrafilter international AG	E.ON Ultra Air
Unternehmen: Partner der Jugend (UPJ)	Diverse Projekte
Urologie Maria Hilf Krankenhaus Daun	Prostata Laser Operationsverfahren
Wolfsburg AG	Konzept „Autovision“

III. Das Center for Corporate Citizenship – Arbeitsbereich Unternehmen und Gesellschaft e.V.

Das Center for Corporate Citizenship (CCC) – Arbeitsbereich Unternehmen und Gesellschaft wurde zum Jahresbeginn 2000 als interdisziplinäre Forschungseinrichtung zunächst in der Rechtsform des eingetragenen Vereins gegründet. Ziel der Einrichtung ist es, unternehmerisches Bürgerengagement (Corporate Citizenship) in Forschungsvorhaben näher zu analysieren und die Ergebnisse in die Lehrveranstaltungen insbesondere an der Katholischen Universität Eichstätt-Ingolstadt, aber auch an anderen Forschungs- und Bildungseinrichtungen einzubringen. Gleichzeitig sollen neue Partnerschaften zwischen Unternehmen und Gesellschaft unterstützt werden, um gesellschaftliche Probleme konkret anzugehen. Um an die internationale Fachdiskussion, die fast ausschließlich im angelsächsischen Sprachraum geführt wird, anschlussfähig zu sein, wurde bewusst die englische Bezeichnung vorangestellt.

Zum Direktor des Centers wurde Prof. Dr. André Habisch, Professor für Christliche Sozialethik und Gesellschaftspolitik an der Katholischen Universität Eichstätt-Ingolstadt gewählt. Stellvertretender Direktor ist Prof. Dr. Hans-Ludwig Schmidt, Lehrstuhl für Sozialpädagogik an der Katholischen Universität Eichstätt-Ingolstadt. Zum Geschäftsführer wurde Dipl.-Betriebswirt (BA) René Schmidpeter MA bestimmt.

Personen

André Habisch ist kath. Theologe und Diplom-Volkswirt. Nach Studien der Theologie in Münster und Tübingen und der Volkswirtschaftslehre an der Freien Universität Berlin arbeitete er zunächst als wissenschaftlicher Mitarbeiter am Lehrstuhl für Wirtschafts- und Unternehmensethik der Wirtschaftswissenschaftlichen Fakultät der Universität Eichstätt-Ingolstadt (Prof. DDr. Karl Homann). Seine Aufgaben bestanden in der redaktionellen Betreuung des 'Lexikons der Wirtschaftsethik' mit über 200 Artikeln aus dem gesamten einschlägigen Wissensbereich sowie der Mitwirkung am ordentlichen Lehrbetrieb. Die Promotion erfolgte dann 1993 an der Katholisch-Theologischen Fakultät der Universität Tübingen. Seit Oktober 1994 Habilitationsstipendiat der Deutschen Forschungsgemeinschaft führte ihn im Jahr 1996 ein Forschungsaufenthalt an den ‚Workshop for Political Theory and Policy Analysis' der Indiana University in Bloomington (USA), wo er sich mit zum größten Teil noch unveröffentlichten interdisziplinären Forschungsergebnissen zum Begriff des ‚Sozialkapitals' vertraut machen konnte. Die Habilitation erfolgte im Februar 1998 an der Universität Würzburg. Im Sommer desselben Jahres erfolgte die Aufnahme in das Heisenberg-Forschungsstipendienprogramm der Deutschen Forschungsgemeinschaft. Kurz darauf wurde er zum Professor an der Katholischen Universität Eichstätt-Ingolstadt berufen. Seitdem hält er interdisziplinäre Veranstaltungen, an denen Human-, Sozial- und Wirtschaftswissenschaftler teilnehmen. Seit Januar 2001 leitet er zudem als Gründungsdirektor den Aufbau eines interdisziplinären Forschungsinstituts für Familienwissenschaften an der Universität Eichstätt-Ingolstadt.

Zahlreiche Beratungstätigkeiten verbinden ihn mit der Praxis unternehmerischen Bürgerengagements in Deutschland. So ist er seit 1998 wissenschaftlicher Berater des mittelständisch geprägten Bundes Katholischer Unternehmer (BKU) und Mitglied im Audit-Rat der von der Gemeinnützigen Hertie-Stiftung getragenen ‚Familie und Beruf gGmbH'. Von 1999-2002 war er Sachverständiges Mitglied in der Enquete-Kommission des Deutschen Bundestages ‚Zukunft des Bürgerschaftlichen Engagements'. Als externer Berater arbeitet er auch in der von Alois Glück geleiteten CSU-Grundsatzkommission mit. Von Anfang an war er als wissenschaftlicher Begleiter in die Konzeption des Unternehmenswettbewerbes der Initiative ‚Freiheit und Verantwortung' der Spitzenverbände der Wirtschaft (BDI, BDA, DIHK und ZDH) gemeinsam mit dem führenden deutschen Wirtschaftsmagazin ‚WirtschaftsWoche' einbezogen.

Als stellvertretender Direktor hat Hans-Ludwig Schmidt nicht nur seine wissenschaftliche Kompetenz als vielfältig ausgewiesener Pädagoge und Psychologe in die Arbeit des CCC eingebracht. Vielmehr verfügt er über eine langjährige Praxiserfahrung als Gründer und Leiter einer renommierten Einrichtung im Bereich der Kinder- und Jugendpsychiatrie im süddeutschen Raum. Er leitet eine ganze Reihe von praxisbezogenen Großprojekten an der Schnittstelle von Wissenschaft und Praxis, insbesondere von Gesundheits- und Bildungseinrichtungen in Zusammenarbeit mit dem Bundesministerium für Bildung und Forschung, der Rhön-Klinikum AG u.a. Er ist Mitglied in der Europäischen Akademie der Wissenschaften.

René Schmidpeter war nach seiner Ausbildung bei der DZ Bank in München und Frankfurt, seinen Studien der Betriebswirtschaftslehre in Heidenheim und Minneapolis (USA) (Diplom 1997) und der Applied European Studies in Mainz und London (MA 1999) von Anfang an maßgeblich an der Gründung des Centers beteiligt und übernahm die Geschäftsführung.

Forschungsprojekte

Im Rahmen eines von Prof. Habisch 1999/2000 durchgeführten DFG-Forschungsprojektes zum Thema „Soziales Kapital – Neue Steuerungsformen zwischen Wirtschaft, Politik und Gesellschaft" wurde als ein zentraler Punkt die Funktion von bereichsübergreifenden Netzwerken in der Gesellschaft untersucht. Insbesondere die Rolle von Unternehmen als wichtige Partner von Verwaltung, Staat und bürgerschaftlichen Gruppen in den Netzwerkprozessen kristallisierte sich als ein zentraler Erfolgsfaktor heraus. Ausgehend von diesen umfangreichen Vorarbeiten zum Thema Soziales Kapital und der Erkenntnis der veränderten Rolle von Unternehmen in der Gesellschaft wurde der Forschungsschwerpunkt auf die Funktion der Unternehmen in der modernen Gesellschaft gelegt und dazu auch das Center for Corporate Citizenship gegründet.

Im Rahmen der Mitarbeit des Centers in der wissenschaftlichen Begleitung des vom Bundesforschungsministerium (BMBF) geförderten Großprojektes „InnoRegio" wurde die Gründung von 25 Innovationsnetzwerken in den neuen Bundesländern beobachtet und dokumentiert. Insbesondere die Anwendung der Sozialkapitaltheorie auf den Netzwerkprozess gewährte Einblicke in die Entstehung von Innovation in bereichsübergreifenden Netzwerken. Auch hier spielte die Integration von Unternehmen in bereichsübergreifende Strukturen eine herausragende Rolle.

Die im Rahmen des DFG Projektes erarbeiteten theoretischen Grundlagen und die im Projekt InnoRegio gesammelten empirischen Erfahrungen waren Ausgangspunkt für die Konzeption und wissenschaftliche Begleitung der Initiative Freiheit und Verantwortung. Gemeinsam mit Praxispartnern wurde eine grundlegende Konzeption von unternehmerischem Bürgerengagement entwickelt. Bei den umfangreichen Arbeiten zur Auswertung des empirischen Materials der Bewerbungen wurden die konzeptionellen Leitgedanken operationalisiert und eine Vorauswahl für die Juryentscheidung getroffen. In diese Arbeiten sind insbesondere auch die Überlegungen und Vorarbeiten von Frau Diplom-Kauffrau Nikola Jentzsch, Research Fellow am Center, mit eingeflossen.

Auch der zweite von der Initiative Freiheit und Verantwortung ausgeschriebene Unternehmenswettbewerb wird vom Center for Corporate Citizenship wissenschaftlich begleitet und ausgewertet. Das empirische Wissen ist Grundlage der umfangreichen Publikationstätigkeit in nationalen und internationalen wissenschaftlichen Artikeln, Monografien und Sammelwerken sowie in der Medienberichterstattung zur Thematik.

Interdisziplinäre Lehrveranstaltungen und Öffentlichkeitsarbeit

Im Bereich der Lehre fließen die Forschungsarbeiten des Centers von Anfang an in Seminarveranstaltungen des Hauptstudiums und der Postgraduiertenausbildung an der Universität Eichstätt-Ingolstadt ein – so etwa in das berufsbegleitende MBA-Programm der wirtschaftswissenschaftlichen Fakultät in Ingolstadt. An den interdisziplinären Seminaren, die von den Direktoren gemeinsam betreut werden, nehmen regelmäßig Studierende der Human-, Sozial- und Wirtschaftswissenschaften teil. Externe Lehrveranstaltungen fanden bisher an den Universitäten Mannheim und Kaiserslautern statt. Das Center hat sich darüber hinaus zur Anlaufstelle für vielfältige Anfragen insbesondere von externen Diplomanden und Promovenden zur Thematik unternehmerisches Bürgerengagement entwickelt und betreut auch selbst Diplomvorhaben und Promotionsprojekte im nationalen und internationalen Raum.

Die Wissensvermittlung blieb aber nicht auf die Hochschule beschränkt. So flossen Ergebnisse der Forschungsarbeiten in Medienberichte zu unternehmerischem Bürgerengagement in Rundfunk und Presse (u.a. FAZ, Financial Times Deutschland, WirtschaftsWoche, Personalführung, Hessischer Rundfunk, Bayrischer Rundfunk, Deutschlandfunk etc.) ein. Zahlreiche Vortragsveranstaltungen fanden u.a. vor Unternehmern, engagierten Gruppen, Politik und Verwaltung, bei Stiftungen und Akademien etc. statt.

Kooperation mit internationalen Forschungseinrichtungen

Von Anfang an steht das Center for Corporate Citizenship auch in intensivem Austausch mit Hochschulen insbesondere im angelsächsischen Sprachraum. Zu wechselseitigem Austausch in Form von Besuchen und Forschungsaufenthalten kam es etwa mit dem Copenhagen Center, der renommierten Partnereinrichtung ‚The Center for Corporate Citizenship' an der Katholischen Universität Boston – College' (Boston, USA), dem Minnesota Center for Corporate Responsibility (Minneapolis, USA), dem Brunel Research in Enterprise, Sustainability and Ethics (London, UK). Die laufenden Forschungsarbeiten werden zudem ständig bei internationalen Fachkongressen präsentiert, wie etwa am Judge Institute for Management der Cambridge University (UK), der Nijenrode University (NL), der katholischen Universität Leuven (B), an der IESE Business School der University of Navarra (ESP) etc.

Intensive Kooperationsbeziehungen haben sich daraus vor allem im europäischen Raum entwickelt. So führt das Center gemeinsam mit Partnern an der Brunel University in London ein von der Deutsch-Britischen Stiftung gefördertes empirisches Forschungsprojekt zum Bürgerengagement kleiner und mittelgroßer Unternehmen im Raum London und München durch. An einem internationalen Workshop im Frühsommer 2002 in London nahmen Wissenschaftlerinnen und Wissenschaftler aus über 10 Nationen teil. Die Ergebnisse werden auf verschiedenen internationalen Fachtagungen und in englischsprachigen Fachzeitschriften veröffentlicht. Prof. Habisch ist zum Mitglied im Editorial Board des Journals for Corporate Citizenship berufen worden, das sich zu einem wichtigen Podium der internationalen Fachdiskussion entwickelt.

Gemeinsam mit Dr. Jan Jonker, Associate Professor und Senior Research Fellow an der Business School der Universität Nijmegen und Prof. Jeremy Moon, Direktor des Centers for Corporate Social Responsability an der Nottingham Business School, arbeitet das Center gegenwärtig intensiv am Aufbau des ‚European Research Network for Business in Society'. Weitere Kollegen aus anderen europäischen Ländern unterstützen diese Arbeit. Das Forschungsnetzwerk wird nicht nur die Forschungstätigkeit zur Thematik grenzüberschreitend koordinieren, sondern auch internationale Lehrveranstaltungen für Diplomanden und Promovenden zur Thematik durchführen. In Zusammenarbeit mit Praxispartnern sind auch einschlägige Aus- und Weiterbildungsmaßnahmen geplant, die von dem reichen Praxismaterial der in das Netzwerk eingebundenen Forschungseinrichtungen getragen sind.

Literaturverzeichnis

AccountAbility Quarterly (2000): On ‚Auditing, Assurance and Challenge', No. 13, 2nd Quarter, London.

Adkins, S. (1999): Cause Related Marketing: Who Cares Wins, Oxford.

Adler, P., Kwon, S. (2002): Social Capital: Prospects For A New Concept, in: Academy of Management Review, Vol. 27, No. 1, S. 17-40.

Aktion Gemeinsinn (Hrsg.) (2002): Corporate Citizenship oder Bürgerschaftliches Engagement deutscher Firmen, Diskussionsforum am 18.07.2002 in Berlin, Bonn.

Altman, B. (1998): Corporate Community Relations in the 1990s: A Study in Transformation, in: Business and Society, Vol. 37, No. 2, S. 221-227.

Altman, B., Vidaver-Cohen, D. (2000): A Framework for Understanding Corporate Citizenship. Introduction to the special edition of Business and Society Review "Corporate Citizenship and the New Millenium", in: Business and Society Review, Vol. 105, No. 1, S. 1-7.

Altvater, E., Brunnengräber, A. (2002): NGOs im Spannungsfeld von Lobbyarbeit und öffentlichem Protest, in: Aus Politik und Zeitgeschichte, B 6-7/2002, S. 6-14.

Alwart, H. (Hrsg.) (1998): Verantwortung und Steuerung von Unternehmen in der Marktwirtschaft, Schriftenreihe des Deutschen Netzwerk Wirtschaftsethik, Folge 3, München und Mehring.

Andreasen, A. R. (1996): Profits for Nonprofits: Find a Corporate Partner, in: Harvard Business Review, Vol. 74, No. 6, S. 47-57.

Andriof, J., McIntosh, M. (Eds.) (2001): Perspectives on Corporate Citizenship, Sheffield.

Anheier, H., Priller, E., Seibel, W., Zimmer, A. (Hrsg.) (1998): Der Dritte Sektor in Deutschland. Organisationen zwischen Staat und Markt im gesellschaftlichen Wandel, 2. Aufl., Berlin.

Anheier, H. (1999): Dritter Sektor, Ehrenamt und Zivilgesellschaft in Deutschland. Thesen zum Stand der Forschung aus internationaler Sicht, in: E. Kistler/ H. Noll/ E. Priller (Hrsg.): Perspektiven gesellschaftlichen Zusammenhalts. Empirische Befunde, Praxiserfahrungen, Messkonzepte, Berlin, S. 145-170.

Annan, K. (2000): We The Peoples. The Role of the United Nations in the 21st Century, United Nations, New York.

Antes, W. (2000): Unternehmen Partner der Jugend – Mehr als Sponsoring und Spende, Jugendstiftung Baden-Württemberg, Münster.

Antonelli, C. (1997): Giving and receiving: local businesses discover the benefits of community involvement, in: CityBusiness-USA Inc. (Hrsg.), Pittsburgh Business Times, Vol. 17, No. 16, Pittsburgh.

Ashman, D. (2001): Civil Society collaboration with business: Bringing empowerment back in, in: World Development, Vol. 29, No. 7, S. 1097-1113.

Atkinson, A.A., Waterhouse, J. H., Well, R. B. (1997): A Stakeholder Approach to Strategic Performance Measurement, in: Sloan Management Review, Vol. 38, No. 3, S. 25-37.

Aupperle, K. E., Carroll, A. B., Hatfield, J. D. (1985): An Empirical Examination of the Relationship Between Corporate Social Responsibility and Profitability, in: Academy of Management Journal, Vol. 28, No. 2, S. 446-463.

Austin, J. (2000a): Philanthropy has evolved into strategic relationships with benefits for both parties, in: Financial Times, 19.12.2000.

Austin, J. (2000b): The Collaboration Challenge. How nonprofits and businesses succeed through strategic alliances, San Francisco.

Backhaus-Maul, H. (2001a): Erwerbsarbeit und unternehmerisches bürgerschaftliches Engagement in den USA, Expertise für die Enquete-Kommission „Zukunft des Bürgerschaftlichen Engagements" des Deutschen Bundestages, KDrs. Nr. 14/133, Berlin.

Backhaus-Maul, H. (2001b): Die neue Rolle von Unternehmen in der Engagementförderung – aus US-amerikanischer Perspektive, in: Dettling, W. und Schuster, W. (Hrsg.): Zukunft Stadt. Die Stunde der Bürger in Zeiten der Globalisierung, Stuttgart.

Backhaus-Maul, H., Brühl, H. (Hrsg.) (2002): Bürgergesellschaft und Wirtschaft – zur neuen Rolle von Bürgern, Verwaltungen und Unternehmen, i.E.

Backhaus-Maul, H., Janowicz, C., Mutz, G. (2001): Unternehmen in der Bürgergesellschaft. Die Pflege des Sozialkapitals als Grundbedingung erfolgreichen Wirtschaftens, in: Blätter für Wohlfahrtspflege Jhrg. 148, No. 11/12, S. 233-237.

Baker, T. (1999): Doing Well by Doing Good: The Bottom Line on Workplace Practices, Economic Policy Institute, Washington D.C.

Baker, W. E. (1999): Building social Capital as an organizational competence. (Survey), in: The Financial Times, November 1999.

Banfield, J. (1998): The corporate responsibility debate, IC Publications Ltd., Gale Group Information Integrity, Farmington Hills.

Bendell, J. (1998): Beyond Self-Regulation: An Introduction to Business-NGO Relations and Sustainable Development, in: Greener Management International, Issue 24, Greenwich.

Bendell, J., Russel, T., Kennedy, E. T., u.a. (1998): Business-NGO Relations and Sustainable Development, in: Greener Management International. Issue 24, Greenwich.

Bendheim, C. L., Waddock, S. A., Graves, S. B. (1998): Determining Best Practice in Corporate Stakeholder Relations Using Data Envelopment Analysis. An Industry-Level Study, in: Business & Society, Vol. 37, No. 3, S. 306-338.

Berg van den, L., Braun E., Otgaar, A. (2000): City and Enterprise – Corporate Social Responsibility in European and American Cities, European Institute for Comparative Research, Erasmus University, Rotterdam.

Bertelsmann Stiftung (Hrsg.) (2002): Transparenz – Grundlage für Verantwortung und Mitwirkung, Gütersloh.

Bethin, C., Bonfiglioli, E. (2002): Corporate Social Responsibility – ein umfassendes Konzept in Europa, in: Braun, B., Kromminga, P. (Hrsg.): Soziale Verantwortung und wirtschaftlicher Nutzen, Bundesinitiative Unternehmen Partner der Jugend, Hamburg, S. 18-35.

Billis, D. (1993): What Can Nonprofits and Business Learn from Each Other?, in: David C. Hammack and Dennis R. Young: Nonprofit Organizations in a Market Economy: Understanding New Roles, Issues and Trends, San Francisco.

Birch, D. (1998): Corporate Citizenship: Awakening the Possibilities – A Summary Account of the First National Conference on Corporate Citizenship, in: http://arts.deakin.edu.au/ccr/research.htm, Melbourn, Australia.

Birch, D. (2000): Corporate Citizenship – Rethinking business beyond corporate social responsibility, in: Andriof, J., McIntosh, M. (Eds.) (2001): Perspectives on Corporate Citizenship, Sheffield, S. 53-65.

Böhi, D. M. (1995): Wettbewerbsvorteile durch die Berücksichtigung der strategisch relevanten gesellschaftlichen Anspruchsgruppen, Zürich.

BMWi, Gemeinnützige Hertie-Stiftung (Hrsg.) (2001): Wettbewerbsvorteile durch Familienbewusste Personalpolitik, Leitfaden für Mittelständische Unternehmen, Dokumentation Nr. 488, BMWi, Berlin.

Böhm, A. (2002): Corporate social responsibility: A complementary perspective of community and corporate leaders, in: Business and Society Review, New York, Vol. 107, No. 2, S. 171-194.

Boston College Center for Corporate Community Relations (2000): Measuring the Impact of Corporate Citizenship, in: http://infoeagle.bc.edu_org/avp/csom/cccr/Measure%20Impact/MeasureImpact.html, 04.07.2000, Boston.

Braithwaite, J., Drahos, P. (2000): Global Business Regulation, Cambridge University Press, Cambridge.

Braun, B., Kromminga, P. (Hrsg.) (2002): Soziale Verantwortung und wirtschaftlicher Nutzen. Konzepte und Instrumente zur Kommunikation und Bewertung von Corporate Citizenship und Corporate Social Responsibility, Bundesinitiative Unternehmen Partner der Jugend, Hamburg.

Brennan, G., Buchanan, J. M. (1985), The Reason of Rules, Cambridge.

Briefs, G. (1920): Untergang des Abendlandes, Christentum und Sozialismus, Eine Auseinandersetzung mit O. Spengler, Freiburg.

Brockhaus, M. (1996): Gesellschaftsorientierte Kooperationen. Möglichkeiten und Grenzen der Zusammenarbeit von Unternehmungen und gesellschaftlichen Anspruchsgruppen im ökologischen Kontext, Wiesbaden.

Brunnengräber, A., Klein, A., Walk, H. (Hrsg.) (2001): NGOs als Legitimationsressource. Zivilgesellschaftliche Partizipationsformen im Globalisierungsprozess, Opladen.

Buchanan, J. (1984): Die Grenzen der Freiheit. Zwischen Anarchie und Leviathan, Tübingen, 1984.

Buchanan, J. (1989): The Relatively Absolute Absolutes, in: Buchanan, J. (Hrsg.): Essays in Political Economy, Honolulu, S. 32-46.

Bürsch, M. (2001): Wirtschaft und Gesellschaft. Die Rolle der Politik bei der Förderung unternehmerischen bürgerschaftlichen Engagements, in: Blätter für Wohlfahrtspflege Jhrg. 148, No. 11/12, S. 238-240.

Burke, L., Logsdon, J. M. (1996): How Corporate Social Responsibility pays off, in: Long Range Planning, Vol. 29, No. 4, S. 495-502.

Burke, E. M. (1999): Corporate Community Relations: The Principle of the Neighbor of Choice, Quorum Books.

Burt, R. (2000): The Network Structure of Social Capital, University of Chicago and European Institute of Business Administration (INSEAD), unveröffentlichtes Manuskript, March 2000.

Business for Social Responsibility (2000a): Comparison of Selected Corporate Social Responsibility Standards, BSR, San Francisco.

Business for Social Responsibility (2000b): Designing Social and Environmental Reporting Processes for Verification, BSR, San Francisco.

Business for Social Responsibility (2000c): Social and Environmental Reporting Amongst Fortune 100 Companies, BSR, San Francisco.

Business Roundtable (2000): Corporate Social Responsibility: Practices by US Companies, Business Roundtable, Washington D.C.

Buskens, V. (1999): Social Networks and Trust, Amsterdam.

Carroll, A. B. (1998): The Four Faces of Corporate Citizenship, in: Business and Society Review; No. 100/101, S. 1-7.

Carrol, A. B. (1999): Corporate Social Responsibility, Evolution of a Definitional Construct, in: Business and Society, Vol. 38, No. 3, S. 268-295.

Carroll, A.B., Buchholtz, A. K. (2000): Business and Society, 4 ed., Cincinnati.

Cavenagh, T. (1999): Community Connections: Strategic Partnerships in the Digital Industries, Research Report 1254-99-RR, The Conference Board, New York.

Chisholm, R. F. (1998), Developing Network Organizations, Reading.

CIVICUS (2000): Promoting Corporate Citizenship and Corporate Philanthropy, in: http://www.civicus.org/corp1.html.

Clarkson, Max B. E. (1995): A Stakeholder Framework For Analyzing and Evaluating Corporate Social Performance, in: Academy of Management Review, Vol. 20, No. 1, S. 92-117.

Clemens, R., Maaß, F. (2002) : Corporate Citizenship – Das Unternehmen als guter Bürger, Schriften zur Mittelstandsforschung, Nr. 94, Institut für Mittelstandsforschung, Bonn.

Coase, R. (1937): The Nature of the firm, in: Economica, No. 4, S. 386-405.

Coase, R. (1960): The Problem of social costs, in: Journal of Law and Economics, No. 3, S. 1-44.

Cochran, P. L., Wood, R.A (1984): Corporate Social Responsibility and Financial Performance, in: Academy of Management Journal, Vol. 27, No. 1, S. 42-56.

Coleman, J. (1988): Social Capital in the Creation of Human Capital, In: American Journal of Sociology, No. 94, S. 95-120.

Coleman, J. (1991): Grundlagen der Sozialtheorie, Band 1, Oldenburg, München.

Collins, J., Porras, J. (1995): Build to Last: Successful Habits of Visionary Companies, London.

Council for Economic Priorities Accrediation Agency (1997): Social Accountability 8000, CEPAA, New York.

Cowe, R. (2001): Investing in Social Responsibility – Risk and Opportunities, Associations of British Insurers, London.

Cramphorn, J. (eds.) (1999): The Role of Partnerships in Economic Regeneration and Development – International Perspectives, Warwick.

CSR Europe (2001): Education for all – business-education partnerships, CSR Europe, Brüssel.

Dacin, M. T., Beal, V., Beal, B. D. (1999): The embeddedness of organizations: dialogue & directions. in: Journal of Management, Vol. 25, Iss.3 , S. 317-356.

Damm, D., Lang, R. (2000): Soziale Kooperation macht Sinn! Die Bundesinitiative Unternehmen: Partner der Jugend. Bericht der wissenschaftlichen Begleitung für die Jahre 1997-1999, UPJ, Berlin/Wiesbaden.

Damm, D., Lang, R. (2001): Handbuch Unternehmenskooperation. Erfahrungen mit Corporate Citizenship in Deutschland. Stiftung Mitarbeit/UPJ (Hg.), Brennpunkt-Dokumentationen zu Selbsthilfe und Bürgerengagement, Nr. 39, Bonn/ Hamburg.

Department for Trade and Industry (2002): Engaging SMEs in community & social issues, London.

Dettling, W. u.a. (2001): Positionen zu Corporate Citizenship, Beiträge aus der WirtschaftsWoche 50/2000 bis 15/2001, UPJ, Hamburg.

Dettling, W. (1999): Ehrenamt in der Bürgergesellschaft, Ein neues Leitbild für freiwilliges soziales Engagement, Eine gesellschaftspolitische Standortbestimmung, Robert-Bosch-Stiftung, Stuttgart.

Dewitz von, A. (1998): Gesellschaftliches Engagement von Unternehmen in Deutschland, unveröffentlichte Diplomarbeit.

Dobbin, M. (1998): The myth of the good corporate citizen – democracy under the rule of big business, Toronto.

Donaldson, P. (1995): The Stakeholder Theory of the Corporation: Concepts, Evidence, and Implications, in: Academy of Management Review, Vol. 20, No. 1, S. 66-91.

Dow Jones Sustainibilty Group Indexes GmbH (1999): Guide to the Dow Jones Sustainability Group Indexes, Dow Jones Sustainibility Group Indexes GmbH, Zürich, www.sustainibility-index.com

Drucker, P. (1989): What Business Can Learn from Nonprofits, In: Harvard Business Review, Vol. 67, No. 4, S. 88-93.

Drucker, P. (1999): Management Challenges for the 21st Century, Oxford.

Drumwright, M. E. (1996): Company advertising with a social dimension: The role of noneconomic criteria, in: Journal of Marketing, Vol. 60, No. 4, S.71.

Edwards, M (2000): NGO Rights and Responsibilities, Foreign Policy Centre, London.

Elkington, J. (1998): Cannibals With Forks: The Triple Bottom Line of the 21st Century, Oxford.

Elkington, J., Fennell, S. (1998): Partners for Sustainibility, in: Greener Management International, Issue 24, Greenwich.

Ellis, Vernon (2001): Can global business be a force for good?, in: Business Strategy Review, Vol. 12, No. 2, S. 15-20.

Enquete-Kommission "Zukunft des Bügerschaftlichen Engagements" Deutscher Bundestag (Hrsg.) (2002): Bericht – Bürgerschaftliches Engagement: auf dem Weg in eine zukunftsfähige Bürgergesellschaft, Opladen.

Environics International (1999): the Millennium Poll on Corporate Social Responsibility: Global Public Opinion on the Changing Role of Companies, Toronto.

Epstein, M., Birchard, B. (2000): Counting what Counts: Turning Corporate Accountability to Competitive Advantage, Cambridge.

Epstein, M., Roy. M.-J. (2001): Sustainability in Action: Identifying and Measuring the Key Performance Drivers, In: Long Range Planning, No. 34, S. 585-604.

Europäische Kommission (2001): Grünbuch – Europäische Rahmenbedingungen für die soziale Verantwortung der Unternehmen, KOM (2001) 366, 18.07.2001, Brüssel.

Europäische Kommission (2002): Mitteilung der Kommission über die soziale Verantwortung der Unternehmen, ein Beitrag zur nachhaltigen Entwicklung, KOM (2002), 347, 02.07.2002, Brüssel.

Fitschen, T. (2002): Der Global Copact und die Rolle der Regierungen, in: Hamm, B. (Hrsg.): Public-Private Partnership und der Global Compact der Vereinten Nationen, INEF Report, Heft 62, Institut für Entwicklung und Frieden der Gerhard-Mercator-Universität Duisburg, S. 40-50.

Flatz, A. (2001): Corporate Citizenship – ein Modell für den Finanzmarkt, Vortrag anlässlich der gemeinsamen Veranstaltung von Siemens, Wirtschaftswoche und DNWE: Corporate Citizenship. Gesellschaftliches Engagement – Unternehmerischer Nutzen am 3. April 2001 im Siemens Forum, München, in: http://www.siemens.com/Daten/Event/2001/04/04/flatz.pdf.

Flatz, A. (2002): Dow-Jones Sustainability-Index: Der Durchbruch für Sustainability Investitionen, in: Braun, B., Kromminga, P. (Hrsg.): Soziale Verantwortung und wirtschaftlicher Nutzen, Bundesinitiative Unternehmen Partner der Jugend, Hamburg, S. 55-60.

Foley, G., Speller, S. u.a. (1997): Impact on Society. Opportunity for action. What leading European companies are doing about it, European Foundation for Quality Management, Brüssel.

Fombrun, C. J. (1996): Reputation: Realizing Value from the Corporate Image, Boston.

Fombrun, C. J., Gardberg, N. A., Barnett M. L. (2000): Opportunity Platforms and Safety Nets: Corporate Citizenship and Reputational Risk, in: Business and Society Review, Vol. 105, No. 1, S. 85-106.

Fombrun, C. J., Shanley, M. (1990): What´s in a Name? Reputation Building and Corporate Strategy, in: Academy of Management Journal, Vol. 33, No. 2, S. 233-258.

Forman, G. (1997): Doing Good and Doing Well. Combining the drive to make money with a passion to serve the community is a winning combination, in: Executive Female.

Forstater, M., Raynard, P. (2001): Key Initiatives in the Development of Corporate Social Responsibility and the New Economy in Europe, The Copenhagen Centre, Copenhagen.

Forrester, V. (1997): Der Terror der Ökonomie, Wien.

Forrester, V. (2001): Die Diktatur des Profits, München.

Franck, K. (2002): Der Markt für ethisches Investment in Deutschland. Erste Ergebnisse einer repräsentativen Haushaltsbefragung, in: Braun, B., Kromminga, P. (Hrsg.): Soziale Verantwortung und wirtschaftlicher Nutzen, Bundesinitiative Unternehmen Partner der Jugend, Hamburg, S. 50-54.

Freeman, R. E. (1984): Strategic Management. A Stakeholder Approach, Boston.

Freeman, R. E., Harrison J. S. (1999): Stakeholders, social responsibility and performance; empirical evidence and theoretical perspectives, in: Academy of Management Journal, Vol. 42, No. 5, S. 479-485.

Friedman, M. (1962): Capitalism and Freedom, Chicago.

Friedman, M. (1970), The Social Responsibility Is to Increase Profits', in New York Times Magazine, 13. September 1970.

Frooman, J. (1997): Socially irresponsible and illegal behavior and shareholder wealth, in: Business and Society, Vol. 36, No. 3, S. 221-249.

Garone, S.J. (1999): The Link Between Corporate Citizenship and Financial Performance, The Conference Board Report, Research Report 1234-99-RR., New York.

Gerecke, U. (1998): Soziale Ordnung in der modernen Gesellschaft, Tübingen.

Global Compact Office (2002): The Global Compact: Report on Progress and Activities, New York.

Global Reporting Initiative (2000): Sustainability Corporate Reporting Guidelines, GRI, Boston, www.globalreporting.org.

Glück, A., Magel, H. (Hrsg.) (2000): Neue Wege in der Kommunalpolitik, München.

Googins, B. (2002): The journey towards Corporate Citizenship in the United States, in: Journal of Corporate Citizenship, No. 5, S. 85 – 101.

Granovetter, M. (1985): Economic Action, Social Structure, and Embeddedness, in: American Journal of Sociology, No. 91, S. 481-510.

Gray, R. (2000): Developing a tight fit is crucial to CRM, Marketing, 4.52000, S. 37-38.

Grayson, D. (2000): Business and Community, Dangerous Distraction or Commercial Imperative, TMP Worldwide, Sydney, www.davidgrayson.net.

Gribben, C., Pinnington, K., Wilson, A. (2000): Government as Partners – The Role of Central Government in Developing New Social Partnerships, The Copenhagen Centre und Ashridge Centre for Business and Society, Kopenhagen.

Gribben, C., Wilson, A., Meister, H.-P. (2002): Die Förderung bürgerschaftlichen Engagements von Unternehmen im Bereich Beschäftigungspolitik. Erfahrungen aus fünf europäischen Ländern. Forschungsbericht für die Enquete-Kommission ‚Zukunft des Bürgerschaftlichen Engagements des Deutschen Bundestages, Berlin; erscheint in: Enquete-Kommission (Hg.), Materialien, Opladen.

Griffin, J. J., Mahon, J. F. (1997): The Corporate Social Performance and Corporate Financial Performance Debate: Twenty-five years of incomparable research, in: Business and Society, Vol. 36, No. 1, S. 5-31.

Grootaert, C. (2001): Does Social Capital help the Poor? A Synthesis of Findings from the Local Level Institutions Studies in Bolivia, Burkina Faso and Indonesia, Local Level Institutions Working Papers, No. 10, World Bank (Ed.), Washington, D.C.

Gesellschaft für Technische Zusammenarbeit – GTZ (2002): Partnerschaften für nachhaltige Entwicklung, Unser Beitrag im Rahmen der internationalen Zusammenarbeit, Eschborn.

Habisch, A. (1998a): Konkurrenz der konkurrenzfreien Räume, Sozialvermögen und die Zukunftsfähigkeit moderner Gesellschaften, in: Hinterberger, F., Renner, A. (Hrsg.): Zukunftsfähigkeit und Neoliberalismus, Baden-Baden, S. 217-227.

Habisch, A. (1998b): Social Capital investments, Property Rights and the Ethics of Win-Win. Why Multinational Enterprise Management Should Engage in Institution Building of their Host Countries, in: Steinmann, H., Kumar, B.N. (Hrsg.): Ethics in International Management, Berlin, S. 109-127.

Habisch, A. (1999a): Sozialkapital als Bauelement zukunftsfähiger Gesellschaftstrukturen. in: Politische Studien, Sonderheft 1/ 99: Neue Bürger- und Sozialkultur – Vision oder Utopie?, S. 95-100.

Habisch, A. (1999b): Zur ökonomischen Rationalität von Agenda-Prozessen. Partizipative Strukturen als „Sozialkapital" moderner Gesellschaft, in: IFOK, ZKE (Hrsg.): Was heißt hier Agenda ?, Dettelbach, S. 231-244.

Habisch, A. (1999c): Sozialkapital, in: Korff, W. (Hrsg.): Handbuch der Wirtschaftsethik: Band 1-4, Bd. 4, Gütersloh, S. 472-507.

Habisch, A. (2000a): Social Capital, Poverty Reduction, and Gesellschaftsordnungspolitik, in: Kochendörfer-Lucius G., Pleskovic B.: Inclusion, Justice, and Poverty Reduction, Villa Borsig Workshop Series 1999, German Foundation for International Development, Berlin, S. 87-94.

Habisch, A. (2000b): Regionale Dialoge statt bezahlter Bürgerarbeit. Der Beitrag ehrenamtlichen Engagements von Bürgern und Unternehmen zur Bekämpfung der Arbeitslosigkeit, in: Frankfurter Allgemeine Zeitung, Nr. 289, 12.12.2000, S.12.

Habisch, A. (2000c): Wohl und Wehe; in: Wirtschaftswoche, Nr. 51, 14.12.2000, S. 32.

Habisch, A. (2000d): Gesellschafts-Ordnungspolitik. Gestaltung institutioneller Arrangements für die Bürgergesellschaft des 21. Jahrhunderts, in: Jans, B., Habisch, A., Stutzer, E. (Hrsg.): Familienwissenschaftliche und familienpolitische Signale, FS Max Wingen zum 70. Geburtstag, Grafschaft, S. 89-98.

Habisch, A., Hartmann, M., Schmidt, S., Wieland, J. (Hrsg.) (2000): Globalisierung und Demokratie. Ethische Orientierung von Organisationen im Prozess globaler Integration, Münster.

Habisch, A., Meister, H.-P., Schmidpeter, R. (Ed.) (2001): Corporate Citizenship as Investing in Social Capital, Berlin.

Habisch, A., Schmidpeter, R. (2001a): Social Capital, Corporate Citizenship and Constitutional Dialogues – Theoretical Considerations for Organisational Strategy; in: Habisch, A., Meister, H.-P., Schmidpeter, R. (Hrsg.) (2001): Corporate citizenship as investing in social capital, Berlin, S. 11-19.

Habisch, A., Schmidpeter R. (2001b): Regionalentwicklung durch Kooperation: Fallstudien zur Bedeutung von Moderation in regionalen Netzwerken, in Baitsch, C., Müller, B. (Hrsg.): InnoRegio Forschung, Moderation in regionalen Netzwerken, München u. Mering, 2001, S. 125-220.

Habisch, A., Schmidpeter, R. (2002): Das Unternehmen als Bürger in der Kommune. Corporate Citizenship und Initiativen regionaler Arbeitsmarkt- und Sozialpolitik, in: Backhaus-Maul, H., Brühl, H. (Hrsg.): Bürgergesellschaft und Wirtschaft – zur neuen Rolle von Bürgern, Verwaltungen und Unternehmen, (im Erscheinen).

Halley, D. (1999): Employee Community Involvement – Gemeinnütziges Arbeitgeberengagement. Ein vollständiger Leitfaden für Arbeitgeber, Arbeitnehemer und gemeinnützige Organisationen, fundus – Netz für Bürgerengagement, Köln.

Hamm, B. (Hrsg.) (2002): Public-Private Partnership und der Global Compact der Vereinten Nationen, INEF Report, Heft 62, Institut für Entwicklung und Frieden der Gerhard-Mercator-Universität Duisburg.

Harrison, J. S., Freemann, R. E. (1999): Stakeholders, Social Responsibility, and Performance: Empirical Evidence and Theoretical Perspectives, in: The Academy of Management Journal, Vol. 42, No.5, S. 479-484.

Hart, O., Holmström, B. (1987): The theory of contracts; in: Advances in Economic Theory, Cambridge, S. 71-155.

Hart, S. L. (1997): Beyond Greening: Strategy for a sustainable world, in: Harvard Business Review, Vol. 75, No. 1, S. 66-76.

Haufler, V. (2001): A Public Role for the Private Sector – Industry Self-Regulation in a Global Economy, The Carniege Endowment for International Peace, Washington.

Hayek, F. A. v. (1969): Der Wettbewerb als Entdeckungsverfahren, in: Hayek, F. A. v. (Hrsg.): Freiburger Studien, Tübingen, S. 249-265.

Heel, O. D. v., u.a. (2001): Buries Treasure: Uncovering the Business Case for Corporate Sustainability, Sustainability for the United Nations Environment Programme, New York.

Hemmati, M. (2001): Multi-Stakeholder Processes for Governance and sustainability – Beyond Deadlock and Conflict, London.

Hemphill, T. A. (1999): Corporate governance, strategic philanthropy, and public policy, in: Foundation for the School of Business at Indiana University (Hrsg.), Gale Group Information Integrity, Indiana.

Henderson, D. (2001): Misguided Virtue – False Notions of Corporate Social Responsibility, New Zealand Business Roundtable, Wellington, New Zealand.

Herzog, R., Macht I. (1989) in: Evangelisches Staatslexikon, Bd. 1, Stuttgart, S. 2058-2062.

Hess, D., Rogovsky, N., Dunfee, T.W. (2002): The next wave of corporate community involvement: Corporate social initiatives, in California Management Review, Vol. 44, No. 2, S. 110-125.

Hillmann, A. J. (2001): Shareholder value, stakeholder management, and social issues: What's the bottom line?, in: Strategic Management Journal, Vol. 22, No. 2, S. 125-139.

Hinterberger,F., Renner, A. (Hrsg.) (1998): Zukunftsfähigkeit und Neoliberalismus, Baden-Baden.

Hirshman, A. (1974), Abwanderung und Widerspruch, Tübingen.

Hoertz, B., (1998), The transparent corporation and organized community. (Special Issue: Technology and the Corporate Citizen), in: Public Relations Review, Vol. 24, No. 3, S. 265-272.

Hötte, W. (1999): Nonprofit-Organisationen, unveröffentlichte Diplomarbeit, Katholische Universität Eichstätt-Ingolstadt.

Holliday, C.O., Schmidheiny, S., Watts, P. (2002): Walking the Talk – The Business Case for Sustainable Development, Sheffield.

Homann, K. (1995): Kieler Arbeitspapiere Nr. 691. Gewinnmaximierung und Kooperation – Eine ordnungspolitische Reflexion, IFW, Kiel, 1995.

Homann, K. (1996): Sustainability: Politikvorgabe oder regulative Idee?, in: Gerken, L. (Hrsg.): Ordnungspolitische Grundfragen einer Politik der Nachhaltigkeit, Baden-Baden.

Homann, K. (1999): Das Problem der Instrumentalisierung der Moral in der Wirtschaftsethik, in: Kumar, B., Osterloh, M., Schreyögg, G. (Hrsg.) (1999): Unternehmensethik und die Transformation des Wettbewerbs. Shareholder-Value – Globalisierung – Hyperwettbewerb, FS für Horst Steinemann zum 65. Geburtstag, Stuttgart, S. 53-70.

Homann, K., Blome-Drees, F. (1992): Wirtschafts- und Unternehmensethik, Göttingen, 1992.

Homann, K. , Gerecke U. (1999): Ethik der Globalisierung: zur Rolle der multinationalen Unternehmen bei der Etablierung moralischer Standards, in: Kutschker, M. (Hrsg.): Perspektiven der internationalen Wirtschaft, Wiesbaden, S. 429-457.

Homann, K., Suchanek, A. (2000): Ökonomik. Eine Einführung, Tübingen, 2000.

Hopkins, M. (1999): The Planetary Bargain: Corporate Social Responsibility Comes of Age, London.

Hüffner, K. (2002): Private Public Partnership im System der Vereinten Nationen, in: Hamm, B. (Hrsg.) (2002): Public-Private Partnership und der Global Compact der Vereinten Nationen, INEF Report, Heft 62, Institut für Entwicklung und Frieden der Gerhard-Mercator-Universität Duisburg, S. 4-16.

Humphrey, J., Schmitz, H. (1998): Trust and Inter-Firm Relations in Developing and Transition Economies, in: The Journal for Development Studies, Vol. 34, No. 4, S. 32-61.

Husted, B. W. (2000): A contingency theory of corporate social performance, in: Business and Society, Vol. 39, No. 1, S. 24 –48.

IFOK (1997): Bausteine für ein zukunftsfähiges Deutschland. Diskursprojekt im Auftrag von VCI und IG Chemie-Papier-Keramik, IFOK Institut für Organisationskommunikation, Wiesbaden.

IFOK (Hrsg.) (1999.): Was heißt hier Agenda?, Dettelbach.

IFOK (2001): Projektsammlung der Initiative für Beschäftigung zum Thema Jugend-Schule-Wirtschaft, unveröffentlichtes Manuskript, Bensheim.

IFOK/IWÖ (1998): Institutionelle Reformen für eine Politik der Nachhaltigkeit, Studie im Auftrag der Enquete-Kommission „Schutz des Menschen un der Umwelt" des Deutschen Bundestages, Berlin, Heidelberg und New York.

ISEA (1999): AA1000 Framework, ISEA, London.

Janning, H., Bartjes, H. (1999): Ehrenamt und Wirtschaft. Internationale Beispiele bürgerschaftlichen Engagements der Wirtschaft, Robert-Bosch Stiftung, Stuttgart.

Janowicz, C., Klement, C., Mutz, G. (2000): Corporate Volunteering als neue Form bürgergesellschaftlichen Engagements in der Tätigkeitsgesellschaft, in: Berlin Debatte Initial, 11. Jahrgang, Heft 4.

Jawahar, I. M., McLaughlin, G. L. (2001): Toward a Descriptive Stakeholder Theory: An Organizational Life Cycle Approach, in: Academy of Management Review, Vol. 26, No. 3, S. 397-414.

Johnson, R. A., Greening, D. W. (1999): The Effects of Corporate Governance and Institutional Ownership types on Corporate Social Performance, in: Academy of Management Journal Vol. 42, No.5, S. 564-576.

Jones, T. (1999): The Institutional Determinants of Social Responsibility, in: Journal of Business Ethics, Vol. 20, No. 2, S. 163-179.

Jones, T., Wicks, A. (1999): Convergent Stakeholder Theory, in: Academy of Management Review; Vol. 24, No. 2, S. 206-221.

Jonker, J. (1999): The Dawn of Social Responsibility, in: The Journal of Business Performance Management, Vol. 3, No. 4, S. 9-14.

Jonker, J. (2002): In search of society. Redefining organisational theory and related business strategies for the responsible corporation. The 2002 corporate social responsibility and environmental management conference, July 2002, University of Leeds, UK, S. 112-121.

Jonker, J., D. Foster (2002): Stakeholder Excellence?, Framing the evolution and complexity of a stakeholder perspective of the firm, Proceedings 7th ICIT Conference, April 2002, Melbourne, Australia, S. 223-229.

Jonker, J., Glazebrook, M. (2002): Unearthing New Possibilities: Corporate Social Responsibility Revisited, The Corporate Citizen (AU), Vol. 2, No. 2, S. 14-17.

Kanter, R. M. (1999): From Spare Change to Real Change: The Social Sector as Beta Site for Business Innovation, in Harvard Business Review, Vol. 77, No. 3, S. 122-132.

Kanter, R. M. (1994): Collaborative Advantage: The Art of Alliances, in Harvard Business Review: Strategic Alliances, Vol. 72, No. 1, S. 96-108.

Kaplan, R. S, Norton, D. P. (1996): The Balanced Scorecard: Translating Strategy into Action, Boston.

Kaptein, M., Wempe, J. (2001): Sustainability Management: balancing and integrating economic, social and environmental responsibilities, in: Journal of Corporate Citizenship, Vol. 1, No.2, S. 91-106.

Kell, G., Ruggie, J. (1999): Global Markets and Social Legitimacy: the case for the "Global Compact", in: Transnational Corporations, Vol. 8, No. 3.

Kelly, G. (1999): The New Partnership Agenda, IPPR Commission on Public Private Partnerships, IPPR, London, www.ippr.org.uk.

Kinds, H. (2000): Allianzen zwischen Wirtschaftsunternehmen und dem gemeinnützigen Sektor, in: Forschungsjournal NSB, Jg. 13, Heft 2, S. 1-9.

Kjaergaard, C., Westphalen, S.-A. (2001): From Collective Bargaining to Social Partnerships – New Roles of the Social Partners in Europe, The Copenhagen Centre, Kopenhagen.

Klein, A. (2002): Überschätzte Akteure? Die NGOs als Hoffnungsträger transnationaler Demokratisierung, in: Aus Politik und Zeitgeschichte B 6-7/2002, Seite 3-5.

Klein, N. (2000): No Logo, Flamingo, London.

Klenner, C., Pfahl, S., Seifert, H. (2001): Ehrenamt und Erwerbsarbeit – Zeitbalance oder Zeitkonkurrenz? Ministerium für Arbeit und Soziales, Qualifikation und Technologie des Landes Nordrhein-Westfalen, Düsseldorf.

Kohout, F., Mayer-Tasch, P.C. (2002): Das ökologische Weltgewissen, Die Arbeit von NGOs im Rahmen der internationalen Umweltpolitik, in: Aus Politik und Zeitgeschichte B 6-7/2002, S. 15-22.

Kommission der Europäischen Gemeinschaften (2001): Grünbuch – Europäische Rahmenbedingungen für die soziale Verantwortung der Unternehmen, KOM(2001) 366, 18.07.2001, Brüssel.

Kommission der Europäischen Gemeinschaften (2002): Mitteilung der Kommission über die soziale Verantwortung der Unternehmen, ein Beitrag zur nachhaltigen Entwicklung, KOM (2002), 347, 2.07.2002, Brüssel.

Kopp, R. (2002): Soziale Verantwortung und wirtschaftlicher Nutzen, in: Braun, B., Kromminga, P. (Hrsg.) Soziale Verantwortung und wirtschaftlicher Nutzen, Bundesinitiative Unternehmen Partner der Jugend, Hamburg, S. 36-41.

Kuhnert, S. (2000): Gesellschaftliche Innovation als unternehmerischer Prozess – Ein Beitrag zur Theorie des kollektiven Handelns, Berlin.

Kulick, T. (1999): The Expanding Parameters of Global Corporate Citizenship, The Confernce Board Report, Research Report R-1246-99-CH, New York.

Lafontaine, O., Müller, C. (1998): Keine Angst vor der Globalisierung, Wohlstand und Arbeit für alle, Bonn.

Landes, D.S. (1999): The Wealth and Poverty of Nations. Why some are so rich and some so poor, New York, London.

Leana, C., Buren, H. J. v. (1999): Organizational social capital and employment practices, in: Academy of Management Review, Vol. 24, No. 3, S. 1-16.

Leisinger, Klaus M. (1999): Globalisierung, unternehmensethische Selbstbindung und wohlverstandenes Eigeninteresse, in: Unternehmerische Freiheit, Selbstbindung und politische Mitverantwortung, hrsg. v. Ulrich, P., Löhr, A., Wieland, J., München, Mering, S. 99-118.

Lewis, S. (1998): External Perceptions of Corporate Social Responsibility, London.

Lindbeck, A. (1995): Welfare State Disencentives with Endogenous Habits and Norms, in: Scandinavian Journal of Economics, No. 97, S. 477-494.

Logan, D., Delwin, R., Regelbrugge, L. (1997): Global Corporate Citizenship Rationale and Strategies, The Hitachi Foundation, Washington D.C.

Logan, D., Tuffrey, M. (1999): Companies in Communities: Valuing the Contribution, Charities Aid Foundation, West Malling, Kent, UK.

Logan, D., Tuffrey, M. (2000): Companies in Communities: Assessing the Impact, The Corporate Citizenship Company, London.

Luce, R. A., Barber, A.E., Hillman A.J. (2001) : Good deeds and misdeeds : A mediated model of the effect of corporate social performance on organizational attractiveness, in: Business and Society, Vol. 40. No. 4, S.397-415.

Luhmann, N. (1991): Soziale Systeme, Frankfurt am Main.

Maak, T. (1999): Die Wirtschaft der Bürgergesellschaft, Bern, Stuttgart, Wien.

Maaß, F./Clemens, R. (2002): Corporate Citizenship. Das Unternehmen als ‚guter Bürger', Schriften zur Mittelstandsforschung, Nr. 94, Wiesbaden.

Maignan, I. (2001): Consumers‘ Perception of Corporate Social Responsibilites: A Cross-Cultural Comparison, in: Journal of Business Ethics, Vol. 30, No. 1, S. 57-72.

Maignan, I., Ferrell, O. C. (2000): Measuring Corporate Citizenship in Two Countries: The Case of the United States and France, in: Journal of Business Ethics, Vol. 23, No. 3, S. 283-297.

Maignan, I., Ferrell, O.C. (2001a): Antecedents and Benefits of Corporate Citizenship – an Investigation of French Business, in: Journal of Business Research, Vol. 51, No. 1, S. 37-51.

Maignan, I., Ferrell, O.C. (2001b): Corporate Citizenship as a marketing instrument- Concepts, evidence and research directions, in: European Journal of Marketing, Vol. 35, No. 3/4, S. 457-484.

Maignan, I., Ferrell, O. C., Hult, T. G. (1999): Corporate Citizenship: Cultural Antecedents and Business Benefits, in: Journal of the Academy of Marketing Science, Vol. 27, No. 4, S. 455-469.

Marsden, C. (2000): The new Corporate Citizenship of Big Business: Part of the Solution of Sustainablity?, in: Business and Society Review, Vol. 105, No. 1, S. 9-25.

Marsden, C., Andriof, J. (1998): Towards an understanding of Corporate Citizenship and how to influence it, in: Citizenship Studies, Vol. 2, No. 2, S. 329-352.

Martin, R.L. (2002): The virtue matrix: Calculating the return on corporate responsibility, in: Harvard Business Review, Vol. 80, No. 3, Seite 68.

May, B. (2002): Globalisierung und die Rolle der deutschen NGOs, Berliner Schriften zur Internationalen Politik, Opladen.

Mayntz, R., Scharpf, F. (Hrsg.) (1995): Gesellschaftliche Selbstregelung und politische Steuerung, Fankfurt am Main.

McCune, J. C. (1997), The Corporation in the Community, in: HRfocus.

McGuire, J. B., Sundgreen, A., Schneeweis, T. (1988): Corporate Social Responsibility and Firm Financial Perfomance, in: Academy of Management Journal, Vol. 31, No. 4, S. 854-872.

McIntosh, M., Leipziger, D., Jones, K., Coleman, G. (1998): Corporate Citizenship: Successful Strategies for Responsible Companies, London.

McWilliams A. (2001): Profit-maximizing corporate social responsibility, in: The Academy of Management Review, Vol. 26, No. 4, S. 504-506.

McWilliams, A., Siegel, D. (2000): Corporate social responsibility and financial performance: Correlation or misspecification?, in: Strategic Management Journal, Vol. 21, No. 5, S. 603 – 609.

Meister, H.-P., Lueth, A. (2001): Opening Adress: Beyond Corporate Citizenship – Investing in Social Capital as Corporate Strategy, in: Corporate Citizenship as Investing in Social Capital, hrsg. v. Habisch, A., Meister, H-P., Schmidpeter, P., Berlin, S. 3-8.

Meister, H.-P., Wüst, J. (2000): Der Familien-Tisch. Von der Politik für Familien zur Politik mit Familien, in: Glück, A., Magel, H. (Hrsg.): Neue Wege in der Kommunalpolitik. Durch eine neue Bürger- und Sozialkultur zur Aktiven Bürgergesellschaft, München, S. 280-283.

Messner, D. (1995): Die Netzwerkgesellschaft. Wirtschaftliche Entwicklung und internationale Wettbewerbsfähigkeit als Probleme gesellschaftlicher Steuerung, Köln.

Messner, D. (1997): Global Governance, Herausforderungen an der Schwelle zum 21. Jahrhundert, in: Senghaas, D. (Hrsg.) (1997): Frieden machen, Suhrkamp, Frankfurt am Main, S. 337-361.

Messner, D. (1998): Das ModernisierungsPotenzial der NGOs und die Grenzen ihrer Handlungsfähigkeit, in: Calliesß, J. (Hrsg.): Barfuß auf diplomatischen Parkett. Die Nichtregierungsorganisationen in der Weltpolitik, Loccum, S.263-290.

Minnesota Center for Corporate Responsibility (2000): Culture of Corporate Citizenship, Lakeville, Minnesota.

Minton-Eversole, T. (1991): Companies as Community Citizens. Community involvement adds value to the workplace and the community, in: Training & Development.

Mitchell, J. (Hrsg.) (1998): Companies in a World of Conflict, London Royal Institute of International Affairs and Earthscan, London.

Mohn, R. (2000): Menschlichkeit gewinnt, Gütersloh.

Mohr, L. A., Webb, D. J., Harris, K. E. (2001): Do Consumers Expect Companies to be Socially Responsible? The Impact of Corporate Social Responsibility on Buying Behavior, in: The Journal of Consumer Affairs, Vol. 35, No. 1, S. 45-72.

Moon, J. (2001): Business Social Responsibility as a Source of Social Capital, in: Reason and Practice: The Journal of Philosophy and Management, Vol. 1, No. 3.

Moon, J. (2002): Business Social Responsibility and New Governance, in: Government and Opposition, Vol. 37, No. 3, S. 385-408.

Moon, J. (2002): The Governance of Corporate Social Responsibility, in: New Academy Review, Vol. 1, No. 2.

Moore, G. (2001): Corporate social and financial performance: An investigation in the U.K. supermarket industry, in: Journal of Business Ethics, Vol. 34, No. 3/4, S. 299-315.

Muche, S. (2002): Corporate Citizenship, unveröffentlichte Diplomarbeit, Katholische Universität Eichstätt-Ingolstadt.

Müller, B., Wiechmann, T., Scholl, W., Bachmann, T., Habisch, A. (2002): Kommunikation in regionalen Innovationsnetzwerken, München, Mering.

Mullen, J. (1997): Performance-Based Corporate Philanthropy: How "Giving Smart" Can Further Corporate Goals, in: Public Relations Quarterly, Vol. 42, No. 2, S. 42-48.

Mullen, J. (2002): Nonprofit must take the lead in business alliances, in: Nonprofit World, Vol. 20, No. 2, S. 8-14.

Murphy, D. F., Coleman, G. (1999): The global partnership for new corporate citizenship: Business-civil society relations in a changing world, in: ILO Enterprise Forum 99, Bristol, U.K.

Murphy, E. (2002): Best corporate citizens have better financial performance, in: Strategic Finance, Vol. 83, No. 7, S. 20-22.

Mutius, B. v. (2000): Was Unternehmen mit sozialer Verantwortung gewinnen können, in: Zwischen Shareholder Value und Corporate Citizenship – Dokumentation des bundesweiten Kongresses "Unternehmen: Zukunft der Jugend – Hamburger Ratschlag" am 6. Dezember 1999 in der Handelskammer Hamburg, hrsg. v. Landesservicebüro „Unternehmen Partner der Jugend" (UPJ), Hamburg, S. 16-19.

Mutius, B. v. (2002): Wertbalancierte Unternehmensführung, in: Harvard Business Manager, 05/2002, S. 9-22.

Mutz, G. (2000): Unternehmerisches Bürgerschaftliches Engagement: Corporate Social Responsibility, in: Forschungsjournal NSB, Jg. 13, Heft 2.

Mutz, G. (2001): Der Geist von Corporate Citizenship ist in Deutschland noch nicht angekommen, in: Das Parlament 32-33, S.12.

Mutz, G. (2002): Corporate Citizenship in Deutschland – Annäherungen an ein zivilgesellschaftliches Konzept?, in: Politische Psychologie, Sonderheft Bürgerengagement, (im Erscheinen).

Mutz, G., Korfmacher, S. (2000): Das Projekt Switch. Ein „take off" für Bürgerschaftliches Engagement, Voraussetzungen, Erfahrungen, Empfehlungen. Forschungsbericht an die Siemens AG, München.

Mutz, G., Korfmacher, S., Arnold, K. (2001): Internationales Jahr der Freiwilligen 2001 – Corporate Citizenship in Deutschland, Deutscher Verein für öffentliche und private Fürsorge, Frankfurt am Main.

Mutz, G., Kühnlein, I. (2001): Erwerbsarbeit, Bürgerschaftliches Engagement und Eigenarbeit, Auf dem Weg in eine neue Arbeitsgesellschaft, in: Beck, U., Bonß, W. (Hrsg.): Die Modernisierung der Moderne, Frankfurt am Main, S. 191-202.

Näherlich, S. (2002): Wir brauchen einen ordnungspolitischen Rahmen für die Bürgergesellschaft, in Aktive Bürgerschaft e.V. aktuell, 03/2002, S. 1 und 7.

Nahapiet, J., Ghoshal, S. (1998): Social Capital, Intellectual Capital, And The Organizational Advantage, in: Academy of Management Review, Vol. 23, No. 2, S. 242-256.

Nalebuff, B. J., Brandenburger, A. M. (1996): Co-opetition, New York.

Narayan, D. (1999): Bond and Bridges: Social Capital and Poverty, Poverty Group, World Bank, Washington.

Nelson, J. (1996a): Business as Partners in Development: Creating wealth for countries, companies and communities, The Prince of Wales Business Leader Forum, in collaboration with the World Bank and the United Nations Development Programe, London.

Nelson, J. (1996b): Business as Partners in Development. Creating wealth for countries, companies and communities, London.

Nelson, J. (1998): Building competitiveness and communities. How world class companies are creating shareholder value and societal value, London.

Nelson, J. (2000): The Business of Peace: The Private Sector as a Partner in Conflict Prevention and Resolution, The Prince of Wales Business Leader Forum with International Alert and the Council for Economic Priorities, London.

Nelson, J., Zadek, S. (2000): Partnership Alchemy: New Social Partnerships in Europe, The Copenhagen Centre, Kopenhagen.

New Economic Foundation (2000): Corporate Spin: the Troubled Teenage Years of Social Auditing, NEF, London.

O'Brien, D. (2001): Integrating Corporate Social Responsibility with Competitive Strategy, The Center for Corporate Citizenship at Boston College, Boston.

Observatory of European SMEs (2002): European SMEs and social and enviromental responsibility, European Communities, Brüssel.

OECD-Organisation for Economic Cooperation and Development (1997): Guiding the Transition to Sustainable Development: A Critical Role for the OECD, Report of the High-Level Advisory Group on the Environment, OECD, Paris.

OECD-Organisation for Economic Cooperation and Development (2000): The OECD Guidelines for Multinational Enterprises: Revision 2000, OECD, Paris.

Offe, C. (1999): „Sozialkapital". Begriffliche Probleme und Wirkungsweise.iIn: Kistler, E., Noll, H.-H., Priller, E. (Hg.): Perspektiven gesellschaftlichen Zusammenhalts. Berlin, S. 113-120.

Ogrizek, M. (2002): Forum Paper: The effect of corporate social responsibility on the branding of financial services, in: Journal of Financial Services Marketing, Vol. 6, No. 3, S. 215-228.

Olson, M. (1965): The Logic of Collective Action: Public Goods and the Theory of Groups, Cambridge.

Olson, M. (1985): Aufstieg und Niedergang von Nationen: Ökonomisches Wachstum, Stagflation und Starrheit, Tübingen.

Orlitzky, M., Benjamin, J.D. (2001): Corporate social performance and firm risk: A meta-analytic review, in: Business and Society, Chicago, Vol. 40, No. 4, S. 369-386.

Ostrom, E. (1990): Governing the Commons: The Evolution of Institutions for Collective Action, New York.

Ostrom, E. (1992): Crafting Institutions for Self-Governing Irrigation Systems, San Francisco.

Ostrom, E. (2002): Soziales Kapital und kollektives Handeln. Gutachten für die Enquete-Kommission ‚Zukunft des bürgerschaftlichen Engagements' des deutschen Bundestages, erscheint in: Enquete-Kommission (Hg.), Materialien, Opladen.

Ostrom, E./ Walker, J./ Gardner, R. (1992), Covenants with and without a Sword: Self-Governing is Possible, in: American Political Science Review Vol. 86, S. 404-417.

Pava, M. L., Krausz, J. (1996): The Association Between Corporate Social-Responsibility and Financial Performance: The Paradox of Social Cost, in: Journal of Business Ethics, Vol. 15, No. 3; S. 321-357.

Picot, A., Reichwald, R., Wigand, R. T. (2001): Die grenzenlose Unternehmung, 4. vollst. überarb. Auflage, Wiesbaden.

Pies, I. (2000): Ordnungspolitik in der Demokratie. Ein ökonomischer Ansatz diskursiver Politikberatung, Tübingen.

Pies, I. (2001): Transaktion versus Interaktion, Spezifität und Brisanz und die raison d'être korporativer Akteure – Zur konzeptionellen Neuausrichtung der Organisationsökonomik, in: Pies, I., Leschke, M.(Hrsg.) (2001): Oliver Williamsons Organisationsökonomik, Tübingen, S. 95-119.

Pinkston, T. S., Carroll, A. B. (1994): Corporate Citizenship Perspectives and Foreign Direct Investment in the U.S., in: Journal of Business Ethics, Vol. 13, No. 3, S. 157-169.

Points of Light Foundation (2000): The Corporate Volunteer Program as a Strategic Ressource, Washington D.C.

Porter, M. (1986): Competitive Advantage: Creating and sustaining superior performance, New York.

Porter, M. (1999): Unternehmen können von regionaler Vernetzung profitieren, in: Harvard Business Manager, Nr. 3, 1999, S. 51-63.

Porter, M., Kramer, M. (1999): Philantrophy's New Agenda: Creating Value, in: Harvard Business Review, Vol. 77, No. 6, S. 121-130.

Porter, M., Linde, C. v. d. (1995): Green and Competitive: Ending the stalemate, in: Harvard Business Review, Vol. 73, No. 5, S. 120-133.

Post, J. (2000): Moving from Geographic to Virtual Communities: Global Corporate Citizenship in a Dot.com World, in: Business and Society Review, Vol.105, No. 1, S.27-46.

Post, W. (1997): Corporate citizenship: Our community needs it, in: The Business Journal.

Preston, L. E., Bannon, D. P. (1997): The corporate social-financial performance relationship: a typology and analysis, in: Business and Society, Vol. 36, No.4., S. 419-429.

Prince of Wales Business Leader Forum (2000): Measure for Success: Assessing the Impact of Partnerships, IBLF, London, www.pwblf.org.

Pringle, H., Thompson, M. (1999): Brand Spirit: How Cause Related Marketing Builds Brands, West Sussex, England.

Prusak, L., Cohen, D. (2001): Soziales Kapital macht Unternehmen effizienter, in: Harvard Business Manager, 6/2001, S. 86-93.

Putnam, R. D. (1993): Making Democracy Work: Civic Traditions in Modern Italy, Princeton, New Jersey.

Putnam, R. D. (Hrsg.) (2001): Gesellschaft und Gemeinsinn, Sozialkapital im internationalen Vergleich, Gütersloh.

Rackham, N., Friedman, L., Ruff, R. (1996): Getting Partnering Right: How Market Leaders Are Creating Long-Term Competitive Advantage, New York.

Ramsey, R. (1997): Why giving back to the community is good business?, National Research Bureau (Hrsg.), Gale Group Information Integrity, Farmington Hills.

Ramthun, C. (2000a): Bürger Bayer – Das Unternehmen als Bürger, in: Wirtschaftswoche, Nr. 39, 21.09.2000, S. 19.

Ramthun, C. (2000b): Brücken bauen, in: Wirtschaftswoche, Nr. 48, 23.11.2000, S. 43-50.

Randel, A.E. (2002): The maintenance of an organization's socially responsible practice, in: Business and Society, Vol. 41, No. 1, S. 61-83.

Rappaport, A. (1995): Shareholder Value: Wertsteigerung als Maßstab für die Unternehmensführung, Stuttgart.

Rawls, J. (1979): Eine Theorie der Gerechtigkeit, Frankfurt am Main.

Reich, R. B. (1996): The New Corporate Citizenship, in: http://www.dol.gov/dol/_sec/public/media/speeches/sp9004.html, Los Angeles.

Reich, R. B. (1998): The New Meaning of Corporate Social Responsibility, in: California Management Review, Vol. 40, No. 2, S. 8-17.

Reich, R. B., Lydenberg, S. D., Moskowitz, M. (1994): Should Investors look beyond the bottom line?, in: Business and Society Review, No. 91, S. 6-10.

Reichheld, F. (1996): The Quest for Loyalty: Creating Value through partnership, Cambridge.

Reilly, B.J., Kyj, M. J. (1994): Corporate Citizenship, in: Review of Business, Vol. 16, No. 1, S. 37-43.

Reinicke, W. (1998): Global Public Policy: Governing without Government, Washington.

Reinicke, W., Deng F. (2000): Critical Choices: The United Nations, Networks, and the Future of Global Governance, International Development Research Center, Ottawa.

Renner, A., Hinterberger, F. (Hrsg.) (1998): Zukunftsfähigkeit und Neoliberalismus. Zur Vereinbarkeit von Umweltschutz und Wettbewerbswirtschaft, Baden-Baden.

Renner, A. (2002): Nachhaltigkeit und Globalisierung, Partizipation, Demokratie – Identifizierung von Zusammenhängen und Gestaltungsansätzen, Kurzstudie für den Nachhaltigkeitsrat, IFOK, Mai 2002, Bensheim.

Richter, R., Furubotn, E. (1996): Neue Institutionenökonomik. Eine Einführung und Würdigung, Tübingen.

Ries, B. (2002): Corporate Social Responsibility in Germany – A Difficult approach to a well-known topic, Unveröffentlichtes Redemanuskript zur CEC- Conference on Corporate Social Responsibility, Barcelona.

Ries, B, Schackenberg, P. (2002): Kooperation – Verantwortung – Transparenz, in: Bertelsmann Stiftung (Hrsg.) (2002): Transparenz – Grundlage für Verantwortung und Mitwirkung, Gütersloh, S. 11-22.

Ringlstetter, M. (1997): Organisation von Unternehmen und Unternehmensverbindungen, München.

Riordan, C. M., Gatewood, R. D., Barnes, B., (1997): Corporate image: Employee Reactions and Implications for managing Corporate Social Performance, in: Journal of Business Ethics, Vol. 16, No. 4, S. 401-412.

Ripperger, T. (1998): Ökonomik des Vertrauens: Analyse eines Organisationsprinzips, Tübingen.

Roberts, S., Keeble, J., Brown, D. (2002): The Business Case for Corporate Citizenship, Boston, www.adlittle.com.

Rochlin, S., Bliss, T. J. (2002): Benchmarks for International Corporate Community Involvement, The Center for Corporate Citizenship at Boston College, Boston.

Rochlin, S., Boguslaw, J. (2001): Business and Community Development – Aligning Corporate Performance with Community Economic Development to Achieve Win-Win Impacts, The Center for Corporate Citizenship at Boston College, Boston.

Rochlin, S., Coutsoukis, P., Carbone, L. (2001): Measurement demystified, Determining the Value of Corporate Community Involvement, The Center for Corporate Citizenship at Boston College, Boston.

Rondinelli, D. A., Berry, M. A. (2000): Environmental Citizenship in Multinational Corporations: Social Responsibility and Sustainable Development, in: European Management Journal, Vol. 18, No. 1, S. 70-84.

Rooks, G., Raub, W., Selten, R., Tazelaar, F. (2000): How Inter-firm Co-operation Depends on Social Empeddedness: A Vignette Study, in: Acta Sociologica.

Ruf, B. M., Krishnamurty, M., Brown, R. M., Janney, J. J., Karen, P. (2001): An Empirical Investigation of the Relationship Between Change in Corporate Social Performance and Financial Performance: A Stakeholder Theory Perspective, in: Journal of Business Ethics, Vol. 32, No. 2, S. 143-156.

Ruggie (2002): The Theory and Practice of Learning Networks, Corporate Social Responsibility and the Global Compact, in: Journal of Corporate Citizenship, No. 5, S. 27-36.

Sagawa, S., Segal, E. (2000): Common Interest – Common Good, Boston.

Saiia, D. H. (2001): Philanthropy and Corporate Citizenship: Strategic Philanthropy is Good Corporate Citizenship, In: The Journal of Corporate Citizenship, No. 2, S. 57-74.

Schäfer, A. (2001): Corporate Volunteering – als neue Form privatwirtschaftlicher Verantwortung für die Gesellschaft, unveröffentlichte Diplomarbeit.

Schmidpeter, R. (2002): Auswertung des Wettbewerbs „Freiheit und Verantwortung", in: Braun, B., Kromminga, P. (Hrsg.): Soziale Verantwortung und wirtschaftlicher Nutzen, Bundesinitiative Unternehmen Partner der Jugend, Hamburg, S. 83-88.

Schneidewind, U. (1998): Die Unternehmung als strukturpolitischer Akteur, Marburg.

Schöffmann, D. (Hrsg.) (2001): Wenn alle gewinnen. Bürgerschaftliches Engagement von Unternehmen, Hamburg.

Schout, R. J. (2000): Viewpoints on Corporate Citizenship and Corporate Social Responsibility & Models for Corporate Volunteerism in the United States, unveröffentlichtes Manusskript, Internationaler Workshop "Corporate Citizenship – Corporate Social Responsibility", Berlin.

Schout, R. J. (2002): Unternehmerisches bürgerschaftliches Engagement in den USA, in: Deutscher Bundestag, Enquete-Kommission „Zukunft des bürgerschaftlichen Engagements" (Hrsg.), Bürgerschaftliches Engagement und Unternehmen. Opladen, i.E.

Schubert, R., Littmann-Wernli, S., Tingler, P. (Hrsg.) (2002): Corporate Volunteering, Unternehmen entdecken die Freiwilligenarbeit, Bern, Stuttgart, Wien.

Schuler, V. (2001): Der Nutzen von Corporate Ciitzenship – Eine Stakeholdertheoretischhe Analyse aus Unternehmenssicht, unveröffentlichte Diplomarbeit, Ludwig-Maximilians-Universitätt, München.

Schultz, T. (1980): Investing in People. The Economics of population quality, Berkeley/ Los Angeles.

Schwartz, P., Blair, G. (1999): When Good Companies Do Bad Things: Responsibility and Risk in an Age of Globalization, New York.

Schweizer, R. W. (1990): Die gesellschaftliche Akzeptanz des Unternehmens als Voraussetzung für die Wettbewerbsfähigkeit, in: Die Unternehmung, 44. Jg., S. 340-349.

Seehausen, H., Wüst, J. (2002): Familienfreundliche Initiativen in hessischen Kommunen, Gemeinnützige Hertie-Stiftung (Hrsg.), Osnabrück.

Seitz, B. (2001): Corporate Citizenship – Rechte und Pflichten der Unternehmung im Zeitalter der Globalität, Wiesbaden.

Sen, S., Bhattacharya, C. B. (2001): Does Doing Good Always Lead to Doing Better? Consumer Reactions to Corporate Social Responsibility, in: Journal of Marketing Research, Vol. 38, No. 2, S. 225-243.

Senge, P. (1994): The Fifth Discipline: The Art and Practice of The Learning Organization, New York.

Shaw, G. (2002): Ethnic Minority Employment through Partnership, The Copenhagen Centre, Kopenhagen.

Simpson, W.G, Kohers, T. (2002): The link between corporate social and financial performance: Evidence from the banking industry, in: Journal of Business Ethics, Vol. 35, No. 2, S. 97-109.

Smith, A. (1776/1978): Der Wohlstand der Nationen, München.

Soicaal-Economische Raad (2001): Corporate Social Responsibility – A Dutch approach, Assen.

Social Investment Forum (1999): 1999 Report on Socially Responsible Investing Trends in the United States, SIF Industry Research Program, Washington.

Social Venture Network (2000): Standards for Social Responsibility, SVN, San Francisco, www.svn.org.

Solomon, J., Solomon, A., Norton, S. (2002) : Socially responsible investment in the UK : Drivers and current issues, in : Journal of General Management, Vol. 27, No. 3, Seite 1-13.

Sommerlate, T. (2002): Soziale Kompetenz durch soziales Verantwortungbewusstsein, in: Braun, B., Kromminga, P. (Hrsg.) Soziale Verantwortung und wirtschaftlicher Nutzen, Bundesinitiative Unternehmen Partner der Jugend, Hamburg, S. 42-44.

Späth, L., Michels, G., u.a. (1998): Das PPP-Prinzip. Private Public Partnership. Die Privatwirtschaft als Sponsor öffentlicher Interessen, München.

Speckbacher, G. (1997): Shareholder Value und Stakeholder Ansatz, In: Die Betriebswirtschaft; No. 57, S. 630-639.

Spence, L., Jeurissen, R., Rutherfoord, R. (2000): Small Business and the Environment in the UK and the Netherlands: Towards Stakeholder Cooperation, In: Business Ethics Quaterly, Vol. 10, No. 4, S. 945-965.

Stainer,A. (2002): Business performance & corporate social responsibility, in: Management Services, Vol. 46, No. 7, S. 36-37.

Stanwick, P.A., Stanwick, S. D. (1999): The relationship between corporate social performance and organizational size, financial performance, and environmental performance: an empirical examination, In: Journal of Business Ethics, Vol. 17, S. 195-204.

Steinmann, H. (1999): Freiheit, Selbstbindung und Verantwortung – Einführung in das Tagungsthema, in: Unternehmerische Freiheit, Selbstbindung und politische Mitverantwortung, hrsg. v. Ulrich, P.; Löhr A.; Wieland, J., München und Mering, S. 1-6.

Steinmann, H., Kumar B. (Hrsg.) (1998): Ethics in International Management, Berlin, New York.

Steinmann, H., Scherer, A. G. (2000): Freiheit und Verantwortung in einer globalisierten Wirtschaft – Anmerkungen zur Rolle der Unternehmensethik, in Hungenberg, H. von, Schwetzler, B (Hrsg.): Unternehmung, Gesellschaft und Ethik, Wiesbaden, S. 93-115.

Stewart-Patterson, D., Holland, M. (1998): A New Agenda For Canadian Corporate Citizenship. White Paper on Imagine Phase III. Corporate Program (Discussion Document), in: Canadian Center for Philanthropy (Hrsg.), http://www.ccp.ca/imagine/ caring_comp/morethancharity.html, Toronto, Ontario, Canada.

Stieb, J. A. (2001): Social responsibility within and without self-interest: Emergent technologies and situations, in: Business and Society Review, New York, Vol. 106, No. 3, S.241- 253.

Strachwitz, R. G. (1995): Der zweite und der Dritte Sektor. Was heißt Corporate Community Investment, München.

Strachwitz, R. G. (1999): Der Dritte Sektor: die freiheitliche Alternative, in: Chatzimarkakis, G., u.a. (Hrsg.): Brücken zwischen Freiheit und Gemeinsinn, Positionen-Konzepte-Modelle, Bonn, S.195-208.

Suchanek, A. (1999): Institutionenökonomik und Verantwortungsteilung, in: Folke Schuppert, G. (Hrsg.): Jenseits von Privatisierung und „schlankem" Staat: Verantwortungsteilung von öffentlichem und privatem Sektor, Baden-Baden, S. 273-298.

Suchanek, A. (2001): Ökonomische Ethik. Mohr Siebeck, Tübingen.

Suchanek, A., Waldkirch, R. (1999): Das Konzept der offenen Verträge, Diskussionsbeiträge der Katholischen Universität Eichstätt-Ingolstadt, WFI, Nr. 128, Ingolstadt.

Suchanek, A., Waldkirch, R. (2001): The Task of Business Ethics, unveröffentlichtes Manuskript, Ingolstadt.

Sundar, P. (2000): Beyond Business – from merchant charity to Corporate Citizenship. Indian business philanthropy through the ages, New Delhi.

Sustainability Asset Management (2000): Biographies of Corporate Sustainability Leaders, SAM, Zurich, www.sam-group.ch/e/center/c_reports.cfm.

SustainAbility (2001): Politics and Persuasion: Corporate Influence on Sustainability Development Policy, SustainAbility Ltd, London, www.sustainability.co.uk.

SustainAbility Ldt (1999): The Social Reporting Report, UNEP/SustainAbility, London, www.sustainability.co.uk.

Svendson, A. (1998): The Stakeholder Strategy: Profiting from Collaborative Business Relationships, San Francisco.

Swanson, D. L. (1999): Toward an integrative theory of business and society: a research strategy for corporate social performance, in: Academy of Management Review, Vol. 24, No. 3, S. 506-521.

Swift, T., Zadek, S. (2002): Corporate Responsipility and the Competitive Advantage of Nations, The Copenhagen Centre undd AccountAbility, Kopenhagen, London.

Szwajkowski, E., Figlewicz, R. E. (1999): Evaluating corporate performance: a comparison of the Fortune Reputation Survey and the Socrates social rating database., in: Journal of Managerial Issues, Vol. 11, No. 2, S. 137-154.

Tennyson, R. (1998): Managing Partnerships: Tools for mobilising the public sector, business and civil society as partners in development, Prince of Wales Business Leader Forum (Hrsg.), London.

The Center for Tomorrow's Company Inc. (1997): The inclusive approach and business success: The research evidence, The Center for Tomorrow's Company Inc., London.

The Council on Foundations (1996): Measuring the Value of Corporate Citizenship. The Council on Foundations, Washington, DC.

The Conference Board (1997): Strategic Alliances: Institutionalising Partnering Capabilities, Research Report Number 1191-97-CH, The Conference Board, New York, www.confernce-board.org.

The Conference Board (1999): Consumer Expectations on the Social Accountability of Business, The Conference Board, New York, www.confernce-board.org.

The Corporate Citizenship Company (2000): Monitoring, Measuring and Reporting Corporate Social Responsibility, The Corporate Citizenship Company, London, www.corporate-citizenship.co.uk.

The Institute of Social and Ethical AccountAbility (2000): Innovation through Partnership, The Institute of Social and Ethical AccountAbility, London.

Tirole, J. (1999): Incomplete Contracts: Where do we stand?, in: Econometrica, Vol. 67, No. 4, S. 741-782.

Tirole, J. (2001): Corporate Governance, in: Econometrica; Vol. 69, No. 1, S. 1-35.

Tocqueville, A. de (1835 / 1990): Über die Demokratie in Amerika, Stuttgart.

Truesdale, P. (2002): The London Benchmarking Group methodology, in: Braun, B., Kromminga, P. (Hrsg.) Soziale Verantwortung und wirtschaftlicher Nutzen, Bundesinitiative Unternehmen Partner der Jugend, Hamburg, S. 45-49.

Turban, D. B., Greening, D. W. (1996): Corporate Social Performance and Organizational Attractiveness to Prospective Employees, in: Academy of Management Journal, Vol. 40, No. 3, S. 658-672.

Turner, B. S. (2000): Review Essay: Citizenship and political globalization, in: Citizenship Studies, Vol. 4, No. 1, S. 81-86.

Twickel, Freiherr von, Christian (2001): Corporate Citizenship and Social Capital in Modern Society, in: Habisch, A., Meister, H.-P., Schmidpeter, R. (Hrsg.): Corporate Citizenship as Investing in Social Capital, Berlin, S. 90-101.

Ulrich, P. (2000): Republikanischer Liberalismus und Corporate Citizenship, Berichte des Instituts für Wirtschaftsethik Nr. 88, St. Gallen.

Ulrich, P., Löhr, A., Wieland, J. (Hrsg.) (1999): Unternehmerische Freiheit, Selbstbindung und politische Mitverantwortung. Schriftenreihe des Deutschen Netzwerk Wirtschaftsethik, Folge 4, Rainer Hampp Verlag, München und Mehring.

Umweltbundesamt (Hrsg.) (2002): Nachhaltige Entwicklung in Deutschland. Die Zukunft dauerhaft umweltgerecht gestalten, Berlin, Bielefeld, München.

UNEP/Sustainability (2000): Global Sustainability Reporters: A Benchmark Study, SustainAbility, London.

United Nations Conference on Trade and Development (1999): The Social Responsibility of Transnational Corporations, New York and Geneva.

Unternehmen: Partner der Jugend (2000): Zwischen Shareholder Value und Corporate Citizenship, Unternehmen Partner der Jugend, Hamburg.

Vanberg, V. (1988): Ordnungstheorie as Constitutional Economics, The German Concept of a Social Market Economy, in: ORDO, Jahrbuch für die Ordnung von Wirtschaft und Gesellschaft, Bd. 39, Stuttgart, S. 17-31.

Verschoor, C. (1998): A study of the link between a corporation's financial performance and its commitment to ethics, in: Journal of Business Ethics, Vol. 17, No. 13, S. 1509-1516.

Verschoor, C. (2001a): Corporate power must be balanced with good citizenship, in: Strategic Finance, Vol. 83, No. 3, S. 20-22.

Verschoor, C. (2001b): Standard of corporate responsibility shows best practices, in: Strategic Finance, Vol. 83, No. 4, S. 18-20.

Verschoor, C. (2002): Canadian study shows wide support for corporate responsibility, in: Strategic Finance, Vol. 83, No. 10, S. 20-22.

Vidaver-Cohen, D. (1998): Public-private partnership as a strategy for crime control: corporate citizenship makes the difference, in: Business and Society Review, No. 100/101, S. 21-31.

Vinten, G. (2001): Shareholder versus Stakeholder – is there a governance dilemma?, in: Corporate Governance, Vol. 9, No. 1, S. 36-47.

VIS A VIS Agentur für Kommunikation (2001a): Marketing- und Machbarkeitsstudie „Corporate Volunteering in Deutschland und Köln“, VIS A VIS, Köln.

VIS A VIS Agentur für Kommunikation (2001b): Praxisbeispiele: vom unternehmerischen Bürgerengagement mittels Personaleinsatz bis zum Projekteinsatz in sozialen Aufgabenfeldern als Teil der Personalentwicklung, VIS A VIS, Köln.

Waddel, S. (2000): New Institutions for the Practice of Corporate Citizenship: Historical, Intersectoral and Developmental Perspectives, in: Business and Society Review, Vol. 105, No. 1, S. 107-126.

Waddock, S. (2000): The Multiple Bottom Lines of Corporate Citizenship: Social Investing, Reputation, and Responsibility Audits, in: Business and Society Review, Vol. 105, No. 1, S. 107-126.

Waddock, S. (2001): Leading Corporate Citizens: Visions, Values, Value Added, McGraw-Hill, New York, 2002.

Waddock, S., Graves, S. B. (1997a): The Corporate Social Performance-Financial Performance Link, in: Journal of Strategic Management, Vol. 18, No. 4, S. 303-319.

Waddock, S. A., Graves, S. B. (1997b): Quality of Management and Quality of Stakeholder Relations: Are they synonymous? in: Business and Society, Vol. 35, No. 3, S. 250-279.

Waddock, S., Smith, N. (2000): Relationships: The Real Challenge of Corporate Global Citizenship, in: Business and Society Review, Vol. 105, No. 1, S. 47-62.

Warhust, A. (2001): Corporate Citizenship and Corporate Social Investment-Drivers of Tri-Sector Partnership, in: Journal of Corporate Citizenship, Vol. 1, No. 1, S. 57-73.

Werner, K., Weiss, H. (2001): Schwarzbuch Markenfirmen, Die Machenschaften der Weltkonzerne, Wien und Frankfurt, 2001.

Westebbe, A., Logan, D. (1995): Corporate Citizenship: Unternehmen im gesellschaftlichen Dialog,, Wiesbaden.

Wheeler, D., Sillanpää, M. (1997): The Stakeholder Corporation: A Blueprint for Maximising Stakeholder Value, London.

Wieland, J. (1999): Die Ethik der Governance, Metropolis, Marburg.

Wieland, J. (2001): Die Tugend kollektiver Akteure, in: Ebenda (Hrsg.): Die moralische Verantwortung kollektiver Akteure, Heidelberg, S. 22-40.

Williamson, O. (1975): Markets and Hierarchies, New York.

Williamson, O. (1981): The Economics of Organization. The Transaction Cost Approach, in: American Journal of Sociology , Vol. 87, S. 548-77.

Williamson, O. (1990): Die ökonomischen Institutionen des Kapitalismus. Unternehmen, Märkte, Kooperationen, Tübingen.

Willmott, M., Flatters, P. (1999): Corporate Citizenship. The new challenge for business) in: Consumer Policy Review, Vol. 9, No. 6, S. 230-237.

Windsor, D. (2001a): Corporate Citizenship: Evolution and Interpretation, in: Andriof, J., McIntosh, M. (Eds.): Perspectives on Corporate Citizenship, Sheffield, S. 39-52.

Windsor, D. (2001b): Corporate social responsibility: A theory of the firm perspective – Some comments, in: The Academy of Management Review, Vol. 44, No. 5, S. 502-504.

Wolff, B. (1995): Organisation durch Verträge, Wiesbaden.

Wood, D. J., Logsdon, J. M. (2001): Theorising Business Citizenship, in: Andriof, J., McIntosh, M. (Eds.): Perspectives on Corporate Citizenship, Sheffield, S. 83-103.

Wood, D.J., Davenport, K.S., Blockson, L.C. (2002): Corporate involvement in community economic development, in: Business and Society, Vol. 41, No. 2, S. 208-241.

World Business Council for Sustainable Development (1999): Corporate Social Responsibility, WBCSD, Geneva.

World Business Council for Sustainable Development (2000): Corporate Social Responsibility: Making Good Business Sense, WBCSD, Geneva.

World Economic Forum (2002): Global Corporate Citizenship – The Leadership Challenge for CEOs and Boards, World Economic Forum, Geneva.

Young, N., MacRae, P. (2002): Three "C"s: Civil Society, corporate social responsibility, and China, in: The China Business Review, Vol. 29, Iss. 1, S. 34-38.

Zadek, S. (2000b): Doing good and Doing Well: the Business Case for Corporate Citizenship, Conference Board, New York.

Zadek, S. et al. (2001) : Endearing Myths – Enduring Truths. Enabling Partnership Between Business, Civil Society and the Public Sector, World Bank Knowledge Research Group, Business Partners for Development, www.bpdweb.org.

Zadek, S. (2001): The Civil Corporation, London and Sterling.

Zadek, S., Hojengard, N., Raynard, P. (2000): The New Economy of Corporate Citizenship, The Copenhagen Centre, Kopenhagen.

Zadek, S. (2000a): Conversations With Disbelievers: Persuading Companies to Increase Their Social Engagement, Massachusetts.

Zimmer, A., Frantz, C. (Hrsg.) (2002): Zivilgesellschaft international, Alte und Neue NGOs, Opladen.

Zyglidopoulos, S.C. (2001): The impact of accidents on firms' reputation for social performance, in: Business and Society, Vol. 40, No. 4, S. 416-441, Chicago, December 2001.

Stichwortverzeichnis

H

I

J

K

Druck: Strauss Offsetdruck, Mörlenbach
Verarbeitung: Schäffer, Grünstadt